説話社 占い選書 8

運を開く27宿の教え

宿曜占星術

宇月田 麻裕

はじめに

「宿曜《しゅくよう》」。この世に生を受けた日、月がどこに宿ったかにより、あなたの宿「本命宿《ほんめいしゅく》」が決定します。それは、大いなる宇宙のエネルギーより定められたもの。「命《めい》」の宿り、つまり「宿命《しゅくめい》」を背負い、あなたは一生生きていくことになるのです。

それでは、宿曜占星術《しゅくようせんせいじゅつ》の魅力についてお話ししていきましょう。

まずは、本命宿により、あなたの特性や一生の運勢を知ることができます。そして読み進めていただくことで、毎日の生活に関わる「人との相性」、「年、月、日との相性（運勢）」を的確に判断でき、実生活でそれを生かしていくための実践法がわかるのです。

さらに、本書では「壊《かい》」の運勢（破壊運《はかいうん》）をクローズアップしています。この「破壊運」の時、あなたに思いも寄らぬ破壊の出来事が生じ、トラブルに巻き込まれたり、嫌な思いや苦労を強いられたりします。しかし「破壊」といっても、必要以上に恐れることはありません。この本を読んでいくうちに、それぞれの対処法が自然とわかるようになるからです。そして、27宿別のアドバイスを実践することで、いずれ、現世での使命に気づき、おのずと、道は開かれていくでしょう。

それでは、私と「宿曜占星術」との出逢いについて、少しお話をしましょう。

20代半ばの頃、「よく当たる占い師さんがいる」ということで、その方に観ていただくことになりました。それが、私と宿曜との最初の出逢いであり、後の人生を大きく変えるきっかけになったのです。

将来の師となるその占い師さんは、私を見るなり「私は今まで弟子をとったことはない。しかし、君を見た瞬間に弟子にしようと決めた」といったのです。突然、そんなことを告げられた私は、もちろんビックリしました。しかし、過去に自分の身に起きた不思議な体験を考えたら、何となく理解もできたのです。祖母の死の時に道連れになり、生死をさまよいながらも蘇生できたこと。さまざまな病気による20回以上の手術、「死んでしまいます」と医師に告げられたこともありました。しかし、どんなことが起きようが、私は、今、こうして生きています。試練を乗り越えてきたのです。

さらには、私の通っていた大学は、真言宗のお寺を母体とした学校であり、学生の時に、「菩薩《ぼさつ》様のように、世の中のために、人のために生きていきたい」とも思いました。

占い師さんとの出逢いから数か月後、私は何かに導かれるように占いの道に入ることを決めました。そして、後に知ったことなのですが、師は「真言密教の伝承者」だったのです。直伝されたものは、宿曜道、陰陽道、姓名学、北斗《ほくと》、紫微斗数《しびとすう》など。それらすべて「秘伝の書」に基づき口授されていきました。

偶然ではなく必然的に起きる出逢い、出来事は、すべて宇宙からの導き。宇宙からのメッセージなのです。そして、現世での生きる使命に則っているのです。

私は、「世の中のために生きていきたい」、「みんなの幸せの手助けをしたい」、それが使命だと感じています。私のその思いが、あなた、そして一人ひとりの魂に響き、幸せに導かれ、すべてが共存できる世界になることを祈っています。

あなたが、困難に陥った時、この本を開いてください。きっと解決へのヒントが見出せるはずです。そして、使命を全うしていくことで、あなたの人生は、より輝きに満ちたものになるでしょう。

目次

第1章

宿曜占星術とは

1 宿曜占星術の背景

「宿曜《しゅくよう》」とは、1200年前に弘法大師・空海により、日本に伝えられた「文殊師利菩薩《もんじゅしりぼさつ》及《きゅう》諸仙《しょせん》所説《しょせつ》吉凶《きっきょう》時日《じじつ》善悪《ぜんあく》宿曜《すくよう》経《きょう》」という経典の一つで、「宿曜経《しゅくようきょう》」と略されています。

この全容は、大正時代に編集された「大正大蔵経《たいしょうだいぞうきょう》」の第21巻に収録されています。

名称の由来は、文殊師利菩薩《もんじゅしりぼさつ》と諸仙人が、日時の吉凶と宿の善悪を説いた経として名づけられたようです。

その原点は、古くはバビロニアが起源とされ、それが古代インドに渡り、インド占星術として発展していったとされています。

「宿曜経」は、空海の法統の祖父に当たる、不空《ふくう》三蔵《さんぞう》が書き残したといわれています。彼はインド人の血をひき、インド密教を中国に広めた功績のある人物です。その不空亡きあとは、恵果《けいか》和尚が受け継ぎ、空海に授けられ、日本に渡ってきたとされています。

では、それがベースになっている「宿曜占星術《しゅくようせんせいじゅつ》」とはどんなものなのでしょうか?

それは、宇宙の法則に基づいて、理論化されています。

重要なカギを握っているのは月の運行です。月は、毎日天空に泊まるという意味で「月が泊まる宿」と呼ばれています。

その月が1周する軌道を27等分したものが「27宿《しゅく》」。つまり、この占いの基本を示すものです。

「曜《よう》」には惑星という意味があり、日曜、月曜、火曜、水曜、木陽、金曜、土曜を思い浮かべていただけたら、ご理解いただけるでしょう。1週間のこの七曜は、日月五惑星から成り立っています。この曜と月が泊まる宿が合わさったかたちが「宿曜」です。

基本となる月（宿）ですが、これは新月、満月を繰り返し、人間の感情や本能、潜在意識を映し出し、人生の彩りと変化をもたらすとされています。

自然のほとんどはこの月の影響を受け、女性ならば、「月経」や「妊娠」という体の変化にも象徴されます。

そして、「宿曜経」＝「宿曜占星術」は月と同じように、私たちの生活に密接に関係し、各人の特性や運勢、サイクルを教えてくれるのです。

さらには、前世、現世、来世の関わりを示唆《しさ》しているともいわれ、現世での人間模様を描く人間関係の相性、時の吉凶（運勢）を的確にあなたに提示してくれるのです。

的中率抜群の占いとして密かに伝承されてきたこの秘法が、あなたが素晴らしい人生を育んでいく上で、きっと力強い味方になってくれることは間違いないでしょう。

2　宿曜占星術では、何がわかるのか

(1) 生まれた日から、性格や運命がわかる

「宿曜占星術」は、月の運行を基にしている占いということは、既にお話しした通りです。

月は、朔《さく》（新月）～望《ぼう》（満月）～朔を繰り返して満ち欠けし、ほぼ27・3日で軌道を1周しています。この軌道を27等分して、1日ごとに、月が宿る星を「宿」としました。天体にはたくさんの星が存在しますが、その中でも明るい恒星（ほとんど位置が変わらない星）に名前をつけたわけです。

その宿とは、昴《ぼう》、畢《ひつ》、觜《し》、参《しん》、井《せい》、鬼《き》、柳《りゅう》、星《せい》、張《ちょう》、翼《よく》、軫《しん》、角《かく》、亢《こう》、氐《てい》、房《ぼう》、心《しん》、尾《び》、箕《き》、斗《とう》、女《じょ》、虚《きょ》、危《き》、室《しつ》、壁《へき》、奎《けい》、婁《ろう》、胃《い》という「27宿」です。

あなたが生まれた時に、月がどの星に宿っていたかで、あなたの「本命宿《ほんめいしゅく》」が決定されます。

この27宿のうち、どれが自分の本命星かで、あなたの性格や特質、恋愛や結婚の傾向、人生の使命や金運、健康運などがわかります。あなたの「本命宿」については、「4 本命宿の出し方」を見て探してください。

また、27宿は、太陽の軌道がベースとなる12宮にも分割されます。本命宿を28宿とする考え方（「斗宿《としゅく》」と「女宿《じょしゅく》」の間に「牛宿《ぎょしゅく》」を入れる）もありますが、この本では、あくまで27宿を基本としていきますので、「27宿説」で話を展開していきたいと思います。

(2) 相性を知れば、生き方が楽になる

「宿曜占星術」は、人の性格や資質、運勢を鋭く読み解く占いです。そして毎日の生活に関わる「人との相性」と「運勢の相性」がズバリと判断できるのが、大きな特長の一つです。

人間関係における相性は「安壊《あんかい》・栄親《えいしん》・友衰《ゆうすい》・危《き》成《せい》・業胎《ぎょうたい》・命《めい》」の6種に分けられ、運勢を示す相性は、「命《めい》・業《ぎょう》・胎《たい》・栄《えい》・衰《すい》・安《あん》・危《き》・成《せい》・壊《かい》・友《ゆう》・親《しん》」の11種に分けられます。これらについては、のちほど詳しく説明するとして、ここでは、人間関係、運勢の二つの相性の考え方について手短に述べてみましょう。

あなたと相手の「宿」がわかれば、二人の相性を見て「どのように交際していけばよいか」、「どうしたらトラブルが解決できるか」などを知る大きなヒントになります。

また、あなたの「宿」と、知りたい年月日の「宿」がわかれば、その時を「どのように行動すればよいか」をナビゲートしてもらえるのです。また商談やお見合いの日などを選ぶにも非常に有効です。

ですから、あなたが「宿曜占星術」を毎日の暮らしに役立てていくなら、気持ちのよい人間関係を築き、あなたの個性を生かしながら生活することができます。そしていつの間にか、あなた自身が人として成長したことを実感できるでしょう。

3 宿曜占星術の構成要素

(1) 西洋12星座とは違う「宿曜12宮」

「宿曜占星術」では、太陽の運行を基本にした「12宮」の存在があります。これに惑星（曜）が加わり「宿曜」となりますが、ここではこの中の12宮について説明していきます。

12といえば「西洋占星術」の12星座を思い出されるでしょう。しかし、宿曜の12宮は春分点を牡羊座に固定したまま動いていないために、西洋の12星座とは歳差の相違により、現時点では24度異なります。

しかも12宮の意味も12星座とは少し違ってきます。各12宮について、原典に忠実に説明してみましょう。27の各宿は12宮に属しているので、12宮からも大きな影響を受けて性格づけがなされます。

宮名	12星座名・惑星（曜）	意味の順
獅子	獅子座・太陽	官位につき、得財を司る
女	乙女座・水星	妻妾、婦人を司る
秤	天秤座・金星	宝庫（金融）関係を司る
蠍	蠍座・火星	病気、医療関係を司る
弓	射手座・木星	喜慶ごと、得財を司る
磨竭	山羊座・土星	争いごとを司る
瓶	水瓶座・土星	学校、学問を司る
魚	魚座・木星	官位、公務を司る
羊	牡羊座・火星	食品、料理、人事を司る
牛	牡牛座・金星	畜産、動物を司る
夫妻	双子座・水星	妊娠、子孫を司る
蟹	蟹座・月（太陰）	官庁、口舌関連を司る

（2）宿曜の奥義「三・九の秘法」で相性を見る

あなたと大切な人との相性、あなたをとり巻く人間模様、大切な時の運勢、それらの謎を解く最大のカギとなるのが、「三・九の秘法」です。「宿曜《しゅくよう》ホロスコープ」を使って、それを簡単に見ることができます。

ホロスコープの真ん中の円が「27宿」を示します。これは月が1周する軌道を27等分したもので、昴、畢、觜、参、井、鬼、柳、星、張、翼、軫、角、亢、氐、房、心、尾、箕、斗、女、虚、危、室、壁、奎、婁、胃の宿が配置されています。この中に、あなたの「本命宿」に当たる宿があり、相性を知りたい相手や運勢を知りたい宿も存在します。

そして、一番内側の円が本命宿との関係（相性）を示しています。まず、330ページにある「宿曜暦」から、あなたの生まれた日の「本命宿」を探します。それがあなたの「命」になります。表記のホロスコープは、本命宿が「昴」ですから、「昴」と「命」が重なります。そして各「本命宿」ごとにこの「命」の位置が、反時計回りに順にずれていくわけです。

自分の宿である「命」を中心として、左回りの10番目に位置する宿が「業」、19番目の宿が「胎」。それぞれ、そこを起点として「栄、衰、安、危、成、壊、友、親」が続いて配置されます。「命、業、胎」を起点として27宿が3区分され、それぞれ九つの宿から形成されます。

命から9宿が「一・九の法」、業から9宿が「二・九の法」、胎からの9宿が「三・九の法」となり、これを合わせて「三・九の秘法」と呼びます。

宿曜占星術では、すべてに宿曜ホロスコープが活用され、この「命、業、胎、栄、衰、安、危、成、壊、友、親」11の宿により、人の相性や運勢の相性が、明確に判断できるのです。

一番外側の円には「12宮」が位置し、太陽が1周する軌道を12等分した、獅子宮《ししきゅう》、女宮《じょきゅう》、秤宮《ていきゅう》、蠍宮《かつきゅう》、弓宮《きゅうきゅう》、磨羯宮《まかつきゅう》、瓶宮《へいきゅう》、魚宮《ぎょきゅう》、羊宮《ようきゅう》、牛宮《ぎゅうきゅう》、夫妻宮《ふさいきゅう》、蟹宮《かいきゅう》が配置されています。

「12宮」は直接、人間の相性や日の相性には関係はありませんが、あなたや周囲の人たちの特性を知るためにはとても大切なものです。「27宿」が「12宮」に対応する割合によって、キャラクターが決まってくるのです。

宿曜占星術では月の運行の「宿」と太陽の運行の「12宮」のほかに「七曜（惑星）」などが加わりますが、話が複雑になるため、本書では省くことにします。

宿曜ホロスコープ

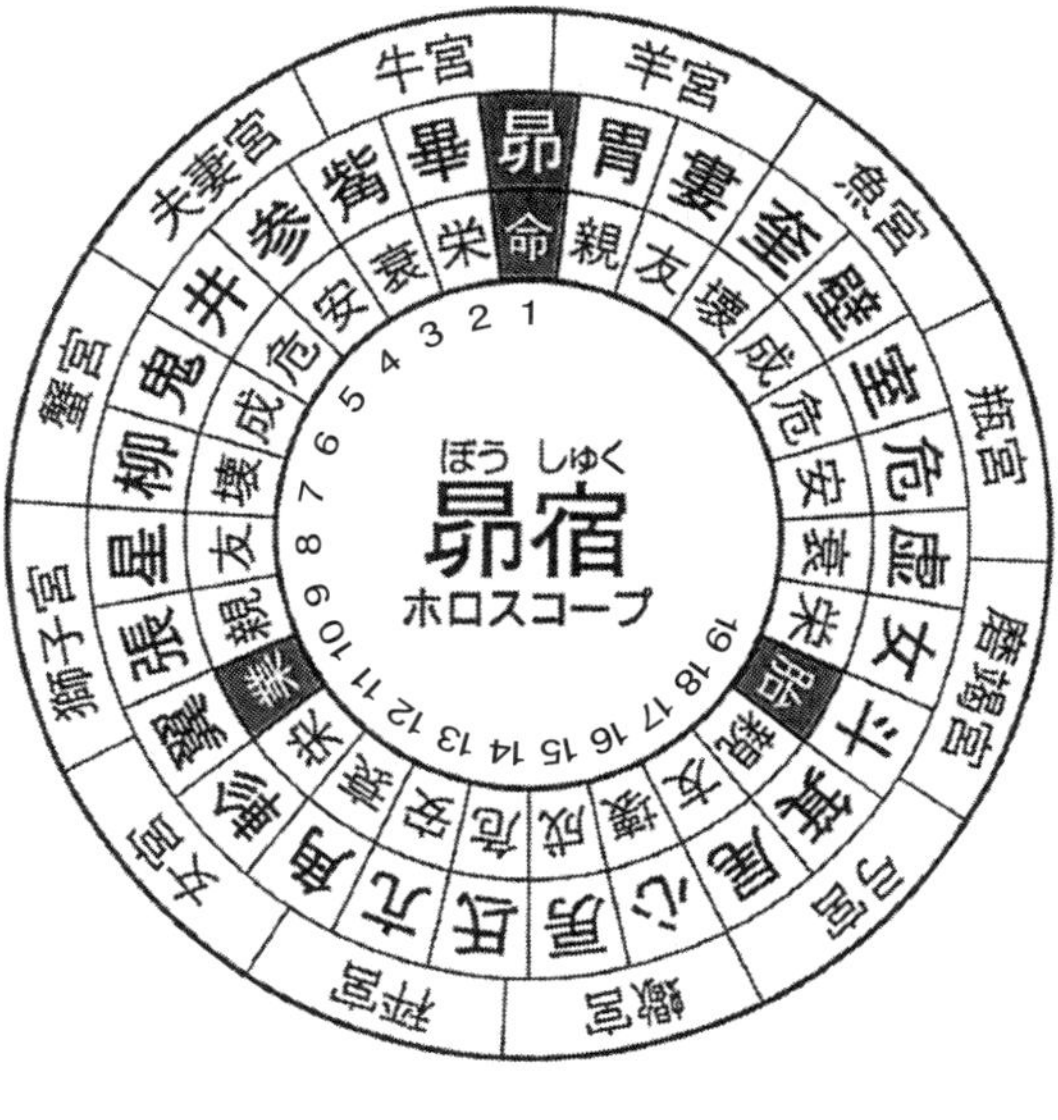

4 本命宿の出し方 〜宿曜ホロスコープの見方

あなたの「本命宿の出し方」と「宿曜ホロスコープ」の見方をご説明します。あなたの特質や相性を知るには、まず自分の宿、「本命宿」を知る必要があります。この本命宿の出し方はいたって簡単です。

まず、330ページの「宿曜暦」より、あなたの「本命宿」を探します。

例えば、1963年1月3日生まれの方（Aさん）なら、1963年の表（351ページ参照）を見て、1月と3日がクロスしたところを見ます。「昴」となっているので、「本命宿」は「昴宿《ぼうしゅく》」となります。

人間関係を見たいならば、相手の生年月日を同じように探します。

例えば、1969年6月29日生まれの方（Bさん）なら「箕」となり（354ページ参照）、あなたにとって「箕」は「親」。したがってAさんにとってBさんは「栄親の関係」になります（21ページ参照）。

ここで、「昴」が「命」の人は、右回り1番目の「胃宿《いしゅく》」や左回り8番目の「張宿《ちょうしゅく》」も「親」になります。同じ「親」でも、本命宿から見て一番近いところにあるのが「近距離」、2番目が「中距離」、そして一番遠いところにあるのが「遠距離」といい、同じ関係でも距離が近くなればなるほど縁が深くなり、遠くなれば縁が浅くなります。

この例の場合は、「箕宿《きしゅく》」は「昴宿《ぼうしゅく》」から見て右回り10番目に当たり「遠距離」になるので、よい関係ですが縁はあまり深くありません。

人間の相性には、「安壊・栄親・友衰・危成・業胎・命」の6種があり、そのうち「安壊」「栄親」「友衰」「危成」には、同じように「近距離」「中距離」「遠距離」があります。

さて次は、「運勢の相性」です。

例えば、Ａさんが２０１７年1月17日に旅行に行くとします。生年月日と同じように「宿曜暦」で、どの宿か探してみると「亢宿《こうしゅく》」です（３７８ページ参照）。昴宿《ぼうしゅく》にとっては「安」の関係に当たり、旅行には適した日となります。

また、こんな使い方もできます。嫌いな人との縁を切りたい場合に有効なのは「壊」の日です。

ホロスコープで「壊」の宿を探します。「昴宿《ぼうしゅく》」にとっては「奎」や「柳」、「心」の日が「壊」の関係になるので、２０１７年1月なら、2日、11日、20日、30日が有効です。この日に縁を切る話をしましょう。

逆に仲よくなりたい場合には「親・友」の日を選ぶとよいでしょう。このように、日頃から宿曜占星術を活用していけば、日々を有意義に過ごすことができます。

最後に、「宿曜暦」がどのように作成されたかを説明していきましょう。

「宿曜暦」は、もともと「太陰暦（旧暦）」と「月宿傍通暦《げつしゅくぼうつうれき》」という表を基にして、作成されています。

「月宿傍通暦」とは、「満月（望）」の日に月が宿っている宿を基準に、当該日が15日以内であれば、その宿から1日1宿ずつ逆行、15日以上であれば、通常の順行で数えられて作られたものです。そして、太陰暦の日に合わせて、この「月宿傍通暦」を当てはめていったものが、「宿曜暦」となります。

「宿曜暦」は、毎月1日の新月（朔）の日に基準を合わせ修正します。

例えば「太陰暦」の1月1日は、「月宿傍通暦」によると「室宿《しつしゅく》」になり、そこから順に宿が続きます。しかし、毎月1日に修正されるために、2日続きで同宿があったり、宿が飛ぶような場合があるのです。

COLUMN 1

破壊と開運

本書で、クローズアップしています「破壊運」。「破壊運」とは、人間関係においては「安壊の相性」、運勢においては「壊の相性」を指しています。それらは「破壊人」や「破壊日」となり、関わることで、自分の身に破壊的なことが生じてくるのです。

実際に私も、この二つの破壊により、想像を絶するトラブルに巻き込まれ、日々の生活を脅かされた体験をしました。このお話は、次のコラム(126ページ参照)に詳しく書いていきます。

それでは、この破壊に対して、どのように対応すればよいのでしょうか? 「破壊人」を避け、気の合う人とだけつき合うのは、かなり難しいものです。また、集団生活の中では、「破壊日」を避け続けるのも同様に難しいです。細心の注意をしていたとしても「破壊」に遭遇してしまう場合もあるでしょう。

もし、破壊的アクシデントが生じてしまったならば、まずは、起きてしまった出来事を恐れずに、素直に受け入れてみることです。与えられた「試練」だと思ってください。その状況を、その体験を「何で起きてしまったのか」と考えてみてください。

結果、学びを得て、糧《かて》にしていくことで、必ず、あなたの成長につながるはずです。もちろん、その壁を乗り越えた暁には、自信につながり、目標や夢も見えてくるでしょう。しかし、どんなに努力をしても「破壊運」ゆえに、乗り越えられない場合もあります。

私の経験上、泥沼が深刻化する前に、さっさと手放すことも必要な時があると感じています。

しなくてもよい苦労はしなくてもよいのです。それも、開運法の一つです。

第2章

27宿解説

昴宿《ぼうしゅく》

一生を通じてさまざまな援助に恵まれる幸運な宿

【性格と人生】

12宮の羊宮と牛宮に入り、27宿中、最高の吉祥宿。天からの恵みが与えられる幸せの宿で、剛と柔を合わせ持つことから「剛柔宿」の別名もあります。

恵まれた環境に育つ人が多く、善良さと向学心が幸いし、周囲からバックアップされることが多いです。そのため、将来的には名声を得られ、自然と財を築くことができるでしょう。

子供の頃は、アクティブで遊びに夢中ですが、10代になると学問を好むようになり、話術も冴えます。成人した頃からは、物事の本質を見極める目が鋭くなるので、仕事でめきめきと実力を発揮します。志も高く能力もあるので、出世街道を歩めるでしょう。

頭の回転が速く、即座に場の空気を読んで人に合わせられる交際上手のところもあります。それが人に好かれる第一の要因となるようです。特に目上の人からの評判がよく、引き立てられることが多くなります。会社では業績を残し、商売をしても成功。文芸の才もあるでしょう。

ただし、プライドが高い人が多く高級志向。ブランド品を身に着けたり、高級レストランで食事をしたり。無駄にお金を遣ってしまうこともあるようです。また、潔癖で正論を主張して、融通が利かない人とみなされることも。しかし、最終的には周囲の人や環境に恵まれ、晩年に名声を得る人もいます。

【アドバイス】

高い志と与えられた高徳を意識して、使命感を持って生きていくことです。あなたの場合は、物質的な欲よりも、精神的に満足できるものを求めた方がよいでしょう。結果的に、名声を得ていくことで運が開けていき、周囲の人たちを幸せに導きます。ただし、人からの援助に恵まれるために頼りすぎ、わがままになる傾向もあるので注意。

なお、長い人生の中では、何度か辛いこともあります。苦労知らずに育った人は、ちょっとしたことで弱さが出てしまうため、自ら逆境を乗り越える強さを養うことも肝心です。

また、正論を押し通そうとして、周囲からは融通が利かない人とのレッテルを貼られることも。ときには、相手の意見も受け入れることで新しい世界が見え、素晴らしい人生が歩めるでしょう。

【恋愛と結婚】

男女ともに軽やかなトークができ、恋愛上手です。人に対して優しさもあるため、誰からも好感が持たれるでしょう。女性は女王様タイプなので、相手からアプローチされることも多いようです。目上の人からの受けがよく、可愛がられるので、紹介やお見合いで恋が始まることもあるでしょう。ただし、目上の人から好意を持たれることから不倫関係になることもあります。また、理想やプライドが高いために、なかなか恋が始まらないケースもあるでしょう。

結婚は、潔癖性の影響があり、晩婚になりがちです。家庭運はよい方で、子供に恵まれ、配偶者からの金銭的、精神的援助にも恵まれます。ただし、男性は浮気した相手にだまされたり、女性は家庭以外のことに意識を向けすぎると、家庭崩壊することがあります。

【適　性】

この世に貢献するための重要な使命は、一つのことを深く追求する探究心と豊かな知識を生かして、人々にさまざまな教えを説いていくことです。

理路整然とした考え方や話し口調が得意なので、あなたの言葉を聞いたり、読んだりすることで、言葉に魂が宿り「言霊《ことだま》」となって広がっていきます。そんな話術の才を生かした職業、ジャーナリストや評論家、伝統芸能、料理研究家、文筆業、語学系教師などを目指すとよいでしょう。

また、平和を愛し、弱きを助けるというスピリットを持ち続けることで、あなたの使命は生かされていくでしょう。人々に素晴らしい教えを説いていくことができるのです。そうすることで、あなた自身も人々の心を動かし、より使命感に燃え、素晴らしい世界へと導かれます。

【お　金】

もともと恵まれた環境に生まれ育ったこの宿は、お金に苦労することは少ないでしょう。

基本的に、人からの援助を受けることが多く、目上から支えられたり、経営を任されたりと、自然にお金が入ってくるような環境になります。もしあなたが困るようなことがあったとしても、すぐに援助の手が差し伸べられるはずです。また商売上手なので、商売で成功して財を成す人もいます。

ただし、悪いパターンとしては、プライドが高いために見栄を張りすぎて、ブランド品で身をかためたり、高級志向に走りすぎたり。浪費が始まり財を減らすことになります。また、職場や環境になじめないからといって、あまりに転職や引越しを繰り返すのも悪いパターン。それにより、あなたの財運がどんどん衰えていくこともあります。

【健　康】

昴宿《ぼうしゅく》は、頭を示しています。

頭に関する病気や怪我をしやすくなります。特に、神経性の病気や精神的ストレスには弱いので、自律神経失調症を引き起こしたり、神経性胃炎などにもなりやすいでしょう。

また、研究心があり、理路整然としたトークを得意とするあなたですが、あまり頭を使いすぎると、疲れやすくなり、イライラが募っていくでしょう。

苦労知らずに育った人は、些細《ささい》なことで悩んでしまうことがあります。少しのことでもダメージを受けやすく、いつまでもそれを引きずってしまうこともあるでしょう。何事もくよくよと悩まずに、おおらかな気持ちと、豊かな生活を心がけていくことがカギになります。最終的には、周囲の人や環境に恵まれて、健康で長生きができるでしょう。

★開運の鍵
守護方位　西
青のもの
文芸書
年上の人
ガーデニング

畢宿《ひっしゅく》

質実剛健で体力勝負
孤独を恐れない自立の宿

【性格と人生】

12宮の牛宮に入り、「安重宿」といわれ、27宿中で一番体力があり、安定しています。

「畢」という漢字に、「畢生《ひっせい》」という熟語があるほどで、この宿は「死ぬまで」底知れぬパワーがあり、とにかく何にでも一生懸命に頑張ることができる人です。

日頃は温和で争いを好みません。自立心が旺盛で、身体面ばかりではなく精神面での強さも持っています。一度決心したことは、信念を持って根気強く、目標を達成していくのです。聡明であり、口数は少なく、一人でコツコツと勉強し努力も惜しまないので、自分自身の力で人生半ばには、確固たる地位を築いていきます。

子供の頃は周囲の人から好評を得るというタイプではありません。しかし、成長するにつれて、恵まれた体力と粘り強さを発揮して、確実に目指すべき方向に進んでいきます。

中年以降は、元来のおおらかさも手伝って風格が身についてきます。人の意見に惑わされない意志の強さもあって、成功を収めることができるはずです。

ただし、一度決めたことは、周囲から反対されても実行していく頑固なところもあります。その結果、失敗を招いてしまい、孤独に陥ることもあるので注意が必要です。周囲の人々とともに歩んでいけば、最終的には大器晩成型の人生を迎えられるでしょう。

【開運アドバイス】

自立心を生かし、使命感を持って生きていくことです。

あなた自身の頑張りで運は開け、自然と周囲の人々を導いていくことができます。ただ、一匹狼主義を通しすぎるところがあるため、権威や地位、目標達成のために生きようとしがち。「周囲の人がいるからこそ自分が輝ける」ということを意識することが大切です。

一人でも平気なタイプなのですが、そんな状況に身を置くのは、運気をダウンさせてしまうことになります。また、間違っているのではと思ったら、気遣ってくれる周囲のアドバイスに耳を傾けて、意見を取り入れてみることも大事です。家庭では、仕事人間になりがちなので、家族と楽しむ時間を作り、人々に優しさと思いやりの気持ちで接し、無償の愛をそそいでいくと、素晴らしい人生を歩めるでしょう。

【恋愛と結婚】

恋愛に対しては、非常に真面目で、一度好きになったらずっとその人を愛し続けることができます。エネルギッシュに自分からどんどん行動するので、相手の気持ちをしっかりつかめることも多いでしょう。その反面、相手によっては、理不尽なことを言われて、苦労させられることがあります。それでも関係を続けようと努力する性格です。

女性は、結婚して家庭に入れば、よき妻よき母になるでしょう。仕事と家庭を切り離して考えることもできるので、仕事との両立も可能です。夫にとっては魅力ある奥さんなので、結婚生活は安定します。ただし浮気がバレたら、ずっと言われ続けるでしょう。

男性は、何事にもパワーがありすぎて、相手がついていけないケースも。ときには相手に合わせるように心がけましょう。

【適　性】

冷静な分析力とエネルギッシュな行動力、そして体力もあるので、リーダー的な立場で人々を導いていくことが大切な使命といえます。

仕事を通じて、世の中に貢献する重要な役割を担っているので、政治に関わる仕事が向いています。コツコツと努力し応用力があるので、エンジニアやＩＴ関係なども適職。権力欲もあるので、ビジネスマンならステータスのある大企業の役職を目指すのもよいでしょう。

恵まれた体力を生かすなら、スポーツ選手や選手育成のために尽力するコーチなどは、スポーツを通じて人々に感動を与え、目標を達成する素晴らしさを伝えられるはずです。「決心したことをやり抜き通す」というスピリットを示せば「この人についていけば安心」という信頼を得られ、一目置かれる存在となります。

【お　金】

体力もあり、勉強すればするほど才能を発揮することができるので、仕事面での成功も望めます。したがって金銭面では安定しています。もし、一時的にお金に困ることがあったとしても、元来の粘り強い性格を発揮して、危機的な状況も乗り越えられるはずです。

自分の好みをしっかりと判断することができるので、他人の言葉に惑わされることなく、目標に向かってコツコツと努力していくことができます。ビジネスで大成功して財を成す人もいるでしょう。

しかし、畢宿《ひっしゅく》の人は、どんな場面でも自分流で突き進む傾向があるので、職場などでは上司と対立することも少なくありません。そうなると、査定に影響が出たり、リストラの憂き目に遭うなど、金運を衰えさせるので、自己主張はほどほどにしておきましょう。

【健　康】

畢宿《ひっしゅく》は、額を示しています。

額に関する病気や怪我をしやすくなるでしょう。物事をしっかり考え、集中力があるのはそのためでもあるのですが、その一方では、脳の病気などには注意が必要です。また粘り強さから働きすぎる傾向もあるので、過労にも気をつけましょう。

体力もあり、お酒も飲める人が多いのですが、飲みすぎや不規則な生活は避けるべきです。スポーツなど、何かに夢中になって、額をぶつけて怪我をしてしまうこともあるようです。

例えば、テニスやサッカーなどの球技で、必死でボールを追っていたら、フェンスにぶつかったしまったり、転んでしまったり、額から流血なんてこともあるでしょう。

★開運の鍵
守護方位　西
ベージュのもの
不動産
妊婦
動物園

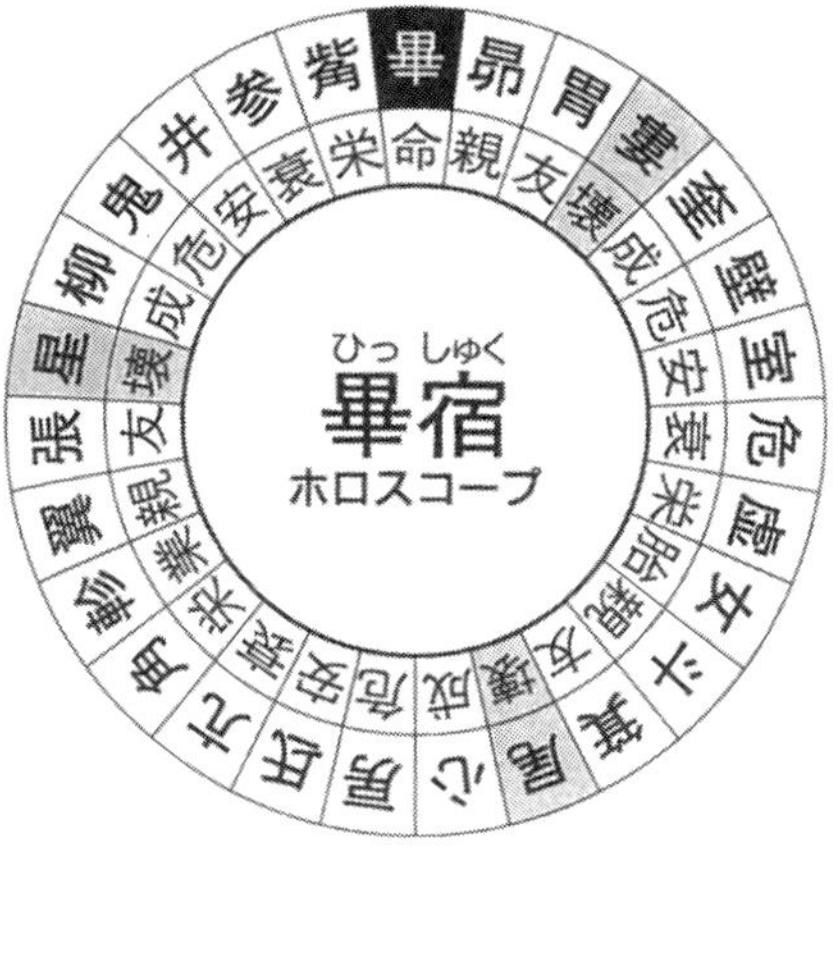

觜宿《ししゅく》

話術と知識を駆使して
自力で道を切り開いていく宿

【性格と人生】

12宮の牛宮と夫妻宮に入り、27宿中、房宿《ぼうしゅく》と並んで財運に恵まれた宿です。「和善宿」といわれ、庶民的な雰囲気を持ちながらも、実は学識ある雄弁家タイプ。

觜は「くちばし」という意味があるので、説得力ある話術と知識で人々を魅了し、愛されていきます。夢を語らせたらとめどなく言葉があふれ出てきますが、内面は思慮深さや慎重さを備えており、理性を持って行動するので、人からの信頼を得られます。そんな行いがバックアップを受ける材料となり、地位を確固たるものにしていくのです。

この宿は大きく2タイプに分けられるのが特徴です。比較的おとなしくて無駄口をきかず、自分の思うことを心の奥に秘めているタイプ。もう一方は、好奇心が旺盛で、どこにでも顔を出し、何かと口を挟んでくるタイプです。この二つに共通しているのは、一度言葉を発したら、豊富な知識と弁舌で聞く人をどんどん引き込む話術があることです。そして、成長段階で、夢を追いかけるようになるため、特殊な分野や海外留学を目指す人も多く、自分の意志で社会に関わっていきます。

社会に出てからは、知識ある理論家として、政財界で活躍する人もいるでしょう。

どのような人に対しても心を開いて接するので、誰からも愛されて支援を受けることもありますが、自ら社会的地位を築き上げていくこともできます。

【開運アドバイス】

学識と能弁を意識して、使命感を持って生きていくことが大切です。

理数系が得意という人が多く、勉強好きな上にトークも巧みなので、学問を軸として脚光を浴びるようになるでしょう。

ただし、意外にも物欲が強く、お金を蓄える人なので、プライトが高くなっていく傾向もあります。そのため、見栄を張って、高級ファッションに身を包んでみたり、豪華な車を購入したりします。そんな状況になると一気に運気はダウンしてしまうことになりかねません。本来の使命を忘れないように生活していくことが大切です。

目標とする人やリスペクトする人と信頼関係を築き、目上の人からのバックアップを受けることで開運し、そうすれば、素晴らしい人生が歩めます。

【恋愛と結婚】

人からは好かれるタイプですが、恋愛に対しては少し消極的。恋が成就するという確信が持てた時は、あなたから告白することはありますが、普段はよほどのことがない限り、アプローチしません。これは、この宿の人が怖がりなことを示しています。しかし、いったん交際がスタートしたら話は別。あなたが強い立場をキープしようとします。

恵まれた結婚をして、結婚することで生活や仕事が安定します。女性は家庭を守り、子育てもして、家計簿をつけるようなしっかり者の奥さんになるでしょう。

男性も、よい奥さんに恵まれます。自分の両親だけでなく妻の両親も大切にして、子供に対しても見本となるようなよき父親となるでしょう。ただし、やや亭主関白になり、不倫や浮気で家庭を壊すこともあるので注意しましょう。

【適　性】

若い時からさまざまな分野でよく勉強し、豊富な知識を得ます。理論家でもあるので、頭脳と話術を生かしたかたちで、世の中に貢献することが使命といえます。

言葉を使う仕事では文筆業、アナウンサー、教職関係、出版関係。緻密な計算能力が必要な会計士や経理などは適した職業です。また、弁護士のような仕事で、世の中に正義を訴えていくことは、使命にぴったりといえます。

強い出世運を持っているので、サラリーマンとして働くより、自分で事業を起こすのもよいでしょう。親などから援助を受ける運も持っているため、家業を継いでもよいです。しかし、強欲になったり、見栄を張りすぎると、せっかくつかんだ幸運を逃すことになるので、注意が必要です。

【お　金】

自分の力で着実に財を築いていきます。それは物事に対して臆病と映るほど慎重で、真面目に取り組む姿勢があるからです。さらに途中で挫折することがない「強運の持ち主」なので、金運は中年から晩年にかけてどんどんよくなります。まさに、大器晩成型といえるでしょう。

起業にも適しているので、自らが経営者となっても財を成します。また、家業を継いでも自分の代で潰すことなく、無難に財を蓄えていくでしょう。組織の中でもよい人脈に恵まれるので、安定したお金が得られるはずです。

このように、お金に関しては強運なのですが、油断大敵です。金銭的な余裕ができると、見栄を張ったり物欲に走ったりする傾向があり、散財してしまうこともあるのです。

【健　康】

觜宿《ししゅく》は、眉を示します。

眉間にシワが寄るほどの頭痛が起きた時には、高血圧の合図です。また、眉に怪我をすると、跡が残ることがあるようです。眉は長く続くことを表しており、この宿の人が病気をすると、少し長引く傾向にあるのです。

体内では、大腸の病気には気をつけておきましょう。お酒は体を壊すだけでなく、運も逃すことにつながるので、多量の飲酒には十分に注意してください。

子供の頃から、優秀な子として成長していくのですが、体が弱く、ときとして臆病な部分がクローズアップされることがあります。心身ともに、大きな壁を乗り越えることが必要な時もやってくるでしょう。

★開運の鍵
守護方位　西
緑のもの
飲料水
獣医師
農園

参宿《しんしゅく》

パイオニア精神にあふれ
個性的な生き方をしていく宿

【性格と人生】

12宮の夫妻宮にあり、27宿中、一番の個性派タイプでエネルギッシュ。新しもの好きで、行動力にも優れています。「参」というだけに、何事にも参加したがる性格です。血の気が多く冒険心旺盛。新しいものに向かってチャレンジしていきます。ただし、周囲からの反感を買うことも少なくありません。そのため「毒害宿」といわれています。

しかし、周りの人がどう思おうと、全く気にする様子もなく自分の考えや行動をつらぬいていくので、人が目を向けないような分野で成功し、財と地位を築いていくことができるのです。

基本的には、真面目で任されたことは率先してやり、目立つことも好きな性格です。特に、音楽などの芸術方面では、自ら積極的に参加して周りを喜ばせることも多いでしょう。

子供の頃から、何をするにも素早く、思わぬ発想で好成績を収めることもあります。

大人になってからはパイオニア精神が発達し、社会に貢献していきます。好きな仕事に就く人が多く、斬新なアイデアを出し、即実行に移し、一生懸命に働くでしょう。

ただし、仕事でも遊びでも、関心があることにはすぐに実践し、趣味、旅行、転職、引越しなど、常に休みなく動き続けていくようです。

【開運アドバイス】

言葉遣いを柔らかくするように心がけるのが一番大切。あなたは、陽気でピュアな子供のような性格です。言わなくてもよいことまで、つい口にしてしまうようです。また、好奇心がかきたてられると、何も考えずに飛びついて火傷をしてしまったり……。

さらには、忙しく動いているあなたなので、体調を壊さないようにしていくこと。旅行に行った時には、ゆっくりと温泉につかるぐらいの余裕を持ちましょう。

素早すぎる行動、浪費や異性、怖いもの知らずの冒険心で身を滅ぼす人もいるので、信頼できる人のアドバイスを聞き入れることが最も大切です。

助言を受けるとゆっくり考える時間が生まれ、自分の間違いに気がつきます。それを修正することで、素晴らしい人生を送れるでしょう。

【恋愛と結婚】

12宮が夫妻宮に入っているために、男性も女性も、恋多き人生となりがちなのが、この宿です。

恋愛に対してもチャレンジャーで、人の目を気にせずに行動します。ですから、ときには不倫関係になったり、略奪愛に走ったりすることもあるでしょう。理想も高く、束縛されることを嫌うために、長く続かないことも少なくありません。

愛する人のためには、何でもするという激しい性格です。しかし、結婚後は男性も女性も配偶者のことを第一に考えるよき夫、よき妻となるでしょう。しかし、まれに亭主関白がすぎる男性や、悪妻のレッテルを張られるような女性がいるようです。

女性の場合は、晩婚になることがあります。また結婚後も働きに出るなど、専業主婦になる人は少ないようです。

【適　性】

常に新しいものを求め、芸術性を追求していく傾向があるあなたは、独特の感性を生かして、人々の魂に潤いと勇気を与えることが使命といえるでしょう。

そんなずば抜けたアイデアとパイオニア精神で、他の人ができないような斬新な作品を作ることができます。ですから、芸術家やデザイナー、文筆家、音楽家などのアーティストが適しています。そうならないまでも、音楽、絵画、語学などの関連分野や、教師などでも力を発揮することができます。さらには、人々に勇気を与える役割もあるので、冒険家のような仕事にも向いているでしょう。

とにかく、よく働くのが特徴。芸術家タイプにありがちな自己満足の世界に陥らなければ、仕事も長続きし、上手くいくはずです。

【お　金】

自分が納得のできる生き方、仕事を選択するので、何事にも一生懸命に取り組みます。仕事熱心なので、お金も着実に入り、困ることはないでしょう。

また、芸術面でも優れた才能を持っているので、その世界で成功すれば多大な財を成すこともできるでしょう。ただし、遊びにも忙しいので出費も多く、蓄えることには、向いているとはいえません。

旅行や引越しなどの移動を好む傾向があるので、お金は身につきませんが、働くことは好きなので、晩年に楽しむためのお金は十分残せるはずです。

ただし、中年を過ぎた頃から独善的な面が強調されると、晩年に運気がダウンしてしまうこともあります。金銭的に苦労することがあるので注意しましょう。

【健　康】

参宿《しんしゅく》は、顔の右側の目、耳、頬を示しています。

車やバイクに乗る時には、標識の見落としや前方不注意など、視界や音には気をつけてください。

また、自分の健康に目もくれず、邁進《まいしん》する傾向があるので、健康管理にも注意が必要です。体力はあるほうですが、肝臓、膀胱炎《ぼうこうえん》、足の怪我などにも用心しましょう。

子供の頃から体は丈夫な方です。また、人からどう思われようと気にしない方でしょう。ただし、周囲からの反感を買うことで、ときに窮地に陥るようなことがあった場合、さすがのあなたもストレスを抱えて、それが目や耳へ影響が出る場合もあります。周囲と歩調を合わせて、関心のある分野で目標達成するために動くようになると、人徳も得られ、健康も運気もアップしていくでしょう。

★開運の鍵
守護方位　西
黄色のもの
重要書類
子孫
結婚式場

井宿《せいしゅく》

不死鳥のようによみがえり飛躍を繰り返す宿

【性格と人生】

12宮の夫妻宮と蟹宮にあり、理路整然とした話術は27宿の中でも一番です。そして、有能な役人としても優れ、組織の中で名声を得ていく人です。頭の回転が速く、端正で温厚なインテリタイプで、「軽燥宿」といわれています。「井」の字が示すように、井戸を掘るように、一つのことに集中して探求していく力があるので、多くの知識を得ることができます。

子供の頃は、比較的恵まれた環境に育ち、よく勉強をする真面目な子です。持ち前の知性と話術で、優しい表情をしながらも、理想主義を唱えていくでしょう。

社会に出てからは、名声に憧れを抱き、野心家となる傾向があります。几帳面できちんとした性格なので、情報収集や実務面で能力を発揮。物事を論理的にとらえることができるので、てきぱきと処理していくでしょう。

一見、クールな性格と見られがちですが、立場が弱い人に対しては優しく、平和主義でもあるのです。実は、内面にはデリケートな感性を秘め、感情豊かなので、「理論」という「鎧《よろい》」を身につけなければならないのかもしれません。

中年期に、災難を受けることがありますが、どんなに挫折しても不死鳥のようによみがえる力を持っています。失敗から何かを学び、マイナスをプラスに転じていくでしょう。

【開運アドバイス】

優秀な頭脳と優れた話術を生かし、使命感を持って生きていくことです。

しかし、人づき合いをする上では、視野が狭くなり、上の立場からものをいったりしがち。自尊心が強く、話も理屈っぽくもなりがちで、人との論争を好む傾向にあります。自分より強い立場の人がいると、つい論争をしかけて、負かそうとしてしまうのです。自尊心を傷つけられまいとして、そうしてしまいますが、あなたが傷つくのと同じように、相手も傷つくということを考えることが大切です。

人と接する際は、同じスタンスに立った言動に徹して、笑顔を心がければ、開運に向かうはずです。ときには、あえて負けるという体験をして、楽に生きることを実践してみると、よりよい人生を送ることができるでしょう。

【恋愛と結婚】

理想が高く相手に妥協しないタイプ。合コンなどで知り会っても、すぐに恋愛に進展することがなく、本心を知られたくないために、交際までに時間がかかるでしょう。ですから、恋愛をしたいのによい相手がいないと思い込み、結婚も遅くなりがち。若い頃に結婚した場合も、相手に理想を求めすぎて離婚するケースも少なくないようです。ただし、一度失敗したら二度と同じ間違いをしない宿なので、二度目の結婚の方が上手くいくようで、やや遅めの結婚の方が安定した生活が得られそうです。

家庭では、男性は、やや亭主関白ながら家族を大切にする、よき夫となります。女性は、几帳面できれい好きな奥さんになりますが、夫の仕事や親せきなどについて、口出しするうるさ型の奥さんになる場合もあります。

【適　性】

一つのことを深く追求する探究心とインテリジェンスを生かして、人々に物事の道理を説いていくことが使命です。

職業としては、宗教関係の仕事も向いていますが、理論展開や話術を得意としているので、評論家やジャーナリスト、教師などを目指してもよいでしょう。

あなたの説得力ある言葉は「言霊」となり、多くの人の魂に訴えることができるはずです。また、頭の回転も速いので、情報処理やデータ処理などに関わる仕事にも適しています。交渉能力にも優れているので、企業間の折衝や取引では力を発揮できるでしょう。

野心家なので、企業のトップを目指すのもよいですが、何かと波乱を巻き起こす可能性もあるので、平和を愛するというスピリットを持って仕事をすることが肝心です。

【お　金】

恵まれた家庭に育つ人が多いようですが、10代～20代の頃に波乱に見舞われる傾向にあり、金銭的にも苦労することがあるようです。しかし、逆に30代からは平穏で安定した運気に恵まれるので、お金に困るような状況は少なくなるでしょう。

温厚でインテリジェンスにあふれた性格なので、職場や友人から信頼が得られます。そのため、職業の選択を間違わなければ、社会的な評価も高まり、財産も蓄えることができるはずです。晩年には多くの財産を得て、豊かな老後を送ることもできるでしょう。

ただし、人から頼まれると断り切れない面もあるので、お金を貸したり、保証人になるのは避けたいところ。それが原因で財運を衰えさせることもあります。危険な罠にはまらないようにカンを働かせてください。

【健　康】

井宿《せいしゅく》は、顔の左側の目、耳、頬を示しています。

人からのアドバイスに耳を傾けて、そして頬を新鮮な空気に触れさせることで、ストレスを溜めない生活を送るようにしましょう。というのも、井宿《せいしゅく》の人は自分が気づかないうちに精神的ストレスを溜めがちなのです。ストレスを抱えてしまうことで、目や耳の病気になる場合があります。また、風邪や肺炎、ぜんそく、腎臓病にも注意しましょう。

子供の頃は、体は弱い方で、親に心配をかけることもあるようですが、成長をするにつれて健康になっていきます。しかし、中年期に大病や大きな災難を受けることも。結果的には、災い転じて福となし、それをきっかけとして幸福な方向に導かれていくでしょう。

★開運の鍵
守護方位　南
淡い青のもの
旅行パンフレット
子供
おもちゃ売り場

鬼宿《きしゅく》

個性豊かな発想力の自由人
精神世界を好む宿

【性格と人生】

12宮の蟹宮にあり、精神世界を好み、変わった印象を与えるのは27宿のうちで一番といえるでしょう。「鬼」という想像上の魔物のように、好奇心が旺盛で、個性豊かな発想やアイデアで人々をびっくりさせます。物事の本質を見抜くのが得意で、自分の感性にピンと来るようなことが見つかると、とことん追求します。また「急速宿」ともいわれ動きは敏速。

子供の頃は、おっとりしていて、意識を内側に向ける傾向にあり、空想の世界に入り込むことも多いでしょう。成長するにしたがって人づき合いもよくなり、行動が速くなります。小さい頃とは違って、陽気でフレンドリーな印象を与えるでしょう。

社会に出てからは、自分の進むべき道をきちんと歩んでいきます。ニュートラルな精神で、普通の人が関心を示さないようなことに興味を持つことが多く、その分野をわき目もふらず追求するでしょう。周囲の人には、変わった人という印象を与えることもありますが、本人の中では当たり前のことをやっているだけなのです。

人がよいのもこの宿の特徴で、ときとして何のお金にもならないことに対してもエネルギーを注いでいきます。お金になることであっても、自分の興味の対象にならなければ行動しようとはしません。特に、精神的に感銘を受けたものに、動かされることが多いようです。

【開運アドバイス】

世の中のためになるようなことに、使命感を持って生きていくことです。

この宿の人は、気に入らないことがあったり、些細なことでも気に障ると、一方的に人との関係を切ることがあります。

また、自由が奪われそうになると、旅に出てしまうこともあります。いつも自由人でいたいのです。ただし、それをしすぎてしまうと、周囲からの信用を失いかねません。自分の置かれている立場や状況を判断して、行動することも大切です。

一方で、人がよすぎてしまう傾向があります。そのために、だまされて人の面倒を負わされてしまうこともあるでしょう。こんな時ほど、状況を把握して、鋭いカンを働かせることができれば、素晴らしい人生を歩むことができるでしょう。

【恋愛と結婚】

自由人のせいか、男性も女性も相手に、私がいなければ……と思わせるタイプが多いようです。しかし、フリーな状態を好むので束縛をされるのは苦手。また、熱しやすく冷めやすい面を持っています。どんなに盛り上がった恋愛になったとしても、しばらくすると、他の人に目が移ってしまうようです。

結婚運は、男性も女性もよい方で、特に男性はよい妻に恵まれるでしょう。女性は27宿中、最も夫に尽くす宿とされており、結婚すると最良の妻になります。

基本的に家庭運がよく、家族を大切にするタイプですが、家族や親族のことで心配ごとがあったり、子供との縁がやや薄いといった面があります。夫婦仲がよいのに仕事で外に出ることが多かったり、遊びで外出したりと、落ち着かない面もあります。

【適　性】

開拓精神があり、直感的なヒラメキにも恵まれているので、「9時から5時」の時間に束縛されるような仕事より、自分の発想で動くことができる仕事が向いています。ですから、どちらかといえばサラリーマンよりも、束縛されない環境で働くと、力を発揮できるでしょう。人とは違った発想で道を切り開いて、人々に貢献することが使命といえます。

精神世界を通じて、研ぎ澄まされた魂の尊厳を伝えていくことも重要な役割です。適した仕事は、海外で活躍する貿易業、人が関心を示さない分野での研究者。自由な発想で物事の本質をとらえることに優れているので、ライターや作家なども向いています。

人に対しても本心から親身になれるタイプなので、宗教関係やコンサルタント、教師なども適しているでしょう。

【お　金】

自分の好きな分野を職業にするので、仕事は熱心です。そのため、選択した仕事次第でお金も入ってきます。

ただし、自分が精神的に束縛されるような仕事に就くことはなく、好きなことに熱中しやすく、無償で働くこともいとわない性格なので、その場合は、多少お金に困ることもあります。しかし、本人はお金がなくても気にしないことが多いようです。

この宿の人は、見た目よりもコツコツと努力をするので、徐々にお金も入ってきて、財も貯まるはずです。また、霊感的なヒラメキにも恵まれているので、人間関係や仕事で、危ない橋を避けることができます。しかし、人がよすぎて災難をこうむることもあるので注意が必要。人に尊敬されるような仕事を続ければ、自然と財もできるでしょう。

【健　康】

鬼宿《きしゅく》は、鼻、骨を示しています。

ですから、鼻炎になったり、骨折したりすることもあるでしょう。

また、好きなことに邁進するため、過労や寝不足により、いつしか体調を崩して、運気がダウンする場合があります。したがって、疲労、心臓病などにも十分注意しておきましょう。そのほか、食べすぎや精神的ストレスなどにも気をつけてください。

自由な発想で行動するあなたは、自分の心の琴線に触れるか触れないかが、すべてのキーワードとなります。つまり、この宿の人の基準は、精神的な満足を得られるかどうかなのです。もし、このような環境でない場合には、たちまち、精神的なストレスに見舞われるようです。アレルギー反応が鼻炎として出る場合もあるでしょう。

★開運の鍵

守護方位　南

金色のもの

スピリチュアル本

法律家

官庁

柳宿《りゅうしゅく》

熱血漢で正義感が強く自然と周囲から運を授かる宿

【性格と人生】

12宮の蟹宮にあり、生まれながらにして運がよい人が多く、困ったことがあったとしても、周囲からのバックアップがあるでしょう。それにより財を築くこともあります。熱狂的な宿としては、27宿の中で一番といわれています。「柳」の枝が重なり合うように、その場の状況に応じ、あなたに幸運を運んでくれるような人が近くにいるのが特徴です。学校の先生や上司、配偶者……あなたの周りにいる人が、財と名声への材料を与えてくれるのです。そして、親や配偶者の財産を引き継いでいたということもあり、そんな理由から財宝の宿といわれています。

子供の頃は、親に対して従順で、いわゆる「いい子」を演じ、誰からもかわいがられます。大人になってからは、一見、穏やかに見えるものの、実は関心のある物事に没頭して熱狂的になりすぎることも。自分の信条とするものにエネルギーを注いでいくので、ときに周囲から反発を買うこともあります。

また、好印象を与えて上手に交際していきますが、「毒害宿」ゆえ、自分が気に入らないと、それまでの関係に幕を閉じてしまうことも。周囲は、熱血漢で正義に燃えているあなたに魅力を感じているのに、あなたの方の熱が冷めて離れていった……ということもあるようです。周囲を失望させないように、よい人間関係を維持するように心がけていきましょう。

【開運アドバイス】

熱い語りで人々を導き、救っていくことに使命感を持って生きていくことです。

自然とバックアップされるあなたは、逆に周囲をアシストするという立場になることも多いです。それを実行していくことで、魂はより成長をしていき、運は開けていきます。

状況によっては熱しやすくて冷めやすい性格を正し、一度発した言葉に責任を持つことです。有言実行を心がけていけば、さらに深く人々と関わることができ、素晴らしい人生を歩むことができるでしょう。

基本的には、人の困難を見捨てられない性格で、あなた自身も降りかかった災難に立ち向かう強さを持っています。ですから、波乱の人生を歩みながらも、周りの人々をアシストしたり、逆にアシストされながら運気はアップしていくでしょう。

【恋愛と結婚】

さまざまなことに熱狂するあなたは、恋愛においても情熱的なタイプです。この人と決めたら、とことんアプローチして交際しようとします。

特に、ライバルがいる場合は、何とか自分の方に気持ちを向けようと熱くなります。そうして勝ち得た恋愛は、意外に長続きするのです。

結婚は、男性と女性では違った傾向が見られます。男性は、女性の言いなりになりやすいタイプで、養子になることも多いようです。養父母には好かれるので、家庭運はよいでしょう。女性は、仕事で生活できるだけの活躍の場があり、それなりのスキルもあるため、結婚しても専業主婦になることは少なく、家庭的とはいえません。家を空けることも多く、家事も得意な方ではないので、離婚するケースも少なからずあるようです。

【適 性】

あなたの口からもたらされる言葉には、不思議と説得力があります。したがって、この宿の人には、人々に大切なメッセージを伝えるという使命が与えられています。

トークの時の姿勢が熱心で、伝え方もわかりやすく、頼りがいがあるので、人々に「生きた言霊」を伝えられるでしょう。

そんな人々を自然と納得させてしまう話術を十分に生かせる職業は、政治家や弁護士、芸能関係などです。好奇心も強く物事にも凝りやすいので、ジャーナリスト、茶道や舞踊などの伝統芸の師匠なども適しているようです。

外国との縁も深いので、貿易関係や通訳者、翻訳家、外交官などもよいでしょう。女性ならば、自分の好きな分野で起業すると、よい結果を得られるでしょう。

【お 金】

生涯においてツキに恵まれているのがこの宿です。子供の頃から親の愛情と恩恵を受けるので、お金に困ることはありません。男性は、養子となる場合も少なくないようで、養子先の財産を受け継ぐこともあります。

社会でも頼りにされるので、上の地位につくことができ、高収入が得られるでしょう。

自分ではそれほど意識しなくても周りが盛り立てるので、中年以降は社会的な信頼を得ることができ、自然と財を成すはずです。ですから、家族や親戚から頼りにされ、全財産を任されたりすることもあります。しかし、思わぬところで反感を買ったりするので、横柄にならないように気をつけましょう。

女性の場合は、起業家として財を成す人が多いのもこの宿の特徴です。

【健　康】

柳宿《りゅうしゅく》は、歯を示しています。

「ちゃんと噛んで食べ」、日々の食事には気をつけるようにしてください。歯の治療も定期健診を受けるとよいでしょう。

また高血圧、心臓病、胃腸の病気にも注意が必要です。体は頑丈そうに見えますが、見かけほどではないので健康への過信は禁物。

なお、熱狂しがちな性格なので、勢いがつきすぎて階段から落ちたり、最悪の場合、駅のホームから線路に転落なんてことも。スポーツでも同様、怪我をすることが多いです。転倒した際に、歯が欠けたり、歯に関してのトラブルが発生しやすいので注意。

また、歯茎が痛んだ時には、他の病気のシグナルが表われていることもあります。

★開運の鍵
守護方位　南
すみれ色のもの
翻訳書
コンサルタント
ヘアサロン

星宿《せいしゅく》

夢に向かってひたすら働き続けるバイタリティーある宿

【性格と人生】

12宮の獅子宮にあり、働き者としては27宿中、一番。とにかくバイタリティーがあり、仕事では周囲の人が驚くほど働きます。「星に願いを」というように、大きな理想と夢を持ち、それに向かってひたすら働くのが特徴です。目標が決まったなら、どんなに時間がかかろうとも、困難な道が立ちはだかろうとも、達成していきます。ただし、「猛悪宿」といわれる性格があり、ときに手段を選ばないような行動に出る場合もあるようです。

子供の頃は、どちらかというと無愛想な部類に入ります。しかし、目標を持ったら、とにかく頑張り続けることが特徴で、大人になると努力が実り、人から評価を得られるようになります。そうなると、夢と理想は大きく膨らみ、忙しく働く人生が加速されるのです。

また、神を信じる信心深い面があり、それが目標を成し遂げる原動力になることも。困難な場面に遭遇しても、信念で切り抜けることができ、夢の実現に光が射していきます。がむしゃらに働いた結果、ある時期からリーダー的存在となり、本領発揮。何事においても人一倍働くので、どんどん欲しいものは手に入るでしょう。

人に対しては差別することなく礼儀正しく接し、その人のためになることをしてあげたいと考えます。人を信じる心を持ちながら、悪を見抜く力が備わっているので、だまされることもありません。

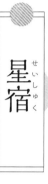

【開運アドバイス】

理想と夢に向かって働き、人の面倒を見ることに使命感を持って生きていくことです。

与えたものはいずれ自分に返ってくるということを本能的に知っているので、約束はきちんと実行していくとよいでしょう。さらに世話好きな面で好感が持たれると、人気者になっていくはずです。ただし、必死に働くあなたについて来られない人たちも多いので、それを認めてあげることが大切です。また、人を救済する度量があるのはよいことですが、ついつい手に負えないことまで引き受けようとして、大変なトラブルに巻き込まれてしまうことがあります。そんな時は、早めに手を引くことも必要です。

いずれにしても、信心の心を持って生きていくことで、素晴らしい人生を手に入れることができるでしょう。

【恋愛と結婚】

恋愛面でも、他のことと同じように、自分の理想とする異性を求め続けます。そのため、結果的に多くの異性とつき合うこともあるでしょう。それは決して遊びではなく、どんな場合も真剣。そんな恋愛観は、相手にとっては重たく感じられることもあるかもしれません。

妥協しない性格なので、男性も女性も結婚は晩婚になりがちで、同じ職業の人と結婚する人が多いでしょう。結婚生活は、子供にも恵まれ夫婦仲もよくなります。ところが、人によっては配偶者と死別するような、辛いことを体験するかもしれません。

結婚後、女性は家庭的な人が多いようです。男性は、家庭を大切にする夫になるのですが、やや亭主関白。浮気が真剣になってしまい、家庭崩壊になることもあるので注意。

【適　性】

27宿の中で最も働き者で、腰を据えてじっくり物事に取り組むのがこの宿です。そんなあなたは、人に喜んでもらえたり、学問を通じて優れた人材を育成することが使命といえます。したがって適した職業は、学者や研究者、教師などが挙げられます。そして、人を導く宗教関係の仕事もよいでしょう。いずれにしても、あなたの「意思を持った言霊」は、人々の魂に浸透していくはずです。

基本的に、自分の夢に向かって妥協することなく突き進む面があるので、どんな職業に就いても、それなりに力を発揮できます。しかし、仕事の内容によっては力が認められるまでに時間がかかることもあるでしょう。どちらかといえば、サラリーマンよりも個性を発揮できる仕事がよく、建築関係や不動産業も向いています。

【お　金】

勉強好きで知識も豊富、何よりも27宿の中で一番の働き者なので、大金持ちにならないまでも、生涯を通してお金に困ることはないでしょう。

星宿《せいしゅく》の人は、普通の人以上の働きをするので、お金と名声はいつの間にか後からついてきます。ですから、晩年は、気がついたら、お金持ちになっていた、ということもあるかもしれません。

ただ、人のためにお金を使う暗示もあります。情け深さや面倒見のよさが、逆にアダになってトラブルに巻き込まれることもあるので、注意をしていく必要があります。

この宿の特徴として、貯めたお金で不動産や土地などを買う傾向があるため、上手く時流に乗って不動産価値が上がれば、大金持ちになることもあるようです。

【健　康】

星宿《せいしゅく》は、項《うなじ》を示しています。

項は人体の中でも重要な部分で、健康を左右します。星宿《せいしゅく》の人は、健康や医療は好きな分野の一つなので、日々の栄養や体の調子を心がけていれば、長寿となるでしょう。

ただし、働きすぎる性格なので、過労による首の凝り、骨関係の怪我や病気、精神的ストレスには十分、気をつけてください。

また、頚椎《けいつい》ヘルニアなど、パソコンやタブレットのやりすぎにより、ストレートネックになってしまう傾向もあるようです。こまめに首を回したり、ストレッチをしていくことが大切です。

また、信用できる治療院で、日頃から、整体や鍼灸《しんきゅう》など、首のメンテナンスを心がけていくとよいでしょう。

★開運の鍵

守護方位　南
オレンジのもの
スポーツグッズ
警官
旅行代理店

張宿《ちょうしゅく》

自らをプロデュースすることで人の心をとらえていく宿

【性格と人生】

12宮の獅子宮に入り、華があります。自分を主役に仕立て上げるプロデュースぶりは、27宿中一番といえるでしょう。独特の話術で人の気持ちに訴えかけ、魂を揺さぶることができます。幅広く人から愛される人気者です。ただし「猛悪宿」ともいわれ、ときに手段を選ばないような行動に出る場合もあります。

子供の頃は運が強いとはいえず、成長するにしたがって運気はアップしていきます。

繊細さとたくましさを兼ね備え、清潔感が漂う爽快なイメージ。知恵もあり、粘り強く理想に向かって努力していくので、人からのバックアップも多く、自然と親からの財産を受け継いだり、予期せぬようなところから素晴らしいプレゼントをもらえたりします。

リーダーとしての才能があり、絶妙なトークで自分を演出する能力を持っているため、自然と目立つ存在となり、人が集まってくるでしょう。しかし、大風呂敷を広げて人を丸め込もうとしたり、地位についた時に、弱者に対して威張ったりすることもあります。

男性と女性とでは多少違った運勢になり、男性は人生の中盤以降によい人生を歩んでいく人と、そうではない人とに大別されます。女性は、比較的きれいな人が多く、確実に自分の人生を歩むタイプが多いです。真面目で頼りがいがあり、27宿で一番肝が据わっています。女性実業家も多く、人気者となり財を築けるでしょう。

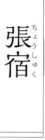

【開運アドバイス】

周囲に心から愛情を持って接することを意識し、使命感を抱いて生きていくことです。

主役になることが得意なために、威張ったり、権力を振りかざしたりしてしまうことがあるようです。実は、気が弱いところもあるためか、若い頃に理不尽なことで上に従ってしまうと、その反動で自分が権力者になると、同じ行動をとってしまうことが……。こうなると、あなたの人気は衰えて人生は転落していきます。地位が高くなり役職についた場合は、部下をおおらかな心でかわいがるようにしていくことです。自分の性格をわきまえている人は、嫌な面を抑えて確実な人生を歩んでいくでしょう。男性は、このように中盤からの生き方により、大きく人生は分かれます。女性は潔癖症や現実的になりすぎないこと。心豊かに生きることで、素晴らしい人生が歩めるでしょう。

【恋愛と結婚】

男性も女性も異性を惹きつける魅力がありモテる宿です。女性はフェロモン系が多く、少し高望みをしても理想の人を捕まえることができるでしょう。その反面、さまざまなタイプの異性に目移りをして、次から次へと相手を変えてしまうこともあります。

結婚運でもそんな移り気な性格は影を落とします。男性も女性もあまり結婚運はよいとはいえません。結婚後も男性は浮気グセが治らずに、妻から離婚を言い渡されることも。また、家庭内暴力をふるったりする人もいるでしょう。したがって、安定した結婚生活を望むなら、安易な浮気や不倫には走らないように注意してください。

女性の場合は、男性と違って離婚を経験することで運気がよくなるケースがあり、社会的に大きく伸びる人もいます。

【適　性】

文字を通して人々に何かを伝えたり、話術を武器に自分の考えを世の中に訴えていくことが使命といえるでしょう。

あなたの「生きた言霊」は人々の魂に訴えかけるはずです。適した職業としては、新聞記者やジャーナリスト、リポーター、評論家、司会者などが挙げられます。男性ならば、教師や公務員、家業を受け継いでもよいでしょう。女性はビジュアルにも恵まれていて、自分を演出することに優れているので、タレントや放送関連の仕事なども適しています。また、男性よりもしっかり者なので、どんな仕事を選んでも成功が望めるでしょう。

男女とも、目上の人からバックアップされる運を持っているので、仕事の分野にかかわらず、自分の力を十分に発揮できるはずです。

【お　金】

親や配偶者などから財産を引き継ぐ運があります。また、何かの事情でお金を借りることもありますが、そのお金を資金として大きく財産を作ることができます。

仕事では、目上のアシストにより金銭的には安定していくことがありますが、地位が上がると同時に、部下などに厳しくしてしまうこともあります。そのため、立場が逆転した時に、金銭的に痛手を負うことがあるかもしれません。また、50歳を過ぎた頃に病気か災難に見舞われ、お金が必要となることもあるでしょう。

人によっては、若い頃の恵まれた運と、配偶者などから引き継いだ財産を上手く保って財を成す人もいます。特に女性は、離婚で大金を手に入れたり、実業家となって大きな財産を作る人も少なくありません。

【健　康】

張宿《ちょうしゅく》は、右肩に当たります。

特に、右肩の方が肩凝りになりやすい体質で、肩甲骨《けんこうこつ》の凝りも感じやすいです。日頃から、定期的に運動やストレッチを続けましょう。また、四十肩や五十肩になる人もいるでしょう。

ヘルニアや心臓病などの影響が、肩の痛みとして出る場合もあるため、凝りの治療をしても緩和されない場合には、検査をした方がよいでしょう。そのほか、高血圧、くも膜下出血などにも注意してください。

自分の体力以上のことをしがちで、中年期に体の調子を悪くする傾向にありますが、この時期を乗り越えれば長寿できる人も多いです。

★開運の鍵
守護方位　南
赤いもの
プレゼント
自衛官
スポーツフィールド

翼宿《よくしゅく》

「翼」を広げて世界を飛び回る自由自在な宿

【性格と人生】

12宮の獅子宮と女宮にあり、27宿中、一番に海外との関わりがあり、昴宿《ぼうしゅく》、斗宿《とうしゅく》とならび、三大「幸運宿」の一つ。「安重宿」ともいわれ安定しています。

子供の頃から恵まれた環境に育つ人が多く、親や大人に対して従順なので、周囲の人々に温かく見守られて成長していきます。

「翼」というように、家でゆっくりするよりも外ではしゃぐ方を好みます。また、海外との関わりを持つ場合も多く、外国と日本を行き来する人もいるでしょう。音楽や歌が好きな人が多く、人前でスピーチをするのも上手。堂々とした態度でいられるのは、あなたの特権です。

見た目は温和なイメージを与えますが、風格と威厳を持ち合わせた実力者。人を思いのままコントロールすることができ、自尊心の高いリーダーになる素質を持っています。

完璧主義で闘争心と意思が強いため、決めたことはやり通しますが、基本的には人に対して優しく接するため、争いは少なく穏やかに生活できるでしょう。親の面倒を見たり、若いうちから家を継いだりする人もいるようです。

ときとして、自他ともに厳しくなる傾向が出てくると、世渡り上手とはいえない部分がクローズアップされてしまうこともあるので、そこは気をつけたいところです。

【開運アドバイス】

目的意識を持ち、大きく翼を羽ばたかせ、使命感を持って生きていくことです。

特に、海外に関することで運が開けていきます。ただし、無計画に動いたり、届かぬ夢を追いすぎると、いつまでも定職を持たないで、怠惰になってしまうことがあるので、潮時を見極めることも肝心です。

また、物事が順調に運んでいても、あなたの実力が伴っていなければ、いずれ失敗するので、常に努力をすることが必要です。

観念や完璧さを他人に求めすぎずに、人それぞれのやり方やペースを尊重してあげることが大事になるでしょう。

そうすることで、一生を通じて波乱が少なく、それなりの財も残せて、素晴らしい人生が歩めるようになるはずです。

【恋愛と結婚】

恋愛では、男性と女性では少し違います。男性は、女性の求めていることを本能的に察知できるので、モテるでしょう。そのため、遊びすぎると婚期を逃すこともあります。できれば20代で結婚を決めた方がよいでしょう。女性は、理想が高く、尊敬できる要素がないと恋愛に発展しないようです。

夫婦仲はよく、男性は、早く結婚するとよき妻に恵まれ、働き者の奥さんを得ることができ、収入の面からも夫を助けてくれます。女性も、よい夫に恵まれ、良妻賢母型で働き者となります。子供には英才教育を受けさせるようになりますが、子供の反抗につながる場合もあるので、ほどほどにしておきましょう。

翼宿《よくしゅく》は、神経質な面もあるので、相手とじっくりつき合った上での結婚がお勧めです。

【適　性】

「翼」という名が示すように、内勤よりも外交向き。海外関連のことや歌や音楽などを通じて人々にメッセージを伝えることが使命です。

あなたの「音霊」は、人々に癒しと勇気を与えるでしょう。映画やテレビなどのエンターテインメント関連の仕事が適職に挙げられます。音楽教室などで子供たちに教えたり、プログラマーなどのＩＴ関連も得意分野なので、コンピュータを駆使した音楽創作もよいでしょう。

海外に縁があるので、外交官や貿易業なども適職。車や飛行機などに乗って飛び回るのも好きなので、旅行関係やパイロット、ＣＡ、運転手などの仕事も適しています。ただし、一人で動くよりも組織の一員として動いた方が力を発揮できるようです。

【お　金】

中年期までは、いつも忙しく働いているのですが、そのわりにはあまりお金が残らないようです。しかし、エンターテインメントの世界で成功すれば、莫大《ばくだい》な財を築くこともできます。

仕事では完璧主義なのですが、その一方で金銭的に度外視してしまうので、ときとして労働と収入が比例しないケースがあります。そういう意味では、お金よりも名誉がついてくる運といえるでしょう。

実力がないうちに事業を始めたり、一人で大きな仕事をしようとすると失敗するケースもあります。ですから、組織の中で活動したり、グループリーダーとして力を発揮する方がお金にも結びつきやすいです。

晩年も忙しく動き回りますが、金銭的には恵まれているでしょう。

【健　康】

翼宿《よくしゅく》は、左肩に当たります。

パソコン関連や制作などの仕事に就いている人は、左肩の凝りには注意したいものです。また、飛び回ることが好きな翼宿《よくしゅく》は、事故などによる肩の怪我や脱臼などにも気をつけましょう。肩甲骨の凝りも感じやすいので、日頃から、運動やストレッチを習慣化していくように心がけるとよいでしょう。また、四十肩や五十肩になる人もいるようです。

決めたことをやり通すため、無理を重ねているうちに、ヘルニアになったり、肝臓病やすい臓病、胃腸など内臓の病気にもなりがちなので、仕事はほどほどに。

また、完璧を求めすぎると精神的な病にもなりやすいので、旅行などでリラックスしていくことです。

★開運の鍵
守護方位　南
紫のもの
ネックレス
外国人
海外

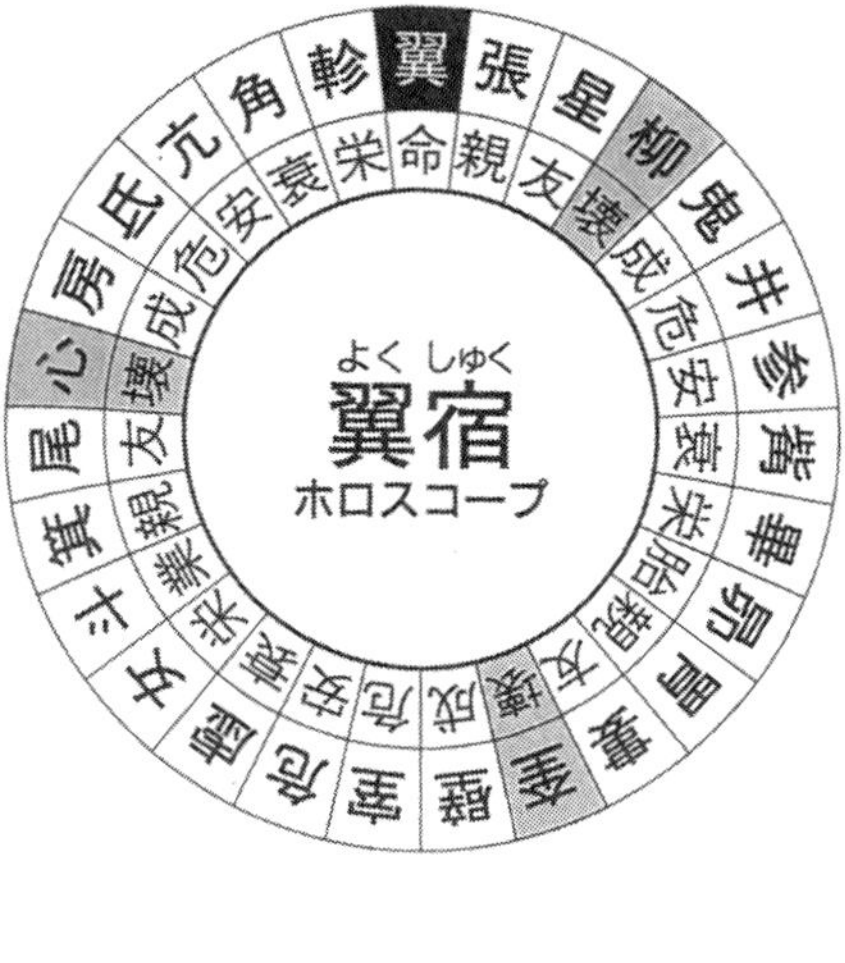

軫宿《しんしゅく》

身近な女性にアシストされて伸びる宿
純粋で交際上手

【性格と人生】

12宮の女宮にあり、社交は27宿中、上位にランクされるでしょう。基本的に、思慮深く粘り強い性格。しかし、「急速宿」といわれ、行動はテキパキしています。

男性は、人当たりがソフトで、女性は女性らしさが強調されるので人気者に。しかし、意外に自我が強く内向的な面もあり、自分だけの世界を持ちます。人に入り込まれるのを防ぐために、柔和な面を強調させているのかもしれません。

子供の頃は、心身ともに弱い人が多いですが、物心がつく頃から世渡り上手になります。しかし、つい本音が出て自滅することもあるようです。

社会人になってからは、優れた資質を持ち、幅広い視点で物事を考えるようになれます。相手の気持ちを見抜く力があり、細かいことにもよく気がつき、褒めることも得意。そのため、対人関係は良好で、人づき合いもよいでしょう。

金銭感覚は優れており、人のためにお金を出すことはほぼありません。しかし、あなたの純粋さを利用しようと近づいてくる人にだまされたり、裏切られたりすることがあります。さらに、軫《しん》の「車」という文字に象徴されるように車好きなので、愛車にお金をかけすぎてしまうこともあるようです。

中年以降は、社交性と交際上手が幸いして、困っている時に、自然と近くにいる女性が手を差し伸べてくれて、運気はアップするでしょう。

【開運アドバイス】

人との良好な関わり合いを大切にして、使命感を持って生きていくことです。

基本的には交際上手。人を褒めてあげるのが得意なので、あなたに関わった人は自信を持つことができます。そうすることで、あなたにも見返りの幸運が戻ってくるでしょう。しかし、ときとしてだまされたり、受難に遭ったりすることがあるので気をつけることが必要です。

なお、家から自立して、社交性が発揮できるような仕事に就くと、あなたの特質を生かせます。全体では、アシスタント的立場をキープした方が、人生は上手くいくでしょう。

あなたの心優しい気持ちが人の心に癒しを与え、その結果、あなた自身も癒され、自然と周りに人が集まり、素晴らしい人生を歩めるはずです。

【恋愛と結婚】

社交的なので、男性も女性も恋愛上手。若い時から異性との交際が活発で、多くの人とつき合うことで自分も成長しようとします。特に女性は、狙った人をほとんど落とせるほどの魅力と恋愛テクニックを兼ね備えています。

恋愛上手なだけに早婚も多いのですが、いくつかの恋愛を経た上での晩婚がよいでしょう。

結婚すれば家庭を大切にします。ところが、結婚後も男であること、女であることを捨てようとしない場合、波風が立つこともあります。また、浮気がばれてトラブルになることも。特に、早婚だと30代から40代にかけて家庭が崩れることもあるようです。

男性は、根本的に女性好きなので、浮気や不倫の可能性も。女性は、人づき合いもよく、夫を立てる良妻となるでしょう。

【適 性】

女性との縁が強く、女性の人生や暮らしになくてはならない存在となることが、この宿の使命といえます。ですから、産婦人科医や看護師、助産師、ジュエリー関係、ヘアメイクなどはぴったり。特に産婦人科関係は、生命の誕生に立ち会え、強い使命感を感じられるはずです。

その他では、女性が好むような仕事や海外と関わる仕事にも向いています。旅行代理店やCAなどの職業でも力を発揮できるでしょう。

新しいトレンドにも敏感で好きな分野なので、ファッション関係や広告などのマスコミ関係なども適職。

車好きな人も多く、自動車会社や自動車整備士なども向いています。

社交性を生かせるセールス関連の仕事もよいでしょう。

【お 金】

リーダー的な存在よりも、裏方的なプロデューサーのような立場をとると、あなたの個性が発揮でき、金運に結びつきやすいでしょう。

若いうちは、金銭面で恵まれないことがあるかもしれませんが、中年期以降には少しずつ安定してきます。ただし、男性は女性好きの面が出てきて、女性との遊びにお金が飛んでいくこともあるようです。

また、金銭感覚は鋭いのですが、人にお金をだまし取られたり、裏切られて貸したお金が戻ってこないといった可能性も。こうした面での苦労もありますが、結果的には知人の女性が助けてくれるか、女性向けの仕事で成功して金運が上向きになったりします。

大きな財産を残すことはないかもしれませんが、晩年は金運も安定するでしょう。

【健　康】

軫宿《しんしゅく》は、手先を示しています。

手は人体の中でも繊細な部分です。指先の怪我や肌荒れには注意してください。お料理をしている最中や手芸をしている最中、もちろん、手を使う仕事の際にも、怪我をしやすいので気をつけましょう。何か作業をしている時には、それに集中するようにしてください。

また、ウイルス性の病気にかからないように、手をよく洗うのは鉄則です。特に、風邪やぜんそく、肺炎、エイズなどに気をつけること。車との縁があるので、車での事故にも注意をしましょう。

なお、子供の頃は、心身ともに弱く、虚弱体質のこともありますが、成長とともに強くなっていくでしょう。

★開運の鍵
守護方位　南
ベージュのもの
指輪
貴婦人
ホテル

角宿《かくしゅく》

遊びが好きで社交的
手先の器用さはピカイチの宿

【性格と人生】

12宮の女宮と秤宮にあり、危宿《きしゅく》、壁宿《へきしゅく》とならび三大「遊楽宿」の一つです。社交性があり、「角」という字に反して、丸く柔らかな言葉遣いや声質で好印象を与えます。「和善宿」に属する通り、人当たりがよく、人との和を大切にしていきます。

人気者の宿として上位にランクされ、手先の器用さでは27宿の中では一番。

子供の頃から愛想がよく、かわいがられて育つ人が多いようです。成長するにしたがって遊びに関心を持ち、恋愛やゲームなど楽しいことに興味を示すようになります。ここで、楽しいだけの人生に価値を見出してしまうと、それ以降に悪影響を与えてしまうでしょう。

成長段階で何不自由なく気楽に過ごしてしまうと、社会に出てから苦労することがあります。親や環境が幸せを与えてくれるものだと思い込み、人生を乗り切っていこうという気持ちをなくしてしまうのです。

そこで何も与えられないとなると、自堕落になって転職を繰り返したり、ギャンブルにはまったりすることもあります。逆に、道を切り開いていく志がある場合は、遊び心が抑えられ、人生を真剣に歩もうとしていくでしょう。

また、手先が器用なのもこの宿の特徴です。スキルを身につければ能力を発揮できます。

【開運アドバイス】

自分の存在価値を意識し、使命感を持って生きていきましょう。

日々の生活に流され、自己を甘やかしてしまうと運気がダウンします。生きていくための信条を持ち、スキルを高めて、それを役立てていくことで、人生の価値が見出せるはずです。

年上を敬い、年下とは対等につき合うという気さくさは、人気を得られる長所です。人づき合いのよさから、飲み会などにはまめに顔を出して、人脈も広がっていくでしょう。

人気運があるので、人のためになる行いで社交性や人柄が評価され、ブレーンの中から支援してくれる人が現れて運気はアップしていきます。その結果、時流にも乗り、運が開けていくでしょう。ただし、好き嫌いが激しいところは注意が必要です。

【恋愛と結婚】

清潔感が漂い、女性は比較的色気もあります。男女ともにモテるため、自然と異性とのつき合いも多くなり、一人の人では落ち着かない場合もあります。

結婚運も良好です。相手の気持ちをすぐに察知できるというカンにも優れているので、ケンカにもならず、夫婦仲もよいでしょう。

男性は、働き者のしっかりした女性と一緒になり、子供も大切にするよき夫となるようです。しかし、怠け癖もあるので、中には奥さんが家計を助ける……なんて家庭もあるでしょう。女性は、家事が好きで料理も上手な良妻賢母タイプになります。

男女ともに遊び好きな面があり、いい加減なところもあるので、30歳を過ぎたら結婚の決心がつかなくなります。早いうちに身を固めた方がよい結果になります。

【適性】

あなたの使命は庶民的な感覚と、持ち前の遊び心を生かして、人々に楽しさと安らぎを与えることです。

27宿で一番器用なので、手に職をつける職人の世界は非常に適しているといえるでしょう。料理研究家や建築家、インテリアデザイナー、園芸関係などの職業にも向いています。また、趣味や好きなこと、遊びの分野では120パーセントの力を発揮できるので、ゲームソフトのクリエーターや新しいおもちゃの開発者、遊園地関連の仕事、アトラクションの開発などもよいでしょう。

ギャンブル好きなので、パチンコや競馬関係もよいのですが、仕事よりも遊びを優先しがちなので注意。

女性相手のビジネスを手がけても、個性を生かすことができます。

【お金】

子供時代の環境によって違ってきます。子供の頃に経済的に豊かで何不自由なく育った場合は、中年から晩年にかけては運が下降しがちになります。

怠け者になってしまい、仕事をいくつも変えてギャンブルにも手を出して、金銭面で非常に苦労する人もいるようです。しかし、きちんと働いて、借金の保証人などにならなければ、金運も安定していくはずです。

一方、経済的に困るほどの家庭に育ったならば、仕事にも責任感があり、しっかりした能力も身につけることから、金銭的にも恵まれるでしょう。

器用さでは飛び抜けているので、技術力を発揮して大きなお金を得ることもあります。夢の世界ではなく、現実社会で起業やビジネスでも成功して、財を成す人もいるでしょう。

【健　康】

角宿《かくしゅく》は、頤《おとがい》を示しています。頤とは、下あごの意味で、顎関節症《がくかんせつしょう》になりやすい傾向にあります。何かの拍子に顎がはずれてしまうようなこともあるでしょう。

何かしらのアクシデントが起きて顎をはずしてしまった時に気づかずに、そのままになっている人もいるようです。

また、スポーツをしている時に、ボールが顎に当たって怪我をしたり、転んだ時に地面に顎が当たって怪我をすることもあります。それが、頭の怪我につながることもあるでしょう。

手先の器用さを生かした職業に就いた人は、手の病気などにも注意をしてください。

なお、交際上手でお酒好きが多いので、飲みすぎにはくれぐれも注意が必要です。

★開運の鍵

守護方位　東
すみれ色のもの
ペンダント
ヘアメイクアーティスト
旅館

亢宿《こうしゅく》

反骨精神と信念を持って自分の道をつらぬいていく宿

【性格と人生】

12宮の秤宮にあり、独特の人生哲学と理想を持ち、この点に関しては27宿中、一番の意志強固といえます。行動に卑しさがなく、清浄に生きることをモットーとします。「軽燥宿」といわれ、世の中の善悪、美醜には敏感に反応し、バランス感覚がよく公平に物事を判断していくでしょう

少し変わったところもありますが、過去の概念を打ち砕き、改革派のリーダーとして生きていく人が多いようです。何をするにしても正義を主張します。夢や理想を実現するための努力は惜しみません。しかし、理論や理屈を掲げすぎる傾向も。物事に対しては裏づけが必要と考えるタイプなので、徹底的に研究を続けることもあるでしょう。

子供の頃は、親や目上の人に対して従順とはいえず、周囲からかわいがられるタイプではありません。自分が納得できないと動かないし、何に対しても自分が理解できるまで執拗《しつよう》にくいさがるからです。

その性格は成長するにつれ、ますます強くなります。あなたを納得させられるような人と出会えればよいのですが、そうでないと逆らうだけの人になってしまう恐れもあります。

恵まれた環境にいるならば、しっかりとした人生哲学を持てますが、恵まれなければ、自分の信念や正義のために一生逆らい、戦い続ける人生になってしまうでしょう。

【開運アドバイス】

人のためになるようなことを意識し、使命感を持って生きることです。

自分の哲学や考えを人に押しつける傾向があり、もし間違っていたとしても自らの考えを押し通します。逆に、相手が間違っている場合には、はねつけるでしょう。他人の意見も受け入れる度量を身につけることです。日頃から、よい人脈作りをしていかないと、反抗精神だけ目立ってしまいます。理想を共有できるような人とつき合い、その中で生きれば、あなたの個性が生かされます。ただし、必要な時には正義を主張する、それがエネルギー源となることもあるでしょう。

また、白黒をはっきりさせたい人ですが、世の中には灰色もあるということを理解しましょう。そういう柔軟性を身につければ、素晴らしい人生を歩めるはずです。

【恋愛と結婚】

男性は、がっちりした人が多く、女性はかわいい感じの人が多いようです。男女とも異性からのアプローチはあるのですが、あなたから相手に頼ったり、合わせたりするのが苦手なので、なかなか恋愛に進展しないことがあります。そのため、若いうちは軽いつき合いをするケースもあるでしょう。つき合う相手に対しては、自分のカンに頼ることも多く、交際してすぐに結婚することも。また、結婚という形式にこだわらないので、結婚は早いか遅いかどちらかになるようです。

結婚生活は、あまり恵まれないかもしれません。というのも、しっかりとした自分の考えがあり、相手の考えを受け入れようとしません。そのため、相手の意見を無視すると関係がぎくしゃくします。自分の気持ちをコントロールしていけば生活は安定します。

きちんと規則を守って、人々を援護するような役割がこの宿に与えられた使命です。

人々を正義の方向に導く警察官や弁護士、会計士などの仕事に就けば、自分の使命感が芽生えてくるはずです。

また、しっかりした意見を持っているのでジャーナリストや評論家、エッセイストなどの仕事も適しています。自分の考えにこだわりがあるので、何かを作り出すクリエイティブな仕事や研究職にも向いているでしょう。

金銭面もきっちりしているので、証券や銀行などの金融関係、不動産業などでも力を発揮できます。

どちらかといえば、愛想がよい方ではなく、人に頭を下げることが嫌いなので、お客を相手にするようなサービス業にはあまり向いていません。

【お金】

お金に関することはきちんとしているので、困ることはないようです。また、商才にも恵まれている方なので、努力を怠らなければ、少しずつでも財産を増やしていき、晩年には富と人望を得ることになるでしょう。

既成の概念や体制には反抗するタイプなので、芸術的な分野などで、独自の才能を開花させることができれば、大きな財産を成すこともあります。ただし、権威に刃向かう気持ちが強いため、会社の上司のいうことに逆らうと、左遷やリストラの対象になり、金運もダウンしてしまいます。立場を考えて自分をコントロールすることも必要です。

あまりに大きな夢を持つのもよくありません。自分の意見が強いわりに、カンに頼ってだまされやすいところもあり、金銭的に窮地に陥ることもあるようです。

【健 康】

亢宿《こうしゅく》は、胸を示しています。

胸には、心臓、肺があります。特に、これらの病気には気をつけましょう。肺がんや心臓病などの定期健診は怠らずにしていくことです。

また、風邪を引きやすい体質でもあるようで、肺炎を引き起こす前に早めに治療しましょう。

大腸や痔などの病気にも注意してください。日頃の生活に、自分なりの健康法を取り入れるとよいでしょう。

正義感が強く、物事を白黒、善悪をつけたがるので、権威のある人に対しても間違っていると思ったなら、「亢」という字が表すように抗議していきます。それが通らなかったり、精神的に崩れた時に、病気を引き起こす可能性もあるので気をつけましょう。

★開運の鍵
守護方位　東
緑のもの
アート作品
音楽家
コンサート会場

氐宿《ていしゅく》

世渡り上手でエネルギッシュ
改革精神旺盛な宿

【性格と人生】

12宮の秤宮と蠍宮にあり、「氐」という字が表すように、底力があります。精神と体力の両方に強さを持つ宿としては、27宿中、上位にランクされます。「剛柔宿」といわれ、調和と改新の精神があり、剛と柔の性格を合わせ持ち、活発でエネルギッシュ。目的達成や欲求満足のために忙しく動きまわっている人です。

子供の頃から心身ともに強いです。「剛」の性格が出ると、わがままになり、親は子供を優位な立場にさせてしまい、「柔」な面が出ると、愛嬌《あいきょう》があり好感を持たれます。

物事の本質を理解し、冷静に分析する能力があります。先を見る聡明さもあるので、比較的順調な人生を歩んでいくでしょう。また、無駄な争いを好みません。自分が置かれた立場や相手の反応を見て対応を変えたり、優位性を考えて行動します。相手が喜ぶツボも感覚的にわかるので、その人を上機嫌にさせるようなことも得意。それにより、人気はさらに高まるでしょう。しかし、世の中が自分の思う通りになると考えるのは大きな間違い。そんな考えからおごりが生まれると運気はダウンします。

女性は、強情ですが愛嬌があるので、目上の人からバックアップされ、目下からは頼りにされる存在。男性は、ソフトな感じがしますが、強い心身の持ち主で、改革精神も旺盛。どんなことが起きようとも、人生を切り抜けていけるでしょう。

【開運アドバイス】

頑丈な心身を生かし、人をアシストして、使命感を持って生きることです。

剛の強さがすぎて、他人に迷惑をかけたり、欲求の強さが出てしまうと、周囲が引いてしまうでしょう。また、愛憎問題でトラブルに巻き込まれることも。

自分の立場の向上や目的達成に邁進しがちですが、他人のことを考えたり、人を救ってあげる気持ちを持つことを意識してください。周囲を見渡し、振り返る余裕を持つことも必要です。そうすると、もっと成熟した体験を味わうことができるでしょう。

なお、一生に一度大きな試練を味わうとされていますが、それを切り抜けることが、人生の最大のテーマになります。乗り切るパワーもあり、支えてくれるブレーンもいるので、この難関をクリアした時に、本当に素晴らしい人生が待っているでしょう。

【恋愛と結婚】

恋愛でも、自分の思う通りになると思っている人が多く、あなたがリードできる相手を選びます。また、自己を高めることが好きなので、自分のプラスになる相手をゲットしていくでしょう。しかし、目的意識が強いことがアダとなり、大切な人と別れてしまうこともあるので、くれぐれも気をつけてください。

男性は、優しいところもあり、結婚運は悪くありませんが、女性問題が起きやすく、浮気や不倫で家庭を崩壊させることが。

女性は、自由を求める性格から晩婚になりがちですが、結婚後は基本的には子供を大切にし、主導権を握る家庭になるでしょう。ただ、不倫や複数の男友達と遊び回り、離婚してしまうこともあります。しかし、二度目の結婚では過去を反省して安定するので、あまり悲観的になることはないでしょう。

【適　性】

自由奔放で行動力もあるので、外の世界と活発に接すると、よい結果をもたらします。特に、異文化交流などを盛んに行うことで人々を導けます。それをアクティブにやっていくことが使命となるでしょう。

初対面の人にでも愛想がよいので、自動車や保険などのセールス、ツアーコンダクター、CAなどの仕事が向いています。

がっしりとした身体に恵まれ体力もあるので、スポーツ選手はもちろん、スポーツ関係の仕事には最適。引越し業や運送業、工事現場など肉体を使う仕事にも向いています。

人々と積極的に接することで、自分の世界も広がるので、大衆を相手にした仕事もよいでしょう。子供を育成する教師や保育士、大衆相手の飲食店、ボランティア団体の仕事などでもよい結果が出せます。

【お　金】

人生のどこかで一度どん底を体験するかもしれません。その時に、金銭面でも苦しい状況が訪れそうです。しかし、持ち前の精神的なタフさを発揮すれば、必ず乗り越えられます。そして、以前にもまして金運が上がり、財産を築けるでしょう。

もう一つ心配されるのは、物欲が強いこと。物に対して強い執着があるので、欲しい物が手に入るのなら、お金がいくらかかっても構わない、という考えが先行して散財してしまうことがあります。その結果、経済的に厳しくなることもあるでしょう。

身体が丈夫でエネルギッシュに行動できるので、どんな状況でも挽回が可能です。

自分の物欲に走らず、精力的に働くことができれば、晩年はお金に恵まれた豊かな暮らしができるでしょう。

【健　康】

氏宿《ていしゅく》は、臆《むね》を示しています。

基本的には、子供の頃から心身ともに強く、「親がいなくても子は育つ」の典型的な存在です。がっしりとした身体に恵まれて体力もあるので、健康面での心配は少ないでしょう。ただし、それを過信しすぎると、知らぬ間に病魔が迫ってきていた、ということもあるので気をつけましょう。

臆とは、胸下のお腹の近くのことですから、お腹の病気をはじめ、血の循環に関連する心臓病、脳溢血《のういっけつ》などの病気には気をつけましょう。女性は婦人病にもかかりやすいので、定期検査をしておくと安心です。

本来、体は頑丈ですが油断は禁物。事故にも十分に気をつけてください。

★開運の鍵
守護方位　東
淡い青のもの
CD
ツアーコンダクター
銀行

房宿《ぼうしゅく》

自然とお金が寄ってくる財と人徳を備えた吉祥の宿

【性格と人生】

12宮の蠍宮にあり、生まれながらにして財運があり、27宿の中では一番お金に恵まれています。「和善宿」といわれ、男女問わず人なつっこく、何となく気品を漂わせるタイプです。

男女ともに威厳と人徳があり、財運に恵まれます。しかも自らが努力して築く財産ではなく、ブドウの「房」のように自然にお金が集まってくるのです。

全体的に苦労のない人生を送ることができ、特にお金に関しては心配いらないでしょう。そのため、必死に働いたり、限界にチャレンジするという意欲は少ないようです。

子供の頃は、いわゆる勉強のできる子なので周りからかわいがられ、成長するにつれ、しっかりとしてきます。さまざまな知識も身につけていくでしょう。

社会に出ると、人から尊敬される職業を選ぶのが特徴です。常識的で人当たりがよく、身なりもきれい。用心深い方なので冒険することは少ないです。判断も的確で大きな失敗やミスも少なく、周囲からの信頼も厚くなっていきます。

ただし、ドライなところがあり、エリート意識も強いので、人を外見や社会的地位で判断しがちな部分はあります。

人生のターニングポイントは、将来のカギを握るような人物との出会いです。それにより、自然と地位も名誉も財も得られていきます。

【開運アドバイス】

慈悲の心を持ち、使命感を持って生きることです。苦労がなく欲しい物を手にしてきたために、人の心の痛みには疎くなってしまい、相談されても相手の心情がよくわからないこともあるようです。

これからの人生は、バックアップされるばかりではなく、人のためになることを心がけていきましょう。たとえ苦しみが理解できないにしても、同情したり、真剣に関わることはできるはずです。そうしていくことが、結果的に自分のためにもなるのです。

もし、災難が起きた時には、それらの経験から学ぶことができ、的確な判断をすることができるでしょう。

人助けをすることを意識していけば、素晴らしい人生を歩むことができるはずです。

【恋愛と結婚】

美男美女で親しみのある笑顔を持っているので、魅力的なタイプが多いです。

若い時からモテモテ。しかし、恋愛はマイペースになり、基本的には、お金がカギになります。そのため、自然と理想も高くなり、お金持ちの相手を求めることも多いでしょう。恋愛自体は上手くいかないこともあり、結婚も遅くなりがちです。

しかし、結婚運は上々。男性も女性も家庭を大切にし、子供にも恵まれ、平和な生活が得られるようです。ただし、子煩悩で過保護すぎると、苦労することもあるでしょう。

夫婦生活では、男女ともに相手を冷静に見ていく必要があります。特に男性は、上手くいかないことがあると妻に当たってしまう人もいます。また、妻にも同じようなことがいえるので、気をつけましょう。

【適　性】

生まれつきの美しさと雰囲気のよさで、人々を夢の世界に導いていくことが使命といえます。そして、魂に癒しを与えていけるでしょう。

映画俳優や歌手など、芸能界での仕事は向いていています。愛想もよく、相手に受けとられる印象もよいので、オーディションや面接試験で強さを発揮できるはずです。

仕事に関しては、意外に細かくて熱心なので、証券会社や銀行などの金融関係や医療関係などの仕事にも適しています。ミスが許されない世界では、高い評価を受けるでしょう。

世間体を重んじる性格なので、会社は大手企業を選択。社会的にレベルの高い仕事で力を発揮します。常識的で品があり、人なつっこいので、ホテル関係やサービス業などにも適しています。

【お　金】

金運はとにかく27宿中、一番よく、自然とお金が入ってくるでしょう。一生を通じてお金に困るようなことはなく、経済面では豊かな生活を送れます。

人に与える印象がよく、仕事もできる方なので、社会では自分が望むようなかたちで出世して財を成していきます。さらに、選んだ世界で努力をすれば、努力をしただけの成果と収入を得ることができ、気がついたら財産を築いていた、ということもあります。

また、結婚してからの金運もよく、玉の輿《こし》結婚などで、それまでの環境よりも、さらに裕福になる可能性もあるでしょう。

こうした財運のよさは、あなたが努力家で周囲からの評価が高いことが要因ですが、それと同時に、この宿ならではの慎重さを持ち合わせているからともいえるでしょう。

【健康】

房宿《ぼうしゅく》は、右臂《ひじ》を示しています。

腕を使いすぎて腱鞘炎《けんしょうえん》にならないように注意しましょう。重たい物を持ったり、パソコンをやりすぎたり、スポーツや筋肉トレーニングの際にも注意が必要です。

また、肝機能や胃腸病、腎臓病、高血圧、糖尿病なども要注意。というのも、この宿はお酒好きが多く、アルコール依存症になる人もいるのです。突然の病気や事故に遭いやすいので、日頃から健康に気をつけておきましょう。

人生の終盤にさしかかった頃に、家族や子供のことで苦労したり、大病するような出来事があるかもしれません。ここでようやく人の苦労や痛みに共感できるようになり、本当の意味での豊かな人生が送れるようになるでしょう。

★開運の鍵

守護方位　東
濃い赤のもの
サプリメント
医師
病院

心《しん》宿《しゅく》

周りからの人気で支えられる
チャーミングな宿

【性格と人生】

12宿の蠍宮にあり、年齢に関係なく好意を持たれます。多くの人から憧れられる存在となり、特に年上からの信頼が厚く、さまざまなシーンでバックアップされるでしょう。その人気運は27宿中、上位にランクされます。「心」という字が意味するように、大衆の「心」をつかみます。

子供の頃から愛想がよく人気者。勉強に関しても率先してする方なので、順調な人生を歩んでいくでしょう。

こんな人気者のあなたなのですが、「陰陽」の二つの顔を持ち合わせています。誰かと一緒にいる時は明朗快活を演じ、一人になると不機嫌になり、孤独にさいなまれることが。猜疑心が強く、人を信用しないところもあります。そのため、心に毒を持つ「毒害宿」といわれることも。しかし、そんな「二つの顔」を共存させていても、魅力があることは間違いありません。

また、人よりも粘り強く、エネルギーもあるので、結果的に、いつの間にか出世したり、得をしていたということもあるようです。

そして、勝負の時は、人生半ばにやってきます。自分の守備範囲が決まると行動にアクティブさが増し、一気に運気はアップします。その時が勝負！　人気を生かし、会社員なら出世街道まっしぐら。経営者なら業績が大きく伸びるでしょう。

【開運アドバイス】

人から憧れられている存在ということを意識し、使命感を持って生きることです。

損得勘定で判断するところがあり、それが度を越すと逆に損をしたり、心の破壊へとつながります。また、人気に支えられているからこそ輝けるということを認識して、人から尊敬されるような生き方をしていきましょう。誠意を持って人々と接していくことです。

なお、多芸多才で人気もあるために、それが逆に災いして、人生をなめてしまう人もいます。怠け者になり、私利私欲に走り出し、定職を持たずに転職を繰り返すことも。そうなると、どんなに運に恵まれた人でも、結果的に堕落した人生になってしまいます。

そうならないためには、信頼できる人の近くにいること。精神的に安心感が生まれ、安定した晩年が迎えられます。

【恋愛と結婚】

かゆいところに手が届くほど、異性に対して魅力的な行動ができるのがあなた。ですから、好意を持った相手の気持ちを、自分の方に向けさせるのはそれほど難しいことではありません。女性は、会うたびに違った面を見せて男性を翻弄《ほんろう》し、男性は、女性が望む理想の相手を演じることで、一気に相手を落とすことができるでしょう。

しかし、自分で「陰」の性格を知っているため、自信が持てない面もあり、なかなか結婚に踏み切れないこともあります。ですから、若いうちに勢いで結婚した方が、よい結果が得られるようです。

家庭は、人生で大事なものと考えているので大切にしますが、相手と心を通わせるのは苦手。心が満たされるかは疑問ですが、プラスになる人を選ぶと安定した生活になります。

【適　性】

人の心をキャッチするのには非常に長《た》けているので、人々に安心感と信頼を与えることがこの宿の使命といえます。その結果、人々の魂を癒していくことができるでしょう。

相手が何を望んでいるのか、どのような言葉をいってあげれば喜ぶかを敏感に察知する術《すべ》を生かせる販売や企画などの仕事は最適です。

また、人気運があるので、多芸多才を生かして人々にアピールしていくような仕事、文芸の世界や芸能タレントなどにも向いているでしょう。人々の気持ちをとらえることにも優れており、心理カウンセラーや政治家なども適職です。

意外に緻密な面もあるので、医療関係、プログラミングやネット構築などのＩＴ関連の仕事でも力を発揮できるはずです。

【お　金】

人の気持ちを素早く察知でき、どのように行動すれば相手のためになるかが瞬時にわかるので、人々からの信頼は絶大です。また目上のバックアップもあるので、早いうちから大金を得ることができるでしょう。配偶者の親や友人からの信頼も厚いため、財産を分与されるということも。ただし、人から財産を任されたりもするため、誰かしらにねたまれることもあります。

中年期になっても人気者をキープしていくので、芸能界や政財界で飛躍する人もいるでしょう。もちろん、他の世界でも出世できる運を持つため、この時期に大きく財産を増やすことができます。

ただし、器用貧乏なところもあるので、仕事をしばしば変えるようならば、せっかくの金運を逃してしまうこともあります。

【健康】

心宿《しんしゅく》は、左臂《ひじ》に当たります。

腕の腱鞘炎には気をつけましょう。多芸多才な才能を発揮するために、腕を使いすぎる傾向があります。そうすると、さらに腕を痛めることになるため、痛みを感じたら悪化する前に治療をすることです。

また、お酒の席に出席することが多く、肝臓病などになることもあるので、飲みすぎには注意。病気になってしまったら、運が徐々に下降していきます。健康と心のコントロールを上手に行い、人々の見本となることで、素晴らしい人生を歩めるのです。

なお、お酒を飲んだ後に面倒になって、歯を磨かずに寝ると、歯が弱くなる傾向も。中年期を過ぎた頃からは病気が悪化しやすいので、健康管理には気を配りましょう。

★開運の鍵

守護方位　東
グレーのもの
健康器具
整体師
ドラッグストア

尾《び》宿《しゅく》

我慢強さと集中力で自らの目標を達成させる宿

【性格と人生】

12宮の弓宮に属し、何でも根気強く取り組んでいく集中力の強さは27宿中、一番といえます。また、物質的にも恵まれ、家庭をがっちりと守る宿でもあります。

見た目はスッキリとして清潔感が漂う人が多く、この人のどこにこんな粘り強さがあるんだろう、と感じさせるほどです。

子供の頃から身体が丈夫で体力もあり、精神面でも粘り強さを持っています。基本的にスポーツが得意な人が多く、瞬発力とパワーで能力を発揮していきます。

また、興味があるものが見つかると、わき目もふらず、そのことに夢中になってしまうでしょう。

太っ腹で、目標に向かえば、頭の先から「尾」に至るまで、決してあきらめずにやり続けます。また、緻密な計画や裏での駆け引きも得意とし、ビジネス上の戦いにも勝利していくでしょう。そのため心に毒を持つ「毒害宿」といわれています。しかし、そんなところは、人から見たら頼もしく映るはずです。

好きな分野でコツコツと努力をしていけば、おのずと運は開けてきます。難しいことでもそれほど苦労なくこなし、地味ながらも着実に自分の確固たる地位を築いていくでしょう。ライバルがいようものなら、お得意の粘り強さを発揮して、相手を負かすまで戦い続けます。

【開運アドバイス】

視野を広く持つことを意識し、使命感を持って生きることです。

関心があることには夢中になれるので、仕事を選ぶ時には、一生懸命になれるものや納得できるものを選べば間違いありません。

ただし、自分は自分、人は人、というスタンスを取り、上下関係にもけじめをつけていきますが、物事に没頭すると、それ以外が見えなくなるので、時々は周囲に目を向けることも必要です。

また、口下手な面もあるので、周囲からは理解されないことも。困った時には、自分だけで解決しようとせず、理解を求め、信頼できる人を頼ることも大切です。

やがて、目的達成に向かう姿勢が誰からも認められ、信頼と地位につながっていくでしょう。そうすることで、素晴らしい人生を歩むことができるのです。

【恋愛と結婚】

女性は、魅力的ですが、真面目なタイプが多く、やや堅い感じを与えてしまうようです。そのため、なかなか恋愛関係に発展せず、恋人ができにくいかもしれません。紹介や合コンなどで相手と打ち解けることができれば、ステキな恋愛ができるでしょう。

男性は、男っぽいタイプで太っ腹。仕事にも情熱的なので、女性からは頼りがいがある人と思われて、魅力的に映るようです。

結婚は、男女ともに納得できる相手を選ぼうとするので晩婚型。また、早く結婚してしまうと、後に理想の相手に出会うこともあるようです。家庭運はよく、きっちり家庭を守ろうとするので、仲のよい夫婦になるでしょう。そんな夫婦関係はずっと続き、どちらかが亡くなってしまうと、残された方は気落ちしてなかなか立ち直れません。

【適　性】

マラソン選手のような粘り強さで、地味な努力ができるこの宿の人は、人々に続けることの大切さを伝えることが使命といえます。

コツコツと単語や文脈を訳していく翻訳家、じっくり時間をかけてきれいな花を育てる園芸家、黙々と研究を続ける研究者などが適しています。

また、地道に勉強してスキルを身につけていくようなもの、資格を取得することもできるので、エンジニアやコンピュータ関連、難しい試験に合格しなければならない公認会計士や弁護士なども向いているでしょう。

男性は、負けず嫌いで闘争本能も強いので、格闘家や力士、プロレスラーなどもよいです。ただし、サービス業や自営など、細やかな対応が必要な仕事には適していません。

【お　金】

出足が遅れても、着実に人に追いつき、結果的には勝利を収めることができるのがこの宿の人です。たとえ子供の頃に金銭的に苦労することがあっても、成長とともにお金を手に入れていきます。

真面目で地道に仕事をするタイプです。自分に合った仕事に就けば、どんどん頭角を現し、お金も着実に入ってきます。浪費することもなく、自然に豊かになって蓄財ができるでしょう。

引越し運もあり、引っ越すたびに恵まれ、その場所も発展することがあります。また、養子に入れば、傾きかけていた家を再興できるといわれるほど、運を呼び寄せることができます。

ただし、中年期に災難が降りかかることがあります。その際に失った財は、戻りにくいので注意が必要です。

【健　康】

尾宿《びしゅく》は、心に当たります。

「心」の持ちようで病気になることがあるので、ストレスには十分に注意しましょう。基本的に、スポーツ好きな人が多いので、散歩やダンス、水泳など、自分なりの健康法を取り入れることがストレス解消にもなります。

子供の頃から心身ともに丈夫です。ただし、興味があるものに夢中になりすぎたり、目標を決めたら完全に達成するまでは、他のことに目もくれず集中して取り組むため、根を詰めすぎて体調を崩すことがあるでしょう。

また、夢中になって他のものが見えなくなり、交通事故に遭うこともあるようなので注意が必要です。

甘党の人は、脳溢血や糖尿病にもなりやすいようです。

★開運の鍵
守護方位　東
紫のもの
新聞
コンサルタント
フラワーショップ

箕《き》宿《しゅく》

わが道を歩き
人々の目を惹きつける宿

【性格と人生】

12宮の弓宮にあります。「箕」は、竹竿の「鯉のぼり」のように目立つものです。我が道を行き、度胸のよさは27宿中、上位にランクされます。辛いことに耐えるだけのエネルギーがあり、根が陽気なので、どんな状況になっても悲壮感がないのが特徴です。ただし、「猛悪宿」といわれ、ときに手段を選ばないような攻撃的な行動に出る場合もあります。

子供の頃は、比較的よい環境に育ち、物心ついた頃から徐々に、自分は自分という独立志向の考えになっていきます。歩む道を早くから決めることも多く、周りから何をいわれても、聞く耳を持たないという頑固さがあります。また、商才があり、見聞を広めるために、どこにでも出かけていくため、引越しが多くなりがちです。

そして、どのようなことが起きようとも、耐える精神力を持ち、困難なことが起きても切り抜けることができます。そこには、あなたの信条が存在し、筋を通すことに情熱を傾けているのです。その情熱的な行動力には目を見張るものがあり、誰もが惹きつけられてしまいます。その結果、自然と目立つ存在になっていくでしょう。

純情で陽気、単純でさっぱりとした性格のため、基本的には人々から好かれますが、攻撃性が表に出ると、仕事先や上司に反発して、敵を作ることもあります。

【開運アドバイス】

周りのおかげで、自分が存在していることを意識し、使命感を持って生きることです。

周囲が、自分のことをどう感じようと気にしないので、ズケズケと思ったことを口にしてしまいます。その言動で人を傷つけてしまうこともあるでしょう。接する相手によっては、言葉をオブラートに包んで話すことが必要です。また、あなたの考えと他人の考えに大きなギャップがないかを意識していきましょう。つい自分流で突っ走りがちになるので、周囲をよく見渡し、思慮深い人のアドバイスに耳を傾けてください。

どんなことも恐れずにチャレンジしていくあなた。人に対しても正直に接するので信頼は高まっていくでしょう。さらには、謙虚な気持ちと真摯《しんし》な対応をして、情熱的な行動力を発揮すれば、素晴らしい人生を歩めるはずです。

【恋愛と結婚】

男性は、モテたいという意識が強く、目立ちたがり屋なので、美しい女性とつき合う傾向があります。女性は、明るく真面目で頼りになることから、甘えん坊の男性とつき合うことが多いでしょう。また、独身を通す人も少なくないようです。

結婚は男女とも晩婚型。女性は、結婚すると相手を引き立てる世話女房になります。家庭や相手先の家のことも面倒見がよく、子供にも恵まれるでしょう。ただし、相手次第で人生が左右されるところがあるので、パートナー選びには慎重になりたいものです。

男性は、家庭に入っても遊び好きな面が出てしまったり、亭主関白にもなりがち。ときに横暴な態度になってしまうこともあります。そんな男性を支えてあげる妻は、しっかり者でなければ離婚の危機が訪れるでしょう。

【適　性】

目立つことが好きで面倒見もよいので、何かをプロデュースするのが使命といえます。

ビジネス面で優れた才能を秘めているので、カフェやレストランのプロデュース、タレントなどのマネジメントなども適しています。任されると、その店やタレントを発展させる名物プロデューサーになるでしょう。

大胆でさっぱりした性格なので、営業職、自動車や保険などのセールスにも向いています。特に、水商売では力を発揮するでしょう。

遊び人タイプですが、目立ちたがり屋なので、警察官やパイロットなど制服を着るキッチリとした仕事にも適性があります。

自分は自分というタイプですが、自分のためとなると動きが鈍くなることが。自ら事業を起こすより、人のためになるような仕事をする方がよいでしょう。

【お　金】

恵まれた家庭に生まれる人も多く、子供の頃は、お金に困ることはあまりありません。独立心が強く、早くから働く傾向にあります。頭の回転がよく、ビジネスセンスもあるのでお金に恵まれるのですが、財産はあまり残らないようです。

目立つ仕事を選べば、力を発揮して大金も稼げますが、自分のためにお金を残すことは苦手です。お酒が好きだったり、女性につぎ込んだり、人よりも目立つことが好きなので、みんなにおごったりして散財しがち。無財の宿とも呼ばれるのはそのためです。

自分で起業すると、資金を使い果たしてしまうこともあります。人のためならばお金を儲けることができるので、雇われ社長などの地位がよいかもしれません。しっかり者の配偶者がいるなら蓄財もできるでしょう。

【健　康】

箕宿《きしゅく》は、右脇に当たります。

この宿の人は、精神力が強く、長寿の宿ですが、右脇をはじめ、筋肉痛やリューマチなどで、いろいろな場所が痛くなることがあるようなので気をつけていきましょう。

度胸のよさがあり、手段を選ばずに、何事にも果敢にチャレンジをしていくところもあります。そのため、周囲から見て「危険」とか「無謀」と感じられることにも挑戦してしまうでしょう。

その結果、しなくてもよい怪我をしてしまうこともあるようです。特に、右脇の怪我には注意をしましょう。

また、お酒が大好きな人が多く、飲みすぎで病気が多くなるようです。胃けいれんや肝臓を悪くすることもあるので気をつけてください。

★開運の鍵
守護方位　東
赤のもの
経済誌
記者
カフェ・レストラン

斗宿《とうしゅく》

闘争心にあふれ負けず嫌いのカリスマ性がある幸運の宿

【性格と人生】

12宮の弓宮と磨羯宮に属し、昴宿《ぼうしゅく》、翼宿《よくしゅく》とならび、三大「幸運宿」の一つです。カリスマ性を持ち、「斗」には「戦う」という意味があるので「闘魂」にかけては27宿中、一番です。しかし、「安重宿」といわれ、日頃は温厚そうに見えます。

比較的安定した生活をしていますが、心の中には闘争心を隠し持ち、どんな戦いにも背を向けることなくチャレンジしていきます。人と切磋琢磨《せっさたくま》して、ときには自分の内面と葛藤《かっとう》しながら、自らを輝かせていくでしょう。もし、その闘争本能を失ってしまうような穏やかな環境に身をおいてしまうと、運気がダウンしていくこともあるようです。

子供の頃、いじめや大病や大怪我などで苦労をする場合があるようです。しかし、優れた才能と壁を乗り越える力があるため、体験がバネになり、最終的には財や成功を手に入れていくでしょう。負けん気が強く、必要なスキルを会得するのが速い上に、弱音を吐くこともありません。人を惹きつけるだけのカリスマ性をあるので、さまざまな分野でめきめきと頭角を現していきます。しかし意外にも宗教心が強く、神秘学や占いなどが好き。それは、あなたの剛健な性質に複雑な彩りを与えてくれるようです。

援助運が強いため、必ずあなたをアシストしてくれる人物が現れるのも特徴。その結果、ここぞ！　という大勝負にも勝利していくのです。

【開運アドバイス】

自己研磨しながら、謙虚な気持ちを忘れずに、使命感を持って生きることです。

本来、戦うことが使命なので、人の何倍も動き、努力をいといません。闘争心を持って勝負を賭けていくため、やがて人の上に立ち、カリスマ性も発揮していくでしょう。それゆえに、一度手にした権力はなかなか手放さず、人に譲ることはありません。

それらのことにより、自分はすごいと勘違いしがちに。それが激しくなると、人に逆らったり、見下したりしてしまいます。あなたに必要なのは謙虚さです。目上に対しては尊敬を、目下にはアシストをしてあげることが大事です。

重要な場面では応援してくれる人に出会うので、その時には感謝の気持を示すこと。そうすることで素晴らしい人生を送ることができるでしょう。

【恋愛と結婚】

一見、温和な感じがするので、交際はよい感じでスタートするでしょう。しかし、次第に勝気な面が出てしまうため長続きしないことも多いようです。人によってはつき合う相手をコロコロと変えてしまう場合もあります。

自我を抑えることができれば、恋愛から結婚へすんなりと流れることもありますが、仕事を優先しがちになるため、そうすると晩婚になってしまうでしょう。

結婚後は、男性も女性も家庭を大切にする気持ちはあるのですが、やはり仕事を優先する傾向にあります。ですから、気持ちをわかってくれる、尽くし型の配偶者を選ぶとよいでしょう。また、自分よりもランクが上の人を望む傾向があるので、玉の輿に乗ることもありますが、比較的子供には恵まれないようです。

【適性】

美的感覚と雄弁さに優れ、カリスマ性を備えたあなたは、「生きた言霊」を伝えられるでしょう。それらの力を生かして、人に潤いとパワーを与えることが使命です。

アパレル関係やファッションアドバイザー、デザイナー、画家、ＣＧ制作、カラーリストなどの仕事に向いています。また、宗教や神秘学、占いなどを好むため、それらに関連した宗教家やコンサルタントとしても優れた力を発揮します。

スキルを習得することも速く、応用力もあるので、エンジニアや料理評論家、文筆業なども向いています。

さらに、人を集めて論を説いて導く能力もあるので、政治に関する仕事、闘争本能を生かした格闘家になっても力を発揮できます。不思議と協力者も現れる運なので、起業家もよいでしょう。

【お金】

地位、名誉、仕事……とにかく人に負けるのが嫌いなので、どんなことでも、とことん努力します。そして、徐々にその成果が経済的な見返りとなって表れてくるでしょう。

本来の運も昴宿《ぼうしゅく》についでよく、お金に困ることはほとんどないようです。社会に出てからは、努力の結果がお金になります。また、人からのアシストもあるため、自然と金銭面で恵まれていくはずです。もし、一時的に仕事運が落ちて苦労があったとしても、そこを乗り切ってしまうと、中年期には復活。元来、外に出て働くことが好きなので、忙しさとともに、名誉や財産なども、この時期に築かれていくでしょう。ただし、プライドから、ファッションや時計、車にこだわりを持ち、ハイソな生活を望むため、高級品を求めて浪費してしまうこともあるので気をつけてください。

【健　康】

斗宿《とうしゅく》は、左脇を示しています。

この部分の打撲や骨折などには気をつけましょう。

持ち前の闘争心の強さから、武道や格闘技などの趣味にはまる人もいるようです。もしかしたら、本業にする人もいるでしょう。その場合には、特に左脇に大怪我をすることがあります。ミドルキックが脇腹に入り骨折した、なんてこともあり得るでしょう。左脇は十分に注意をした方がよいようです。

本来、体は丈夫な方ですが、美食家でもあるので、おいしいものや高カロリーのものを食べすぎるのは気をつけてください。

不摂生、栄養過多、胃腸に気をつければ、健康を保てるでしょう。

★開運の鍵
守護方位　北
こげ茶のもの
乗り物
格闘家
寺院

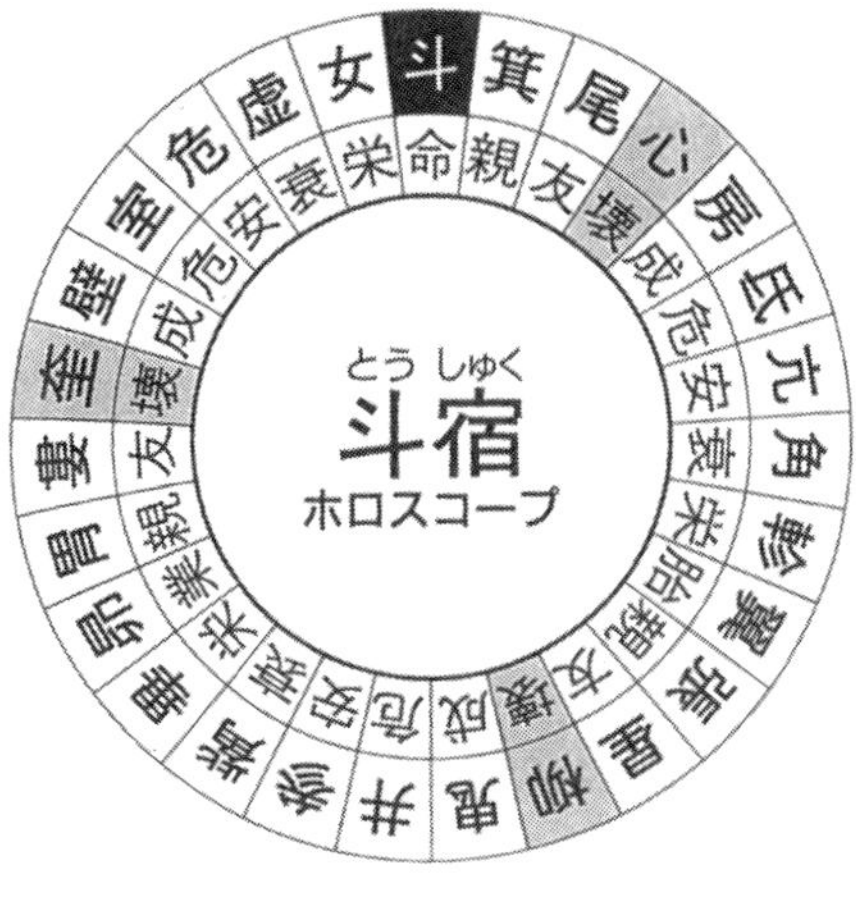

女宿《じょしゅく》

争いごとの調停役を務め
自分磨きに精を出す宿

【性格と人生】

12宮の磨羯宮にあり、自分自身を磨くことでは27宿中、一番です。見た目はしとやかですが、内面は激しい心情を持ち、女性は「女」という字に反して男勝りになります。その一方で男性の場合は、ややソフトになります。また、磨羯宮とは争いに関連しており、もめごとを収めていく使命があります。しかし、上手く解決がつけばよいですが、自分がトラブルに巻き込まれて苦労することも多々あるようです。

子供の頃は、よい家庭環境に育つことが多く、勉強もできるので人気者に。成長するにしたがって、さらに勉強にも趣味にも、一生懸命に取り組むようになります。

多趣味多芸で、さまざまなことにチャレンジしていくため、自分が身をもって体験したことが情報として蓄積され、必要な時に生かせていけるでしょう。

仕事をこなすペースは速く、物事を探求していくために、求められる以上の活躍ができるでしょう。どんなに時間がかかっても、やり遂げてしまうほどの精神的なタフさもあります。特に女性は、辛い仕事でも弱音を吐かず淡々と処理してしまうようです。

また、人に対しては優しく、きめ細かい対応をして、トラブルが起きたら仲裁に入ります。「軽燥宿」といわれ、とても正直。自分がしたことに対しても見返りを期待しないので、人々からの評判も高まっていくでしょう。

【開運アドバイス】

身につけた知恵を世の中に分け与えていくことを意識し、使命感を持って生きていきましょう。

「陽」の性格のように見えても、実は「陰」の性格。外面と内面とのギャップをコントロールできずに、心身のバランスを崩すことがあります。

人生の中盤以降は、生きた痕跡を残そうと頑張ってきたことが認められ、地位や名誉がついてくるようです。目標達成に時間がかかったとしても、努力をし続けるので、やがて一流と呼ばれる人も。年を重ねてからも研究会などに顔を出して、自己研磨や啓発を怠りません。

ただし、もともと身体が弱いため、周囲から正しい評価をされないと、さらなる努力を続けて、自分を追い込みすぎてしまう傾向が。結果、病気を引き起こしてしまいます。このことに気をつけていけば、素晴らしい人生が待っているでしょう。

【恋愛と結婚】

この宿の女性は、見た目はとても女性っぽく、話し方も柔らかいので男性にモテるタイプです。しかも、性格は強い方なので、意中の人に対して行動的にもなれます。しかし、「陰」のところがあるため、相手のことでいろいろと悩むこともあるようです。

男性は、やや女性っぽい性格なので、優しい感じを与えます。ですから、女性受けはよいのですが、優しすぎることが、かえってマイナスになることもあるでしょう。

結婚は、男性も女性もやや高望みする傾向にあり、晩婚になりがちです。女性は家庭に入れば良妻ぶりを発揮して家庭を支えますが、不器用なので仕事との両立に悩むことがあるようです。男性は、意外にも女性好きな人が多く、いろいろと問題を起こすことがあります。くれぐれも女難には気をつけましょう。

【適　性】

物腰は柔らかいのですが、内面は激しい性格。ですから、ここ一番の時に爆発的なエネルギーを発揮させ、世の中を調停し、改めていくことが使命になります。

その意味では、政治関係、人の命を守る消防士、警察官などの仕事は適しています。

また、優美なセンスを持ち合わせているので、美術工芸、伝統芸能の世界でも力を発揮できるでしょう。美術品などについては目利きの才能もあり、アンティーク関係、古美術商などの仕事にも向いています。

とにかく自分を磨いていく人なので、努力をして優秀な成績を収めることができます。ですから、社会的に高い地位にある司法関係や公務員、教職関係などの仕事に就いても能力を発揮できるはずです。そのほか、税理士や経理などの仕事も適職です。

【お　金】

子供の頃は、家庭的に恵まれた環境にあるため、お金に困ることはほとんどないでしょう。

仕事では努力を怠らないため、社会に出てからもお金で苦労することはほぼありません。もちろん、努力を怠れば金運も逃げてしまいますが、本来の性格からすればそんなケースはまれでしょう。

むしろ、会社勤めなら昇進も早く、収入も多いはずです。というのも、どのような仕事でも一生懸命に努力し、自分の才能を最大限に生かそうとするからです。

中年期から晩年期には運気はさらによくなり、それにともなって金運も上がるでしょう。晩年期に大きな財産を成す人もいますが、これも若い時からの努力が招く結果といえるはずです。

【健　康】

女宿《じょしゅく》は、肚《はら》、腸を示しています。

したがって、内臓の病気には注意しましょう。

ただし女宿《じょしゅく》の場合には、精神面からくる病気に気をつけたいところです。陽の性格のように見えても、陰の性格を隠し持っています。これをコントロールできない場合には、心身のバランスを崩し、ストレスを抱えることになります。それが、肚や腸などの内臓の病気の引き金になるのです。

ぜんそくなどの肺の病気も要注意です。女性ならば子宮筋腫や冷え性などにも気をつけましょう。

体力はない方なので、自己を磨き続けるのはよいことなのですが、体を壊しては元も子もありません。日頃から健康づくりに気を使いましょう。

★開運の鍵

守護方位　北
ベージュのもの
美術工芸品
弁護士
アンティークショップ

虚宿《きょしゅく》

感受性や直感力に優れ複雑でミステリアスな宿

【性格と人生】

12宮の磨羯宮と瓶宮にあり、27宿のうち、カンの鋭さと物事を敏感に捉える能力は一番といわれています。「虚」という字が示すように、性格は複雑で、いくつもの顔があり、気ままでもあります。

神秘の世界や運命論を好み、また「軽燥宿」といわれ、自分なりの人生哲学を築いていくでしょう。そして、一生を通じて夢やロマンを追い続けます。人一倍プライドが高く、自分が一番だと考えている反面、人一倍臆病で相手が自分をどう思っているかを非常に気にします。そんな複雑な心に翻弄されることもあるようです。

子供の頃は、人なつっこく、人の気持ちをつかむことが得意。そのため親は甘やかしてしまうことがあります。この頃、心のコントロールが失われると、家庭内暴力や登校拒否に発展したり、いじめにあったりする場合もあります。厳しく育てられた人は、早い時期から精神性が養われ、何事にも強くなれるでしょう。

人生のターニングポイントは、10代後半と30代の頃にやってくるようです。感受性が強いために精神的な苦悩を味わったり、夢と現実のギャップに悩まされることがありますが、この時期に一生懸命に出口を探してもがくことで、大きな成長を遂げることができます。その結果、人間的な深みが増し、独自の哲学が出来上がっていくでしょう。

【開運アドバイス】

確固たる人生哲学と使命感を持って、人に役立つように生きていくことです。

周囲に甘やかされたまま日々を過ごしてしまうと、夢ばかりを追い求め、現実逃避をしてしまいます。そして、何か起きた時に人のせいにしてしまうようになると、不安定な人生になってしまうでしょう。なお、運命論を述べ、宗教の世界にのめり込む人もいるようです。精神的な弱さを克服していくことが開運のカギです。

自分を受け入れていくことで、ある時期から楽に生きられるようになります。また、人と違ったアイデアやひらめきで、スケールの大きな活躍もできるようになるでしょう。旅行をすることで開運する宿といわれているので、実りのある心の旅をしていくことで、さらに素晴らしい人生を歩むことができます。

【恋愛と結婚】

どんなことでも夢を追いかけるタイプのあなたは、恋愛でも同じことがいえます。理想が高くなりがちで、異性とつき合うところまで発展しないケースがあるようです。また、異性から見ると「何を考えているのかわからない」と思われ、つき合っても長続きしないこともあるでしょう。

そんな理由から、結婚は晩婚になりがち。男性は、お見合い結婚で理想の人に出会うこともあります。女性は、親が勧める結婚相手には反発する傾向があり、家庭に入っても配偶者に従おうとしません。しかし、歳を経るごとに従順になっていくようです。

男女とも子供好きで、家庭を守る気持ちは強いものがあります。しかし結婚後、金銭面などの苦労があり、配偶者に一時的に辛い思いをさせることもあるでしょう。

【適　性】

いかに自分らしく生きられるか、ということを導くナビゲーター的存在になるのが使命といえるでしょう。

人にアドバイスをしたり、物事を教えたり相談に乗ることに向いています。ですから、心理カウンセラーや占い師、教師などの職業で力を発揮するでしょう。

プライドが高く、人に頭を下げることが嫌いなタイプなので、どちらかといえば自分一人でできる仕事、例えば、作家や学者、ライター、ソフト開発、ホームページ制作などの職業にも適しています。

サラリーマンの場合は、大きな組織の中で上をフォローする参謀的な仕事が向いています。

また、反射神経や運動神経も発達しているので、トラックやタクシーなどの車の運転手も適職といえるでしょう。

【お　金】

子供の頃は、裕福ではないまでもお金で苦労することは少なく、基本的には、一生を通じてお金はついてくるようです。

しかし、人によっては30代の頃に、大変な目に遭う人もいます。というのは、人に頭を下げるのを嫌い、何かを教えてもらうのには反発してしまうため、生意気なヤツと思われてしまうのです。その結果、仕事に支障を来し、発展しにくくなることがあります。

また、借金の肩代わりをさせられたり、人にだまされることも心配されます。好きなことなら損得抜きで熱中するタイプなので、気がついたらタダ働きしていた、というようなことも考えられるでしょう。

中年期を過ぎれば、それ以降の金運はどんどんよくなり、晩年に財を成す人もいます。

【健　康】

虚宿《きょしゅく》は、腎を示しています。

したがって、内臓系には十分注意が必要です。腎臓に関する病気や泌尿器系には気をつけていきましょう。特に、腎盂腎炎《じんうじんえん》には注意したいところです。

日頃から、お酒の飲みすぎ、煙草の吸いすぎ、不摂生などには、くれぐれも気をつけてください。また、ぜんそくや咳などの呼吸器系の病気にも留意しましょう。

基本的には、体は強い方ではなく、複雑な心に翻弄されると、精神的にバランスを崩しやすいでしょう。さらに、妄想の世界に入り込みすぎると、あなたの発言により周囲を驚かせてしまい、追い込まれる場合もあるので気をつけましょう。

いずれにしても、心身が安定するような生活を心がけていくことが大切です。

★開運の鍵
守護方位　北
青のもの
旅行雑誌
宗教家
書店

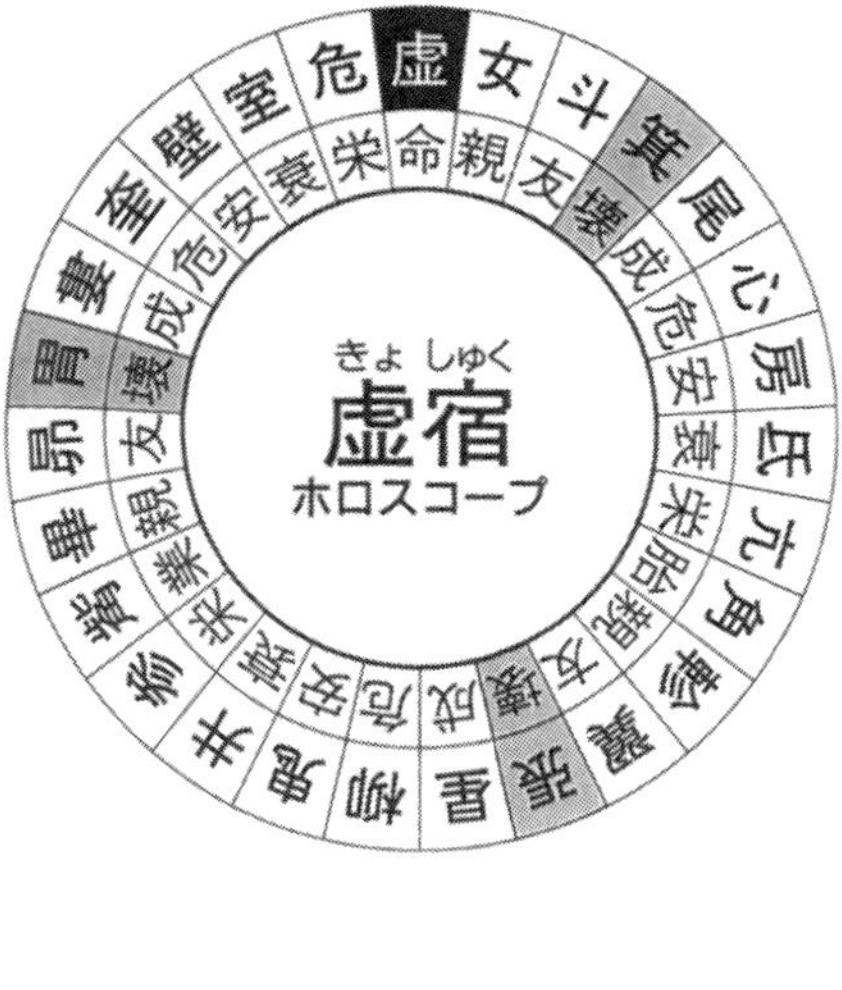

危宿《きしゅく》

遊びを楽しむ天才
純な心で社交の才能を発揮する宿

【性格と人生】

12宮の瓶宮にあり、角宿《かくしゅく》、壁宿《へきしゅく》とならび、三大「遊楽宿」の一つです。交友関係は27宿中、一番でしょう。「軽燥宿」といわれ、とても純粋で正直。人と接する場合にも誠実なので、広い交友関係を持つことで運気がアップしていきます。

ただし、お酒の場や遊びを楽しむ傾向にあり、「危」の字が示すように、感情に走って突発的な行動をしたり、楽しみのために身を滅ぼす危険をはらんでいます。

流行《はやり》ものに敏感でミーハーな面があり、流行の先取りをするのが上手。新商品にはすぐに飛びつき、やりたいことには一気に情熱を傾けていきます。

ただ、飽きるのも早く、次のターゲットが見つかると情熱が移ってしまい、長続きしません。したがって、長い目で物事を判断していくことが苦手なようです。

子供の頃は、優秀で好感を持たれるため人気者となり、期待をされて育つ場合が多いようです。しかし、成長段階で遊びに目覚めていき、この時期、遊びを楽しむだけの生活になると危険。次第に派手になり、流行の遊びやファッションにお金を遣ってしまうでしょう。

社会人としての自覚を持つと、遊びを有効に仕事に生かすようになるため運気は一気にアップします。さらに、情熱を傾けられるものを見つけると、エネルギッシュに活動していくでしょう。

【開運アドバイス】

人からの誘惑や言動に惑わされない強い意識と使命感を持って生きていきましょう。

人と接することで大きく運気がアップダウンします。そうはいっても、あなたの開運のカギは交際にあるので、人を選んでいくことが要になります。もともと交際好きなので、悪い遊び仲間に足を引っ張られることもありますが、遊びを通じて知り合った人が、あなたをバックアップしてくれることも多いでしょう。

感性豊かで繊細な面もあるので、創作的な仕事に関わると花開く人もいるでしょう。レジャー関連は得意分野で、宴会部長を引き受けたり、コンパニオン的な働きもできます。とにかく、社交性と交際で才能を発揮するので、それにより人生が大きく左右します。また、無駄遣いに気をつけていけば、素晴らしい人生を歩んでいけるでしょう。

【恋愛と結婚】

本来は交際好きな宿ですが、こと恋愛に関しては真面目に考える人が多いようです。情熱的なので、好きな異性が現れると、周りや相手のことをあまり考えずにアプローチ。よい意味では一途なのですが、見方を変えれば、自分勝手ともとらえられるでしょう。

相手が気持ちを受け入れてくれれば、よいつき合いができますが、関心がないということになれば、ストーカー扱いされることもあります。

結婚は、どちらかといえば晩婚がよく、男女とも家庭を大切にします。しかし、遊び好きの性格が出ると、ギャンブルや他の異性に走ったりして、結果的に家庭が壊れることがあります。

男性は、自分の家より格上を選ぼうとしますが、地味な人を選んだ方がよいです。女性は、経済力のある男性を選ぶとよいでしょう。

【適　性】

社交的で遊ぶことが大好きな宿なので、娯楽分野での先駆者となり、人々を楽しみの世界へと導くことが使命といえます。

趣味の延長のような世界、例えば、映画や演劇、音楽、ゲームなどのエンターテインメント分野は最適。コンピュータ関連、自動車関連、ファッション関係などの仕事にも向いています。感性が豊かで、ひらめきやセンスといった面でも優れた才能を発揮できるので、デザイナーなどの創作系や出版・広告などの企画立案、CMクリエーターなどの仕事もよいでしょう。

意外にも、薬や健康の分野にも向いています。医薬品関係、フィットネスクラブの経営やインストラクターなどでも活躍できます。

もちろん、情熱を傾けられるようなものなら、どんな仕事でも力が発揮できるでしょう。

【お　金】

「危」の名の通り、危うい面を持っています。好きなことには情熱を傾けますが、そうでなければ関心を示しません。好きな仕事に就くことができれば安定するのですが、それ以外の仕事では努力をしないため、金運は停滞するのです。

お金に困らなくても、好きなファッションやものにお金が出ていきます。ですから、財産はあまり残さないタイプでしょう。

金銭面から見た人生は極端にいえば、二つに分かれます。裕福な家庭に生まれた人が家業を継いだとすると、徐々に金運もダウンし、晩年には親から受け継いだ財産はほとんど残らないことがあります。

逆に、金銭面で苦労をした場合には、金運は少しずつよくなり、好きな仕事に就くことができたのならば、能力を発揮して財産を残す人もいます。

【健 康】

危宿《きしゅく》は、胯《また》を示しています。

ですから、骨盤や股関節のズレには注意しましょう。感情に走って突発的な行動をしがちなので、そんな時には、特に骨盤や股関節を怪我しやすくなります。

若い時にはよいですが、年齢を重ねていくにつれて体が固くなっていくため、勢いよくダッシュしたりすると、股関節を痛めることもあるでしょう。日頃から、ストレッチなどをすることをお勧めします。

また、この宿の人は、大腸を悪くしやすい傾向にあります。大腸のポリープ、腸ねん転などには気をつけてください。

なお、パーティーなどアルコールがある場を好むため、日頃から、お酒の飲みすぎや食べすぎなどにも注意をしましょう。

★開運の鍵
守護方位　北
緑のもの
出版物全般
先生
アミューズメントパーク

室宿《しつしゅく》

目的が見つかったら一気にパワフルな宿

【性格と人生】

12宮の瓶宮と魚宮にあり、ターゲットが定まったら、どのようなことにでも突進していきます。また、攻撃的な性格である「猛悪宿」ともいわれ、ときに手段を選ばないような行動に出る場合もあるでしょう。エネルギッシュに目的を成し遂げるため、野心家で荒々しい感じの人が多いようです。なお、「室」には住まいという意味があるように、子供をかわいがり家族を大切にすることでは27宿中、一番といえるでしょう。

感情が激しく好き嫌いがハッキリしています。そして怒ることでパワーを発揮して、さまざまなものをゲットしていくでしょう。また、カンが鋭く、人の気持ちを察することにも長け、綿密な準備や状況に応じて対応することも得意。ただし、基本的には自己中心的なので、人に合わせることはあまりないようです。

性格は陽気で正直者なので、子供みたいに無邪気なところがあります。そのため、思ったことをすぐ口にしてしまうことも。また、嘘をついたとしても、わかりやすいです。

子供の頃はやんちゃなため、親がエネルギーの行き先を決めてあげないと、ケンカをしたり、いたずらしたりします。スポーツに関心を持たせるとエネルギーが循環するようです。

成長するにしたがって自信に満ちあふれ、物質的な欲求を満たすようになっていきます。学歴や経歴より、体験を通じて人間の幅を広げていくでしょう。

【開運アドバイス】

エネルギー循環をはかり、物事を冷静に見て、使命感を持って生きることです。

自分の信じた道や目的達成のために、爆発的なパワーを発します。ですから、最終的には成功を収めることができるでしょう。ただし、どのようなことでも成し遂げる強さがあるので自信過剰になりがち。また、視野が狭くなることもあるようです。

物質的欲求が高まると、プライドの高さが露呈して、人を不愉快な気持ちにさせてしまうことも。周囲の人は、目的を達成していくあなたに頼るようになっていくので、人々を幸せに導いていくことを意識していくことが大事です。

ときに、信頼できる人にアドバイスをもらうと、精神的な余裕と謙虚な気持ちを持つことができ、素晴らしい人生を歩んでいけるでしょう。

【恋愛と結婚】

女性は、真面目で献身的なところもありますが、自分本位になりがち。相手が何でも許してくれる人だと、わがままが強くなり、最終的には別れてしまうこともあります。

男性は、女性関係が派手なタイプと仕事一筋というタイプに分かれますが、両者とも女性の面倒見はよく頼りになります。癒し系の女性を選ぶ傾向にあるでしょう。しかし、結婚となると、女性も男性もなかなか決まらないようです。特に女性は、しっかり者で仕事に夢中になると結婚が後回しになり、独身を通す人もいます。ですから、早いうちに結婚した方が家庭運はよいでしょう。

男性は、結婚するまでは苦労しますが、結婚後は家庭を大事にします。室宿《しっしゅく》の人は、基本的には家庭を大切にし、子供をかわいがります。

【適　性】

自信を持ってまっすぐに目標に向かっていくので、人望も厚く、自然と指導的立場に立ちます。誠実さと統率力で人々を目的地へと導くことが使命となります。

バイタリティーあふれる仕事ぶりは、どのような仕事に就いても力を発揮できるはずです。素早く処理する能力もあり、ミスも少ないです。実は、見えないところで努力をしているのです。職種は、貿易関係や旅行関係などの海外で活躍する仕事に向いています。

また、自信家である一方、緻密な面もあるので、技術関係や不動産業、土木建築などの実力主義の世界であれば、力を発揮できるというわけです。ものの良し悪しの判断もできるので、美術工芸品・骨董品などの鑑定や売買、経済アナリストなども適した職業です。

女性も仕事ができるキャリアウーマンとして活躍するでしょう。

【お　金】

自信を持ちパワフルに取り組むため、出世が早く金銭的に抜きん出るでしょう。中年期には全体の運気もアップし、名声と財産を手に入れることができる人もいます。この時期に莫大な財産を作り、実業界や政治の世界で活躍する人もいるようです。

そんな強運を持っている宿ですから、財を成さなくても、一生を通してお金に困るようなことはないでしょう。ただし、目立つことが好きなので、高級マンションや高級車、ブランドものの洋服、アクセサリーを身に着けるようになり、それらを身の回りに置くことで満足をするため労費をすることも。

また、病気や人にだまされて財産を減らす危険性がないとは言い切れません。それでも、持ち前のバイタリティーを発揮して、困難を乗り切れば、晩年は経済的に安定するはずです。

【健康】

室宿《しつしゅく》は、右腿《もも》に当たります。

ですから、足の怪我や痛み、肉離れや痙攣《けいれん》には気をつけましょう。

特にあなたの場合には、エネルギーがあり余るくらいパワフルに行動をしていくため、目の前に目標が見えたならば、猪突猛進になってしまうことがあります。

その結果、視野が狭くなり、怪我をしてしまうこともあるでしょう。

特に、右腿がダメージを受けやすい部位なので、注意が必要です。

また、腎臓病や膀胱炎などの病気にもかかりやすい傾向があるので、気をつけていきましょう。

お酒を豪快に飲む人が多いので、飲みすぎによって起こる病気などにも留意してください。

★開運の鍵
守護方位　北
濃い青のもの
伝統品
学者
学校

壁宿《へきしゅく》

参謀役としては天下一品
周りをアシストしていく宿

【性格と人生】

12宮の魚宮にあり、角宿《かくしゅく》、危宿《きしゅく》とならび、三大「遊楽宿」の一つ。遊ぶことが大好きで、楽しみを見つける能力は27宿中、一番。

「壁の華」という言葉がありますが、それに反して壁宿《へきしゅく》の人は華のように魅力的で、さらに壁のように動じない信念と人々を支える強さがあります。また、「安重宿」ともいわれ、安定した生活を送れるでしょう。

子供の頃は、周囲から支えられることが多いですが、徐々にアシスト側になっていきます。

また、あなたが表舞台に立つのは少なくなり、家族や会社、知人のためにエネルギーを発揮するようになるでしょう。それこそ「壁」のように困難に立ちはだかり、家族や知人など大切な人たちを守る役目を果たしていくのです。そんな強さがある一方で、優しさと思いやりがあるのも特徴。面倒見のよさは、実力者からも信頼を得ることとなり、大きな仕事を任されたり、その人の右腕になって働くこともあるようです。そして、いつの間にか地位や名声を手に入れることもあるでしょう。

慎重で手堅く、若い頃に苦労をした体験が生かされて、石橋を叩いて渡るような性格になるため、アドバイザー的な立場を求められることが多くなるでしょう。

趣味としては、神秘世界やオカルトチックなものに興味があり、秘密めいたことも好む傾向があります。

よき参謀役になることを意識し、使命感を持って生きましょう。

人々のために世話を焼くことにより、あなた自身も成長していくことができます。人をアシストすることの大切さを学び、ボランティア精神も培われていくでしょう。

また、あなたはミステリアスで、人に対して心をあまり見せないところがあるようです。周囲がオープンに接してきたら、ときには自分をさらけ出すことも大切。そのような態度をとることで、あなたもよきアドバイスを得ることができるはずです。

また、異性問題でトラブルを起こしたり、人のおだてに乗ってだまされるケースもあります。そんな時こそ冷静になり、分析していく能力を生かすことです。そうすれば、素晴らしい人生を送れるでしょう。

【開運アドバイス】

基本的に面倒見がよいので、世話が焼けるタイプを選びがちです。女性は、女らしい魅力で男性をとりこにしますが、内面は真面目で、一人の人と長くつき合うことを望んでいるようです。男性も、基本的には真面目なのですが、女性好きで、複数の人とつき合う人もいるでしょう。結婚しても男性は他の人に目移りして、度がすぎると、当然、家庭は崩壊に向かいます。

女性は、子供っぽい男性に惹かれやすいため、意外な異性と結婚するかもしれません。家庭に入れば世話女房になりますが、ものやお金に執着しすぎないようにしましょう。また、子供をかわいがりすぎて、後々悩まされることがあります。家柄の立派な人と結婚したら、配偶者の家族に助けられることもあるでしょう。

【適性】

基本的には自分が表に立つのではなく、裏方に回って手腕を発揮するタイプです。持ち前の緻密な頭脳と戦略を練って、人々をバックアップすることが使命といえます。

切り替えが早く、集中力があり、物事を冷静に観察して分析していきます。社会の裏事情にも詳しく、その場の空気に合わせて戦略を練ったり、場合によっては裏から攻めたりすることもあるようです。したがって、企業では社長ではなく、副社長や役員といった立場で能力が生かされるでしょう。

経営コンサルタントや心理アドバイザー、介護・福祉関係、秘書業務は適職です。頭脳を生かした、会計士や研究開発、ＩＴ関連。時流や流行を感知する才能を生かしたファッションアドバイザーやゲームクリエーター、トレンドに関する評論家、広告関係なども適職。

【お金】

何事にも慎重に取り組んでコツコツと蓄財できるタイプです。明晰《めいせき》な頭脳で本質を見抜くことができるので、中年期までは金銭面での苦労は少ないでしょう。

裏で支えることが得意で、企業でも重要な地位につくため、サラリーマンになっても高収入を得られるでしょう。基本的には、勝負に出る性格ではないので、大きな財産を築くようなことはありませんが、いわゆる小金持ちになれる人が多いようです。

ただし、人を支える運命にあるため、何らかの事情で家族の犠牲になったりすることもあります。そのため、大きなお金が出ていく可能性もあるでしょう。

晩年になると、慎重に対処しているはずが、人の保証人になったり、お金を貸したりして、財産をなくす危険性もはらんでいるので気をつけてください。

【健　康】

壁宿《へきしゅく》は、左腿を示しています。

ですから、足の病気や怪我には、日頃から気をつけましょう。

特に、車の運転ミスで交通事故を引き起こす可能性があるので、一度ハンドルを握ったならば、集中して運転するようにしてください。もし、事故に遭った時には、左腿を怪我する場合があるでしょう。

スポーツなど体を動かすような時には、肉離れや足がつったりしがちなので、準備運動は念入りにする必要があります。

また、脾臓《ひぞう》の病気にもなりがちなので、注意してください。スポーツジム通いなど、日常生活の中に取り入れた健康づくりが大切です。

基本的には、長寿の宿ともいわれているので、比較的長生きをする人は多いようです。

★開運の鍵
守護方位　北
銀色のもの
教材
子供
水族館

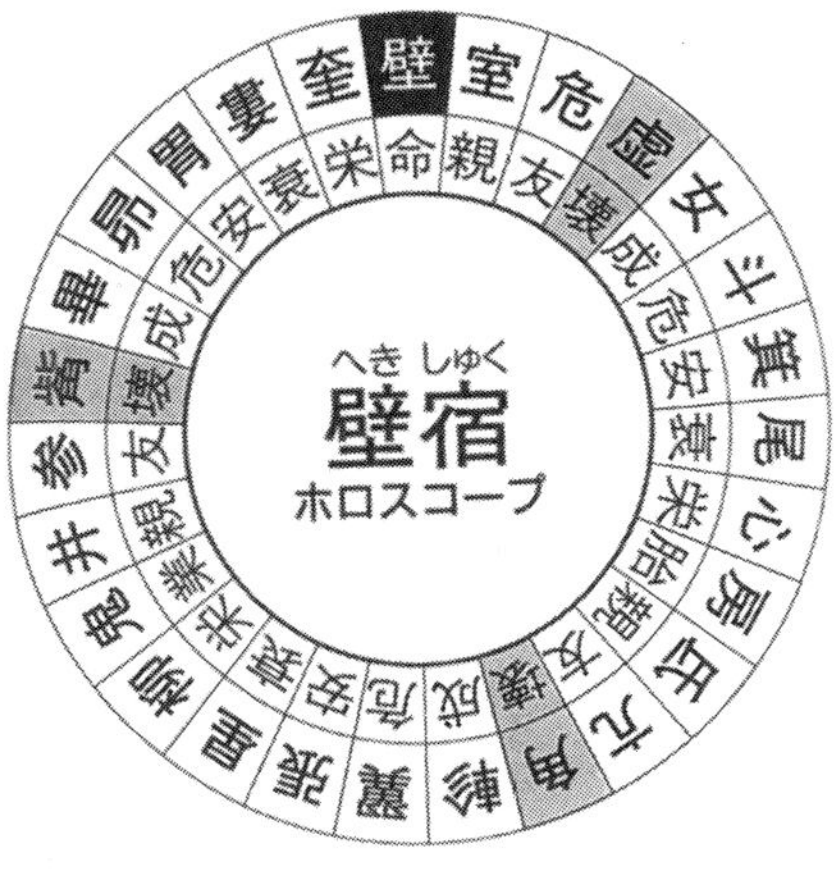

奎宿《けいしゅく》

結婚がターニングポイント
異性にサポートされる宿

【性格と人生】

12宮の魚宮にあり、「奎」には股という意味があって、二つのものが支え合うことから、27宿のうちで一番異性との関わりが強く、結婚運もよい宿となります。また、夫婦仲もよいので、アットホームな家庭を築けるでしょう。「和善宿」といわれ、柔軟で比較的おっとりとし、話し方もソフトです。

思慮深くソフトな人当たりで誠実に人と接し、物事の表面にとらわれるのではなく、内面を重視する人です。考え方は理路整然としているので、聞いている方は自然と聞き入ってしまうでしょう。したがって、社会ではそれなりの地位を築けるはずです。家業を継ぐ運も強く、そうなれば、さらに運気はアップするようです。しかし、実は誇り高く、あらゆる手段を用いて、目的を達成させる大胆さも持っています。また、シビアなところもあり、金銭感覚は細かく、損をしないようにしていくでしょう。

子供の頃には、しっかりとした教育としつけを受ける人が多く、比較的、親や先生の言いつけや規則を守ります。成長段階で、常識人としての振る舞いが身についていきますが、甘やかされると自分勝手な遊び人になったり、異性に依存するようになる場合も。

この宿は、同性といるよりも異性といる方が楽しいし、バックアップしてくれることから、年を重ねるごとに異性と一緒に行動することが多くなります。

【開運アドバイス】

異性を味方につけて、結婚をすることで運が開ける場合があります。パートナー選びを意識し、使命感を持っていきましょう。

人生のカギを握っているのは「異性」です。ですから、仕事のパートナーを選ぶにしても、気の合う異性と組むことをお勧めします。ただし、異性にアシストしてもらうのはよいのですが、自力で道を切り開く気持ちも必要です。そうすることで、さらに運気はアップするはずです。

なお、交際相手や配偶者に対しては、親密でべったりとしたつき合いになるわりに、兄弟や親に対してはクールな立ち振る舞いになりがちです。異性同様に愛情を持って接しましょう。そうすることで、さらに素晴らしい人生になるはずです。

【恋愛と結婚】

身近な人にアシストしてもらえる運命にあります。特に異性運がよいので、交際相手からは、いつもフォローしてもらえるでしょう。

この宿は、27宿中、最も結婚運がよいのです。夫婦仲もよく、子供にも恵まれて、家庭は裕福なレベルで安定するでしょう。しかも、男性も女性も家庭人としては相手の両親からの評価が高いはずです。

また、結婚をすることで全体の運気もアップするので、独身主義の人はせっかくの運を逃さぬよう、結婚することをお勧めします。もし、何らかの事情で離婚するようなことがあったとしても、よい再婚相手に恵まれるでしょう。ただ、隠しごとが上手で、浮気をしてもバレないため、上手く秘密の情事を重ねていく人もいるようです。

【適　性】

正義感が強く、秘密を順守できるため、何かを護衛していくことが使命です。

仕事は熱心で即実行型。異性の上司や先輩から何かとアシストもしてもらえるでしょう。

適職は弁護士、司法書士などの法律関係や警察官。文章を通して独自の「生きた言霊」を伝えて主張するのも得意なので、ジャーナリストやライター、作家、評論家も向いています。基本的には、一人より組織で働く方が適しています。自由業にしてもどこかに属した方が上手くいくでしょう。ただし、異性のバックアップで飛躍できるので、起業する場合には異性と組むこと。なお、自分の好きなことを職業にするより、割り切って仕事とした方が、よい結果が得られます。

また、実家の仕事や配偶者の家業を継ぐと、能力を発揮して、おおいに発展させることもできます。

【お　金】

中流以上の家庭に生まれることが多いので、金銭面での苦労は少なく、着実に人生を歩んでいけるでしょう。また、先祖代々の仕事や財産を受け継ぐこともあります。その場合、一度はやや落ち込みがありますが、しばらくすると、他の人からの応援もあり、立ち直ることができるようです。

しかも、晩年にかけては、継いだ家業をさらに発展させることもできるので、財を成す人もいます。

実行力もあり仕事熱心なので、会社に入っても目上の人からの信用を得て、早いうちに昇進できるでしょう。また、結婚することで運がアップしますが、金運も同じです。たとえ、結婚した時にお金に困っていても、親や親戚などからの支援が得られる可能性が高いのです。大きな財産はなくても裕福な暮らしができるでしょう。

【健　康】

奎宿《けいしゅく》は、膝《ひざ》に当たります。

ですから、膝に負担がかかるようなことは避けましょう。スポーツをしていた時に、ちょっとした瞬間に膝の靭帯《じんたい》を伸ばしてしまう、ということもあり得ます。スポーツジムで、膝に負担があるトレーニングは、軽い負荷で行うようにしましょう。

また、女性は冷え性になりやすいので、冷房のかかっている部屋などでは、膝かけなどを使用するとよいです。

男女ともに気をつけたいのは、高血圧、気管支などの病気です。特に、男性には出やすいので、軽い咳や風邪だと思って放っておくと、病が長引く可能性があります。レントゲン検査などを受けるとよいでしょう。

さらには、日頃から栄養バランスのよい食事で、健康を維持していくことをお勧めします。

★開運の鍵

守護方位　西
紫のもの
図鑑
異性
船

婁宿《ろうしゅく》

補佐的立場で実力を発揮
特殊な能力で一芸に秀でる宿

【性格と人生】

12宮の羊宮にあり、27宿中、一番コーディネーターとしての能力に優れ、参謀役としても実力を発揮していきます。

「急速宿」といわれ、動きは敏速です。聡明で努力家、器用で多芸です。音感に優れている人が多く一芸に秀でる人もいます。

子供の頃は人見知りをする子で、体もあまり丈夫な方ではありません。学校では、理数系と音楽が得意で、暗記力にも優れています。社会に出てからは、計算能力や事務能力に長け、緻密な仕事をするでしょう。慎重で細かなところに配慮でき、比較的地道な人生を歩むことが多いです。

「婁」には、「明らかに見える」という意味があるので、人を見る目があり、隠れた部分も見抜くこともできます。そんな資質より、人々のコーディネートが上手にできるのでしょう。

基本的に面倒見がよく、周囲の人の痛みを理解し、癒してあげようという優しさも持った人です。ですから、折衝ごとや人と競い合うようなことを避ける傾向があります。もし、組織のリーダーになるとか独立をしたならば、波乱の多い人生になるでしょう。自説を強く主張する性格が出て、他人に対し批判的になる場合もあります。

また、差別意識が強くなって、思慮分別のあるコーディネート力も発揮できなくなるでしょう。

【開運アドバイス】

よい人間関係を形成することを意識して、使命感を持って生きていきましょう。

対人面では、人を差別したり、見下す癖があります。そのような気持ちを捨て去り、冷静に判断できる能力を前面に出していくことです。また、なるべくサブの位置をキープした方がよいでしょう。二番手でもコツコツと自分の道を歩んでいけば、人生の中盤以降になってから、多くの人に認められる存在となるはずです。家族を大切にして人々に癒しを与え、社会のためにも一生懸命働くので信頼も得られます。

ただ、30歳前後に、何かしらの試練が起こる場合があります。また、持ち前のカンに頼りすぎて失敗する恐れも。この時期は、特に健康にも気遣い、慎重に過ごすこと。そうすれば、素晴らしい人生を歩むことができるはずです。

【恋愛と結婚】

人見知りする性格なので、男性も女性も恋愛に積極的になれるタイプではありません。異性とつき合う際も、相手を冷静に観察して決めます。癒し系の反面、やや冷めた感じの態度は、つき合い出しても変わらず、相手の欠点を探してしまう傾向もあるでしょう。

ですから、結婚も晩婚になりがちで、どちらかといえば、恋愛結婚よりお見合い向きといえます。冷静に相手を見て決断する結婚が適しているでしょう。

男性は、妻や子供を大切に思い、家庭を大事にします。女性は、料理も上手できちんと家庭を守るタイプです。ただし、家庭生活でも、つい夫や妻の粗探しをしてしまい、夫婦関係は冷めてしまうこともあります。また、家計も自分で管理したがり、それがすぎると相手に不快な思いをさせるので、ほどほどにしましょう。

【適　性】

子供の頃、身体があまり丈夫ではなかったという人が多いようです。そのような少年期の状況は、医療・薬品関係に興味を持つ要因になり、その方面で活躍することが使命とされています。また「癒し」を与えることも役割の一つです。

したがって、医師や看護師、薬剤師などの職業は適しているでしょう。さらには、鍼灸師、サプリメントやセラピー関係の仕事も適職です。計算にも強く、会計士や税理士、公認会計士、銀行などの金融関係の仕事、緻密な作業のシステム開発、ＩＴ関連の仕事でも活躍できるはずです。

一芸に秀でているため、音楽、俳優などのエンターテインメントの世界もよいでしょう。企画力もあるので、マスコミ界、鋭い批評ができる評論家やジャーナリストなども適職です。

【お　金】

バランス感覚に優れており努力型なので、青年期頃から金運もよくなります。もともと、コツコツと地道に働く方なので、目上の人からの評価も高く、次第に高い地位を得ていくことでしょう。したがって金運は、晩年に向かい、さらに上昇するはずです。

ただし、本来持っている批判精神を誰かれ構わずに振り回すと、せっかくの金運も逃してしまうので注意しましょう。

金銭感覚に鋭いのがこの宿の特徴なので、貯金をするのも得意。お金が増えていく預金通帳を見ると楽しくてしかたないでしょう。計算に強いので、どれくらいの出費があったのか、どれぐらい入金があったのかということをいつも把握しています。

大きな野望を抱いて出費するようなことがなければ、財産もかなり残るでしょう。

【健　康】

婁宿《ろうしゅく》は、脛《すね》を示しています。

脛を払われると、あっという間に倒れてしまうように、脛は体を支える重要な部分です。

脛が急所になることが多いので、この部位の打撲をしたり、擦りむいたりしやすいので注意しましょう。また、20代～30代の病気や事故には、特に気をつけてください。

本来は、子供の頃から虚弱体質なので、体全体の基盤となる健康そのものに注意が必要です。

ただし、成長するにつれ、健康管理をするようになり、健康の分野そのものが面白くなると「健康オタク」になる人もいます。ですから、自分なりの健康法を見つけて続けることが、健康をキープする一番の方法でしょう。

★開運の鍵
守護方位　西
赤のもの
健康雑誌
シェフ
自然食レストラン

胃宿《いしゅく》

自立心が旺盛
何でも飲み込んで大きく成長する宿

【性格と人生】

12宮の羊宮にあり、「胃」という名のごとく、食べものや興味を持ったこと、知恵……など、何でも飲み込んで胃に入れたがる傾向があります。つまり、好奇心旺盛で、どんなことにでも一度は首を突っ込んでみたくなるのです。

肝が据わり、何事にも恐れない勇気もあります。したがって、底知れぬエネルギーを秘め、試練を乗り越え大きな栄誉を手にする宿としては、27宿で上位にランクされます。

また、ビジュアルにこだわり、27宿で一番美意識が高いです。「急速宿」といわれ、動きは敏速です。

子供の頃から、わが道をいくタイプで、何が起きても自分で解決しようとします。融通が利かないところがあり、守備範囲を侵されそうになったら、躍起になって戦うでしょう。気性が激しく、人のことよりも自分のために生きていくので、逆らうような人がいたら、勇気を持って挑んでいきます。野心を抱いた瞬間にパワーは倍増し、目標を達成するまでやり抜きます。そんな、がむしゃらな面が敵を作ることもあり、波乱の人生になるかもしれません。そんなことにより、近年では「猛悪宿」にも属します。

しかし、いざという時には、人を説得する話術、知恵、能力を発揮していくので、その結果、組織のリーダーとして信頼を得ていくのと同時に、勇ましい姿に慕ってくる人も多いはずです。

【開運アドバイス】

人のために何ができるかを意識し、使命感を持って生きましょう。

大きな波乱があっても、乗り越えるバイタリティーがあるので、何事にも恐れずに道を開拓していくこと。また、海外進出すると、発展的な活躍ができるでしょう。

基本的には、持ち前のパワーと頭脳を周りの人のためにも使っていくことが開運につながります。信望が厚くなり、あなたを頼って人が集まってくるでしょう。やがて、それが宝となり、結果的に自分の人間性を高めることになります。

もし、私利私欲に溺れると、孤独に陥ることがあります。周囲の人々のためにエネルギーを注いでこそ風格が備わり、敬愛される人物となるのです。その結果、素晴らしい人生を歩むことができるでしょう。

【恋愛と結婚】

人とはちょっと違ったミステリアスな魅力を持っていて、つかみどころがないけれど憎めない、そんな人が多いでしょう。男女ともに、美的感覚が鋭く、ビジュアル重視で恋をする確率が高いようです。また、一度好きになったら、一途になる傾向があります。

その反面、恋に破れた場合には、なかなか立ち直れないこともあるようです。女性は、気が強い面があり男性をリード。そのため、弱々しいタイプの男性にモテるでしょう。男性は、27宿中、最も美人を好むタイプ。ですから、結婚相手を探すのに美人にこだわりすぎると、晩婚になるでしょう。

結婚は、男性も女性も相手に求めることが多くなる傾向があります。あまりに自分の考えを押しつけたり、自分勝手な行動に走りすぎると、別れることになるでしょう。

【適　性】

美的感覚があり、案外デリケートな一面を隠し持っているので、詩や言葉を通じて人々に生きるための重要なメッセージを伝えていくことが使命といえるでしょう。文芸における才能もあり、ライターや作家、タレント、アナウンサーなどの仕事で力を発揮して、「生きた言霊」を伝えていきます。根気があり努力家なので、どのような仕事に就いてもトップになれるでしょう。一国一城の主となる役割も持っています。自分の力を信じて仕事に向かっていくタイプなので、事業を起こすのも適しています。

秘密主義な面もあるので、探偵業などの調査機関、警察関係、経営および人材コンサルタントなどの仕事も適職です。海外での交渉などにも能力があるので、貿易関係もよく、薬品関係、技術開発の仕事もよいでしょう。

【お　金】

自分が決めた仕事には、根気強く打ち込み、努力もいとわないので、早くに出世できるでしょう。会社勤めでも他人の力をあてにせず、自分から積極的に仕事をするので着実に地位を築き、それにともなってお金も得ることができます。

仕事が上手くいきだすと、どんどんお金が入り、貯金もします。どんなことにでも対応していき、知恵とバイタリティーを生かして、大きな財産を築く人もいるでしょう。ただし、人から何かを与えられるのを嫌い、また自分も他人に何も与えない面があります。人のためにはお金を一切出さないということもあるので、ケチな人とみなされることもあるようです。もし、多少でも社会や人のために金を使うようになれば、晩年には人々から頼りにされ、名誉と尊敬を得ることもできるでしょう。

【健　康】

胃宿《いしゅく》は、足先を示しています。

ですから、中年以降は足腰の痛みや衰えには気をつけてください。寒い場所に行く時には、足先の冷え、しもやけになることもあるでしょう。糖尿病が足に現れることも。

また、意外にもデリケートで秘密主義。人をあまり信用しないところもあり、プライベートを話すことを好みません。そのため、突っ込んで話を聞かれたり、秘密を暴かれようものならば、精神的なストレスを抱えることになります。

胃宿《いしゅく》の人は「胃」という名前がつけられているように、何でも食べすぎる傾向にあるので、飲みすぎ、食べすぎにも注意が必要です。

本来は、薬のことにも詳しく、健康に留意する性格なので、長寿の人が多いようです。

★開運の鍵
守護方位　西
紫のもの
レシピ集
年下の人
娯楽施設

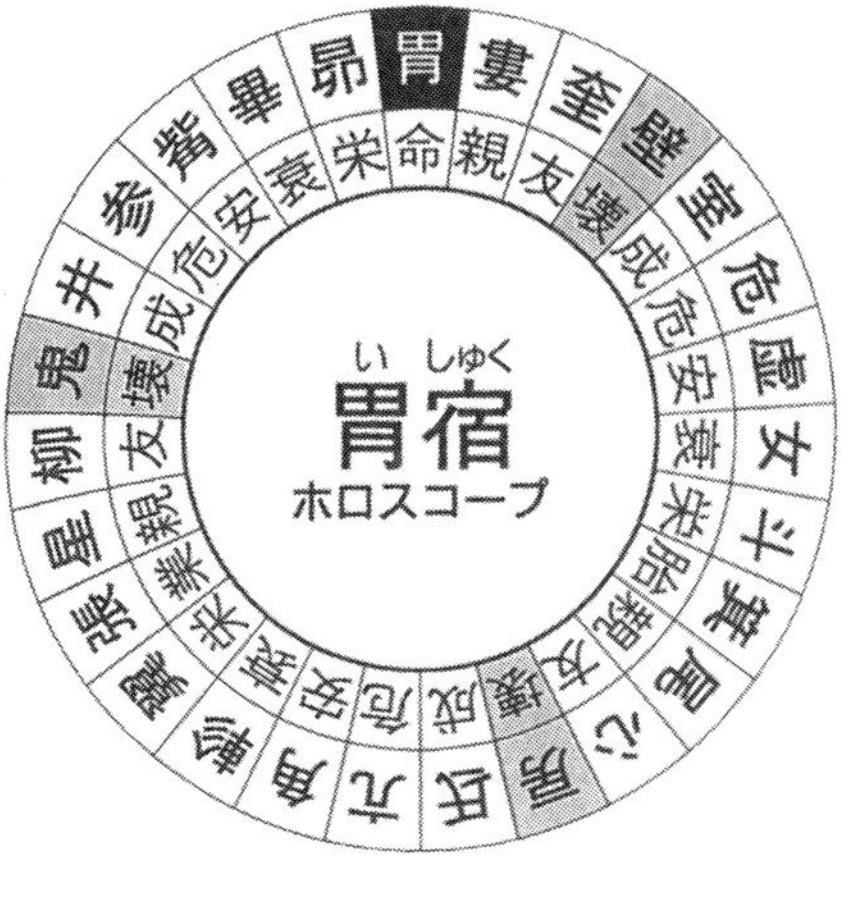

COLUMN 2

破壊人によりもたらされた破壊

私が身をもって体験をした「安壊」が織り成す人間ドラマをお話しましょう。

それは1994年、突如襲いかかった「ストーカー騒動」。目的は、妬みだったのか、金銭だったのか、あるいはそれ以外のものだったのか、よくわかりません。

破壊人を筆頭とする数人により、数年にも及び、ストーカーや嫌がらせをされ続けたのです。彼らの行動や発言は、まったく身に覚えがないとのこと。何もしていないのに、いかにも何かをしたかのように嘘が真実のような話になっていく恐ろしさ。数人で組んでいるため、口裏を合わせて嘘の証言をしていき、その嘘が真実のような話になっていきます。嘘の上に嘘が塗り重なる真実。仲裁役の使命を持つ「女宿」の私は、どうにか事態を収めようとしたのですが、手に負えずに泥沼へと引きずり込まれていったのでした。

このような「宿曜」の因果が引き起こす破壊は、日常生活で知らないうちに展開されています。関わることで学ぶべき点も多いのですが、悪い事態を引き起こしてしまう場合もあります。その時は、さらなる悪い事態を招かないためにも、潔く縁を断ち切ることも大切です。悪縁を断ち切るのに適した日は「壊」の日である破壊日。

例えば、話し合いの日に「壊」の日を選びます。さらに、弁護士さんなどの第三者を立てるならば、ストーカーを破壊する破壊人を選ぶと、より効果が出るでしょう。

まずは、破壊に巻き込まれないように注意するのが一番ですが、アクシデントが起きてしまったならば、破壊人、破壊日を有効活用することも手段の一つです。

第3章

27宿相性解説

1 人間関係六つの相性

(1) 相性が織り成す「人間模様」は？

本章で、実際に「相手との相性」を調べていきましょう。

人間関係の相性には、「安壊・栄親・友衰・危成・業胎・命」の六つがあります。これは、パートナーとの「恋愛」や「結婚」「仕事」「家族」など、さまざまなシーンにおいて、重要なカギを握っています。

さらに、「安壊・栄親・友衰・危成」の関係においては、近距離、中距離、遠距離があり、これは、相手との縁の深さを意味します。

(2) 相性の見方

まず、「宿曜暦」より、あなたの「本命宿」を探します。

例えば、１９７４年１月１日生まれの方なら、１９７４年の表を探し、1月と1日とがクロスしたところを見ます。すると「昴」となっています。

つまり「本命宿」は「昴宿《ぼうしゅく》」です。

次に相手の生年月日の「宿」を探します。

例えば、１９７４年３月３日生まれの方なら「柳宿《りゅうしゅく》」です。

「昴宿《ぼうしゅく》」のホロスコープで、「柳」を見ると、「壊」の相手となるのがおわかりでしょう（21ページ参照）。

したがって、昴宿《ぼうしゅく》にとって柳宿《りゅうしゅく》は、「安壊の関係」の相性となり、解説文で、安壊の関係を見ると（１３３ページ参照）、その相性の意味がわかります。

2 六つの相性の意味とは？

(1) 安壊の関係

あなたにとって「壊」は破壊で、相手に苦労させられますが、「安」は安定となり、相手が苦労します。しかし、ともに「安壊の相手」。立場が逆転する可能性も高く、最も危険な関係といえます。

最初は、お互いに強く惹かれる相手です。特に近距離は、その度合いは強烈で、因縁の深さも計り知れません。中距離はやや縁が薄れ、遠距離は関わり自体が薄くなります。

しかし、この安壊は、時間の経過とともに、やがて足を引っ張り合い別れるようになります。また、そのまま憎しみが続くことも。もちろん、よい関係が保たれる場合もあり、その時は、他からの圧力により障害が起きてくることがあります。

(2) 栄親の関係

あなたにとって「栄」は繁栄。「親」は親愛。お互いにプラスになり、一生よい関係が保たれます。恋愛、結婚、仕事、すべてのシーンで協力し合い、相互のよさを引き出せるでしょう。

近距離は、かなり関わりが深くなります。したがって仲のよさは格別で、誰も間に割って入れないでしょう。しかし、隣り合わせた宿ゆえに、干渉しすぎたり、衝突が多くなる場合もあるようです。

中距離は、一番最高の相性になります。お互いに尊重でき、バランスが取れた関係といえます。

遠距離は、仲のよい関係ではありますが、縁が薄くなりがちで、サラリとした間柄になるでしょう。

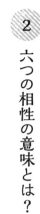

(3) 友衰の関係

あなたにとって「友」は交友。「衰」は衰退。とても仲のよい関係が築けます。特に、友達、恋愛においてはよく、愛情を感じるはずです。一緒にいて、楽しい時間が過ごせるでしょう。共通の趣味や志を持ちながら、親睦が深まることも多いです。しかし、一方が「友」で、もう一方が「衰」。どちらかというと「友」の人の方が優位な立場になります。

近距離は近い相手となり、一気に恋に落ちるでしょう。中距離は、ほどよい関係が保てます。遠距離は、本質的な違いが出てくるため、仲よくなるまでに時間を要する場合もあります。

(4) 危成の関係

あなたにとって「危」は危険。「成」は成就。「危」の人からは危険を与えられ、「成」の人からは成功に導かれます。しかし、ともに「危成の相手」。立場が逆転する可能性も高く、「危」の字が示すように、危さをはらんでいます。

とはいっても、違う観念の相手なので、魅力を感じるし、切磋琢磨できるよい関係にもなれるでしょう。しかし、本来違う志向の人です。秘密を持ち、興味が薄らぐと離れてしまいます。遠距離は、その傾向が強く、近距離は、近いだけにお互いの世界を大切にしないと衝突しがちに。中距離は、尊重し合えばバランスは保たれるようです。

(5) 業胎の関係

この関係は、前世・来世でのつながりがあるといわれ、神秘的な間柄になります。切っても切れない因縁が生じる場合もあるでしょう。

あなたにとって「業」は、前世での自分の宿を表し、「胎」は、因縁により生まれる来世での自分の宿で、受胎を意味しています。業の人は、あなたにとって母親役となり献身的に尽くしてくれる相手。胎はあなたにとっては子供役、献身的に尽くす相手となります。仕事関係ではよい相性です。

(6) 命の関係

同じ「本命宿」の相手の「命」。深い因縁で結ばれ、最初に出会った時から、すぐに仲よくなれるでしょう。しかし、お互いに本心が見えるだけに、良くも悪くも自分を映し出す「鏡」になります。したがって、同性の場合は、距離を保たないと犬猿の間柄になることがあるでしょう。

異性の場合は、結婚しなければ一生の友でいられます。

3 破壊相性の危険性

歴史をも変える安壊の関係

この破壊の相性ほど、とても魅力を感じ、強く惹かれる相手はいません。有名人では、工藤静香さんと木村拓哉さんがこの関係です。出会いから結婚までのスピーディーな展開を考えたら、納得させられるものがあるでしょう。しかし、この「安壊の関係」、陰には、いつも「破壊」という二文字がつきまとっているのです。

では、現実的にどんな出来事があったのでしょうか?

例えば、徳川慶喜と明治天皇が、まさにこの「安壊」だったといわれています。明治天皇が徳川慶喜を破壊して、江戸時代から明治時代に大きく歴史が動きました。このように、時代や政治をも巻き込み、私たちの生活にも大きな影響が及ぼされるのです。

とはいっても、お互いに魅力を感じる相手。この関係を知り、対処の仕方がわかっていれば、何も恐れる必要はありません。お互いに認め合え、「破壊」を乗り越えていくことだって十分にあり得るのです。

また、破壊がよい方向に作用したり、破壊と再生を繰り返し、大業を成し得る場合もあります。

例えば、映画「男はつらいよ」の山田洋次監督と俳優の渥美清さんがよい例です。

このように、傷つけ合いながらも、好意を持って弱点を補い合い、強め合っていけたならば、この「破壊」の関係は、大きく成長することもできるのです。

4　27宿相性解説

昴宿《ぼうしゅく》の人間関係

相性関係	近距離	中距離	遠距離
安	参	危	亢
壊	奎	柳	心
栄	畢	女	軫
親	胃	張	箕
友	婁	星	尾
衰	觜	虚	角
危	井	室	氐
成	壁	鬼	房
業	翼		
胎	斗		
命	昴		

◉安壊の関係

つい油断してしまう、または、逆に緊張関係が作られてしまう安壊の相手。引き立てを受けるあなたにとっては弱さが出てしまう傾向に。

近距離の参宿《しんしゅく》は、強く惹き合う相手。抜群の行動力を持つ参宿《しんしゅく》は、あなたにとって頼れる存在だが、関係が深まるにつれて軽薄に思えてくる。奎宿《けいしゅく》はおっとりタイプだが、意外に誇り高いところがあり、次第にストレスを感じる。

中距離の危宿《きしゅく》は、個性的な言動で楽しませてくれるので遊ぶのはよいが、それ以外の真剣なことではトラブルが起きやすいので任せられない。柳宿《りゅうしゅく》は熱狂的なので、熱意を持ってアシストされるが、意外に自分本意でイライラすることも。

遠距離の亢宿《こうしゅく》は、志の高さは似ているが動機が異なり、深く関わると進むべき方向を見失う。心宿《しんしゅく》は、理解を示してくれるが本心が見えにくく、一緒にいても孤独を味わってしまう。

◉栄親の関係

栄親の関係にある、どの宿も好相性ですが、あなたを立ててくれる「親」の3宿の人とは特に気が合います。

近距離の畢宿《ひっしゅく》は、あなたの夢と理想の実現に必要なアドバイスを惜しみなく与えてくれる。ときたま、パワーに圧倒されることも。胃宿《いしゅく》とは、同じ目的に向かって力を合わせれば百人力。意外にも信頼感が高まる相手。

中距離の女宿《じょしゅく》は、安心して物事を任せられる相手。何かしらトラブルが発生したら、体験を生かして収束させてくれる。張宿《ちょうしゅく》は、細やかなアドバイスを与えてくれる。いきすぎた行動、不足を補い合うことのできる好相性。

遠距離の軫宿《しんしゅく》は、何もいわなくても気持ちを察知してくれるので、一緒にいると癒される。箕宿《きしゅく》とは、精神的に支え合える相性。困難に立ち向かう時に心強い味方になる。

◉友衰の関係

それぞれの宿とは、建前や体裁を取り払ってつき合うことができます。お互いに安心感を与え合える好相性です。

近距離の婁宿《ろうしゅく》は、優れたコーディネーター能力で、その時その瞬間に昴宿《ぼうしゅく》が必要とする適切なアドバイスを与えてくれる。何かと相談できる相手。觜宿《ししゅく》は、持ち前の小粋な会話術で、悩みやイライラした気持ちを癒してくれる。

中距離の星宿《せいしゅく》は、粘り強いポジティブなパワーで、トラブルに陥った時やくじけそうな心に夢や光を注いでくれる。虚宿《きょしゅく》は、具体的なかたちでアシストしてくれることは少ないが、精神的な面での交流ができ、話していて楽しい。

遠距離の尾宿《びしゅく》は、迷いが生じた時にハッキリとした決断と粘り強さを与えてくれる。角宿《かくしゅく》とは、同じ趣味を持つことで楽しみをわかち合える。楽しい友達としては最良。

◉危成の関係

こだわるところが全く異なる危成の関係。関心を抱くこと以外には目を向けることがないため、自然と接点が少ない相手となります。

近距離の井宿《せいしゅく》は、理路整然とした意見をぶつけてくるので、ひとたび衝突したら解決策を見出すのは困難。議論は避けた方が無難。壁宿《へきしゅく》は、人当たりがよさそうで、本心を明かさないため、打ちとけた会話には時間がかかる相手。

中距離の室宿《しつしゅく》は、得意分野が異なるため、正面切ってぶつかることは少ない。お互いを尊重すれば助け合える関係に。鬼宿《きしゅく》は、人のよさに好感を持てるが、気分屋な性格に振り回されることがあるので気を許せない。

遠距離の氐宿《ていしゅく》は、実利を重んじる厳しさがあり、あなたからは冷淡に見える。房宿《ぼうしゅく》とは理解し合えると勘違いしやすく、異なる価値観があるのを自覚して接すること。

◉業胎の関係

ともに過ごすことが、とても自然な相性。お互いの役割が明確であるほど、さらにつき合いやすい関係になれます。

業の翼宿《よくしゅく》から見ると、あなたのことを支えてあげたいと思える存在。とても必要とされる。たとえ離れるようなことがあっても舞い戻ってくることが多い。男女関係では追われる立場に。

胎の斗宿《とうしゅく》は、あなたにとって必要な存在だが、要求されることに従ってしまう傾向に。気持ちよくサポートしているうちはよい関係が保てる。

◉命の関係

社交上手なので、自然な雰囲気で一緒にいられる「命」の昴宿《ぼうしゅく》。ただし、お互いにプライドが高いところがあるため、関係が進展しにくいことも。一定の距離を保つことで上手くいく相性なので、当たらず障らず、というスタンスが最適。

畢宿《ひっしゅく》の人間関係

相性関係	近距離	中距離	遠距離
安	井	室	氐
壊	婁	星	尾
栄	觜	虚	角
親	昴	翼	斗
友	胃	張	箕
衰	参	危	亢
危	鬼	壁	房
成	奎	柳	心
業	軫		
胎	女		
命	畢		

◉安壊の関係

動機は異なっても、マイペースなところは似ている安壊の相手。一定の距離を取って接していけば、衝突することは少ないでしょう。

近距離の井宿《せいしゅく》は、頭の回転が速く理論家だが、不言実行型のあなたの目には、その言動は、口先だけに見えてしまうことも。婁宿《ろうしゅく》のスマートな振る舞いに一目置くが、一緒だと自分の不器用さが目立つようでストレスを感じる。

中距離の室宿《しっしゅく》は、努力家ではあるが、畢宿《ひっしゅく》に比べると根気強さに欠ける時が。結果的にあなたが追い越すことに。星宿《せいしゅく》は、凝り固まりがちなあなたの考えに刺激を与えてくれる存在。しかし、星宿《せいしゅく》はあなたを平凡な人と思うことも。

遠距離の氐宿《ていしゅく》は、同じ目的を持つこともあるが、次第に氐宿《ていしゅく》の欲深さがうっとうしく感じられる。尾宿《びしゅく》は負けず嫌い。一方的に敵意を抱かれた時ストレスを感じることもある。

◉栄親の関係

決して器用とはいえないあなたにとって、栄親の人は安心して心を許せる相手。負けない、と意気込む必要がなく、リラックスして関われます。

近距離の觜宿《ししゅく》とは、お互いの価値観を自然と尊重することができる。踏み込みすぎない優しい関係に。昴宿《ぼうしゅく》は、あなたの目立たない努力をたたえ、理解を示してくれる。行き詰まった時には、心の支えとなってくれる相手。

中距離の虚宿《きょしゅく》は、奇想天外な発想と目に見えない精神的な形の両方であなたをアシストしてくれる。翼宿《よくしゅく》は、人を楽しませ喜ばせることが上手く、一緒にいると知らずと甘えられて尊敬や感謝の念を持てる相手。

遠距離の角宿《かくしゅく》は、趣味を楽しむのにはよく、いろいろとアドバイスをしてくれる。斗宿《とうしゅく》は、向上心のある面に好感が持て、お互いに切磋琢磨しながら、よい面を伸ばし合える関係。

◉友衰の関係

情で結びつきやすいのが友衰の関係です。あなたにとってこの人たちは、気持ちだけでなく、実利もわかち合える相手です。

近距離の胃宿《いしゅく》は、堅実だが、ややスローなあなたにスピード感を与えてくれる。協力し合えば、一人では成し得ないことも可能。参宿《しんしゅく》は、同じようにエネルギッシュ。力関係のバランスがよいので気兼ねする必要がない。

中距離の張宿《ちょうしゅく》は、頼みごとをすると強い使命感でそれに応えてくれる。そのため、あなたも張宿《ちょうしゅく》への協力は惜しんではいけない。危宿《きしゅく》とは、価値観は異なるが、あっけらかんとしたキャラクターが憎めない。楽しい気分にさせてくれる。

遠距離の箕宿《きしゅく》は、あなたと同じように人にこびることがないため共感できる。適度な距離を保つとよい関係。亢宿《こうしゅく》は、改革派のリーダーで統率力もあるので味方につけたい相手。

◉危成の関係

異なる視点を持つために、平行線の関係を続けてしまいがちな危成の関係。しかし、興味はとてもかきたてられる相手です。

近距離の鬼宿《きしゅく》は、感受性の豊かさに興味をそそられるが、一挙一動に注意を払う必要があり、心が読みにくい相手。奎宿《けいしゅく》は、独立独歩のあなたに比べると依存心があり、お互いが相手をわがままと感じて歩みよれない。

中距離の壁宿《へきしゅく》には、思いもよらない言動に驚かされるが、あなたがハプニングに見舞われた時には、意外に助けになる。柳宿《りゅうしゅく》とは、初対面や関係が浅いうちは楽しく過ごせるが、新鮮さを失うと柳宿《りゅうしゅく》が去っていく傾向に。

遠距離の房宿《ぼうしゅく》は、バックアップに慣れているため、堅実なあなたに理解を示しにくい。心宿《しんしゅく》は、あなたの陰なる努力もお見通し。手の内が読まれるので敵にしたくない相手。

◉業胎の関係

あまり感情を露わにしないあなたも、業胎の相手には強く気持ちを動かされます。力関係に偏りがあっても共存共栄できる相手。

業の軫宿《しんしゅく》は、あなたを尊敬し、ためになると思うことは力の限りで尽くしてくれるので、とってもありがたい存在。しかし、軫宿《しんしゅく》の感情が高まると、窮屈に感じることもある。

胎の女宿《じょしゅく》は、あなたが力になりたいと願う相手。お互いに努力を惜しまないので、仕事ではよい関係が保てるがプライベートでは地味な関係に。

◉命の関係

一歩一歩目的に向かって歩むあなたにとって「命」の畢宿《ひっしゅく》は、お互いにマイペースを守るために、敵視する必要のない相手。感情的に深く関わることはないにしても、ひとたび目的を共有するとアシストし合うことも可能。立場の奪い合いだけは気をつけよう。

觜宿《ししゅく》の人間関係

相性関係	近距離	中距離	遠距離
安	鬼	壁	房
壊	胃	張	箕
栄	参	危	亢
親	畢	軫	女
友	昴	翼	斗
衰	井	室	氐
危	柳	奎	心
成	婁	星	尾
業	角		
胎	虚		
命	觜		

◉安壊の関係

関わり方に慎重さを必要とするのが安壊の相手。しかし、自分の眠っている本能的な部分を引き出してくれるので、発見も多い相性です。

近距離の鬼宿《きしゅく》には、深い思いやりに心が安らぐが、あまりにも感情の起伏が激しいために疲れることもある。胃宿《いしゅく》は、とても競争意識が強いため、あなたの平和主義的スタイルに理解を示してくれない。

中距離の壁宿《へきしゅく》は、秘密主義的なため、あなたのトーク術を持ってしても、心を容易に開かない打ちとけにくい相手。張宿《ちょうしゅく》は、リーダー性があるようで意外にデリケートなところも。問題が生じたら、あなたが対処しなくてはならない。

遠距離の房宿《ぼうしゅく》は、苦労なく欲しいものを手に入れていくため、よいとこ取りされてしまう場合が。箕宿《きしゅく》は、アイデアの現実化をアシストしてくれるが、お株を奪われてしまう。

◉栄親の関係

やや小さくまとまりがちなあなたに、新しい風を運んでくれたり、無理なく歩調を合わせてくれたりするのが栄親の相手です。

近距離の参宿《しんしゅく》は、アイデアの豊富さと、あなたの慎重な計画性とをコラボレーションさせて一緒に成長できる相手。畢宿《ひっしゅく》は、ドッシリとした安定感を持つので頼れる存在。あなたが畢宿《ひっしゅく》を立てるとよい関係ができやすい。

中距離の危宿《きしゅく》は、社交的で遊び上手なために、あなたは楽しさを満喫できる。交わす会話には驚きがいっぱい。軫宿《しんしゅく》は、無条件にあなたの意見を聞き入れてくれる。望む時に望むサービスをしてくれるので、ありがたい存在。

遠距離の亢宿《こうしゅく》とは、一つのことに協力して立ち向かえる好相性。女宿《じょしゅく》とは、お互いが同じように慎み深い性格なため楽にしていられ、信頼し合える相手にもなる。

◉友衰の関係

波長が合う面が多いものの、やや異なると感じる部分もある友衰。気が合うと思っていたら意見が食い違うこともあるため、適度に好刺激を与え合えます。

近距離の昴宿《ぼうしゅく》は、向学心があり話していて楽しいし、学ぶことも多い。精神的な部分でも理解し合える相手。井宿《せいしゅく》は、あなたの上をいく能弁者。口ゲンカをすることもあるが、何度も話をしていくうちに理解できる相手になる。

中距離の翼宿《よくしゅく》は、正義感の強いヒーロー気質。あなたが窮地に陥ったら、飛ぶようにして助けにきてくれるので心強い。室宿《しつしゅく》は、あなたが失敗を恐れて踏み出せずにいる時に、背中を押してくれる。学ぶことも多い相手。

遠距離の斗宿《とうしゅく》は、ライバル心が強いが、上手に人を立てることができるあなたとは、穏やかにつき合える。氐宿《ていしゅく》は、理想主義に走らず、現実的な考え方をするので気が合う。

◉危成の関係

ものの感じ方も行動パターンも違う危成の関係。しかし、お互いの浮き沈みのリズムが違うので、ビジネスでは意外に協力し合えます。

近距離の柳宿《りゅうしゅく》はミーハー的。流行ものやうけ狙いのプロジェクト、ショッピングには意外に役立つ。婁宿《ろうしゅく》は、人のことを見抜く鋭い観察力の持ち主。一緒にいると、心の底まで見られているような気がして落ち着かない。

中距離の奎宿《けいしゅく》は、甘え上手でありながらシビアな考えを持つために、あなたはどちらの顔を信じてよいのかがわからなくなる。星宿《せいしゅく》は、よく働き、細かなことにこだわらないスケール感があるため、学ぶところも多い。

遠距離の心宿《しんしゅく》は、人の心をつかむのが上手いので、コントロールされてしまうことがある。尾宿《びしゅく》とは、ものを見る視点が違うため、よく話し合う必要がある。

◉業胎の関係

接点がない生活をしていても、心の奥底では知らず知らず…と求め合っている業胎。お互いが必要とする時に会うと優しい関係になれます。

業の角宿《かくしゅく》は、器用で遊び上手。楽しませてくれるので、あなたはいつまでも見ていたいと願う。しかし、相手はやや思いやりに欠けるため、あなたの立場を考えない傾向も。

胎の虚宿《きょしゅく》は、あなたの方が気になってしまい、放っておけない相手。思い悩む虚宿《きょしゅく》の心をときほぐそうと、世話を焼くことが多くなる。

◉命の関係

慎重な交際をするあなたにとって、觜宿《ししゅく》はお互いに出すぎた行動をしないため、案外、関わりやすい相手。平和主義という姿勢も、よい距離感を持てる要因。

「命」の相手は当然似た性格。目的に向かって一緒に行動をすると、力を発揮できる。

参宿《しんしゅく》の人間関係

相性関係	近距離	中距離	遠距離
安	柳	奎	心
壊	昴	翼	斗
栄	井	室	氐
親	觜	角	虚
友	畢	軫	女
衰	鬼	壁	房
危	星	婁	尾
成	胃	張	箕
業	亢		
胎	危		
命	参		

◉安壊の関係

とても気になる存在の安壊の相手。どこか波乱を好むあなたにとっては、通りたいようで、通りたくないような複雑な相性になります。

近距離の柳宿《りゅうしゅく》とは、お互いに好奇心旺盛なために一緒に行動する面白さはある。しかし、柳宿《りゅうしゅく》のことが軽薄に思えてしまうことも。昴宿《ぼうしゅく》とは、言動がきれいごとに思えることが多々あり、適度な距離を保つと幻滅せずにすむ。

中距離の奎宿《けいしゅく》とは、リズムが違うが、好きな人や物事への考え方が一致することがあり、惹かれ合う。しかし、邪魔が入りがち。翼宿《よくしゅく》は、お互いに冒険心を持つ点が共通している。しかし翼宿《よくしゅく》の気高さのために、あなたは小ささを感じたり傷ついたりする傾向が。

遠距離の心宿《しんしゅく》は、心を読む天才。つい気を許すが冷たくされてショックを受けることが。斗宿《とうしゅく》の統率力にあなたは一目置くが、守りの固さに反抗したくなる。

◉栄親の関係

栄親の関係にあるどの宿とも好相性。中でも「中距離」の相手は、特に波長が合い、居心地のよさを感じます。

近距離の井宿《せいしゅく》は、優れた話術の持ち主。あなたとは言いたいことをぶつけ合い、よい相乗効果が生まれていく。觜宿《ししゅく》は、思慮深さがあるために、やりっ放しの傾向があるあなたの行動や計画に、具体性を与えてくれる。

中距離の室宿《しつしゅく》は、似ている部分もあり理解しやすい。よきパートナーになるが、ときに暴走してしまうことも。角宿《かくしゅく》は、多趣味なので新しもの好きな参宿《しんしゅく》の好奇心を満たしてくれる。一緒にいると友達の輪も広がって楽しい。

遠距離の氐宿《ていしゅく》とは、共感できることが多い。とても気が合いリラックスできる。虚宿《きょしゅく》は、ややあまのじゃくな気質だが、ハッキリした態度をするあなたに好感を抱く。

◉友衰の関係

パワフルなあなたにとっては珍しく、友衰の相手とは癒し癒される関係が作れます。楽しみをわかち合うとさらに充実した関係に。

近距離の畢宿《ひっしゅく》は、同じようにパワフル。しかし、スピード感が違うので役割分担を明確にすると協力し合えるよう。鬼宿《きしゅく》は、個性に惹かれて興味を持てる。ともすると孤立しがちな鬼宿《きしゅく》にとって数少ない心安らげる友達に。

中距離の軫宿《しんしゅく》は、巧みな交際術で、あなたの激情にかられた心を自然に癒し、かつ実利面でも力になってくれる。壁宿《へきしゅく》は、困った時にそっと手を差し延べてくれる。おとなしいようで意外に策略家なので一緒にいて面白い。

遠距離の女宿《じょしゅく》は、仲裁役を買って出るほどの世話好き。何か迷った時の相談相手にはうってつけ。房宿《ぼうしゅく》は、かもし出す裕福なムードのためか、憧れの存在になるよう。

◉危成の関係

あなたにとっての危成の関係にある宿は、発揮の仕方は異なってもすべてパワフル。トラブルになると長引くので用心したい相手です。

近距離の星宿《せいしゅく》は、夢とロマンを抱き目標に向かっていく宿。新しさを求めるあなたにとって追いつきたい相手。胃宿《いしゅく》は、あなたと同じように破天荒な気質。しかし、ストイックさはあなたの上をいくので手ごわい相手。

中距離の婁宿《ろうしゅく》は、地道な選択をするために、あなたの冒険的な振る舞いに批判をすることも。張宿《ちょうしゅく》は、ナルシストな性格。たとえあなたが離れても、そんなはずはないと都合よく解釈してアシストしてくれそう。

遠距離の尾宿《びしゅく》は、粘り強く進むのに対して、脇道にはずれがちなあなた。批判してくることも。箕宿《きしゅく》は、度胸がある宿。上昇志向はあなたより上なので、学ぶべき点も多い。

◉業胎の関係

あなたにとって業胎の関係は、アシストし合える相手。たとえ期待を裏切るようなことがあったとしても、トラブルは生じないようです。

業の亢宿《こうしゅく》は、あなたと同じように、先陣を切って物事に当たっていくパワーを持つ宿。ともに行動するより、お互いの悩みを打ち明け合うと、あなたをサポートしてくれる。

胎の危宿《きしゅく》は、とてもいたずら好きな宿。あなたは、危宿《きしゅく》の発想力にはかなわないと感じていて、ついアシストをしてしまう。

◉命の関係

個性派タイプのあなた。同じような行動をする「命」の参宿《しんしゅく》は、つい認めてしまう相手。お互いのアイデアを面白がって、さらに自分に取り入れていこうとする。

しかし、どちらもやや飽きっぽいために、長い時間一緒にいるのは難しいよう。

井宿《せいしゅく》の人間関係

相性関係	近距離	中距離	遠距離
安	星	婁	尾
壊	畢	軫	女
栄	鬼	壁	房
親	参	亢	危
友	觜	角	虚
衰	柳	奎	心
危	張	胃	箕
成	昴	翼	斗
業	氐		
胎	室		
命	井		

◉安壊の関係

行動よりも口が勝りがちなあなたにとって、実践派の相手はけむたく、自分の弱点を感じないではいられない安壊の相手。

近距離の星宿《せいしゅく》は、夢多きロマンティスト。人の欠点を見抜くのが上手いあなたにとっては、詰めが甘いように思える。畢宿《ひっしゅく》は、信念を持って根気強く、目標を達成していく宿。理想主義のあなたとは意見の食い違いが起きる。

中距離の婁宿《ろうしゅく》は、あなたと同じように鋭い観察眼を持つので話していて楽しい。しかし、婁宿《ろうしゅく》の押しに負けることも。軫宿《しんしゅく》は、持ち前の社交性で楽しませてくれる。しかし、新しいことに目を向ける軫宿《しんしゅく》との関係は長く続かない。

遠距離の尾宿《びしゅく》は、あなたの野心に勢いを与えるが、案外、頼りにならない存在。女宿《じょしゅく》は優等生的な気質。威圧的に振る舞うようなことがなければ、あなたにとって頼れる存在になる。

◉栄親の関係

持論にこだわりがちなあなたとって、栄親の関係にある人は、刺激と楽しさをもたらしてくれる相手。あなたの感性を引き出してくれます。

近距離の鬼宿《きしゅく》は、とても感受性が豊か。あなたが傷ついた時には、何も言わなくても察知してくれる。参《しん》宿《しゅく》は、一緒にいて違和感のない相手。共通の目標を持つと、より気持ちが近づいて同志になれる。

中距離の壁宿《へきしゅく》は、物事の表裏の両方に精通する広い知識の持ち主なので、迷った時には頼りになる相手。亢宿《こうしゅく》は、あなたから見てリーダーの器。威圧的な人にもひるまずに向かう姿勢を見ると気持ちよさを感じられる。

遠距離の房宿《ぼうしゅく》は、バックアップに慣れているため、あなたのハッキリとしたものいいは刺激的。危宿《きしゅく》は、独特の社交術で、視野の狭いあなたに新鮮さを与え、可能性を広げてくれる。

◉友衰の関係

新鮮さと安らぎの両方をもたらしてくれるのが、あなたにとっての友衰の相手。行き詰まりを感じた時には、特に必要になる関係です。

近距離の觜宿《ししゅく》は、井宿《せいしゅく》と同じように弁が立つタイプ。平和主義的なので、明るく楽しい会話が楽しめる。柳《りゅう》宿《しゅく》とは、ある時は話が合うと思っても、次は興味が移っていたりするので会うたびに新鮮。しかし手ごたえはない。

中距離の角宿《かくしゅく》は、多芸多才でとても器用。知識欲旺盛なあなたにとっては、いろいろな発見があるので一緒にいて楽しい。奎宿《けいしゅく》は、誠実で物事の内面を見ていくタイプ。特に異性の話をするには好敵手。

遠距離の虚宿《きょしゅく》は、世の中への問題意識が強く、理想主義のあなたとは気が合う。夢を語り合うのによい相手。心宿《しんしゅく》は、心を上手につかむために、議論好きなあなたは学びたい相手。

◉危成の関係

あなたにとっての危成の人との関係は、文字通り危険をはらんだ関係になりがち。立場をわきまえ、上手な距離感を保ちたい相手です。

近距離の張宿《ちょうしゅく》は、絶妙なトークの持ち主だが、弁舌が立つあなたとは、うわべだけの会話で終わってしまう場合が。昴宿《ぼうしゅく》との相違は、トラブル対処の時に明らか。わがままが出てしまう昴宿《ぼうしゅく》と冷静に臨むあなたとでは合わない。

中距離の胃宿《いしゅく》は、一匹狼タイプ。何事も秘密裏に進める胃宿《いしゅく》に対し、すぐ口にするあなたは少し気味が悪い存在。翼宿《よくしゅく》の信念と度胸をあなたは買っている。必要がないと近づくことはないが、問題があれば話し合える。

遠距離の箕宿《きしゅく》は、意見が食い違っても根に持たないので意外につき合いやすい。斗宿《とうしゅく》とは、活発な議論が交わせるため一緒にいると充実感があるが、余計な一言には注意したい。

◉業胎の関係

夢の実現をサポートしたりされたり。あなたにとっての業胎の関係は、お互いの希望を養い育てる間柄。特に仕事でのパートナーには最適な相手。

業の氐宿《ていしゅく》は、欲を満たすためには人を利用するような一面もあるが、あなたには奉仕的。井宿《せいしゅく》が進んで助けを求めることはないにしても、心では必要な存在だと感じている。

胎の室宿《しつしゅく》は、あなたの夢や理想をそのまま現実でやっているような気がして、憧れを持つ相手。惜しみなく力を捧げる。

◉命の関係

あなたの議論好きは、冷徹なようでいて、実は人に対する強い興味と愛情によるところも大きいので、それを理解できる「命」の井宿《せいしゅく》は、ライバル関係にならなければ良好な関係。

できることなら違う分野や立場で、それぞれの力を発揮することが望ましい間柄。

鬼宿《きしゅく》の人間関係

相性関係	近距離	中距離	遠距離
安	張	胃	箕
壊	觜	角	虚
栄	柳	奎	心
親	井	氐	室
友	参	亢	危
衰	星	婁	尾
危	翼	昴	斗
成	畢	軫	女
業	房		
胎	壁		
命	鬼		

◉安壊の関係

現実的な面に疎いあなたにとって、安壊の人はリアルな視点で物事を考える大切さを教えてくれる相手です。

近距離の張宿《ちょうしゅく》には、本来の自分より大きく見せようとするところがあり、ニュートラルな気持ちを持つあなたは張宿《ちょうしゅく》を信用できない。觜宿《ししゅく》は、つき合いやすいようでいて、実は礼儀を重んじる性格なため、基本的に合わない。

中距離の胃宿《いしゅく》は、負けず嫌い。しかし、ライバル視されてもあなたは気にしないので、胃宿《いしゅく》がエネルギーを浪費するばかり。角宿《かくしゅく》は、シティ派の遊び人。疎いあなたを、自分の引き立て役として誘うこともあるので、気をつけたい。

遠距離の箕宿《きしゅく》は、つかみどころがないあなたに翻弄されてしまう。虚宿《きょしゅく》は夢想家。共感するあなたはグチるのによい相手。しかし、心当たりがないことで当たられることも。

◉栄親の関係

栄親の関係にある宿は、あなたの独特な感性に理解を示してくれる貴重な存在。特に「栄」の相手とは、お互いに心安らぐ間柄になれます。

近距離の柳宿《りゅうしゅく》には、飽きっぽいところがあるが、あなたにはなぜか変わらぬ友情を抱く。井宿《せいしゅく》は、強きをくじき弱きを助けたい、というタイプなので、人のよいあなたには優しく対応して、あなたのよさを引き出してくれる。

中距離の奎宿《けいしゅく》は、誠意ある態度で接してくれる。あなたのボランティア精神をたたえてくれるので安らぐ。氐宿《ていしゅく》は、シビアな人間関係の中にいることが多いために、フレンドリーなあなたを癒しの存在として大切にする。

遠距離の心宿《しんしゅく》は、内心とてもナイーブだが、鬼宿《きしゅく》は裏表がないので自然に心を開く。室宿《しつしゅく》は、鬼宿《きしゅく》と同じように行動的なので、一緒にいると活動範囲が広がっていく。

◉友衰の関係

あなたは上下関係を作らないので、友衰の相手は同じ目線で話ができます。個人的な悩みなどを打ち明け合う優しい関係になれるでしょう。

近距離の参宿《しんしゅく》は、好奇心旺盛な宿。あまりにも言動が唐突なので、自由人のあなたが珍しく見守りたくなる相手。星宿《せいしゅく》は、同じようにオリジナリティあふれる宿。どちらも常識にこだわらないので、プライベートの関係で気が合う。

中距離の亢宿《こうしゅく》は、どんなことにも自己主張をしてくるので、次の展開が気になる。いざという時に頼れる相手。婁宿《ろうしゅく》は、観察力は鋭い。あなたの個性を引き出してくれたり、共感することもあり、同僚や仲間として協力し合える。

遠距離の危宿《きしゅく》は、優れた社交性の持ち主。創作的な分野での気も合うので気を許せる。尾宿《びしゅく》は、目的や好きな分野に追求していくパワーは似ているところもあり共感できる。

◉危成の関係

まるで価値観の異なる危成の相性ですが、あくまでも自分のものさしで生きていくあなたにとっては、気にならない相手かもしれません。

近距離の翼宿《よくしゅく》は、リーダー気質なために、お人好しのあなたをつい見下してしまう。後輩扱いされることも。畢宿《ひっしゅく》は、実行力のある頑張り屋。発想力はあるが現実感覚に乏しいあなたには共感できないが、プランの実現に必要な存在。

中距離の昴宿《ぼうしゅく》は、人徳のあるタイプで、あなたの個性にも敬意を払うが、その態度は社交辞令的。次第に無視し始めることも。軫宿《しんしゅく》は、あなたと同じように人のよい面があるので好感が持てるが、意外にガードが固い。

遠距離の斗宿《とうしゅく》は、負けず嫌いの戦略家のため、上手にかわしたい相手。女宿《じょしゅく》は常識的なタイプなので、あなたの一風変わった趣向が理解できない場合がある。

◉業胎の関係

ものにとらわれないあなたが、珍しく自分から近づいたり離れたりしてしまうのが業胎の関係。欲の暴走に注意しましょう。

業の房宿《ぼうしゅく》は、風変わりなあなたに心が惹かれてしょうがない。あれこれ貢いでくれたりもするが、自由人のあなたにとっては、束縛されているようであまり嬉しくないよう。

胎の壁宿《へきしゅく》には、あなたの方が尽くす側となる。いつもは支えるタイプの壁宿《へきしゅく》なので、感謝される。ただし、上下関係には注意したい。

◉命の関係

誰にでも変わらぬ態度で接するあなた。それが「命」の鬼宿《きしゅく》でも同じ。感受性が強いために、元気な時はよいけれど、傷ついた時は痛みが手にとるようにわかるので、こちらも苦しくなることが。

適度な距離をキープした方がお互いにリラックスできる。

柳宿《りゅうしゅく》の人間関係

相性関係	近距離	中距離	遠距離
安	翼	昴	斗
壊	参	亢	危
栄	星	婁	尾
親	鬼	房	壁
友	井	氐	室
衰	張	胃	箕
危	軫	畢	女
成	觜	角	虚
業	心		
胎	奎		
命	柳		

◉安壊の関係

新しもの好きのあなたにとって安壊の人は、興味をかきたてられる存在。しかし、ボロが出やすいので気をつけたい相手でもあります。

近距離の翼宿《よくしゅく》は、リーダー気質だが少し世渡り下手。多くの人を惹きつける柳宿《りゅうしゅく》に憧れることも。あなたは少しイラッとくることが。参宿《しんしゅく》は、あなたと同じようにエネルギーの強い宿。トラブルが起きると大ごとになるおそれが。

中距離の昴宿《ぼうしゅく》は、志も高く、どことなく気品あるタイプ。あなたは好意を抱くが、昴宿《ぼうしゅく》はミーハーなあなたに違和感を覚える。亢宿《こうしゅく》は、負けず嫌いだが、あなたにはライバル意識は少ない。それがかえってプレッシャーに。

遠距離の斗宿《とうしゅく》は公の場で、あなたは身近な人から人気を集める。斗宿《とうしゅく》はあなたの魅力に恐れを抱く。危宿《きしゅく》には、遊びを通じて共感できるが、徐々に交際感覚の不一致を感じる。

◉栄親の関係

人の心をつかむのが上手なあなたですが、意外にスキが多いので、サポートしてくれる栄親の人はとても大切な存在となります。

近距離の星宿《せいしゅく》は、幼い頃の夢を大切にするようなロマンティストなので、あなたのピュアさには共感して協力を惜しまない。鬼宿《きしゅく》は、気弱な一面があるため、目上にも目下にも信頼され、バックアップされるあなたを頼りにしている。

中距離の婁宿《ろうしゅく》は、世の中のことに敏感。しかも言動にも安心感が漂うので、よきアドバイザーになる。房宿《ぼうしゅく》は、行動が優雅でスマート。でしゃばることなく、自然にあなたの陰になり日なたになり関わってくれる。

遠距離の尾宿《びしゅく》は、負けず嫌いだが人望のあるあなたには従順。頼みごとをすると完璧にこなしてくれる。壁《へき》宿《しゅく》は、あなたにとって癒しの存在。気持ちを読みとってくれるので楽になれる。

◉友衰の関係

押したり引いたりという力加減が大切となる友衰の相手。何かと熱くなり暴走しがちなあなたにつき合ってくれる、貴重な存在です。

近距離の井宿《せいしゅく》は、必要な情報を必要な時にもたらしてくれる。熱くなりすぎた時はブレーキの役割に。張《ちょう》宿《しゅく》には、ややナルシストな面があるので、人を乗せるのが上手いあなたといるのが心地よく感じられる。

中距離の氐宿《ていしゅく》は、欲望の強いタイプ。自分の心情にエネルギーを注いでいくあなたと一緒だと熱が倍増する。胃宿《いしゅく》は、何事にも恐れない勇気があるので、目標を共有する同志になることもある。信頼に値する相手。

遠距離の室宿《しつしゅく》は、物事への取り組み方がパワフル。同じ趣味であれば、昼夜を問わず語り合うことも。箕《き》宿《しゅく》は、忍耐強いタイプ。あなたが一歩引いて接するとよい関係になる。

◉危成の関係

ムードメーカーであるあなたでも、危成の人をコントロールすることはできません。そつなく当たり前の対応でつき合っていきたい相手。

近距離の軫宿《しんしゅく》は、とても気配り上手。あなたとしても仲間にしたい存在ではあるが、意外に抜け目がないので油断できない。觜宿《ししゅく》には、人見知りの一面があり、あなたの人なつっこさには救われる。しかし、移り気な点に幻滅されることも。

中距離の畢宿《ひっしゅく》は、強い信念の持ち主であるため、あなたの興味の方向が変わる性格には理解を示さない。角《かく》宿《しゅく》は、真面目そうでいて楽しむことが好きな宿。あなたはその意外性に興味を持つ。しかし、関係はたまに遊ぶ程度。

遠距離の女宿《じょしゅく》は、面倒見がよいタイプなので、あなたに対して、ときに厳しい意見をする。虚宿《きょしゅく》は、哲学主義で理屈っぽい。議論になると感性派のあなたは負けてしまう。

◉業胎の関係

あなたにとっての業胎である宿に共通しているのは、感受性の豊かさ。それだけに、心を裏切るような行為はご法度となります。

業の心宿《しんしゅく》とは、どちらも心を動かすのが上手い宿。それだけに、お互いの手の内はお見通し。しかし、マイペースなあなたに余裕があり、心宿《しんしゅく》は心尽くしのフォローをする。

胎の奎宿《けいしゅく》は、誠意を持ってあなたをアシストする。しかし、基本的に依存心が強いので、あなたが常に世話をするようになる。

◉命の関係

好印象を与えて上手に交際していくあなた。同じ感性を持つ「命」の柳宿《りゅうしゅく》は、お互いに人気者なので、人気を取られたりお株を奪われると思い、ライバル視してしまいがち。

上手くつき合っていくには、適切な距離を保つこと。

星宿《せいしゅく》の人間関係

相性関係	近距離	中距離	遠距離
安	軫	畢	女
壊	井	氐	室
栄	張	胃	箕
親	柳	心	奎
友	鬼	房	壁
衰	翼	昴	斗
危	角	觜	虚
成	参	亢	危
業	尾		
胎	婁		
命	星		

近距離の軫宿《しんしゅく》は、社交家だが、人の反応を見てから動くようなところがあるので、理想を持って生きるあなたには、ちょっと不可解に映る。井宿《せいしゅく》は、情報交換ができることも多いが、根本的に価値観が異なるので、話はすれ違う。

中距離の畢宿《ひっしゅく》は、信念の強さでは星宿《せいしゅく》と同じ。しかし、その言動はオーソドックスすぎて、個性を追求する星宿《せいしゅく》にはもの足りない。氐宿《ていしゅく》は、状況や相手の反応を見て、自分の優位な立場にしようとするので、あなたをあなどる傾向に。

遠距離の女宿《じょしゅく》は、上昇志向があるために、目的をともにすると、ライバルになり得る。室宿《しっしゅく》は、一時的には仲よくなれるが、長続きは難しく、あなたが辛くなる。

◉安壊の関係

マイペースに人生を歩むあなたですが、安壊の相手にはどうしてもリズムを狂わされがち。それだけ、影響力がある刺激的な関係です。

◉栄親の関係

お互いの長所を生かしながら、ときにはアシストし、ときには刺激し合うのが栄親の相手。特に「栄」の人とは波長が合います。

近距離の張宿《ちょうしゅく》には、やや自意識過剰な面があるが、似ているところもあるため、アシストし合える。柳宿《りゅうしゅく》とは、情熱の傾け方が異なるが、同じように純粋なので好感が持てる。星宿《せいしゅく》が舵《かじ》をとればよい関係に。

中距離の胃宿《いしゅく》は、強い独立心の持ち主で、人を見る目もシビア。あなたを叱咤激励《しったげきれい》してくれる存在。心宿《しんしゅく》は、気配り上手。あなたの眠っている才能を見つけ、自信を与えてくれる。自然体のあなたが心宿《しんしゅく》には魅力。

遠距離の箕宿《きしゅく》は、プライドが高いが、時間をかけて目的に向かうあなたにとっては、信頼できる相手。奎宿《けいしゅく》は、きちんとルールを守るタイプ。理想を同じくするとサポートしてくれる。

◉友衰の関係

ありのままの個性を受け入れて、そして尊び合う。それが、あなたにとっての友衰の相手。自信を失った時は、特に大きな存在になります。

近距離の鬼宿《きしゅく》は、ユニークな発想力の持ち主なので、オリジナリティを尊ぶあなたには興味が惹かれる存在。翼宿《よくしゅく》は、意思が強く妥協しない点は似ている。あなたの夢のために、ときに厳しい意見をいってくれる頼れる存在。

中距離の房宿《ぼうしゅく》は、財に恵まれるとされている宿だけにガツガツしたところがなく、あなたの気前のよさとはどこか通じ合う。昴宿《ぼうしゅく》は、実より名を取るタイプなので、目先の利益を追わないあなたに敬意を表し、認めている。

遠距離の壁宿《へきしゅく》は、能力を表に出さずに人にアシストするので、世話好きなあなたも好感を持つ。斗宿《とうしゅく》は負けず嫌いで向上心もあるので、高い理想を掲げるあなたとは高め合える関係。

◉危成の関係

目的が同じでも、達成のプロセスが異なる危成の間柄。マイペースなあなたとしても、関わると歩調を乱されるので気をつけたい相手です。

近距離の角宿《かくしゅく》は、好感度を守りたいと思うタイプ。我流をつらぬくあなたには、ずるく思える。参宿《しんしゅく》は、同じように改革精神を持つ宿だが、参宿《しんしゅく》は強引にことを進め、あなたはじっくりと取り組むのでリズムが合わない。

中距離の觜宿《ししゅく》は、慎重派で現状を維持したいタイプ。現状に甘えずに理想を追求する星宿《せいしゅく》とはそりが合わない。亢宿《こうしゅく》は、人と競いながら自分の立場を確立していく宿。人と調和しつつ目的に向かうあなたには理解しがたい相手。

遠距離の虚宿《きょしゅく》は、皮肉な面があり、あなたの計画に対して、どうせできないと冷めた目で見がち。危宿《きしゅく》は、興味を持ったものに関心を示すが、移り気。努力型の星宿《せいしゅく》には疎ましい。

◉業胎の関係

どこか自分の分身を追い求めているかのように、強くその存在を必要としていきます。それが、あなたにとっての業胎の相手です。

業の尾宿《びしゅく》は、命令されたことを確実にこなす責任感の強い人。率いてくれる人を求めているようなところもあり、その相手としてあなたが選ばれそう。献身的に尽くしてくれる。

胎の婁宿《ろうしゅく》は、あなたが憧れを持つ相手。熱くなりがちな星宿《せいしゅく》にとって、婁宿《ろうしゅく》のクールさが得がたい宝のように思え、尽くしてしまう。

◉命の関係

どんな時も理想と夢を忘れない。そんな星宿《せいしゅく》にとって「命」の星宿《せいしゅく》との関係は、衝突し、邪魔されるようなことがあったとしても、それを「大切な経験」と考えることができる。

相手の存在に敬意を表しつつ、お互いのペースを守るよう心がければよい関係。

張宿《ちょうしゅく》の人間関係

相性関係	近距離	中距離	遠距離
安	角	觜	虚
壊	鬼	房	壁
栄	翼	昴	斗
親	星	尾	婁
友	柳	心	奎
衰	軫	畢	女
危	亢	参	危
成	井	氐	室
業	箕		
胎	胃		
命	張		

◉安壊の関係

人を惹きつけるのが上手なあなたにとって、安壊の人は、さほど警戒する必要のない相手です。とはいえ、他の関係より手こずるのは間違いありません。

近距離の角宿《かくしゅく》とは、どちらも外面のよいところがあるので、表面的には友好関係が保てる。しかし、心では反目し合うことも。鬼宿《きしゅく》は、好奇心旺盛で人に対しても興味津々。あなたを慕ったりもするが、飽きっぽいので関係は短命。

中距離の觜宿《ししゅく》は慎重派。協力関係は成立するが、あなたが上に立つとこじれる場合が。房宿《ぼうしゅく》とは、どちらも華のあるタイプなので話していて楽しい。しかし、ハングリー精神のない房宿《ぼうしゅく》には、あなたの一生懸命さが理解できない。

遠距離の虚宿《きょしゅく》は、自分の世界に入り込むことが多く人づき合いも独特。あなたの演出にも冷めた反応をする。壁宿《へきしゅく》は、従順なようで、かなりの策略家。足をすくわれることも。

◉栄親の関係

価値観が似ていて、さらにプラスアルファを与えてくれるのが、あなたにとっての栄親の相手。お互いの才能を尊ぶことが大切です。

近距離の翼宿《よくしゅく》は、同じように自分に厳しいタイプで、大胆なところもある。あなたにとって心強い味方に。星宿《せいしゅく》とは、使命に忠実なところも夢や理想に向かって粘り強く努力しているところも似ているため、一緒にいて安心できる。

中距離の昴宿《ぼうしゅく》は、何事にもスマート。こだわるところが似ていて、苦労もわかち合える。尾宿《びしゅく》は、自分の立場をきちんと把握していて、あなたが上の時はアシストしてくれる。あなたとは対等ではない方が良好。

遠距離の斗宿《としゅく》は、勝利を追求する宿。あなたをよき協力者として大切にする。婁宿《ろうしゅく》は、痛みを理解してくれたり、コーディネーター力であなたを引き立たせてくれることがある。

◉友衰の関係

かっこうよくありたい。そう願うあなたも友衰の人の前ではとっても素直になれます。素の自分を無条件で受け入れてくれるありがたい存在。

近距離の柳宿《りゅうしゅく》は、人づき合いの上手さで、内心気弱のあなたをアシスト。あなたは、演出力で柳宿《りゅうしゅく》の飽きっぽさを補う。軫宿《しんしゅく》は、ボランティア精神の持ち主。窮地には飛んできてくれるが、あなたが依存しすぎないことが大切。

中距離の心宿《しんしゅく》は、感情の変化にとても敏感。華やかな半面、ナイーブなあなたの心に理解を示してくれるので一緒にいて安心。畢宿《ひっしゅく》は、底知れぬパワーを持ち、頑張り続ける宿。日頃は一匹狼でも仲よくなることで強力な味方になる。

遠距離の奎宿《けいしゅく》は、人に対して律儀。あなたとの約束や秘密を確実に守るので信頼できる。女宿《じょしゅく》とは、方法は違うもののお互いに賞賛を求めるタイプ。努力を認め合える関係に。

◉危成の関係

とかく目立つ存在となる張宿《ちょうしゅく》の場合、そりが合わないからといって危成の相手を避けることはできません。上手く立ち回りましょう。

近距離の亢宿《こうしゅく》は、いつも競う相手を探しているようなところがあり、あなたが目立つ立場にいるとライバル視される。井宿《せいしゅく》は、頭が切れ、人を見抜くのが得意。ときにあなたの気弱な面をついてくるので用心したい相手。

中距離の参宿《しんしゅく》は、はっきりと思ったことをいうので、あなたが聞きたくないことを平気で話してきそう。氐宿《ていしゅく》は、人への接し方がシビア。役立つと思えば大切にしてくれるが、あなたの人望を利用する心配もある。

遠距離の危宿《きしゅく》は、純粋だが、やや無責任。一緒にいると、あなたがフォローする役に回る場合が。室宿《しつしゅく》は、力で物事を推し進めるタイプ。ペースを乱されがちになりやすい。

◉業胎の関係

自分のプライドを投げ打ってまで、尽くしたり、尽くされたりするのが業胎の相手。見返りを求めなければ、よい関係が保てます。

業の箕宿《きしゅく》は、目立つことが好きなタイプだが、あなたとの関係では「二番手」のサポート役で納得。しかし、あなたのナルシストぶりに心酔しすぎて、ときに追い回すことも。

胎の胃宿《いしゅく》は、あなたが尽くす側に。強い自立心を持つ胃宿《いしゅく》がリーダーで、あなたが補佐役。気遣いが、逆に押しつけがましくならないように注意。

◉命の関係

どこにいても、その場の主役になり得る、優れた自己演出力の持ち主。それだけに同じ能力を持つ「命」の張宿《ちょうしゅく》と一緒にいると、ライバル関係になる場合も。主役は二人いらないということ。

しかし、お互いの役割をわかち合っていれば、関係はこじれないようです。

翼宿《よくしゅく》の人間関係

相性関係	近距離	中距離	遠距離
安	亢	参	危
壊	柳	心	奎
栄	軫	畢	女
親	張	箕	胃
友	星	尾	婁
衰	角	觜	虚
危	氐	井	室
成	鬼	房	壁
業	斗		
胎	昴		
命	翼		

◉安壊の関係

信じれば叶うと、いつもポジティブに考えるあなたにとって、この相手と上手くやろうと決めれば、傷つけられることが減る安壊の相手です。

近距離の亢宿《こうしゅく》は、同じように意志が強いので好感が持てる。しかし、次第にあなたが亢宿《こうしゅく》をコントロールするようになり、関係がこじれ始める。柳宿《りゅうしゅく》は、世慣れたところがあり、それに対してあなたは世渡り下手。振り回される場合がある。

中距離の参宿《しんしゅく》は、失敗をバネにする強い心があるので勇気づけられる。しかし、人生観が異なるので、結局は距離ができる傾向がある。心宿《しんしゅく》は、心をつかむ天才。正直者のあなたの心はお見通しで、いつの間にかコントロールされていそう。

遠距離の危宿《きしゅく》は、今を楽しく生きたいタイプ。未来や理想に目を向けるあなたとは考え方が合わない。奎《けい》宿《しゅく》は、礼節をよく知るタイプなので表面的には良好。しかし、打ちとけることはない。

◉栄親の関係

似た感性を持ちながら、全く違う視点を持ち合わせるのが、あなたにとっての栄親の相手。お互いの成長を促すことができる関係。

近距離の軫宿《しんしゅく》は、同じようにフットワークの軽さを持つ宿。お互いにアシストが自然とできる間柄。張宿《ちょうしゅく》は、同じように粘り強く理想に向かって努力していく宿。何かにつけてあなたの弱点を上手く補ってくれる。

中距離の畢宿《ひっしゅく》は、歩みは遅いが行動で示すタイプ。風格があり、実力者のあなたとはお互いの可能性を高め合う。箕宿《きしゅく》は、物事に対しての考えが似ている面もあり、箕宿《きしゅく》から勇気づけられることも多い。

遠距離の女宿《じょしゅく》は、多趣味多芸で知識が広いため、そんなグローバルな視点はお互いを高め合う。胃宿《いしゅく》は、向上心があるので好感が持てる。あなたの優しさを胃《い》宿《しゅく》は必要とする。

◉友衰の関係

たとえ疎遠になるようなことがあっても、会えばまた元通り仲よく笑い合える相手。友衰の関係はそんな優しさで満ちています。

近距離の星宿《せいしゅく》は、同じように高い理想と夢を持つ宿。どちらも私利私欲が少なく、相通じる部分が多い。角《かく》宿《しゅく》は、優等生風でいて、実はとても奔放な気質。一緒にいると、さらに行動範囲が広がり、アクティブなあなたは満足。

中距離の尾宿《びしゅく》は、目標を定めたら一直線に突き進むタイプ。ベタベタはしないが心では信じ合う。觜宿《ししゅく》は、慎重にことを進めるタイプなので、完璧主義的のあなたとしても安心して任せられる。お互い頼りにできる。

遠距離の婁宿《ろうしゅく》は、繊細な視点の持ち主で、何事にも正確。完璧を目指すあなたと気が合う。虚宿《きょしゅく》は、独特の感性の持ち主。人にむやみにこびたりしないあなたに好感を抱く。

◉危成の関係

自らの美学を信じて生きるあなたにとって危成の関係は、距離を置けば良好な関係が保てます。無理に理解を得ようとしないこと。

近距離の氐宿《ていしゅく》は、現実的な欲を持つタイプで、あなたは私利私欲のないロマンティスト。別の道を進むことが多い。鬼宿《きしゅく》は、好奇心旺盛なので、ひとたび同じ興味を持つと協力し合える。しかし、移り気なので関係は長続きしない。

中距離の井宿《せいしゅく》は、シャープな頭脳を持つ理論派の宿。何かにつけて理屈でくるので、エンターテインメント志向のあなたとはフィーリングが合わない。房宿《ぼうしゅく》は、冒険することが少なく、夢を追うあなたは厳しく接してしまう。

遠距離の室宿《しつしゅく》は、同じようにアクティブだが、猪突猛進するので翼宿《よくしゅく》が幻滅。壁宿《へきしゅく》は、あまりオープンな性格ではないので、正直者のあなたにとっては不可解な存在。

◉業胎の関係

人やものに執着しないあなたが、業胎の相手のことは、なぜか特別な存在と意識してしまうようです。立場を守ればよい関係になれます。

業の斗宿《とうしゅく》は、負けず嫌いな性質を持つが、どこか風格のあるあなたに惹かれ、尽くしてしまう。浮世離れした理想を掲げることもある、あなたのサポート役としては適性がある。

胎の昴宿《ぼうしゅく》は、同じように私利私欲に走らないタイプ。お互いのよさを認め合い、あなたが昴宿《ぼうしゅく》のバックアップに回ることが多い。

◉命の関係

大切なのは、あくまでも自分の理想であり、財には無頓着。そんなあなたにとって「命」の翼宿《よくしゅく》は、たとえライバル関係になったとしても、争いは生じない傾向があります。

それは、お互いの立場に理解を示すから。発展性はあまりなくても、窮地にはアシストし合うことができる関係。

軫宿《しんしゅく》の人間関係

相性関係	近距離	中距離	遠距離
安	氐	井	室
壊	星	尾	婁
栄	角	觜	虚
親	翼	斗	昴
友	張	箕	胃
衰	亢	参	危
危	房	鬼	壁
成	柳	心	奎
業	女		
胎	畢		
命	軫		

◉安壊の関係

人をほめることが上手なあなたにとって、安壊の関係は、そつなく接していけば、大きなトラブルを避けられる間柄です。

近距離の氐宿《ていしゅく》は、目的のためなら人を利用することがあるが、あなたはそれを敏感に感じ取り、軽く受け流す。星宿《せいしゅく》は、ポジティブにことを進めるタイプで、あなたを勇気づけもするが、場合によっては不信感を与えることも。

中距離の井宿《せいしゅく》は、理論を仕掛けてくるが、あなたの社交術を使っていけば、ひるむ必要はない。尾宿《びしゅく》は、粘り強く取り組むタイプ。柔和に接してくるあなたをイエスマンと軽んじる。金銭感覚の違いでも違和感を覚える。

遠距離の室宿《しつしゅく》は、物質的満足を求めるタイプ。手を組んでも利益が上がらないと別れることに。婁宿《ろうしゅく》は、隠れた部分を見抜く天才。あなたの内に秘めた感情はお見通し。案外、気をつけたい相手。

◉栄親の関係

自分のよさを認めてくれるだけでなく、ともに行動することで実利を生み出す可能性があるのが、あなたにとっての栄親の相手です。

近距離の角宿《かくしゅく》は、同じように人気者の宿。一緒に遊んでいても楽しく、行動をともにすると、さらに人脈も趣味も広がっていく。翼宿《よくしゅく》は、同じようにフットワークが軽い。それぞれが得た知識を交換してお互いを高め合う。

中距離の觜宿《ししゅく》は、話し上手で、あなたは聞き上手。一緒にいると、あうんの呼吸が生まれるので居心地がよい。斗宿《とうしゅく》は、不屈の精神の持ち主なので、わがままをいわないあなたに好感を持つ。あなたのプロデュース力を必要とする。

遠距離の虚宿《きょしゅく》は、悩み多き宿。グチを聞き、的確なアドバイスをするあなたを頼りにしている。昴宿《ぼうしゅく》は、社会に貢献をするのが好きで、あなたの奉仕心も買っている。ともに人助けをする。

◉友衰の関係

合わせようとしなくても、自然と良好な関係が築かれていけます。それがあなたにとっての友衰の相手。一緒にいて気が休まる間柄です。

近距離の張宿《ちょうしゅく》は、少々おだてに弱いタイプで、持ち上げ上手なあなたといると、楽しいはず。亢宿《こうしゅく》は、夢や理想像を実現するために正義を主張するタイプ。何でも受け入れてくれるあなたは、よきパートナーになれる。

中距離の箕宿《きしゅく》は、気の強いところがあるが正直者なので、人がよいあなたも相手を警戒しないでつき合える。参宿《しんしゅく》は、口の悪いところがあるが、それに対してもあなたは笑顔で反応を返すので、友好関係が保てる。

遠距離の胃宿《いしゅく》は、自信家だがデリカシーも持ち合わせている。気遣い上手なあなたは、そっとサポートしていく。危宿《きしゅく》は、個性により人気を得て、あなたは人をほめることで人気者に。人気者同士で気が合う。

◉危成の関係

こうなるはずという予測を裏切る反応を返してくるのがあなたにとっての危成。相手に期待を求めなければ、関係は保たれます。

近距離の房宿《ぼうしゅく》は、柔らかな人柄なのでつき合いやすいが、外見で人を判断するところがあるため、気は休まらない。柳宿《りゅうしゅく》は、一瞬のうちに人の心に入り込む能力がある。気づかないうちにコントロールされている場合も。

中距離の鬼宿《きしゅく》は、フレンドリー。社交辞令が通用しないので本音で接したい相手。心宿《しんしゅく》は、同じように人づき合いが上手いが、内面では猜疑心が強く、人を信用しない面もあるので気をつけたい相手でもある。

遠距離の壁宿《へきしゅく》は、控えめな者同士で気が合いそうだが、秘密主義の傾向があるのでなじめない。奎宿《けいしゅく》は、やや潔癖なところがあり、あなたの冗談や話題が通じないことがある。

◉業胎の関係

あなたの感覚に、ピッタリはまるような感じを受けるのが業胎の人。感謝の気持ちを忘れずにいたい相手です。

業の女宿《じょしゅく》は、仕切るのが好きなタイプだが、あなたに従順。近くにいてくれると何かと便宜を図ってくれる。しかし、あなたのことを大事にしすぎて行動を制限されることも。

胎の畢宿《ひっしゅく》は、人の役に立ちたいというあなたの願望を満たしてくれる相手。努力家の畢宿《ひっしゅく》に全面的に尽くしてしまう。

◉命の関係

あなたにとっての「命」の軫宿《しんしゅく》は、どちらも社交上手なのでつき合いやすい相手。

しかし、お互いに決断を人にゆだねる傾向があるため、仕事など何かの計画を進めるパートナーとしては力不足。

第三者を交えると、実りある関係が築ける。

角宿《かくしゅく》の人間関係

相性関係	近距離	中距離	遠距離
安	房	鬼	壁
壊	張	箕	胃
栄	亢	参	危
親	軫	女	畢
友	翼	斗	昴
衰	氐	井	室
危	心	柳	奎
成	星	尾	婁
業	虚		
胎	觜		
命	角		

◉安壊の関係

楽天家で、何をいわれても、気にしないところがあるあなたでも、安壊の人の言動には傷つけられることもあるようです。

近距離の房宿《ぼうしゅく》は、現状に満足しがちな宿なので、刺激的なことを好むあなたが楽しませることもあるが反応は薄い。張宿《ちょうしゅく》は、華があり人気者。あなたの方が憧れを抱くが、基本的には気質が違いすぎるため関係は壊れる。

中距離の鬼宿《きしゅく》は、ピュアな感性の持ち主で、やや世間に疎い傾向が。あなたは器用にコントロールしようとするが、鬼宿《きしゅく》に嫌がられてしまう。箕宿《きしゅく》は、情熱を込めて接してくるので、真摯に対応しないと反感を買う。

遠距離の壁宿《へきしゅく》とは、お互いに遊び好きなので惹かれ合うが、あなたがスリルを求め始めると関係は悪化。胃宿《いしゅく》の堂々としているところに魅力を感じるが、胃《い》宿《しゅく》にはあなたが軽く見える。

◉栄親の関係

趣味の分野で実力を発揮しがちなあなたに、現実的に結びつく方向性を与えてくれるのが栄親の相手。明るさに満ちた関係になります。

近距離の亢宿《こうしゅく》は、正義感を持ってつき進んでいくタイプ。一緒に何かの計画を進める時にはよきパートナーに。軫宿《しんしゅく》とは、多趣味なあなたの知識と、軫宿《しんしゅく》のプロデューサー的な能力が合致したら、実力以上の力が発揮できる。

中距離の参宿《しんしゅく》とは、新しもの好きなところが似ている。協力し合えば時代の先端をいく事業ができる。女宿《じょしゅく》は、同じように多芸多才で気が合う。仕事のパートナーとしてはあなたの才能を生かし、プライベートでは楽しい相手に。

遠距離の危宿《きしゅく》は、あなたと同じように交遊家。お互いの発想を面白がり、ネットワークも広がる。畢宿《ひっしゅく》は、人にも自分にも厳しいが、あなたといると癒され、気を許し合える。

◉友衰の関係

あなたは、どんなにつまらないことも難しいことも楽しんでしまう才能があり、その楽しみをわかち合えるのが友衰の相手になります。

近距離の翼宿《よくしゅく》とは、ともに冒険心が旺盛なので気が合う。世渡り上手とはいえない翼宿《よくしゅく》が器用なあなたを頼りにする。氐宿《ていしゅく》は、快楽主義的なあなたと一緒に行動すると暴走することもあるが、けっこう楽しめる。

中距離の斗宿《とうしゅく》は、チャレンジ精神旺盛に戦っていくタイプ。あなたはそれを学び、斗宿《とうしゅく》はあなたの人気と器用さを頼みとする。井宿《せいしゅく》は、知識があるので、あなたの好奇心を満たし、ときには誤りを正してくれるありがたい存在。

遠距離の昴宿《ぼうしゅく》は、志高く私利私欲のないタイプ。情報通でもあるので、あなたとは意外に気が合う。室宿《しつしゅく》は、同じようにやや自分勝手だが、いざという時には頼りになる存在。

◉危成の関係

興味を持つものが同じ場合でも、アプローチの仕方が異なる危成の関係。何とかなると軽く考えずに、ていねいに接したい相手です。

近距離の心宿《しんしゅく》は、人というものをよく知っていて、自信家のあなたの意表をついてくることがある、気をつけたい相手。星宿《せいしゅく》は、何かのスペシャリストである人が多く、多趣味なあなたは、器用貧乏と思われてしまうことが。

中距離の柳宿《りゅうしゅく》には、いつの間にか人気を奪われていたり、栄誉を持っていかれたりする、あなどれない相手。尾宿《びしゅく》は、粘り強く一つのことを究めたいタイプ。気をつけないと、手を広げすぎるあなたを軽薄視してくる場合が。

遠距離の奎宿《けいしゅく》は、真面目な生き方をするタイプなので、あなたの快楽主義が理解できない。婁宿《ろうしゅく》は、何事にも緻密な計画性で臨むため、あなたのいきあたりばったりな言動に不安を抱く。

◉業胎の関係

あなたにとっての業胎の関係は、相手の癖や好みを把握してつき合えば、喜びを生み出すことのできる相性。分を守れば安泰です。

業の虚宿《きょしゅく》は、何かにつけてシニカルな見方をするタイプだが、あなたに対しては好意的。あれこれと喜びそうなニュースを持ってきたりするが、ときにうっとうしく感じる。

胎の觜宿《ししゅく》は、あなたが尽くす側となる。優れた才能を持っている觜宿《ししゅく》をアシストしたりほめたりする。

◉命の関係

自由奔放な生き方をするあなたにとって、「命」の角宿《かくしゅく》との関係は、遊びを通じてなら楽しい関係が保てる。

しかし、一緒にいると快楽主義が促進され、楽な方と流れてしまうよう。べったりとしたつき合いは避けたい相手。

亢宿《こうしゅく》の人間関係

相性関係	近距離	中距離	遠距離
安	心	柳	奎
壊	翼	斗	昴
栄	氐	井	室
親	角	虚	觜
友	軫	女	畢
衰	房	鬼	壁
危	尾	星	婁
成	張	箕	胃
業	危		
胎	参		
命	亢		

◉安壊の関係

他の人には通用することも、安壊の相手には通用しないことが多いです。自己主張しながら立場を確立する亢宿《こうしゅく》としては、作戦を練った上で接したい相手。

近距離の心宿《しんしゅく》は、愛想がよいために人を楽しませるのも上手。反発心が強いあなたも気を許すが、次第にお調子者と感じるように。翼宿《よくしゅく》は、同じように強い信念の持ち主。同志となることもあるが、翼宿《よくしゅく》の完璧主義には辛くなる。

中距離の柳宿《りゅうしゅく》は、同じように正義感を持つが、多数意見によりひるがえることも。意見を曲げないあなたはおきざりにされることに。斗宿《とうしゅく》は、負けん気の強い宿。攻防戦になると、押しの強いあなたでも自制心を持つことになる。

遠距離の奎宿《けいしゅく》は、秘書的立場を好む宿。あなたをボス的存在として認め、逆らわない。ただ依存関係になることも。昴宿《ぼうしゅく》には、人徳者の風格があり魅力を感じるが、次第にストレスを感じる。

◉栄親の関係

応援してくれたり、暴走を食い止めてくれたり、栄親とは大切な関係です。この宿だけは味方にしておきましょう。

近距離の氐宿《ていしゅく》は、物事の本質を理解して冷静に分析する能力があり、あなたが無理な主張で周囲から反感を買っても受け止めてくれる。角宿《かくしゅく》は、あなたのような闘争心はないがスリル好き。計画が気に入れば、話に乗ってくれる。

中距離の井宿《せいしゅく》は、同じように反発心が強いタイプなので気が合う。共通の敵を持った場合は、強力な味方に。虚宿《きょしゅく》は、現状への不満を抱えている宿。思うだけでなく行動に移すあなたのことを頼もしく感じ、作戦面で協力する。

遠距離の室宿《しつしゅく》は、同じようにエネルギーあふれる宿。力を合わせれば鬼に金棒。觜宿《ししゅく》は、弁の立つタイプ。あなたが間違いを犯しそうな時は、バシッと釘を刺してくれる。

◉友衰の関係

何事にもつい熱くなりがちなあなたにとって、友衰の関係は一服の清涼剤的な存在。長所も短所も愛してくれるありがたい相手です。

近距離の軫宿《しんしゅく》は、人づき合いの達人。行動をともにすると孤立になりがちなあなたに、視野を広げるキッカケを与えてくれる。房宿《ぼうしゅく》は、生まれながらに余裕を身につけている宿。小さな子供をかわいがるように亢《こう》宿《しゅく》を見守ってくれる。

中距離の女宿《じょしゅく》は、明確な目的を持って生きるタイプのため、信念を持つあなたとは気が合う。相談するにはよい相手。鬼宿《きしゅく》は、独特の感性の持ち主。一緒にいて気が楽になれる。お互いにアシストし合える相手。

遠距離の畢宿《ひっしゅく》は、頑固者同士。多少のことではぶれないので頼れる存在。壁宿《へきしゅく》は、先を読むセンスがあり、行動して学ぶタイプのあなたとしても興味がある。

◉危成の関係

あなたにとっての危成の相手は、負けず劣らず気の強い宿たちばかり。ライバル関係になるのは、できれば避けたい相手です。

近距離の尾宿《びしゅく》は、根気強く目標を目指すタイプ。ライバルになると、なかなか決着がつかず、疲れだけが残る場合も。張宿《ちょうしゅく》は、正論を主張してくるあなたを面倒と感じるが、メリットが発生することでは、案外、上手くいく。

中距離の星宿《せいしゅく》は自分の夢に、あなたは自分の意見を通すことに一生懸命。ぶつかった場合、歩みよるのは難しい。箕宿《きしゅく》は、頑固さではあなたとは負けず劣らず。できれば距離を置いてつき合いたい相手。

遠距離の婁宿《ろうしゅく》は、競り合うようなことを避ける傾向にあるので、あなたを黙殺するはず。胃宿《いしゅく》は、独立独歩型タイプ。共通する点も多いため、自分の反省点を見つけるにはよい相手。

◉業胎の関係

出会うとなつかしさに似た気持ちと、何かをしてあげなければという義務感があふれてくる。それがあなたにとって業胎との関係です。

業の危宿《きしゅく》は、子供のような無邪気さを持つ宿。あなたのがむしゃらさに共感し、わがままを聞いてくれる相手。同じ趣味を持つなどして、ご機嫌うかがいすることもある。

胎の参宿《しんしゅく》は、冒険心かつパイオニア精神にあふれる宿。改革派のリーダー的なあなたには輝かしい存在。献身的に尽くしてしまう。

◉命の関係

何かと争いになってしまうあなたにとっては、この争うということもコミュニケーションの一つ。

「命」の亢宿《こうしゅく》とも、そうしたことで仲よくなることがあるよう。

しかし、同じ気質の者同士、ぶつかれば長期戦。距離を保った方が、お互いのよさを伸ばせる。

氐宿《ていしゅく》の人間関係

相性関係	近距離	中距離	遠距離
安	尾	星	婁
壊	軫	女	畢
栄	房	鬼	壁
親	亢	危	参
友	角	虚	觜
衰	心	柳	奎
危	箕	張	胃
成	翼	斗	昴
業	室		
胎	井		
命	氐		

近距離の尾宿《びしゅく》は、あなたと同じように用意周到。最初は認め合うが、ぶつかるとあなたのカンのよさに尾《び》宿《しゅく》はかなわない。軫宿《しんしゅく》は、交際上手。あなたと一緒にいることよりも、外とのつき合いにエネルギーを使うので寂しい思いをする。

中距離の星宿《せいしゅく》とは、共鳴できるところも多いが、基本的には違う性格の持ち主。徐々に星宿《せいしゅく》が距離を取るようになる。女宿《じょしゅく》は、お互いに惹かれ合うものはあるが、女宿《じょしゅく》は物事を収めたい人なので、あなたの考えが通用しないことが。

遠距離の婁宿《ろうしゅく》は、見下すようなところがあり、あなたは次第に嫌気がさしてくる。畢宿《ひっしゅく》は、打たれ強い部分があり、努力は認め合うが、意見が食い違うと争うことに。

◉安壊の関係

あなたにとっての安壊の相手は、どれも手ごわい宿ぞろいです。自分の長所や資質に慢心していると、足をすくわれかねません。

◉栄親の関係

利益を生み出すことも、心を癒すこともできる栄親の人。シビアな人間関係を作りがちな氐宿《ていしゅく》にとっては、手放したくない相手です。

近距離の房宿《ぼうしゅく》は、恵まれた環境にいることが多く、あなたの欲を自然に満たしてくれるし、清涼剤のような存在でもある。亢宿《こうしゅく》は、商才と正義感の強い宿。あなたの力を借りれば利益を手にできるし、あなた自身もそれを当てにする。

中距離の鬼宿《きしゅく》は、動機を大切にするタイプなので、あなたの欲求を満たすようなものでも、心が動かされたならば協力してくれる。危宿《きしゅく》は、アイデアマン。金銭感覚の鋭いあなたと手を組めば、大ヒットを生む可能性大。

遠距離の壁宿《へきしゅく》は、思考が似ているところもあるため、一緒にいると心が満たされる。参宿《しんしゅく》は、ピュアな心の持ち主。努力型のあなたを励ましたり、包んでくれたりする。

◉友衰の関係

似ているところに安心感が生まれ、逆にどこか違う魅力に惹かれる。それが友衰の相手。長くつき合いを続けていきたい関係です。

近距離の角宿《かくしゅく》とは、一緒に行動すると、より楽しくなるので、充実感が味わえる。心宿《しんしゅく》は、心をつかむのが上手い人。あなたは心宿《しんしゅく》に魅力を感じるし、何もいわなくてもわかっている気がして居心地がよい。

中距離の虚宿《きょしゅく》は、豊かな才能を持ちながら、もの足りなさを感じている宿なので、あなたの欲求の深さを理解してくれる。柳宿《りゅうしゅく》は、気を遣うことなく交際できるが、激情に触れた時には関係を壊すことも。

遠距離の觜宿《ししゅく》は慎重派で、物事を荒立てないので安心して一緒にいたい相手。奎宿《けいしゅく》は、表面はソフトな人当たり、内面ではしっかりと自分を持っているので、つき合いやすい。

◉危成の関係

出し抜かれて、自分の株を奪われる。そんな恐れがあるのが危成の関係です。チームを組みたくない相手です。

近距離の箕宿《きしゅく》は、あなたが本質を理解して冷静に分析したものを、マイペースに片づけようとしてしまうため面白くない存在。翼宿《よくしゅく》は、理想を追求するタイプなので、現実派のあなたとしては組みたくない相手。

中距離の張宿《ちょうしゅく》は、体裁を重んじるところがあるので、物事の本質を重要視するあなたとはそりが合わない。斗宿《とうしゅく》は、何でも勝ち負けで判断するタイプ。無駄な争いを好まないあなたは、パートナーとしては辛い。

遠距離の胃宿《いしゅく》は、やや閉鎖的な面があり黙殺しがち。あなたにとっては理解しにくい相手。昴宿《ぼうしゅく》は、いつも、よい人であろうとする宿。本能に忠実なあなたには不信感がつのる。

◉業胎の関係

あなたと業胎の人との間柄は、お互いに押したり、引いたりという関係。そんな関係に充実感を味わえることも多いでしょう。

業の室宿《しつしゅく》は、猪突猛進タイプなので、あなたに対して情熱的に尽くしてくれる。しかし、親切の押し売りをすることもあり疲れることも。断れば素直に引くので関係はこじれにくい。

胎の井宿《せいしゅく》は、あなたが尽くす側になる。頭脳派だが、実践力に欠ける井宿《せいしゅく》の広告塔的な役割になり、献身的にアシストする。

◉命の関係

物事の本質を理解し、冷静に分析する能力を持つあなたにとって、当然、「命」の氏宿も同じ。心底理解し合える相手になる。

しかし、金銭的な問題が起こった場合は話は別。利益の取り合いには注意したい。

房宿《ぼうしゅく》の人間関係

相性関係	近距離	中距離	遠距離
安	箕	張	胃
壊	角	虚	觜
栄	心	柳	奎
親	氐	室	井
友	亢	危	参
衰	尾	星	婁
危	斗	翼	昴
成	軫	女	畢
業	壁		
胎	鬼		
命	房		

◉安壊の関係

周りからバックアップをされることが多いあなたに、簡単に振り向かない安壊の相手は気になる存在。成長する上では必要な場合も。

近距離の箕宿《きしゅく》は、波乱に満ちた人生を歩む。近くにいると巻き込まれるが、最初に辛い思いをするのは箕《き》宿《しゅく》。角宿《かくしゅく》は、遊び上手。一緒にいると楽しいことも多いが、関係はその場限りになりがち。長くつき合おうとすると傷心する。

中距離の張宿《ちょうしゅく》は、同じように財や人のバックアップに恵まれる宿。話が合うことも多いが、やがて張宿《ちょうしゅく》がイライラさせられることに。虚宿《きょしゅく》は、心の葛藤を抱える皮肉屋でもある。あなたのことを平凡な人と見下すことも。

遠距離の胃宿《いしゅく》は、あなたに関心を示すので一時的に仲よくなるが、あなたは胃宿《いしゅく》にクールに接するようになる。觜宿《ししゅく》は、話していて楽しいが、次第に会話のやりとりで傷つけられる。

◉栄親の関係

あなたの境遇を特にうらやむわけでもなく、同じ目線で接してくれる栄親の相手。一緒にいて楽しい時間を過ごせます。

近距離の心宿《しんしゅく》は、心をつかむ名人。安心できるし、共通点も多いので一緒にいて特に楽しくなれる相手。氐宿《ていしゅく》は、お金に関わると強い宿。金銭欲のある氐宿《ていしゅく》と財運を授かっているあなたが協力したら、大財を得られることがある。

中距離の柳宿《りゅうしゅく》は、人を集める宿で、その点ではあなたも同じ。ともに行動すると、新たな人脈が広がってより豊かな生活に。室宿《しつしゅく》は、荒っぽさがあるが正直者なので好感が持てる。あなたがサポートするとよい関係に。

遠距離の奎宿《けいしゅく》は、細かな気配りが得意。悩みなどないと思われがちなあなたをフォロー。井宿《せいしゅく》は、几帳面できちんとした性格。あなたは安定志向。焦る必要がなく居心地がよい。

◉友衰の関係

何かあると気持ちが通じ合い、お互いに歩みよる。それがあなたにとっての友衰の関係。しかし、お金が絡む時には注意が必要です。

近距離の亢宿《こうしゅく》は、人にもまれて、あなたは人に愛されて成長する宿。人にアシストされる点では一緒なので意外に気が合う。尾宿《びしゅく》には、根気と集中力があるので頼りになるし、安心感が得られる。

中距離の危宿《きしゅく》は、子供のような無邪気さを持つ宿。世の中の厳しさになれていないあなたとしては、一緒にいて気の休まる相手。星宿《せいしゅく》は、何かのスペシャリストであることが多く、話題も個性的。勉強家のあなたには楽しい存在。

遠距離の参宿《しんしゅく》は、冒険心旺盛。いつも落ち着いているあなたを内心頼りにしている。婁宿《ろうしゅく》は、細かな配慮をしてくれ、似ているところもあり、リズムも合うので仲よくなれる。

◉危成の関係

危成の関係は、心ならずもハングリー精神のなさがクローズアップされやすい間柄です。謙虚な姿勢が大切です。

近距離の斗宿《とうしゅく》は、人の上に立ちたいと思うタイプ。あなたの立場が斗宿《とうしゅく》より上なら、ライバル視される場合が。軫宿《しんしゅく》は、人づき合いの達人。案外、ドライなところがあるあなたは、軫宿《しんしゅく》がこびているように見えて好意を持てない。

中距離の翼宿《よくしゅく》は、優しく接してくるので好感が持てるが、完璧主義者なので、少々うっとうしい。女宿《じょしゅく》は、世話好きなタイプ。話しやすいが、トラブルの仲裁に入ることが多いため、巻き込まれないように気をつけたい。

遠距離の昴宿《ぼうしゅく》は、話しやすいが親しくなるとプライドの高さが出る。わがままをいわれないように気をつけたい。畢宿《ひっしゅく》は、勤勉タイプ。あなたの余裕のある態度に違和感を持つ。

◉業胎の関係

　がむしゃらになることがないあなたとしても、業胎の人からは学ぶ点も多いです。程よい距離を保ちながら、サポートをし合っていくとよいでしょう。

業の壁宿《へきしゅく》は、人への献身を志す宿ではあるが、あなたに対してはとりわけ奉仕的。壁宿《へきしゅく》から学ぶべきことも多い。しかし、束縛されると、うるさく感じることもある。

胎の鬼宿《きしゅく》は、常識にとらわれずに生きる自由人。あなたにはできないことなので憧れの存在になり、何かと便宜を図る。ただし、束縛をすると鬼宿《きしゅく》は逃げる。

◉命の関係

「裕福」という運を授かったあなたにとって「命」の房宿《ぼうしゅく》は、コンプレックスの少ない者同士で、よい関係が保てる。

　しかし、問題が生じた場合、お互いにドライな一面が出てくることが。その場合は、関わり合う時間を減らしていくのがカギ。

心宿《しんしゅく》の人間関係

相性関係	近距離	中距離	遠距離
安	斗	翼	昴
壊	亢	危	参
栄	尾	星	婁
親	房	壁	鬼
友	氐	室	井
衰	箕	張	胃
危	女	軫	畢
成	角	虚	觜
業	奎		
胎	柳		
命	心		

◉安壊の関係

心をつかむのが上手なあなたにとって、無意識のうちにコントロールしようとしたり、されたりしてしまうのが安壊の相手です。

近距離の斗宿《とうしゅく》には、お互いに魅力を感じながらも、負けず嫌いの斗宿《とうしゅく》とは、次第にライバル関係になりやすい。亢宿《こうしゅく》は、出会った瞬間に強烈な印象を受けて惹かれるが、その強さが次第にストレスに感じてくる。

中距離の翼宿《よくしゅく》は、明るさと暗さの両面を持つ心宿《しんしゅく》の心を理解しにくいので、翼宿《よくしゅく》が疲れる。危宿《きしゅく》は、陽気なキャラクターなので一緒にいて楽しいが、長い時間をともに過ごすと、次第に危宿《きしゅく》にコントロールされるようになる。

遠距離の昴宿《ぼうしゅく》は、多面性を持つ心宿《しんしゅく》に翻弄されることが多くなる。参宿《しんしゅく》は口調がきつく、思ったことは何でも口にするので、あなたの心は傷ついていく。

◉栄親の関係

栄親の関係にあるどの宿も好相性です。陰陽の複雑な感情を持つあなたに、安心感を与え、理解を示してくれる相手です。

近距離の尾宿《びしゅく》は、寡黙なタイプ。口数が少ないため、精神的な部分で深く理解し合える。しかし、どちらかというとあなたが従順に従う。房宿《ぼうしゅく》は、似たような感性を持つ宿。波長が合い、自然にお互いの成長を促すことができる。

中距離の星宿《せいしゅく》は、自分の世界をしっかり持っているため、強い支えとなり、頼れる相手になる。壁宿《へきしゅく》は、交遊家。あなたも交際上手なので一緒にいて楽しい。他の宿が入り込めないくらい、お互いに理解できる関係。

遠距離の婁宿《ろうしゅく》は、共通の趣味や仕事を通じて仲よくなれる相手。鬼宿《きしゅく》には、自由奔放な性格に誘われて、あなたはつい心を開いてしまう。また、世話をしたくなる相手。

◉友衰の関係

利害関係抜きでアシストし合うことのできる友衰の関係。一緒にいることが心地よい相手で、あなたの心は癒されるでしょう。

近距離の氐宿《ていしゅく》は、物事の本質を理解し、冷静に分析する能力があるので、あなたの陰陽の性格を理解できる。あなたを勇気づけ、自信を与えてくれる。箕宿《きしゅく》とは、その大胆さと陽気さのために、あなたとはすぐに意気投合する。

中距離の室宿《しつしゅく》は、豪快でかつ緻密なところがあり、あなたとは違った視点でアシストしてくれる。張宿《ちょうしゅく》は、人に愛されて人気者になるという点で似ている。一緒にいると楽しい上にネットワークが広がる。

遠距離の井宿《せいしゅく》は、冷静で論理的なアシストをしてくれるので、感情に左右されがちな心宿《しんしゅく》にとっては頼りになる相手。胃宿《いしゅく》は、ものおじしない勇気があり頼りになる。胃宿《いしゅく》も気を許す。

◉危成の関係

違う観点を持つため、相互理解が得にくいのが、危成の相性です。心宿の心をとらえる魅力も通用しないでしょう。

近距離の女宿《じょしゅく》は、世話好き。あなたの心の中に入ってこようとするため、乱されないように気をつけたい。角宿《かくしゅく》は、楽天的な性格。話がはずむこともあるが、ライバル関係になると、言葉の端々にあなたが傷つくようなことを混ぜてくる。

中距離の軫宿《しんしゅく》は、人づき合いがよいので、つき合いやすいが、情報や秘密をばらされる場合がある。虚宿《きょしゅく》は、いつも自分の中に矛盾を抱えている宿。あなたが心を読もうとしても、理解に苦しむ相手。距離を取った方が上手くいく。

遠距離の畢宿《ひっしゅく》は、初志貫徹の精神と実直さを持つため、心宿《しんしゅく》が引いてしまう。觜宿《ししゅく》は、慎重で用心深い宿。簡単に打ちとけることができないので、最初は礼儀正しく接したい。

◉業胎の関係

理由がわからないけれど、なぜか惹かれ合う業胎の関係。転機にさしかかった時は、特に縁を感じる相手です。

業の奎宿《けいしゅく》は、細やかなサポートをしつつ、あらゆる手段を用いて目的を達成させようとしてくれる。しかし、あなたが依存をしすぎると立場が悪くなる場合も。

胎の柳宿《りゅうしゅく》は、何かに興味を持つと一心にのめり込む。そんな柳宿《りゅうしゅく》にアシストをしたくなるが、お互いの目的の一致が重要なカギになる。

◉命の関係

目に見えない力で惹かれ合うのが「命」の心宿《しんしゅく》。しかし、あまりにもよく似ているために、自分が持っている嫌な部分を相手の中に見出してしまい、「反面教師」の関係になりそう。

それゆえに、お互いに学び合い、一緒に成長していくにはよい相手。

尾宿《びしゅく》の人間関係

相性関係	近距離	中距離	遠距離
安	女	軫	畢
壊	氐	室	井
栄	箕	張	胃
親	心	奎	柳
友	房	壁	鬼
衰	斗	翼	昴
危	虚	角	觜
成	亢	危	参
業	婁		
胎	星		
命	尾		

◉安壊の関係

目的意識を強く持つあなたですが、この安壊の関係には粘り強さも通用せず、自分の思うような動きができにくくなります。

近距離の女宿《じょしゅく》は、一緒にいると安心できるが、次第に陰の部分を感じるようになり、険悪なムードになりがち。氐宿《ていしゅく》には、お互いに信頼の気持ちを抱くが、少しずつ生き方の違いを感じ始め、崩壊への道をたどる。

中距離の軫宿《しんしゅく》とは、人とのつながりを大切にする点に魅力を感じるが、金銭感覚の違いからトラブルになることがある。室宿《しつしゅく》の積極果敢なところに惹かれるが、あまりにも自己中心的に振る舞うために疲れてしまう。

遠距離の畢宿《ひっしゅく》は、粘り強さに関してはあなたと同様。尾宿《びしゅく》がコントロールしようとすると反発される。井《せい》宿《しゅく》の知性に惹かれるが、知能犯的なところがあり、都合よく扱われる場合も。

◉栄親の関係

粘り強く目標を達成するあなたに対し、栄親の関係にある相手は、アシストしたり、されたりする、調和の取れたよい相性です。

近距離の箕宿《きしゅく》はマイペースだが、この関係ではあなたをアシストしてくれ、あなたも箕宿《きしゅく》に優しく接することができる。心宿《しんしゅく》とは、お互いの精神性を大切にできる関係。心宿《しんしゅく》の人なつっこさが、かわいく感じられる。

中距離の張宿《ちょうしゅく》は、人のバックアップを受ける宿なので、一緒にいるとアシストする側に回りやすいが、それが心地よい。奎宿《けいしゅく》とは、物事を推し進める力に助けられながら、高め合うことができる。頑固さでは負けることも。

遠距離の胃宿《いしゅく》は、自分の足でしっかりと立ちたい自立型。目標に向かって一直線に進むあなたとはよいライバル関係に。柳宿《りゅうしゅく》は、熱しやすく冷めやすいが、根気強いあなたは見守ることができる。

◉友衰の関係

自分に厳しいあなたにとって、友衰の相手との関係は、誰よりも素の自分を出せる相手です。ぶつかっても根に持たれません。

近距離の房宿《ぼうしゅく》には、あなたの慎重な部分を理解してもらえる。一見、対等なようでいても、やや房宿《ぼうしゅく》の方が有利。斗宿《とうしゅく》はカリスマ性があり、周囲から一目置かれる強い存在感の持ち主。ぶつかることもあるが、学ぶべきものは大きい。

中距離の壁宿《へきしゅく》は、優れた交際術の持ち主。一緒にいて楽しめるし、勉強になることもある。翼宿《よくしゅく》は、感性が似ている部分もあり、お互いに理解を示すことができる。翼を持って飛び回る翼宿《よくしゅく》といると視野が広がる。

遠距離の鬼宿《きしゅく》は、人と違うユニークな価値観を持ったために、視野の狭いあなたに新鮮な風を吹き込んでくれる。昴宿《ぼうしゅく》の理想に満ちた志の高さに、あなたが敬意を示したくなる。

◉危成の関係

理解してもらえずにイライラしがちなのが危成の相性。価値観が違うからこそ学ぶべき点もあるので距離を保ちながら交際しましょう。

近距離の虚宿《きょしゅく》は、独自の世界観を持つため、あなたには虚宿《きょしゅく》の言動が意味不明。距離を取るとよい関係に。亢宿《こうしゅく》は、あなたと同じように自我があるタイプ。ポジション取りのために衝突やトラブルが起きがちに。

中距離の角宿《かくしゅく》は、アクの強さがないので比較的平穏。しかし、あきらめがよい点があなたには納得できない。危宿《きしゅく》から如才ない交遊術に刺激を受けるが、あなたの頑固さをうっとうしく感じている様子。

遠距離の觜宿《ししゅく》は、軽やかな弁舌で語りかけるが、粘り型のあなたに対し内心イライラすることがある。参《しん》宿《しゅく》は、パイオニア精神の持ち主。安定と持続を好むあなたにはついていけない。

◉業胎の関係

粘り強く続けるあなたに相手は惹かれてしまう。それが尾宿《びしゅく》にとっての業胎の相手。磁石のように引き合う間柄。

業の婁宿《ろうしゅく》は、人の隠れた部分を見出す目があり、あなたに理解を示す。協力を申し出た時にあなたが拒否をすると、関係が崩れる場合も。

胎の星宿《せいしゅく》は、夢を追いかけるロマン派。星宿《せいしゅく》は、あなたをかたわらから見守っているが、実は現実派のあなたがアシストすることも多い。

◉命の関係

一緒にいると、良いところも悪いところもクローズアップされるのが「命」の尾宿《びしゅく》。

負けず嫌いな面が出れば、当然ながらどちらも引くことはないため、長期戦になってしまう場合が。

そんな時は、視野を広げ、適度な距離を保つようにすること。

箕宿《きしゅく》の人間関係

相性関係	近距離	中距離	遠距離
安	虚	角	觜
壊	房	壁	鬼
栄	斗	翼	昴
親	尾	婁	星
友	心	奎	柳
衰	女	軫	畢
危	危	亢	参
成	氐	室	井
業	胃		
胎	張		
命	箕		

◉安壊の関係

自然と目立ってしまうキャラクターのあなたにとって安壊の相手は、関係を明確にしておくとトラブルは少なくてすむでしょう。

近距離の虚宿《きょしゅく》は、独自の哲学を持つため、さっぱりとした考え方をするあなたのことを単純な人と見てしまう。房宿《ぼうしゅく》は、平穏無事な生活を送ろうとする。しかし、あなたがトラブルに巻き込んでしまい、結果的にはあなた自身も辛い目に。

中距離の角宿《かくしゅく》は、楽しむことが好きで、あなたも一緒にいると心がなごむ。しかし、次第に独立志向が顔を出して離れたくなる。壁宿《へきしゅく》は、人を支える宿。あなたに対しても同様だが、頭脳プレーをしてくるのであなどれない相手。

遠距離の觜宿《ししゅく》は、軽やかな話術に好感を持つが、相反する部分があるため、関係は長続きしにくい。鬼宿《きしゅく》は、独特の価値観の持ち主。予想外の反応に、あなたはリズムを崩されがち。

◉栄親の関係

頑固なところがあるあなたですが、栄親の関係にある宿とは発展が望め、調整役や相談相手としても関わることが多くなりそうです。

近距離の斗宿《とうしゅく》は、カリスマ性がある宿。尊敬しつつ、お互いの長所を伸ばし合うことができる。尾宿《びしゅく》は、目標に向かって強く進んでいく宿。力を合わせると強力なパワーを発揮できる。あなたのよきアドバイザー役にも。

中距離の翼宿《よくしゅく》は、一見ソフトだが、実はしっかり者。あなたの欠点をよくアシストしてくれる。婁宿《ろうしゅく》はコーディネーターとしての能力に優れているので、あなたの商才をより際立たせて、人とのマッチングもしてくれる。

遠距離の昴宿《ぼうしゅく》は、幸運宿といわれているので、近くにいるだけで幸運のお裾分けがあり、成長することもできる。星宿《せいしゅく》は、安心してつき合える相手。的確なアドバイスをくれる。

◉友衰の関係

陽気でさっぱりとした性格は、相手に好感を与えます。信頼関係が成り立ち、つき合えばつき合うほど味が出る、それが友衰の相手です。

近距離の心宿《しんしゅく》は、心をとらえるのが上手。あなたはその魅力に惹かれ、心宿《しんしゅく》は決断力のあるあなたを頼りにする。女宿《じょしゅく》は、生真面目。楽しむということが二の次になるが、あなたといると女宿《じょしゅく》も自然と陽気になれる。

中距離の奎宿《けいしゅく》は、思慮深いわりに大胆。あなたの度胸のよさとコラボすると発展する関係。軫宿《しんしゅく》は、人当たりがよく、交際上手なので一緒にいて楽しい。あなたとはよい関係になるが、何かと頼りにされることの方が多くなる。

遠距離の柳宿《りゅうしゅく》は、人を集めることを得意とし、あなたは見聞を広める役目。お互いに勉強になる相手。畢《ひっ》宿《しゅく》は、地味ながらも着実に歩んでいくが、あなたの情熱的な行動力に憧れを示す。

◉危成の関係

接点が少なく、やや縁の薄い関係になりがちな危成の相手。しかし、立場がハッキリしていると長く続くこともある間柄です。

近距離の危宿《きしゅく》は、ピュアな心は魅力的だが、ぶつかると子供のようなことを言い出して、もめることも。氐《てい》宿《しゅく》は、不屈な精神力の持ち主。情熱的に行動するあなたでも、やや弱い立場になる時が。相手に主導権をゆずるとよい。

中距離の亢宿《こうしゅく》は、極めて正義感の強い宿。お互いに頭を下げることを嫌うので、平穏な関係を心がけていきたい。室宿《しつしゅく》は、同様にエネルギッシュ。分や立場をわきまえていないとぶつかるが、工夫次第でよい関係も築ける。

遠距離の参宿《しんしゅく》は、チャレンジ精神が旺盛で少々荒っぽい性格。争うことを避けたい相手。井宿《せいしゅく》は、情熱で動くあなたとは違って理性派。頭脳プレーに出られるとお手上げ。

◉業胎の関係

立場や環境が異なっても、なぜか強く影響し合う業胎の相手。不思議な因果関係で結ばれ、目標をともにすると世の中をよくすることも可能です。

業の胃宿《いしゅく》は、自分の美意識に合わないことはやりたがらない性質を持つが、珍しくあなたの情熱のこもった目標には応援してしまう。あなたのフランクさに胃《い》宿《しゅく》も助けられる。

胎の張宿《ちょうしゅく》は、あなたがフォロー役に回るが、目的意識を明確にすると、張宿《ちょうしゅく》とは大業を成し遂げられる。そのパワーは社会を救えるほど。

◉命の関係

近づいたり離れたり……。それでも縁が切れないのが「命」の箕宿《きしゅく》。

たとえ、ぶつかるようなことがあったとしても、どちらもさっぱりした性格なので根に持たない。

争いを避けるばかりではなく、ときには口論して関係を活性化するのもよさそう。

斗宿《とうしゅく》の人間関係

相性関係	近距離	中距離	遠距離
安	危	亢	参
壊	心	奎	柳
栄	女	軫	畢
親	箕	胃	張
友	尾	婁	星
衰	虚	角	觜
危	室	氐	井
成	房	壁	鬼
業	昴		
胎	翼		
命	斗		

◉安壊の関係

温厚そうに見えても、負けん気は並大抵のものではない斗宿《とうしゅく》。安壊の相手とは、あなたのその特質がよくない状況を作り出していきます。

近距離の危宿《きしゅく》は無邪気なので、一緒にいると楽しい気分になれる。しかし、深く関わると、楽しいが軽薄に一変する。心宿《しんしゅく》は、人当たりがよいのでつき合いやすいが、お天気屋的な面が出ると、斗宿《とうしゅく》は振り回されることに。

中距離の亢宿《こうしゅく》は、正義感が強く、自分が正しいと思ったら、どんな状況でも主張してくる。結果的に斗宿《とうしゅく》とはぶつかる。奎宿《けいしゅく》は、あなたとは興味の方向が違うこともあり、不一致の時は、不満をぶつけられることがある。

遠距離の参宿《しんしゅく》は、冒険的な生き方をする宿。お互いに強気なところがあるので衝突しがち。柳宿《りゅうしゅく》は、いざという時には強さを発揮。あなたをねじ伏せようとすることも。

◉栄親の関係

もともと存在感があり、バックアップされる立場のあなたですが、栄親の関係にある宿は、あなたをさらに引き立ててくれるありがたい存在。

近距離の女宿《じょしゅく》は、正直者で多芸多才。トラブルが起きそうになっても仲裁を得意とするので一緒にいて安心。お互いに高め合うこともできる。箕宿《きしゅく》は、忍耐強くあなたをプロデュースする。お互いに発展できる相手。

中距離の軫宿《しんしゅく》は、交際上手。あなたに対しても例外ではなく、軫宿《しんしゅく》に上手く持ち上げられたり、サポートされたりする。胃宿《いしゅく》は、利害が一致すれば、かなり強力な同志になれる。大業を成し遂げることもあり。

遠距離の畢宿《ひっしゅく》は、我を通すタイプ。斗宿《とうしゅく》にも似たところがあり、お互いに切磋琢磨して相乗効果が現れる。張宿《ちょうしゅく》とは、ともに周囲からのバックアップがある宿。一緒にいると倍増。

◉友衰の関係

情で惹かれ合う友衰の関係。戦いの宿でカリスマ性も保ちたいと思うため、少し距離を置こうとしがち。素の自分を示せばよい関係になれます。

近距離の尾宿《びしゅく》は、粘り強くチャレンジするタイプ。好ライバルになれてお互いにパワーを発揮。虚宿《きょしゅく》は、精神世界を好む傾向があり、同様にそんな要素を持つあなたとは意外に気が合うが、トラブルが起きると少しやっかい。

中距離の婁宿《ろうしゅく》は、参謀役。あなたのリーダー性を引き出し、バックアップしてくれる。あなたも婁宿《ろうしゅく》をサポートする。角宿《かくしゅく》は、自由奔放な楽天家。あなたはそんな楽しさに惹かれてしまう。お互いに好意を抱く。

遠距離の星宿《せいしゅく》は、夢を持つ宿。そんなところがあなたにとっては魅力的。楽しみながら夢に向かい、切磋琢磨できる。觜宿《ししゅく》は、自然とお互いを認め合える。信頼関係を築ける相手。

◉危成の関係

表面的にはあまり争うことのないですが、実は心の中では反目している場合がある危成の相手。一線を引いておくのが得策です。

近距離の室宿《しつしゅく》は、同じように目的意識の強い宿。室《しつ》宿《しゅく》の感情の激しさは、手に負えない時がある。房宿《ぼうしゅく》は、余裕を持つ優雅な宿。野心家でハングリーなあなたとは接点がほとんどなく、トラブルを引き起こす可能性も少ない。

中距離の氐宿《ていしゅく》をあなたはライバル視するが、意外に冷静なところがあるため、クールな対応で相手にされない。壁宿《へきしゅく》は、人を支えるのを信条とするが、あなたに関して接点が見出せず、背を向けてしまう。あなたも理解不能。

遠距離の井宿《せいしゅく》は、理屈屋。何をするにも理論的にくるので、イライラさせられる。鬼宿《きしゅく》は、人と違った反応をするタイプ。あなたが理解を示そうとしても平行線をたどりがち。

◉業胎の関係

バックアップされることが得意なあなたですが、業の相手からは恩恵を受け、胎の相手にはあなたがサポート役に回ります。

業の昴宿《ぼうしゅく》は、基本的には人から恩恵を受ける立場だが、あなたにはサポート役に回る。斗宿《とうしゅく》は、昴宿《ぼうしゅく》の生き方に共感できることが多い。

胎の翼宿《よくしゅく》には、あなたは自分が犠牲になっても翼宿《よくしゅく》を守ろうとし、相手のためにはどんなことでもしようとする。

◉命の関係

闘争心があるとされているが、本当の意味で強さを発揮するのは、自分との戦いの時。

「命」の斗宿《とうしゅく》とは、切磋琢磨できる者同士で良好な関係が築ける可能性も。

もちろん、同じ目的に向かえば百人力。ただし、お互いを尊ぶ姿勢を忘れないことがカギ。

女宿《じょしゅく》の人間関係

相性関係	近距離	中距離	遠距離
安	室	氐	井
壊	尾	婁	星
栄	虚	角	觜
親	斗	昴	翼
友	箕	胃	張
衰	危	亢	参
危	壁	房	鬼
成	心	奎	柳
業	畢		
胎	軫		
命	女		

◉安壊の関係

もめごとを慎重に収めていこうとするあなたなので、人一倍防衛本能も働きます。それを壊される相手が安壊の関係です。

近距離の室宿《しつしゅく》は、バイタリティがあり、あなたを従えようとするが、なかなか室宿《しつしゅく》の思い通りにはならない。尾宿《びしゅく》は、地味ながらも着実。相通じるものがあり最初は気を許すが、次第に尾宿《びしゅく》の粘り強さに辛くなる。

中距離の氐宿《ていしゅく》は、気が合いそうだが、一緒に行動すると、結局は衝突してしまう。婁宿《ろうしゅく》は、最初はどちらも好感を持つが、あなたが主導権を握ろうとすると、急に婁宿《ろうしゅく》が反撃に出る。女宿《じょしゅく》が謙虚になれば上手くいく場合も。

遠距離の井宿《せいしゅく》が、理攻めでくると疲れるが、優しく平和主義的な面が出ると、世話好きなあなたと上手くいく可能性も。星宿《せいしゅく》は、あなたの存在がうっとうしく、プレッシャーをかけてくる。

◉栄親の関係

お互いに認め合い、繁栄し合えるのが栄親の関係。自己研磨をしていくあなたにとっては、学ぶべき点が大いにある相手です。

近距離の虚宿《きょしゅく》は、未知数の可能性の持ち主。戸惑うこともあるが、隠れた才能を引き出してくれる。虚宿《きょしゅく》は、あなたに敬意を示す。斗宿《とうしゅく》は、宗教心がある宿。手を組んで世の中を救済していくことも可能な相手。

中距離の角宿《かくしゅく》は、社交家。多趣味なところは共通していて、一緒にいて楽しい。気が合い、多方面で学ぶ点も多い。昴宿《ぼうしゅく》は、幸運宿。ともに行動をすると人脈が広がり、バックアップを受けることも。安心できる関係。

遠距離の觜宿《ししゅく》は、積極的なようで内心は臆病。慎重派のあなたには、觜宿《ししゅく》の気持ちが理解でき、ともに成長していける。翼宿《よくしゅく》とは、穏やかな関係。身内ならより親身になってくれる。

◉友衰の関係

リーダーシップを取るあなたをサポートしたり、されたりできる友衰の相手。また、温かな安らぎも与え合える関係です。

近距離の箕宿《きしゅく》は、さっぱりとして飾り気がないので、正直者のあなたにとっては、リラックスできる相手。あなたは箕宿《きしゅく》の才能を伸ばす。危宿《きしゅく》の交際上手なところに惹かれる。真面目なあなたにはオアシスのような存在。

中距離の胃宿《いしゅく》は、努力型の宿。人に依存しない姿勢があなたの心をくすぐる。亢宿《こうしゅく》は、信念をつらぬくタイプ。あなたが主導権を握るのは難しいが、お互いに切磋琢磨できるよい関係を築ける。

遠距離の張宿《ちょうしゅく》とは、安心した関係になれる。自分を演出できる能力を持つ張宿《ちょうしゅく》は魅力的。参宿《しんしゅく》は、現状に満足することなく新しい風を求める革新派。保守的なあなたに刺激をもたらす。

◉危成の関係

陽のようでいて陰の部分を持つあなたが、身構えたり陰になってしまうのが危成の関係。本音でぶつかっても、理解を得られないことも。

近距離の壁宿《へきしゅく》は、サービス精神旺盛な宿。あなたとしては一緒にいたいと思うが、必要性がないと近づかない。心宿《しんしゅく》は、心をつかむ名人。魅力を感じるが、考え方が違うことが多く、すれ違ってしまう。

中距離の房宿《ぼうしゅく》は、おっとりしたタイプで人なつっこいので、一緒にいて楽。しかし、深い関係にはなりにくい。奎宿《けいしゅく》は、安心できる存在だが、親しくなると違いが現れて、意見が合わないことも増えてくる。

遠距離の鬼宿《きしゅく》は、奇想天外な発想力の持ち主。保守的な女宿《じょしゅく》は刺激を受けるが、鬼宿《きしゅく》はコントロールされることを避ける。柳宿《りゅうしゅく》は、落ち着きがない性格で、堅実なあなたを翻弄する。

◉業胎の関係

出会うべき運命だったと思わずにはいられない。あなたにとって業胎の関係にある人は、そういった感情が湧き上がってくる相手です。

業の畢宿《ひっしゅく》は、あなたと同じように努力家で、かつ精神的にタフ。共感するせいか、あなたには献身的に力を貸してくれる。あなたも畢宿《ひっしゅく》に対してアシストしたくなる。

胎の軫宿《しんしゅく》は、優れた資質を持つ宿。世話好きなあなたは、ついつい才能を伸ばしてあげようとして、サポートしてしまう。

◉命の関係

無駄なことを口にしないため、誤解を招くこともあるあなた。同じ「命」の女宿《じょしゅく》との関係では、そんな心配はない様子。

それは、お互いに深い理解が得られるから。

しかし、陰の部分で共鳴し合うと、深い闇へと迷い込んでしまうので気をつけたい。

虚宿《きょしゅく》の人間関係

相性関係	近距離	中距離	遠距離
安	壁	房	鬼
壊	箕	胃	張
栄	危	亢	参
親	女	畢	軫
友	斗	昴	翼
衰	室	氐	井
危	奎	心	柳
成	尾	婁	星
業	觜		
胎	角		
命	虚		

◉安壊の関係

あなたにとって安壊の関係は、スムーズな間柄ではありません。しかし、障害を乗り越えていけたならば、絆は強まっていくでしょう。

近距離の壁宿《へきしゅく》は、物事を冷静に観察して、人のために力を発揮する。しかし、あなたには理解不能であり、心が通じ合わない。箕宿《きしゅく》は、正直者。思ったことをストレートに口にするため、あなたを傷つけることがある。

中距離の房宿《ぼうしゅく》は、いわゆるエリートタイプ。世間にも人の心にも疎いところがあるため、あなたの気持ちが理解できない。胃宿《いしゅく》は、一匹狼のタイプ。自分にはない筋の通ったところが魅力的。しかし、次第に衝突するようになる。

遠距離の鬼宿《きしゅく》は、お互いに自分の生きる信条を押し通すタイプ。最初は安心感を覚えるが、いずれ離れる。張宿《ちょうしゅく》は、独特の話術であなたの気持ちに訴えるが、響かない。逆に神経を逆なでする。

◉栄親の関係

自分勝手さや思いつきの行動を大目に見てくれるのが、あなたにとっての栄親の相手です。師に見守られているかのように感じるでしょう。

近距離の危宿《きしゅく》は、交際上手。あなたの夢やロマンが一層膨らんで、楽しい関係が作れる。女宿《じょしゅく》は、優しげな雰囲気で包んでくれる。内面では暗さを持ち、感性も鋭いので、虚宿《きょしゅく》のナイーブさを理解してくれて、一緒にいて安心。

中距離の亢宿《こうしゅく》は強い正義感の持ち主で、自分にも人にも嘘がつけないタイプ。あなたにとっては嬉しい存在。畢宿《ひっしゅく》は、おっとりしていても一度心に決めたことは最後までやるタイプ。虚宿《きょしゅく》には学ぶべき点が多く、魅力を感じる相手。

遠距離の参宿《しんしゅく》は、とてもエネルギッシュ。迷いが消えないあなたを勇気づけ、決断を促す。軫宿《しんしゅく》は、よく気がつくタイプで、何も要求しなくても適切なフォローをしてくれる。

◉友衰の関係

趣味も遊びも楽しいつき合いができる友衰の関係。安心できる存在でも、ある一線を越えるとリズムが合わないこともあります。

近距離の斗宿《とうしゅく》は、精神的な部分で惹かれ合う。しかし、プライドの高さが邪魔をすると、トラブルになる場合も。室宿《しっしゅく》は、猪突猛進のところがあるため、ときに衝突もあり得るが、基本的にはよい関係になれる。

中距離の昴宿《ぼうしゅく》は、志が高く知的な宿。一緒にいると得るものが多く勉強になる。また、お互い相手の気持ちが理解できるので安心。氐宿《ていしゅく》は、あなたの夢を重ね合わせられる相手。リラックスした関係になれる。

遠距離の翼宿《よくしゅく》は、自分の夢に向かって飛んでいく宿。共感はできるものの、一定の距離までしか近寄れないことが。井宿《せいしゅく》は、興味の方向性が合えば、あなたに理解を示し仲よくなれる。

◉危成の関係

自分自身のことさえ理解困難になるあなたにとって、もともと価値観の異なる危成の相手は、当たらず障らずにいるのがベストです。

近距離の奎宿《けいしゅく》は、常識人としての振る舞いをするのであなたは疲れる。逆に奎宿《けいしゅく》は、独自の人生哲学を掲げるあなたに振り回される。尾宿《びしゅく》は、融通が利かないタイプ。複数の顔を持つあなたとしては、面白みに欠ける相手。

中距離の心宿《しんしゅく》は、相通じる部分もあるが、基本的に波長が違うため、親しい関係になりにくい。婁宿《ろうしゅく》は、面倒見のよいところもあるが、コツコツとした綿密さが出ると、あなたは、それが窮屈に感じてしまう。

遠距離の柳宿《りゅうしゅく》は、関心を示すものが異なる場合が多く、関係は長続きしない。星宿《せいしゅく》は、夢に向かってがむしゃらに働く宿。あなたとは価値観が違うためギャップが生じる。

◉業胎の関係

神秘性を好むあなたにとって、一緒の空間にいるだけで不思議な体験ができる相手。強い縁を感じずにはいられないのが業胎です。

業の觜宿《ししゅく》は、心を開いて接することができる宿。あなたの夢物語や人生哲学を聞いてくれる。また、適切なアドバイスもしてくれるので、安心してつき合える相手。

胎の角宿《かくしゅく》は、真面目そうでいて、その実、遊び人だったりするお茶目な宿。そんな面に惹かれ、あれこれと便宜を図ってしまう。

◉命の関係

感受性の強いあなたにとって、「命」の虚宿《きょしゅく》は、同じ宿ながら理解しがたい存在。

しかし、自分を知るための大切な鍵になるため、関わりは欠かせない。

自分の嫌いなところが増長されたり、わがままにもなりやすいので、その点は気をつけたい。

危宿《きしゅく》の人間関係

相性関係	近距離	中距離	遠距離
安	奎	心	柳
壊	斗	昴	翼
栄	室	氐	井
親	虚	觜	角
友	女	畢	軫
衰	壁	房	鬼
危	婁	尾	星
成	箕	胃	張
業	参		
胎	亢		
命	危		

◉安壊の関係

あなたの奔放な行動に、釘を刺すのが安壊の関係です。ストレスを感じることもありますが、耳だけは傾けておきたい相手です。

近距離の奎宿《けいしゅく》は、あなたに対して正論でぶつかってくる。金銭感覚においては異なるために、いずれ関係は不成立になる。斗宿《とうしゅく》は、あなたに対して寛容に接することも。しかし、危宿《きしゅく》が自由奔放になりすぎると、愛想を尽かされる。

中距離の心宿《しんしゅく》は、ともに交際上手。一緒に遊んでいるのには楽しいが、現実的な問題が起きると心宿《しんしゅく》が心を痛める。昴宿《ぼうしゅく》は、住む世界が違うと感じさせられる相手。リズムが合わず、プライドの高い昴宿《ぼうしゅく》が勝手になり始める。

遠距離の柳宿《りゅうしゅく》は熱血漢。一緒にいるとついつい遊びに夢中になってしまう。関係は短命。翼宿《よくしゅく》は、お互いに強く惹かれるが、あなたの気持ちを理解してもらえずにさみしい思いも。

◉栄親の関係

流行の先取りに長けているあなたのセンスを生かしてくれる栄親の関係。明確な方向性を与えてくれるガイドのような存在です。

近距離の室宿《しつしゅく》は、エネルギッシュ。反する部分もあるが、一緒にいると行動範囲が広がり、有意義な人脈ができる。虚宿《きょしゅく》は、同じように感受性豊かな宿。人にはわからない心情をあなたが見守る関係。

中距離の氐宿《ていしゅく》は、仕事でパートナーを組むと、あなたのよさを上手に引き出す。安心感とパワーをくれる相手。觜宿《ししゅく》は、説得力がある話術と知性の持ち主。パートナーを組めば、あなたの社交性を生かして二人で実績を上げる。

遠距離の井宿《せいしゅく》は、長くつき合える相手。お互いに信頼できる間柄になれる。角宿《かくしゅく》は楽しいことが大好きなので、あなたと気が合う。ともに行動すればさらに社交性が磨かれる。

◉友衰の関係

お互いの気持ちを尊重し合える友衰の関係。長くつき合えるように日頃から心がけていくと、いつまでもよい関係が保てるでしょう。

近距離の女宿《じょしゅく》は、真面目。あなたが一目置く相手で、困った時には頼りになる。壁宿《へきしゅく》はボランティア精神にあふれる宿。型やぶりな危宿《きしゅく》の振る舞いにあきれることなく、必要なアドバイスをくれる貴重な相手。

中距離の畢宿《ひっしゅく》は、粘り強さがある強固な意志の持ち主。

感情に走って突発的な行動をしがちなあなたのブレーキ役になる。房宿《ぼうしゅく》は、穏やかで気品を漂わせるタイプ。感情的になりやすいあなたの心を癒してくれる。

遠距離の軫宿《しんしゅく》は、交際上手なあなたと同じ。人が人を呼び有意義なネットワークが広がる。鬼宿《きしゅく》は、独創的な発想者。一緒にいても違和感がなく、新鮮でいられる。持ちつ持たれつの関係。

◉危成の関係

感情の思うままに行動するあなたにとって危成の関係にある宿は、動揺するばかりです。距離をとった方がよい関係になれます。

近距離の婁宿《ろうしゅく》は、地道な人生を選択していくタイプ。一緒にいて学ぶ点も多いが、違う考えも多く息苦しい。箕宿《きしゅく》は、陽気で性質はあなたと似ているところがあるが、下手に出ると仕切られる場合が。

中距離の尾宿《びしゅく》は、一つのことにじっくりとり組むタイプなので、あなたの移り気な性格は無理解。胃宿《いしゅく》は、中途半端なことを嫌うタイプなので、あなたのあきらめのよさは不可解。危宿《きしゅく》が頼りたくてもすれ違う。

遠距離の星宿《せいしゅく》は、大きな夢を持って生きるタイプ。接点は少ないが、得るものは多い。張宿《ちょうしゅく》は、リーダーシップを発揮しようとしてくる。仕事よりプライベートの方が楽。

◉業胎の関係

気がつくと近づいている。業胎の人とは、何かの力が働いているとしか思えないほど、深い縁のある相手です。

業の参宿《しんしゅく》は、自分を見失わない精神力の持ち主。あなたにとっては頼れる存在になる。参宿《しんしゅく》もあなたの無邪気さに癒され、何かとアシストしてくれる。

胎の亢宿《こうしゅく》は、理想像を追い求め努力する。それを危《き》宿《しゅく》がアシストする側に。亢宿《こうしゅく》はあなたに楽しさも感じている。

◉命の関係

広い交友関係を持つあなたにとって「命」の危宿《きしゅく》は、同じように交際面は華やか。一緒に行動すれば共通の知人も増えるはず。

しかし、それがトラブルの原因になる場合や遊びすぎてしまう傾向も。お互いに配慮が必要。

室宿《しつしゅく》の人間関係

相性関係	近距離	中距離	遠距離
安	婁	尾	星
壊	女	畢	軫
栄	壁	房	鬼
親	危	参	亢
友	虚	觜	角
衰	奎	心	柳
危	胃	箕	張
成	斗	昴	翼
業	井		
胎	氐		
命	室		

◉安壊の関係

パワフルなあなたとしても、安壊の人との関係においては、警戒心というものを養う必要があります。甘く見ることなく接したい相手。

近距離の婁宿《ろうしゅく》は、努力をして成功を導く宿。何かとトラブルになり、最終的にはあなたが婁宿《ろうしゅく》に被害を与える。女宿《じょしゅく》は、世話好き。あなたが起こしたトラブルの仲裁に入るが、それを重ねるうちに女宿《じょしゅく》が優位な立場になる。

中距離の尾宿《びしゅく》とは、自分中心で人に合わせるのが苦手な尾宿《びしゅく》ですが、尾宿《びしゅく》を立てれば関係は成立。畢宿《ひつしゅく》は、粘りと努力で勝利する宿。あなたも努力家ですが、比較的スピーディーに成功を手にするため、波長が合わず精根尽きる。

遠距離の星宿《せいしゅく》とは、どちらも主導権を握りたい者同士。おのずと衝突。軫宿《しんしゅく》は人づき合いの名手。パワフルなあなたに軫宿《しんしゅく》は追い詰められるが、最終的にはあなたが追い込まれる。

◉栄親の関係

どれも自分の世界をしっかりと持っている宿ばかり。栄親の関係は、力を出し惜しみすることなく、協力し合える相手になります。

近距離の壁宿《へきしゅく》は、陰になり日向になりあなたをフォロー。特に、あなたにない部分を補ってくれるありがたい相手。危宿《きしゅく》は、同じように瞬発力のあるタイプ。ともに行動すると、さらにパワーアップしていろいろな経験を共有。

中距離の房宿《ぼうしゅく》は、生まれながらに豊かさを持ち、室宿《しつしゅく》はエネルギーを授かっている宿。力を合わせれば大きなことができる。参宿《しんしゅく》とは、物事に向かっていくチャレンジ精神は同じ。新規の計画を始める際は協力を仰ぎたい相手。

遠距離の鬼宿《きしゅく》は、常識にとらわれない価値観の持ち主。前ばかり見がちなあなたに新たな視点を提案。亢宿《こうしゅく》は、何か問題が起こると、元気になるタイプ。パワフルな者同士、息の合った関係。

◉友衰の関係

強引でありながら、人に憎まれないことをよく知っているのが友衰の関係。弱点を指摘されても素直に聞き入れることが大切です。

近距離の虚宿《きょしゅく》は、繊細な心の持ち主で、かつ、あなたと同じように型にはまらないタイプ。楽しい関係に。奎宿《けいしゅく》は、誰にでも先入観なく接するタイプ。荒っぽいあなたの内面にある綿密さなど、隠れた一面を引き出してくる。

中距離の觜宿《ししゅく》は、弁が立つタイプ。最初は口先だけと思うが、核心をつくので強気なあなたとしても話していて興味深い。心宿《しんしゅく》は、交際術を心得ているタイプ。行動力のあるあなたと一緒にパートナーを組むと、ともに成長できる。

遠距離の角宿《かくしゅく》は、スリルを好むので、あなたの大胆さが魅力。あなたの無邪気で陽気な面を引き出してくれる。柳宿《りゅうしゅく》は、熱血漢。ここ一番に盛り上がりたい時は最良のパートナー。

◉危成の関係

どれもエネルギーを売りにしている宿ばかりです。あえてライバルになるのは避けたい、危成の関係にある相手です。

近距離の胃宿《いしゅく》は、エネルギッシュな宿で、しかも同じ野心家。温和な関係に努めたい。斗宿《としゅく》とは、どちらも自分が一番でありたいと思うので、何かとライバル関係になりやすい。あなたを警戒して予防線を張ることも。

中距離の箕宿《きしゅく》は、あなたと同じように気の強いタイプ。しかも、徒党を組みたがるのでライバル視されがち。昴宿《ぼうしゅく》は、プライドの高い宿。あなたが感情的になったら、昴宿《ぼうしゅく》も黙ってはいないで感情で攻めてくる場合が。

遠距離の張宿《ちょうしゅく》は、絶妙なトークで自分を主役に仕立て上げる。目立ちたいあなたは不満を持つ。翼宿《よくしゅく》は、穏やかな関係を保とうとするが、あなたの騒がしさに心が乱される。

◉業胎の関係

あなたにとって業胎の関係は、何か一つの目的が見つかったなら、パワフルに協力し合えるような相手です。

業の井宿《せいしゅく》は、あなたが何か頼みごとをすると、淡々とそれをこなし、誤りがあれば正してくれる。いつもそこにいることを感じさせてくれる頼りになる相手。

胎の氐宿《ていしゅく》は、改革精神が旺盛な宿なので、自信家のあなたとしても憧れる相手。氐宿《ていしゅく》の望みをかなえるためになにかとアシストする。

◉命の関係

あなたにとっての「命」の室宿《しつしゅく》との関係は、お互いを強く意識をする。

成績を競い合う立場や、恋敵になれば、相手の手の内もわかるため、かなり手ごわいライバルになるはず。

あきらめが肝心ということを学ぶべき相手なのかも。

壁宿《へきしゅく》の人間関係

相性関係	近距離	中距離	遠距離
安	胃	箕	張
壊	虚	觜	角
栄	奎	心	柳
親	室	井	氐
友	危	参	亢
衰	婁	尾	星
危	昴	斗	翼
成	女	畢	軫
業	鬼		
胎	房		
命	壁		

◉安壊の関係

傷つけられるとわかっていながらも、持ち前のボランティア精神を発揮したくなる相手。それがあなたにとっての安壊の関係です。

近距離の胃宿《いしゅく》は、自分のために生きるタイプ。最初はお互いに魅力を感じるが、そんな胃宿《いしゅく》なので、あなたを利用するかもしれない。しかし、結果的に胃宿《いしゅく》が不利。虚宿《きょしゅく》には、奉仕心をくすぐられるが、わがままに振り回される。

中距離の箕宿《きしゅく》は、自然と目立ってしまうので、おのずとあなたが支えるような関係に。しかし、次第に関係は崩れていく。觜宿《ししゅく》は、最初は惹かれ合うが、時間が経つにつれて、あなたは觜宿《ししゅく》にかなわないと思う。

遠距離の張宿《ちょうしゅく》は、お互いに気遣いを得意とするが、張宿《ちょうしゅく》はあなたにはかなわない。角宿《かくしゅく》とは、同じように遊びを得意とするので気が合うが、角宿《かくしゅく》が暴走してあなたは苦労する。

◉栄親の関係

あなたのよさを認め、足りない点はさりげなく補ってくれるありがたい栄親の相手。心の中に無理やり入り込まれる心配もありません。

近距離の奎宿《けいしゅく》は、甘え上手なタイプ。あなたの芯の強さを頼りにしている。壁宿《へきしゅく》も甘え方を学べるので何かと得るものがある。室宿《しつしゅく》は、尽くすだけになりがちなあなたに、癒しと利益をもたらす。

中距離の心宿《しんしゅく》は、心をとらえるのが得意。リラックスできるので一緒にいて楽しい。井宿《せいしゅく》は、理論で攻めてきそうだが、実は話してみると案外よい人。お互いにサポートし合える関係になり、好パートナーになれる。

遠距離の柳宿《りゅうしゅく》は、身近な人からバックアップされる宿。自然と近い関係になれて、あなたが支える立場に。氐《てい》宿《しゅく》は、改革精神に飛んだ宿。学ぶべき点も多くサポートのしがいもある。

◉友衰の関係

しばらく連絡を取らなくても、会えばすぐに元通り。そんな穏やかな気持ちになれる友衰の関係です。あなたをよく理解してくれます。

近距離の危宿《きしゅく》は、楽しむことも遊ぶことも好き。お互いに相手のことが理解できるので好パートナーとなる。婁宿《ろうしゅく》は、参謀役として力を発揮するタイプ。アドバイザー的役割が多いあなたにとってはありがたい存在。

中距離の参宿《しんしゅく》は、既成のものを壊すが、壁宿《へきしゅく》はどちらかというとそれを守るタイプ。合わないようだが、参《しん》宿《しゅく》が新たなことを始めると、あなたの存在が必要になる。尾宿《びしゅく》は、目的意識が強く、あなたはそれに対してサポートする。

遠距離の亢宿《こうしゅく》は、ライバルと戦おうとするが、壁宿《へきしゅく》は守りたいタイプ。味方にしておくと心強い。星宿《せいしゅく》は、我流的なものに夢を抱く宿。お互いに興味を持つ相手となる。

◉危成の関係

壁のように動じない信念と人々を支える強さのあるあなたにとって、危成の関係にある人は、あまり接点の得にくい相手です。

近距離の昴宿《ぼうしゅく》は、お嬢様気質の持ち主。わがままをいわれがちなあなたは、適度な距離を保つとよい。女宿《じょしゅく》は、物事を仕切ることも好き。あなたもいつの間にか女宿《じょしゅく》に従っていた、なんて場合もありそう。

中距離の斗宿《とうしゅく》は、何事にも背を向けることなくチャレンジしていく野心家。勝手にライバル視される恐れが。畢宿《ひっしゅく》は、自立心旺盛で精神的強さを持っている。あなたがサポートをするような場面が少なく、さびしい思いをすることも。

遠距離の翼宿《よくしゅく》は、自尊心が高く、人を思いのままコントロールすることができる。気がついたら翼宿《よくしゅく》に使われていたなんてことも。軫宿《しんしゅく》は、社交家。お互いに楽しみをわかち合うにはよい。

◉業胎の関係

あなたにとっての業胎の関係は、サポート側に回りがちな壁宿《へきしゅく》が、逆の立場となる業。いつも以上に尽くしたくなるのが胎。

業の鬼宿《きしゅく》は、どこか違う次元の人のような奇想天外な発想をするので、オカルトチックなあなたとは意外に気が合う。しかも、鬼宿《きしゅく》はあなたの意に沿って動いてくれ、何かとサポートしてくれる。

胎の房宿《ぼうしゅく》には、得意の尽くしの一手で、何かとアシストする。しかし、献身的になりすぎると、必要以上にあなたに依存してくる。

◉命の関係

お互いに惹かれ合い、ポジティブな方向に物事が進展していく関係にある「命」の壁宿《へきしゅく》。ともに楽しむことが好きなので、一緒にいてリラックスでき、トラブルになることは少ない。

仕事でも、趣味でも共有できるものがあれば、関係は長続きする。

奎宿《けいしゅく》の人間関係

相性関係	近距離	中距離	遠距離
安	昴	斗	翼
壊	危	参	亢
栄	婁	尾	星
親	壁	鬼	房
友	室	井	氐
衰	胃	箕	張
危	畢	女	軫
成	虚	觜	角
業	柳		
胎	心		
命	奎		

◉安壊の関係

人からは見えにくい、あなたの弱点をクローズアップさせてしまう安壊の相手。手痛いところをついてくるので用心しましょう。

近距離の昴宿《ぼうしゅく》は、お金にシビアで人にドライなところがあるあなたに対して、つき合いにくいと思っている。あなたは昴宿《ぼうしゅく》のわがままに疲れる。危宿《きしゅく》は、社交的で金銭感覚に疎い。お金に対する価値観が違いすぎる。

中距離の斗宿《とうしゅく》は、内に秘めた闘争心が強く、趣味趣向も異なるため好きになれない。参宿《しんしゅく》は行動派で、奎宿《けいしゅく》はおっとり。補い合うこともできるが、新しいものばかり求める参宿《しんしゅく》と一緒にいると、ストレスになりがち。

遠距離の翼宿《よくしゅく》とは、お互いに魅力を感じ合え、あなたの細かな視点で翼宿《よくしゅく》をフォロー。しかし、長続きは難しい。亢宿《こうしゅく》とは、主導権は相手にある。強い亢宿《こうしゅく》にあなたはついていくだけになる。

◉栄親の関係

あなたにとっての栄親の関係は、似ているところを多く持ちながら、お互いの長所を引き出すことができる相手。両者に恵みのある間柄。

近距離の婁宿《ろうしゅく》は、行動パターンも趣向も似ている部分があるため、一緒にいて安心できる。壁宿《へきしゅく》は、細やかな気配りのできるタイプ。あなたのことをしっかり者の壁宿《へきしゅく》がアシスト。また、情報通の壁宿《へきしゅく》が欲しい情報を与えてくれる。

中距離の尾宿《びしゅく》は、気の強いところはあるが、依存心が強いあなたのことをきっちりとバックアップする。鬼《き》宿《しゅく》は、斬新な発想をし、かつピュアな心を持つ。型にはまりがちなあなたをアイデアと純粋な心でサポートする。

遠距離の星宿《せいしゅく》は、夢を追いかけるロマンティスト。そんな清らかな姿勢に、あなたは啓発される。房宿《ぼうしゅく》は、あなたと同じように甘え上手。一緒にいて違和感のない相手。

◉友衰の関係

おっとりしているようで、意外に自己研磨に精を出すあなた。お互いに影響を与えながら、あなたの魅力を引き出してくれる友衰の相手。

近距離の室宿《しっしゅく》は、物事にぶつかっていくタイプ。あなたはそんな室宿《しっしゅく》に魅力を感じて、自然と影響を受ける。胃宿《いしゅく》は、自立心旺盛な宿。あなたは基本的には組織に属するタイプだが、近くにいると次第に自立心が養われる。

中距離の井宿《せいしゅく》とは、共感を覚えることもあり、一緒にいるとお互いを高め合える。また、相談相手にもなってくれる。箕宿《きしゅく》は、こびることなく自分を主張していくタイプ。常識的なあなたは、その姿にりりしさを感じる。

遠距離の氐宿《ていしゅく》は、心身の両方に強さがある宿。依頼心の強いあなたは見習うべき点がある。張宿《ちょうしゅく》は、独特の話術であなたの魅力を引き出してくれる。あなたも張《ちょう》宿《しゅく》を頼れる存在と思える。

◉危成の関係

あなたの長所は、危成の関係にある人からは、短所に見えます。思慮深く、誠実に接して、ことなきを得たい相手です。

近距離の畢宿《ひっしゅく》は、気力体力で物事に挑む努力型。あなたのことをやる気がないとみなし、努力を強要する場合が。虚宿《きょしゅく》は、プライドが高くてあまのじゃく。あなたには不可解な存在に思えてならない。

中距離の女宿《じょしゅく》は、自分に厳しい努力家。お互いにきちんと対応していくが、女宿《じょしゅく》は甘え上手なあなたを指導しようとする。觜宿《ししゅく》は、争いごとを嫌う性格なので、衝突は少ない。しかし、意外に計算高いので油断ならない相手。

遠距離の軫宿《しんしゅく》は、人づき合いがよい宿。しかし、シビアな金銭感覚の持ち主のあなたとはそりが合わない。角宿《かくしゅく》とは、遊びを楽しむ宿。金銭感覚に疎いので心配になる。

◉業胎の関係

心が痛んだり、和んだり。あなたとっての業胎の関係には、そんな感情が横たわっています。利害関係抜きに接したい相手。

業の柳宿《りゅうしゅく》は、新鮮な人脈を育みたいタイプだが、あなたにだけはなぜかこだわってしまう。頼りなさが目立つ奎宿《けいしゅく》が傷つけられないよう守ってくれ、ある時には楽しませてくれる。

胎の心宿《しんしゅく》は、心をつかむのが得意なタイプ。そんな心《しん》宿《しゅく》にあなたは興味津々。気持ちのままに心宿《しんしゅく》に尽くしてしまう。

◉命の関係

あなたにとっての「命」の奎宿《けいしゅく》との関係は、規律がクローズアップされるよう。何事に対しても筋道を通す両者なので、自然に認め合えるはず。

しかし、いつも一緒にいると、次第に疲れを感じるように。

お互いのためにも、適度な距離を置くのが賢明。

婁宿《ろうしゅく》の人間関係

相性関係	近距離	中距離	遠距離
安	畢	女	軫
壊	室	井	氐
栄	胃	箕	張
親	奎	柳	心
友	壁	鬼	房
衰	昴	斗	翼
危	觜	虚	角
成	危	参	亢
業	星		
胎	尾		
命	婁		

◉安壊の関係

あなたにとっての安壊の関係にある人は、いずれも補える可能性の高い宿ばかり。自分を信じて接していけば、得るものもあるでしょう。

近距離の畢宿《ひっしゅく》は、一歩一歩着実に進めるタイプ。地道な人生を歩むあなたにも共感するものはあるが、どうしてもスローテンポに見えてしまう。室宿《しっしゅく》は、とにかく行動。衝突してもお構いなし。トラブルを避けたいあなたは嫌厭する。

中距離の女宿《じょしゅく》は、面倒見がよいが、あれこれとお節介してくる女宿《じょしゅく》から離れたくなる。井宿《せいしゅく》は、弁の立つタイプで、しかも論破にかけては天才。あなたが立ち向かうのは難しい。相手を反撃するよりも巻かれた方が楽。

遠距離の軫宿《しんしゅく》は、人づき合いがよく細やかなことにも気がつくので、比較的無難な関係。氐宿《ていしゅく》は森を、婁《ろう》宿《しゅく》は木を見る。氐宿《ていしゅく》とは視点が異なるため、基本的には合いにくい。

◉栄親の関係

必要以上に感情を出すことなく、心地よい距離を保つこともでき、ともに高め合える間柄になれます。それがあなたにとっての栄親の関係です。

近距離の胃宿《いしゅく》は、お互いに、ギブアンドテイクが成立する関係。自然とあなたの隠れた才能を引き出してくれる。奎宿《けいしゅく》とは、共通する部分もあり、共鳴し合える相手。深い理解が得られて、一緒にいてリラックスできる。

中距離の箕宿《きしゅく》は、あなたが内心抱いている願望を体現してくれる相手。一緒にいると、自分も強くなれたように思える。柳宿《りゅうしゅく》は、世の中の動きに敏感な宿。あなたが力を発揮したら、ともに流行を作り出すことも可能。

遠距離の張宿《ちょうしゅく》は、あなたが心を許せる相手なので、自然と癒されるはず。心宿《しんしゅく》は、心をつかむのが上手なので、あなたの気持ちを解放してくれる。会話も弾み、楽しい関係になれる。

◉友衰の関係

人の弱点に敏感なあなたも、友衰の相手だけは、それを指摘する気になりません。気負うことなく、素直な自分でいられる関係です。

近距離の壁宿《へきしゅく》は、ボランティア精神があり情報通。あなたも人を見る目があるので、共通点も多い。刺激も与えてくれる。昴宿《ぼうしゅく》は、学問好きなので、つい話に耳を傾けてしまう。あなたにとって必要なものが発見できる相手。

中距離の鬼宿《きしゅく》の無邪気さに心が洗われる思い。あなたを活性化してくれるありがたい存在。斗宿《とうしゅく》は、見栄っ張りなところがかわいく思える。進んで助けを求めることはないが、あなたが斗宿《とうしゅく》を優しく癒す。

遠距離の房宿《ぼうしゅく》は、無理をしないタイプなので、気負わずにつき合える。翼宿《よくしゅく》は、基本的に優しく争いの少ない宿。あなたも似ているところがあるため、共感でき一緒にいて楽。

◉危成の関係

自分とは違う価値観を持つ危成の相手は、思慮分別のあるあなたにとっては、考えもつかない反応をするので、とても気になる存在です。

近距離の觜宿《ししゅく》は、思慮深く少々臆病なところがあるため、お互いに心を推し量るので距離が縮まらない。危宿《きしゅく》は、型にはまりたくない性格。多芸なあなたと趣味の面で合うこともあるが、なかなか足並みはそろわない。

中距離の虚宿《きょしゅく》は、感受性の強いタイプ。一緒にいると気を使うしピリピリして落ち着かない。参宿《しんしゅく》は、新しいことにチャレンジしていくタイプだが、ときに荒々しい口調になるため、あなたが傷つく場合もある。

遠距離の角宿《かくしゅく》は、多趣味で遊び上手。器用で多芸なあなたにとっても魅力だが、一緒にいるとリズムが乱される。亢宿《こうしゅく》は、何かにつけて反抗するので、アドバイスしづらい。

◉業胎の関係

参謀役になれるあなたは、業胎の相手にもそれを発揮します。よきパートナーになれる縁が深い相手です。

業の星宿《せいしゅく》は、理想を追い続ける努力の人。一緒にいると、夢が見られるようで楽しい。あなたは星宿《せいしゅく》にアドバイスするが、星宿《せいしゅく》も面倒見がよく、あなたをサポートしてくれる。

胎の尾宿《びしゅく》は、一緒にいると安心感がある。あなたは尾宿《びしゅく》の目標達成のために、惜しみなく尽くしていく。

◉命の関係

優れたコーディネーター能力を持つあなた。同じ「命」の婁宿《ろうしゅく》は、お互いに人を見る目は厳しい。

しかし、遠慮することなく、他の人と同じ接し方をしていくこと。

基本的には、相手を敬っていければ、関係は安泰して長続きする。

胃宿《いしゅく》の人間関係

相性関係	近距離	中距離	遠距離
安	觜	虚	角
壊	壁	鬼	房
栄	昴	斗	翼
親	婁	星	尾
友	奎	柳	心
衰	畢	女	軫
危	参	危	亢
成	室	井	氐
業	張		
胎	箕		
命	胃		

近距離の觜宿《ししゅく》は、弁が立つタイプだが、その言動はいたって平和的。あなたとは利害関係が発生すれば手も組むが、基本的には觜宿《ししゅく》が息苦しくなり遠ざかる。壁宿《へきしゅく》は、意外に知能犯なので、あなたの方が足をすくわれることも。

中距離の虚宿《きょしゅく》は、理屈屋。現状に不満を感じている点ではあなたと似ている部分もあるが、実践力がともなわないので、一緒に行動しようと思わない。鬼宿《きしゅく》は、協力し合えることもあるが、関心がないことは動いてくれない。

遠距離の角宿《かくしゅく》に関心を持つが、遊び好きなところを感心できない時がある。房宿《ぼうしゅく》は、優雅。すぐに好意を抱くが、内心デリケートなあなたは、房宿《ぼうしゅく》のクールさに傷つく場合も。

◉安壊の関係

相手を説得はできても上手くつき合えない、力では勝てるはずなのに……なぜか空回りさせられてしまう。それが安壊の相手です。

◉栄親の関係

栄親の関係にある宿は、パワーのある人ばかり。人に頼ることを嫌うあなたとしても、協力を仰ぎたい相手です。

近距離の昴宿《ぼうしゅく》は、お互いに自分のことを話さないところに共感を覚える。基本的には違う感性の持ち主だが、ないものを補いながら好パートナーになれる。婁宿《ろうしゅく》とは、違う行動を取りがちだが、サブ的立場でアシストしてくれる。

中距離の斗宿《としゅく》は、お互いに目的意識が強く、負けず嫌い。よきライバルとなり、共通の目標に向かうと同志になれる。星宿《せいしゅく》は、あなたのことをよく理解してくれるので、実力を引き出してくれるよきパートナーになり得る。

遠距離の翼宿《よくしゅく》は、翼を持って羽ばたく宿。同じ目的に突き進んだら、パワーが倍増される。尾宿《びしゅく》は、同じように努力型。あなたの意図が気に入れば、とことん加勢してくれる。

◉友衰の関係

あなたにとっての友衰の関係は、利害関係なしにつき合える相手です。生きる上での悲哀がわかち合える間柄となるでしょう。

近距離の奎宿《けいしゅく》は、気性が激しいあなたとは、一見、合わないように見える。しかし、意外にも信頼し理解し合える仲。畢宿《ひっしゅく》は、目指す目的は違うが、夢を語り合ったり、相談をするのによい相手。

中距離の柳宿《りゅうしゅく》は、独立独歩のあなたにとって相性のよい相手。似ているところもあり、意見をわかち合える。女宿《じょしゅく》は、人の世話をするのが好きな宿。自立心旺盛なあなたが弱みを見せられる相手となり、心を癒してくれる。

遠距離の心宿《しんしゅく》は、猜疑心が強く、自分以外の人を信用しないあなたとは、相通じるところがある。軫宿《しんしゅく》は社交家。活動範囲が広がり、一緒にいて楽しい。

◉危成の関係

あなたにとっての危成の関係は、簡単にわかり合えないだけに力が入る相手。ただ、力を合わせることがあれば強力なパートナーに。

近距離の参宿《しんしゅく》は、問題意識を持って行動する改革派。陣取り合戦にならないよう気をつけたい相手。室宿《しつしゅく》は、同じようにエネルギーが強いが、あなたが有利な立場になれる。パートナーになるとパワーが増長されることも。

中距離の危宿《きしゅく》は、人生を楽しく生きたいタイプ。常に現状を打破しようとするあなたとは、すれ違いが多いが衝突は少ない。井宿《せいしゅく》は、知識豊かな理論家。あなたは闘争心が湧くが、味方にした方がよい相手。

遠距離の亢宿《こうしゅく》は、正しく物事を見ることができるが、ライバル視しがち。あなたにとってはうっとうしい。氐宿《ていしゅく》は、底力があるので、いざという時には頼りにしたい相手。

◉業胎の関係

自立心を美徳とするあなたとしても、業胎の人は無関係ではいられません。めぐり合わせに感謝して、つき合っていきたい相手。

業の張宿《ちょうしゅく》は、人の注目を集めたいタイプだが、あなたとの関係においては、なぜか引き立て役で納得。特に要求しなくても、人脈など自分の持っているものを与えてくれる。

胎の箕宿《きしゅく》は、あなたがアシストしたくなる相手。忍耐強さを持つ箕宿《きしゅく》のよきパートナーになれるが、相手からの要求が強くなる傾向も。

◉命の関係

自分のことは自分が一番よく知っていると、独立心旺盛なあなたがいいそうなこと。もちろん、「命」の胃宿《いしゅく》も同じスタンスを持つ相手。

心を通い合わせるのは難しく、お互いに距離を保とうとする。そんな離れたつき合い方をした方が理解し合える。

第4章

27宿バイオリズム

1 年運、月運、日運の11の運勢

宿曜占星術は、人間関係だけではなく、「運勢」を読みとくこともできます。

あなたの生年月日による「本命宿」により、「日の運勢」、「月の運勢」、「年の運勢」が判断できます。

運勢を示すものは、「命・業・胎・栄・衰・安・危・成・壊・友・親」の11種。

未来の日、月、年の運勢がわかれば、その日、その月、その年に、どんな運勢が待ち構え、どのように行動すればよいのかをナビゲートすることができます。

つまり、時期と運勢の意味を理解すれば、非常に有効に活用できるということです。

例えば、商談やお見合いの日を選ぶなら「栄」や「親」の運勢の日を探せばよいのです。

ただし、ここには「破壊運」という危険な運勢が存在することをお忘れなく。それは循環される11種の運勢のうち「壊」が巡ってくる時です。ここに在宿してしまったならば、どんな危険が訪れるか知れません。この「破壊運」にいる間に、「壊」の宿である「破壊人」と関わりを持ってしまうと、とんでもないトラブルに巻き込まれることになるでしょう。

あなたが、この宿曜占星術を毎日の暮らしに役立てていけば、運勢のよい時期には幸運を引き寄せ、悪い日には災難を最小限に抑えることができます。そればかりか、素敵な人間関係を築くことも可能なのです。

いつの間にか、一人の人間として成長した自分を実感することもできるでしょう。

「破壊運」の例として、昴宿《ぼうしゅく》でありますタレントのベッキーさんは、2016年に「壊」の運勢が巡ってきました。

その結果、「破壊運」の影響を受けてしまい（248ページ参照）、公私にわたりダメージを受けて、タレント活動にも大きな支障を出してしまったといえるでしょう。

2 日運（月運、年運）の出し方

日運は、次の方法により、簡単に調べられます。目的の日の「宿」を知り、どの運勢かを探してみましょう。

まず、巻末の「宿曜暦」より、あなたの「本命宿」を探します。例えば、1976年4月1日生まれの方なら、1976年の表を探し、次に4月と1日とがクロスしたところを見ます。

すると、「昴」となっているのがおわかりですか？したがって「本命宿」は「昴宿《ぼうしゅく》」となります（358ページ参照）。

次に、調べたい目的の年月日の「宿」を探します。例えば、2017年1月2日なら「宿曜暦」で「奎」です（378ページ参照）。

昴宿《ぼうしゅく》のホロスコープで「奎」を見ると「壊」となっています（21ページ参照）。したがって、この日は「昴宿《ぼうしゅく》」にとっては「壊」の日。すなわち「破壊運」の日となるのです。

この意味は、昴宿《ぼうしゅく》のバイオリズムでの「壊」の解説を読んでいただくと、どんな運勢なのかがわかります（248ページ参照）。

月運、年運の出し方は本書では省くため、各27宿のバイオリズム表を見てください。

月運、年運で注意する点は、旧暦で見ていくことです。なお、月運は、命・栄・衰・安・危・成・壊・友・親……が決まったかたちで循環せず、1月～12月まで、毎年同じ運になります。

コツさえつかんでしまえば、「破壊運」が訪れる月の対処は、おのずとわかるようになるでしょう。なお、月の「破壊運」は、主に心の問題、精神的なダメージが多くなります。

年運に関しては、運勢を導き出すのにいくつかの手段がありますが、本書では、今回説明する方法のみを掲載します。

3 運命を左右する11種の運勢の意味

11種の運勢「命・業・胎・栄・衰・安・危・壊・成・友・親」には、それぞれどんな意味があるのでしょうか?

これを把握することで、トラブルを避けられたり、運勢をアップさせることができます。

◉壊の運勢

「破壊」を意味します。

「破壊運」の運勢になり、破壊したり、されたりする時です。何事においても危険が伴います。人との関係を沈静化させたり、悪縁を切るにはよいですが、結婚、開店……などの物事のスタートには向きません。

基本的に「壊」は、対人を崩壊に導いたり、ライバルを鎮圧させたり、悪縁を断ち切る場合に用います。しかし危険なのは、それが逆に作用する場合があるということ。

ともすれば、あなたが破壊され、崩壊の一途をたどることになり、せっかくの良縁が切れてしまう可能性も大いにあり得ます。

あなたの身にどんなことが起きるか……。

それは、自分の特質が思わぬ事態を引き起こすこともあります。

また、自分では想像もつかないようなことが起こる場合もあるでしょう。どんな危険がひそむかわからない「壊」の運勢。十分に注意をして過ごすことが必要です。

しかし、何が起きようとも、起きてしまった事実は消せません。最終的に、それらを素直に受け入れ、学ぶことが大切なのです。

◉命の運勢

「出生」を意味します。本命宿の時。

現世での自分の宿です。すべてに慎重に過ごす時。

この運で起きた出来事は、将来に影響するような大切な時でもあります。

◉業の運勢

「行為、カルマ」を意味します。

前世の自分の宿といわれ、すべてに積極的に言動してよい時です。重要な仕事に関わったり、プランの実行をさせるのにも最適。

◉胎の運勢

「受胎・前世」を意味します。

来世での自分の宿といわれ、「命」と同様、慎重に過ごしたい時。言葉にも注意が必要です。過去を振り返り、反省し、将来の計画にはよい時。

◉栄の運勢

「繁栄させる」を意味します。

好調日。積極的に言動してよいでしょう。新しい仕事や習いごとを始めたり、相談やプレゼントをするのにも最適です。ただし、争いや事故は注意。

◉衰の運勢

「衰えさせる」を意味します。

物事のスタートには向きません。体調を崩しやすく、出張、旅行はよくないです。慎重に過ごしたい時。病を癒すには適切。水難は注意。

◉安の運勢

「安定させる」を意味します。

心身ともに安定。平穏無事に過ごせる時です。特に旅行や移転には最適。物事を整理するのにも向いています。財難は注意。

◉危の運勢

「危険・敵対」を意味します。

吉凶混合で危険が伴います。秘密、高価な買物、旅行はよくないです。人が集まる結婚式やパーティーはよいのですが、不安定なので早めに退散を。

◉成の運勢

「成就・成功させる」を意味します。

成功に導ける。物事の開始や決定はよく、開始したことが成功しやすいです。勉強、試験など、学問に関わることは最適。病難と色難に注意。

◉友の運勢

「友人・交友」を意味します。

人間関係をつかさどるのによい時です。友人と会うのに最適で楽しく過ごせます。パーティーなど人が集まる場での人脈作りに最適。

◉親の運勢

「親友・親愛」を意味します。

絶好調。「友」と同様に、人間関係をつかさどる時。友人が親友になったり、親しい人と会うのにも最適。恋人から結婚に進展することも。

4 27宿バイオリズム

昴宿《ぼうしゅく》のバイオリズム

年運バイオリズム	
壊	2016年
友	2017年
親	2018年
命	2019年
栄	2020年
衰	2021年
安	2022年
危	2023年
成	2024年
壊	2025年
友	2026年
親	2027年
業	2028年
栄	2029年
衰	2030年

月運バイオリズム	
危	1月
壊	2月
親	3月
栄	4月
安	5月
成	6月
親	7月
衰	8月
危	9月
壊	10月
胎	11月
衰	12月
奎宿破壊運	2月「壊」
心宿破壊運	10月「壊」

日運バイオリズム	
昴	命
畢	栄
觜	衰
参	安
井	危
鬼	成
柳	壊
星	友
張	親
翼	業
軫	栄
角	衰
亢	安
氐	危
房	成
心	壊
尾	友
箕	親
斗	胎
女	栄
虚	衰
危	安
室	危
壁	成
奎	壊
婁	友
胃	親

命→栄→衰→安→危→成→壊→友→親→業→栄→衰→安→危→成→壊→友→親→胎→栄→衰→安→危→成→壊→友→親→命……。このように循環していきますが、新月（旧暦1日）前後は、循環が不動になる場合があります。

あなたの「本命宿」と、巻末の「宿曜暦」を照らし合わせ、日運を調べてください。

「破壊運」の時にどんなことが起きるか?　あなたにとっての「破壊運」の年は?

2016年の「奎宿《けいしゅく》破壊運」

環境や体調の変化が訪れます。四面楚歌の状況になりやすく、突発的な事件や急転により、失財や異性トラブルは免れないでしょう。特に、年下に対する過剰なお節介、契約違反やミスには注意。

2025年の「柳宿《りゅうしゅく》破壊運」

エネルギーが充満して、自分自身でのコントロールが効かない状態になります。人との衝突が避けられず、策謀破れ、転落の一途をたどるでしょう。

「心宿《しんしゅく》破壊運」

2030年の間にはありませんが、月運、日運であります。何かとだまされやすくなり、詐欺に遭ったりします。おいしい話には絶対に飛びつかないこと。また、秘密が明るみになりやすく、破滅を招いたり、孤独に陥ったりもします。

「破壊運」の月、「破壊運」の日に、どんなことが起きるか?

先にお話ししました「年運」の破壊運と同様になります。

巻末の「宿曜暦」を見ていただけたらご理解いただけますが、日運は、「奎宿《けいしゅく》破壊運」、「柳宿《りゅうしゅく》破壊運」、「心宿《しんしゅく》破壊運」、が、おのおの9日に一度は訪れる計算になります。

ただし、自尊心強いあなたが、そんなに頻繁に破壊されていたら、たまったものではありません。

ですが、絶対に「破壊運」はやってくるのです。

あなたのわがままが顕在化し、仲間から批難を浴びないように気をつけてください。

破壊運時期の過ごし方

この「破壊運」の時期は、他動的な破壊以外に、あなたの宿の特質により引き起こされる「自己破壊」もあります。

自然のうちに誰かにバックアップされるあなたも、この破壊運の時期にはそれが望めず、思わぬ試練と遭遇します。

もともとこの宿は、セレブ志向が災いしてわがままになる傾向があります。

そのため、それが悪影響を及ぼし、知人と言い争ったり、職場で上司に反抗的な態度を取り、対人関係でトラブルを起こすことも。

たとえ、相手が間違っていたとしても、正論を通して不利な立場に追い込んでしまっては、破壊運は回避できません。

持ち前の明るく爽やかなトークを生かして、謙虚さを心がけていけば、破壊運を免れて周囲からアシストされるでしょう。

畢宿《ひっしゅく》のバイオリズム

年運バイオリズム	
成	2016年
壊	2017年
友	2018年
親	2019年
命	2020年
栄	2021年
衰	2022年
安	2023年
危	2024年
成	2025年
壊	2026年
友	2027年
親	2028年
業	2029年
栄	2030年

月運バイオリズム	
安	1月
成	2月
友	3月
命	4月
衰	5月
危	6月
友	7月
栄	8月
安	9月
成	10月
親	11月
栄	12月
あなたには月の破壊運はありません	

日運バイオリズム	
畢	命
觜	栄
参	衰
井	安
鬼	危
柳	成
星	壊
張	友
翼	親
軫	業
角	栄
亢	衰
氐	安
房	危
心	成
尾	壊
箕	友
斗	親
女	胎
虚	栄
危	衰
室	安
壁	危
奎	成
婁	壊
胃	友
昴	親

命→栄→衰→安→危→成→壊→友→親→業→栄→衰→安→危→成→壊→友→親→胎→栄→衰→安→危→成→壊→友→親→命……。このように循環していきますが、新月（旧暦1日）前後は、循環が不動になる場合があります。

あなたの「本命宿」と、巻末の「宿曜暦」を照らし合わせ、日運を調べてください。

「破壊運」の年にどんなことが起きるか？
あなたにとっての「破壊運」の年は？

2017年の「婁宿《ろうしゅく》破壊運」
あなたのスキル不足や手配ミスにより、評価を下げることになり、左遷やリストラをされる危険があります。また、医療ミスにも注意。病院は一つだけではなく、セカンドオピニオンを受けること。

2026年の「星宿《せいしゅく》破壊運」
がむしゃらさが裏目に出て、抱いていた夢が破れることが。また、トラブルに巻き込まれ、組織から弾き飛ばされる可能性もあります。

「尾宿《びしゅく》破壊運」
2030年の間にはありませんが、日運であります。衝撃を受けるというよりも、何かにつけ問題が長引くことにより破壊に導かれていきます。一度解決したと思っても、再燃する危険があるため、火種はキッチリと消火しておくこと。

「破壊運」の月、「破壊運」の日に、どんなことが起きるか？

先にお話ししました「年運」の破壊運と同様になります。

巻末の「宿曜暦」を見ていただけたらご理解いただけますが、「婁宿《ろうしゅく》破壊運」、「星宿《せいしゅく》破壊運」、「尾宿《びしゅく》破壊運」が、おのおの9日に一度は訪れる計算になります。この日は、精神的や肉体的なダメージを受けることが多くなり、破壊的なことが起きるのは数回に一度です。

ですが、絶対に「破壊運」はやってきます。

特に「妻」の日には、誰かの犠牲になったり、したくない仕事を押しつけられやすいです。また、急に体調が悪化する危険もあります。

破壊運の時期の過ごし方

この「破壊運」の時期は、他動的な破壊以外に、あなたの宿の特質により引き起こされる「自己破壊」もあります。

あなたは、エネルギッシュでバリタリティーが人一倍あるため、破壊運の時期には「やりすぎ」が原因で、過労が溜まり、自己破壊しがちです。

対人関係では、自分同様に他の人もパワフルだと勘違いしている感があり、「まだまだ頑張れるでしょ」と、たくさんの仕事量を押しつけてしまいがち。さらには、頑固な性格が裏目に出ることも。

そんなことを続けているうち、「あの人と一緒に仕事したくない」となるのです。

場の空気を読み、周囲の人たちに対して柔軟な対応と思いやりある言葉をかけてあげること。

そして、自他共にいたわりの精神でいけば、ある程度、破壊運を回避することができます。

觜《し》宿《しゅく》のバイオリズム

年運バイオリズム	
危	2016年
成	2017年
壊	2018年
友	2019年
親	2020年
命	2021年
栄	2022年
衰	2023年
安	2024年
危	2025年
成	2026年
壊	2027年
友	2028年
親	2029年
業	2030年

月運バイオリズム	
衰	1月
危	2月
壊	3月
親	4月
栄	5月
安	6月
壊	7月
業	8月
衰	9月
危	10月
友	11月
胎	12月
胃宿破壊運	3月「壊」
張宿破壊運	7月「壊」

日運バイオリズム	
觜	命
参	栄
井	衰
鬼	安
柳	危
星	成
張	壊
翼	友
軫	親
角	業
亢	栄
氐	衰
房	安
心	危
尾	成
箕	壊
斗	友
女	親
虚	胎
危	栄
室	衰
壁	安
奎	危
婁	成
胃	壊
昴	友
畢	親

命→栄→衰→安→危→成→壊→友→親→業→栄→衰→安→危→成→壊→友→親→胎→栄→衰→安→危→成→壊→友→親→命……。このように循環していきますが、新月（旧暦1日）前後は、循環が不動になる場合があります。

あなたの「本命宿」と、巻末の「宿曜暦」を照らし合わせ、日運を調べてください。

「破壊運」の年にどんなことが起きるか？
あなたにとっての「破壊運」の年は？

２０１８年の「胃宿《いしゅく》破壊運」

欲求により身を滅ぼします。好奇心が旺盛になり、さまざまなことに手を出したくなりますが、策謀が破れ、年下から裏切られるようなことがあるでしょう。また、暴飲暴食で体を壊すこともあるようです。

２０２７年の「張宿《ちょうしゅく》破壊運」

海外旅行には細心の注意が必要です。盗難や事件に巻き込まれる危険があります。また、心の油断により恋愛が破壊することもあるでしょう。

「箕宿《きしゅく》破壊運」

２０３０年の間にはありませんが、日運であります。欲求が深まることで自己破壊されます。自宅や職場を離れる機会が増えるため、乗物などによるトラブルや事故にも注意。また、愛情面では、浮気や三角関係により自ら自己破壊を招くことも。

「破壊運」の月、「破壊運」の日に、どんなことが起きるか？

先にお話ししました「年運」の破壊運と同様になります。

巻末の「宿曜暦」を見ていただけたらご理解いただけますが、「胃宿《いしゅく》破壊運」、「張宿《ちょうしゅく》破壊運」、「箕宿《きしゅく》破壊運」が、おのおの9日に一度は訪れる計算になります。

ただし、真面目に生活しているあなたには、そんな頻繁に破壊はされないでしょう。

ですが、絶対に「破壊運」はやってくるのです。

その時は、慎重さが消え、欲求や見栄ばかりが先行してしまい、築いてきた信用を失うことがあります。

破壊運の時期の過ごし方

この「破壊運」の時期は、他動的な破壊以外に、あなたの宿の特質により引き起こされる「自己破壊」もあります。

日頃、常識の枠にとらわれ、思慮深いあなたにとって、この破壊運の時期は欲求が渦巻く時になります。

つまり、自分を抑えている分、もう一人のあなたが顔を出して、誘惑に負けそうになるのです。

また、知識を自慢げに話して、人から中傷を受けることも。

この破壊運の時だからこそ、いつも以上に慎重さを発揮していくことが必要です。

特に、心の中にある欲はコントロールしようと思えばできるはず。また、知識をひけらかすようなことは、本当に仲がよい人だけに話せばよいこと。

逆に、周りの人たちを誉めたり、持ち上げたりしていくと、自己破壊を回避できるでしょう。

参宿《しんしゅく》のバイオリズム

年運バイオリズム	
安	2016年
危	2017年
成	2018年
壊	2019年
友	2020年
親	2021年
命	2022年
栄	2023年
衰	2024年
安	2025年
危	2026年
成	2027年
壊	2028年
友	2029年
親	2030年

月運バイオリズム	
栄	1月
安	2月
成	3月
友	4月
命	5月
衰	6月
成	7月
親	8月
栄	9月
安	10月
壊	11月
親	12月
斗宿破壊運	11月「壊」

日運バイオリズム	
参	命
井	栄
鬼	衰
柳	安
星	危
張	成
翼	壊
軫	友
角	親
亢	業
氐	栄
房	衰
心	安
尾	危
箕	成
斗	壊
女	友
虚	親
危	胎
室	栄
壁	衰
奎	安
婁	危
胃	成
昴	壊
畢	友
觜	親

命→栄→衰→安→危→成→壊→友→親→業→栄→衰→安→危→成→壊→友→親→胎→栄→衰→安→危→成→壊→友→親→命……。このように循環していきますが、新月（旧暦1日）前後は、循環が不動になる場合があります。

あなたの「本命宿」と、巻末の「宿曜暦」を照らし合わせ、日運を調べてください。

「破壊運」の年にどんなことが起きるか？ あなたにとっての「破壊運」の年は？

２０１９年の「昴宿《ぼうしゅく》破壊運」
あなたの名誉やプライドに傷がつくような出来事が起きそうです。そのため、信用を失う場合もあるでしょう。特に、年上の人により精神状態を乱されそうです。また、制作系の仕事をしている人は、盗作騒ぎに巻き込まれたりもします。

２０２８年の「翼宿《よくしゅく》破壊運」
旅行や出張先でのトラブルが多くなるようです。特に、海外旅行に行く際には細心の注意が必要。事故に巻き込まれる危険もあります。

「斗宿《とうしゅく》破壊運」
２０３０年の間にはありませんが、月運、日運であります。対人関係において争いごとが多くなります。会社で上司との反りが合わなくなるとか、家族が仲たがいすることもあるでしょう。乗物によるトラブルと火難にも注意が必要です。

「破壊運」の月、「破壊運」の日に、どんなことが起きるか？

先にお話ししました「年運」の破壊運と同様になります。

巻末の「宿曜暦」を見ていただけたらご理解いただけますが、「昴宿《ぼうしゅく》破壊運」、「翼宿《よくしゅく》破壊運」、「斗宿《とうしゅく》破壊運」が、おのおの9日に一度は訪れる計算になります。

ただし、精神的、肉体的ダメージを受けることが多く、頻繁に大きな破壊はされません。

ですが、絶対に「破壊運」はきます。

この破壊日には、斬新な企画を発表しても、反感を買う結果になったり、好奇心が裏目に出やすいです。

落ち込んで、人のせいにしてしまうこともあるでしょう。

破壊運の時期の過ごし方

この「破壊運」の時期は、他動的な破壊以外に、あなたの宿の特質により引き起こされる「自己破壊」もあります。

あなたの場合は、好奇心と口が災いになります。気のおもむくままに行動して痛い目にあったり、言わなくてよいことを口走り、トラブルを起こしたりするでしょう。

また、チャレンジ精神が空回りして、骨折り損のくたびれ儲けになることも。

果敢に挑んでいくばかりではなく、たまにはじっくりと自分の内面を見つめて、戦略を練る時間を作ることも必要。

新しいものへの興味や未知への探究心は、自分の中だけにとどめておいて、ヒーリングミュージックを聴いたり、瞑想をしたりしてみましょう。

心身ともに癒され、明日への活力になるはずです。

井宿《せいしゅく》のバイオリズム

年運バイオリズム	
衰	2016年
安	2017年
危	2018年
成	2019年
壊	2020年
友	2021年
親	2022年
命	2023年
栄	2024年
衰	2025年
安	2026年
危	2027年
成	2028年
壊	2029年
友	2030年

月運バイオリズム	
胎	1月
衰	2月
危	3月
壊	4月
親	5月
栄	6月
危	7月
友	8月
業	9月
衰	10月
成	11月
友	12月
畢宿破壊運	4月「壊」

日運バイオリズム	
井	命
鬼	栄
柳	衰
星	安
張	危
翼	成
軫	壊
角	友
亢	親
氐	業
房	栄
心	衰
尾	安
箕	危
斗	成
女	壊
虚	友
危	親
室	胎
壁	栄
奎	衰
婁	安
胃	危
昴	成
畢	壊
觜	友
参	親

命→栄→衰→安→危→成→壊→友→親→業→栄→衰→安→危→成→壊→友→親→胎→栄→衰→安→危→成→壊→友→親→命……。このように循環していきますが、新月（旧暦1日）前後は、循環が不動になる場合があります。

あなたの「本命宿」と、巻末の「宿曜暦」を照らし合わせ、日運を調べてください。

「破壊運」の年にどんなことが起きるか？ あなたにとっての「破壊運」の年は？

2020年の「畢宿《ひっしゅく》破壊運」
孤独に陥りやすい時期。自立心が裏目に出たり、頑固すぎて対立したり、阻害されたりします。独立問題が起きる場合も。また、土地不動産問題に巻き込まれる可能性もあります。

2029年の「軫宿《しんしゅく》破壊運」
自由感覚や飲食に溺れがちになります。生活が堕落したり、社交的な場での失敗も考えられるでしょう。また、移動、乗物での事故にも注意。

「女宿《じょしゅく》破壊運」
2030年の間にはありませんが、日運であります。自分に関係ないことでお節介や仲裁役に入り、トラブルに巻き込まれそうです。エキサイトすると法的なところまで進展するため、裁判沙汰になることも。また、先祖や家業に関わることでのトラブルにも注意しましょう。

「破壊運」の月、「破壊運」の日に、どんなことが起きるか？

先にお話ししました「年運」の破壊運と同様になります。

巻末の「宿曜暦」を見ていただけたらご理解いただけますが、「畢宿《ひっしゅく》破壊運」、「軫宿《しんしゅく》破壊運」、「女宿《じょしゅく》破壊運」が、おのおの9日に一度は訪れる計算になります。

ただし、毎回破壊されてしまうわけではなく、何回かに一度、精神的や肉体的なダメージを受けるでしょう。

ですが、絶対に「破壊運」はやってきます。

理論的話術が冴えず、空論に終わることになったり、余計なことばかり口走り、相手を説き伏せようとした結果、自分が追い込まれることになったりしそうです。

破壊運の時期の過ごし方

この「破壊運」の時期は、他動的な破壊以外に、あなたの宿の特質により引き起こされる「自己破壊」もあります。

あなたの場合は、理想と自尊心が高く、論争好き。それが自己破壊の最大の要因になります。

自分が納得するまで相手を言い負かしたり、掲げていた理想が高すぎて挫折したりするでしょう。その結果、自分を窮地に立たせることになるのです。

破壊運の時は、現実を直視することに努め、強き者に降伏するような心積もりでいることが必要。

そうすれば、分相応の自分でいられ、上の人たちにも可愛がられます。

失敗して落ち込んでいるあなたをサポートしてくれる人もいます。

人を味方につけていけば、自己破壊から免れることもできるでしょう。

鬼《き》宿《しゅく》のバイオリズム

命→栄→衰→安→危→成→壊→友→親→業→栄→衰→安→危→成→壊→友→親→胎→栄→衰→安→危→成→壊→友→親→命……。このように循環していきますが、新月（旧暦1日）前後は、循環が不動になる場合があります。

あなたの「本命宿」と、巻末の「宿曜暦」を照らし合わせ、日運を調べてください。

年運バイオリズム	
栄	2016年
衰	2017年
安	2018年
危	2019年
成	2020年
壊	2021年
友	2022年
親	2023年
命	2024年
栄	2025年
衰	2026年
安	2027年
危	2028年
成	2029年
壊	2030年

月運バイオリズム	
親	1月
栄	2月
安	3月
成	4月
友	5月
命	6月
安	7月
壊	8月
親	9月
栄	10月
危	11月
壊	12月
角宿破壊運	8月「壊」
虚宿破壊運	12月「壊」

日運バイオリズム	
鬼	命
柳	栄
星	衰
張	安
翼	危
軫	成
角	壊
亢	友
氐	親
房	業
心	栄
尾	衰
箕	安
斗	危
女	成
虚	壊
危	友
室	親
壁	胎
奎	栄
婁	衰
胃	安
昴	危
畢	成
觜	壊
参	友
井	親

「破壊運」の年にどんなことが起きるか？ あなたにとっての「破壊運」の年は？

2021年の「觜宿《ししゅく》破壊運」

神経質になりすぎる傾向が。精神的に悩んだり、プライドが高くなり周囲を見下した結果、孤独に陥ったり。秘密がもとのトラブルにも。水難にも注意。

2030年の「角宿《かくしゅく》破壊運」

転職や技術的な失敗により評価を下げます。また、仕事への情熱がダウンして遊びに夢中になってしまうことも。あるいは、多忙になり交際が増え、それが原因で家庭崩壊になるようなこともあるでしょう。

「虚宿《きょしゅく》破壊運」

2030年の間にはありませんが、月運、日運であります。精神世界が好きため、それにハマり、度がすぎて周囲から反感を買ったり、現実社会が受け入れられなくなります。また、散財、病気、旅行先でのトラブルにも要注意。

「破壊運」の月、「破壊運」の日に、どんなことが起きるか？

先にお話ししました「年運」の破壊運と同様になります。

巻末の「宿曜暦」を見ていただけたらご理解いただけますが、「觜宿《ししゅく》破壊運」、「角宿《かくしゅく》破壊運」、「虚宿《きょしゅく》破壊運」が、おのおの9日に一度は訪れる計算になります。ただし、毎回破壊されるわけではなく、数回に一度、精神的や肉体的なダメージを受けます。

ですが、絶対に「破壊運」はやってきます。

特に、あなたの場合は、宿の特徴から、他の人よりも強く精神的ダメージが大きくなるでしょう。

人と関わることで傷ついたり、嫌な思いをすることもあります。

破壊運の時期の過ごし方

この「破壊運」の時期は、他動的な破壊以外に、あなたの宿の特質により引き起こされる「自己破壊」もあります。

あなたの場合は、人のよさが敗因になります。困っている人を見ると、無理をしてでも手を差し伸べてしまったり、何かを頼まれると断れなかったり。

そのため、優しさを利用しようとする人が近づいてくるのです。お金と労力を費やし、過労気味になるかもしれません。

また、精神的な感銘を受けたなら、何かにハマり抜け出せなくなる場合もあるでしょう。

とにかく、破壊時期には「お人好し」をほどほどにしないと自滅してしまいます。断れることは断ること。

また、何かに夢中になると見えなくなる性格なので、信頼できる人の意見に耳を傾けることです。そうすれば、ある程度、破壊運を回避することができます。

柳宿《りゅうしゅく》のバイオリズム

年運バイオリズム	
胎	2016年
栄	2017年
衰	2018年
安	2019年
危	2020年
成	2021年
壊	2022年
友	2023年
親	2024年
命	2025年
栄	2026年
衰	2027年
安	2028年
危	2029年
成	2030年

月運バイオリズム	
友	1月
胎	2月
衰	3月
危	4月
壊	5月
親	6月
衰	7月
成	8月
友	9月
業	10月
安	11月
成	12月
参宿破壊運	5月「壊」

日運バイオリズム	
柳	命
星	栄
張	衰
翼	安
軫	危
角	成
亢	壊
氐	友
房	親
心	業
尾	栄
箕	衰
斗	安
女	危
虚	成
危	壊
室	友
壁	親
奎	胎
婁	栄
胃	衰
昴	安
畢	危
觜	成
参	壊
井	友
鬼	親

命→栄→衰→安→危→成→壊→友→親→業→栄→衰→安→危→成→壊→友→親→胎→栄→衰→安→危→成→壊→友→親→命……。このように循環していきますが、新月（旧暦1日）前後は、循環が不動になる場合があります。

あなたの「本命宿」と、巻末の「宿曜暦」を照らし合わせ、日運を調べてください。

「破壊運」の年にどんなことが起きるか？あなたにとっての「破壊運」の年は？

2022年の「参宿《しんしゅく》破壊運」

あなたのジェラシーや他の人からのジェラシーにより、ジメジメとした関係が続きます。不倫や内密の交際がバレてトラブルが発生。契約違反や契約により窮地に追い込まれたり、会社の秘密事項が流れて責任を負わせられることも。

「亢宿《こうしゅく》破壊運」

2030年の間にはありませんが、日運でありま す。結婚でのトラブルや離婚。人々の上に立つことで失敗を誘発して、社会的な評判のダウンも考えられます。世間体や評価を気にして心労があることも。失財と火難、食中り《あた》にも注意。

「危宿《きしゅく》破壊運」

2030年の間にはありませんが、日運でありま す。交際を通じて痛い目に遭うことが。移転、転職、旅行……本拠地から移動することでトラブルが発生。常識のない人からの受難や事件に巻き込まれる可能性も。結果、散財する場合も。

「破壊運」の月、「破壊運」の日に、どんなことが起きるか？

先にお話ししました「年運」の破壊運と同様になります。

巻末の「宿曜暦」を見ていただけたらご理解いただけますが、「参宿《しんしゅく》破壊運」、「亢宿《こうしゅく》破壊運」、「危宿《きしゅく》破壊運」が、おのおの9日に一度は訪れる計算になります。

ただし、毎回破壊されるわけではなく、数回に一度、精神的や肉体的なダメージを受けるのです。

ですが、絶対に「破壊運」はやってきます。

特に、あなたの場合は、この破壊日にはピュアな気持ちが打ち砕かれたり、情熱が空回りしたりするでしょう。

また、衝突しやすい時でもあります。

破壊運の時期の過ごし方

この「破壊運」の時期は、他動的な破壊以外に、あなたの宿の特質により引き起こされる「自己破壊」もあります。

あなたの場合は、すぐにカッとなったり、熱が入りすぎて失敗を招くことがあります。そうした熱い思いは周りに通じず、一人芝居に終わってしまいそうです。

また、熱血や正義感が悪く受け取られたり、評判を落としてしまう場合も。熱が入りすぎて無理をすると、健康を害する場合もあるでしょう。

とにかく、自分だけの世界に入らずに、なるべくおおらかに人々と接していくこと。

そして、穏やかで落ち着いた一面を意識して出していくこと。

その結果、周囲の人たちと和やかな雰囲気に包まれていきます。

怒りの感情が芽生えても心の奥にしまい込めば、人間関係もスムーズにいくでしょう。

星宿《せいしゅく》のバイオリズム

命↓栄↓衰↓安↓危↓成↓壊↓友↓親↓業↓栄↓衰↓安↓危↓成↓壊↓友↓親↓胎↓栄↓衰↓安↓危↓成↓壊↓友↓親↓命……。このように循環していきますが、新月（旧暦1日）前後は、循環が不動になる場合があります。

あなたの「本命宿」と、巻末の「宿曜暦」を照らし合わせ、日運を調べてください。

年運バイオリズム	
親	2016年
胎	2017年
栄	2018年
衰	2019年
安	2020年
危	2021年
成	2022年
壊	2023年
友	2024年
親	2025年
命	2026年
栄	2027年
衰	2028年
安	2029年
危	2030年

月運バイオリズム	
壊	1月
親	2月
栄	3月
安	4月
成	5月
友	6月
栄	7月
危	8月
壊	9月
親	10月
衰	11月
危	12月
室宿破壊運	1月「壊」
氐宿破壊運	9月「壊」

日運バイオリズム	
星	命
張	栄
翼	衰
軫	安
角	危
亢	成
氐	壊
房	友
心	親
尾	業
箕	栄
斗	衰
女	安
虚	危
危	成
室	壊
壁	友
奎	親
婁	胎
胃	栄
昴	衰
畢	安
觜	危
参	成
井	壊
鬼	友
柳	親

「破壊運」の年にどんなことが起きるか？あなたにとっての「破壊運」の年は？

2023年の「井宿《せいしゅく》破壊運」
名声や利益にこだわりすぎた結果、逆にそれを失う可能性があります。余計な一言やお節介は自滅しかねないので注意。突発的な事故や病気にもかかりやすいでしょう。

「氐宿《ていしゅく》破壊運」

2030年の間にはありませんが、月運、日運であります。ビジュアルに拘りが強くなり、エステ、美容整形、ダイエットにより自滅する可能性があります。妄想や恋愛への憧れが強まり仕事に集中できないことも。人望、家財を失う可能性もあるでしょう。


「室宿《しつしゅく》破壊運」

2030年の間にはありませんが、月運、日運であります。欲求が強まり自分以外のことが見えなくなり、猪突猛進な言動により破壊へと導かれます。自由気ままな態度がトラブルを起こすでしょう。また、夜の時間帯と移動中の事故に注意。

「破壊運」の月、「破壊運」の日に、どんなことが起きるか？

先にお話ししました「年運」の破壊運と同様になります。

巻末の「宿曜暦」を見ていただけたらご理解いただけますが、「井宿《せいしゅく》破壊運」、「氐宿《ていしゅく》破壊運」、「室宿《しつしゅく》破壊運」が、おのおの9日に一度は訪れます。ただし、そんなに頻繁に破壊されるわけではなく、このうちの何回かに一度、精神的、肉体的ダメージを受けるのです。

ですが、絶対に「破壊運」はやってきます。

あなたの場合は、内面に隠された気性の激しさが顕在化して、人々と衝突したり、自分の心がコントロールできないようになるでしょう。

破壊運の時期の過ごし方

この「破壊運」の時期は、他動的な破壊以外に、あなたの宿の特質により引き起こされる「自己破壊」もあります。

柔和な外面と異なり、内面に激しいものを隠し持ち、それにより目標を達成させていけるあなた。ただし、それが破壊運の時期には、悪い方向に向かってしまいます。

日頃の不平不満が溜まりに溜まって、自暴自棄になったり、身近な人に八つ当たりをして、人間関係が壊れてしまう場合もあるでしょう。

それにより、せっかく築き上げた信頼が崩れてしまうことになりかねません。

こんな時だからこそ、心の奥にあるものを封じ込めることが必要。

それがあふれ出そうになったら、カラオケで大きな声を出して、発散させるのもよいでしょう。

張宿《ちょうしゅく》のバイオリズム

年運バイオリズム	
友	2016年
親	2017年
胎	2018年
栄	2019年
衰	2020年
安	2021年
危	2022年
成	2023年
壊	2024年
友	2025年
親	2026年
命	2027年
栄	2028年
衰	2029年
安	2030年

月運バイオリズム	
成	1月
友	2月
胎	3月
衰	4月
危	5月
壊	6月
命	7月
安	8月
成	9月
友	10月
栄	11月
安	12月
鬼宿破壊運	6月「壊」

日運バイオリズム	
張	命
翼	栄
軫	衰
角	安
亢	危
氐	成
房	壊
心	友
尾	親
箕	業
斗	栄
女	衰
虚	安
危	危
室	成
壁	壊
奎	友
婁	親
胃	胎
昴	栄
畢	衰
觜	安
参	危
井	成
鬼	壊
柳	友
星	親

命→栄→衰→安→危→成→壊→友→親→業→栄→衰→安→危→成→壊→友→親→胎→栄→衰→安→危→成→壊→友→親→命……。このように循環していきますが、新月（旧暦1日）前後は、循環が不動になる場合があります。

あなたの「本命宿」と、巻末の「宿曜暦」を照らし合わせ、日運を調べてください。

「破壊運」の年にどんなことが起きるか？あなたにとっての「破壊運」の年は？

2024年の「鬼宿《きしゅく》破壊運」

すべてに開放を求めすぎると自滅する場合があります。恋愛感情のもつれにより、精神的打撃や家庭崩壊なども起きやすいでしょう。また、ビジュアル的な問題も発生しやすいです。

「房宿《ぼうしゅく》破壊運」

2030年の間にはありませんが、日運であります。恵まれた環境に満足し愚者的になる傾向があります。交流や家財を失ったり、子供のことで苦労することもあるでしょう。また、急変により窮地に追い込まれる可能性もあります。

「壁宿《へきしゅく》破壊運」

2030年の間にはありませんが、日運であります。目標が中途挫折しやすく、人々のサポートが得られなくなる傾向があります。政治・経済問題も発生しやすいでしょう。神経過敏症になり、批判的になった結果、悪い方向にいくことも。

「破壊運」の月、「破壊運」の日に、どんなことが起きるか？

先にお話ししました「年運」の破壊運と同様になります。

巻末の「宿曜暦」を見ていただけたらご理解いただけますが、「鬼宿《きしゅく》破壊運」、「房宿《ぼうしゅく》破壊運」、「壁宿《へきしゅく》破壊運」が、おのおの9日に一度は訪れます。

ただし、そんな頻繁に破壊されるわけではなく、このうちの何回かに一度、精神的、肉体的ダメージを受けるのです。

ですが、絶対に「破壊運」はやってきます。

あなたの場合は、自己プロデュース能力がダウンし、上手く自分を表現できません。また、主役の座を誰かに奪われたり、ビジュアル面での悩みが起きたりします。

破壊運の時期の過ごし方

この「破壊運」の時期は、他動的な破壊以外に、あなたの宿の特質により引き起こされる「自己破壊」もあります。

あなたは、主役になることが得意なために、ついつい威張ったり、持ち前のフェロモンが過剰になり、嫌味な印象を与えたりするでしょう。

また、絶妙なトークで墓穴を掘ることも。

破壊運の時期は、そのことを念頭に置いて、言動していくことが大切です。

あなたが上の立場なら、おおらかな心で後輩たちを可愛がるようにしましょう。

女性の場合は、「女」ということを武器にせず、色気をやや抑え気味にしたり、人を立てるようにすること。

また、言葉にする前に、自分で噛み砕いてから話すようにしましょう。そうすれば、自己破壊はある程度、抑えられます。

翼宿《よくしゅく》のバイオリズム

命→栄→衰→安→危→成→壊→友→親→業→栄→衰→安→危→成→壊→友→親→胎→栄→衰→安→危→成→壊→友→親→命……。このように循環していきますが、新月（旧暦1日）前後は、循環が不動になる場合があります。

あなたの「本命宿」と、巻末の「宿曜暦」を照らし合わせ、日運を調べてください。

年運バイオリズム	
壊	2016年
友	2017年
親	2018年
胎	2019年
栄	2020年
衰	2021年
安	2022年
危	2023年
成	2024年
壊	2025年
友	2026年
親	2027年
命	2028年
栄	2029年
衰	2030年

月運バイオリズム	
危	1月
壊	2月
親	3月
栄	4月
安	5月
成	6月
親	7月
衰	8月
危	9月
壊	10月
業	11月
衰	12月
奎宿破壊運	2月「壊」
心宿破壊運	10月「壊」

日運バイオリズム	
翼	命
軫	栄
角	衰
亢	安
氐	危
房	成
心	壊
尾	友
箕	親
斗	業
女	栄
虚	衰
危	安
室	危
壁	成
奎	壊
婁	友
胃	親
昴	胎
畢	栄
觜	衰
参	安
井	危
鬼	成
柳	壊
星	友
張	親

「破壊運」の年にどんなことが起きるか？あなたにとっての「破壊運」の年は？

2016年の「奎宿《けいしゅく》破壊運」
愛情運が不安定になり、家族関係にヒビが入ったり、異性トラブルが生じます。遺産やお家騒動も起きやすく、失財する可能性もあるでしょう。お節介が裏目に出たり、年下に欺かれることもあり得ます。

2025年の「柳宿《りゅうしゅく》破壊運」
愛情運が不安定になり、異性トラブルが生じやすいです。感情のコントロールが効かずにトラブルを誘発するようなことも。事故にも注意が必要。

「心宿《しんしゅく》破壊運」
2030年の間にはありませんが、月運、日運でありますす。心労が重なり、心の病により破壊されやすいです。正義を主張して打ち砕かれたり、詐欺に遭ったり、秘密がバレてトラブルが発生することも。尊敬する人に裏切られたり、自分のことが弊害になり、悩むことがありそうです。

「破壊運」の月、「破壊運」の日に、どんなことが起きるか？

先にお話ししました「年運」の破壊運と同様になります。

巻末の「宿曜暦」を見ていただけたらご理解いただけますが、「奎宿《けいしゅく》破壊運」、「柳宿《りゅうしゅく》破壊運」、「心宿《しんしゅく》破壊運」が、おのおの9日に一度は訪れます。

ただし、そんな頻繁に破壊されるわけではなく、このうちの何回かに一度、精神的、肉体的ダメージを受けるのです。

ですが、絶対に「破壊運」はやってきます。

あなたの場合は、羽ばたく翼がもげてしまうような感覚に襲われるでしょう。

また、仲間との楽しい憩いのひとときが台なしになったりもします。

破壊運の時期の過ごし方

この「破壊運」の時期は、他動的な破壊以外に、あなたの宿の特質により引き起こされる「自己破壊」もあります。

あなたは、大きく翼を羽ばたかせて自由に飛び回る人。また、理想と完璧を求めるリーダーでもあります。

ただし、この時期は届かぬ夢を追って飛び続けたり、周囲の人たちに自分の考えを押しつけた結果、自分が追い込まれたりします。

破壊運の時期は、小さなことにこだわらずおおらかな心を持つことです。

そして、人それぞれのやり方を尊重してあげ、あなた自身もきちんと目的意識を確認していきましょう。

また、無理に人をコントロールしようとしないことです。

そうすることで、自己破壊はある程度、抑えられるでしょう。

軫宿《しんしゅく》のバイオリズム

年運バイオリズム	
成	2016年
壊	2017年
友	2018年
親	2019年
胎	2020年
栄	2021年
衰	2022年
安	2023年
危	2024年
成	2025年
壊	2026年
友	2027年
親	2028年
命	2029年
栄	2030年

月運バイオリズム	
安	1月
成	2月
友	3月
胎	4月
衰	5月
危	6月
友	7月
栄	8月
安	9月
成	10月
親	11月
栄	12月
あなたには月の破壊運はありません	

日運バイオリズム	
軫	命
角	栄
亢	衰
氐	安
房	危
心	成
尾	壊
箕	友
斗	親
女	業
虚	栄
危	衰
室	安
壁	危
奎	成
婁	壊
胃	友
昴	親
畢	胎
觜	栄
参	衰
井	安
鬼	危
柳	成
星	壊
張	友
翼	親

命↓栄↓衰↓安↓危↓成↓壊↓友↓親↓業↓栄↓衰↓安↓危↓成↓壊↓友↓親↓胎↓栄↓衰↓安↓危↓成↓壊↓友↓親↓命……。このように循環していきますが、新月（旧暦1日）前後は、循環が不動になる場合があります。

　あなたの「本命宿」と、巻末の「宿曜暦」を照らし合わせ、日運を調べてください。

「破壊運」の年にどんなことが起きるか？
あなたにとっての「破壊運」の年は？

2017年の「婁宿《ろうしゅく》破壊運」

持ち前の社交性が失われ、それにより引き立てをなくす可能性があります。また、冠婚葬祭によりエネルギーダウンしたり、スキルによるミスや病気や怪我にも用心したい時です。

2026年の「星宿《せいしゅく》破壊運」

夢が破れたり、独立に失敗したり、孤立する可能性があります。また、親との確執が生まれやすく、何かと闘争に巻き込まれるようなことがあるでしょう。

「尾宿《びしゅく》破壊運」

2030年の間にはありませんが、日運であります。あなた自身だけではなく、人からの執着心や闘争心により破壊へと導かれます。散財にも注意。海外でのトラブル、乗物事故、騒動にも注意。問題が生じたら早めに対処しないと、長引く可能性もあります。

「破壊運」の月、「破壊運」の日に、どんなことが起きるか？

先にお話ししました「年運」の破壊運と同様になります。

巻末の「宿曜暦」を見ていただけたらご理解いただけますが、「婁宿《ろうしゅく》破壊運」、「星宿《せいしゅく》破壊運」、「尾宿《びしゅく》破壊運」が、おのおの9日に一度は訪れます。

ただし、そんな頻繁に破壊されるわけではなく、このうちの何回かに一度、精神的、肉体的ダメージを受けるのです。

ですが、絶対に「破壊運」はやってきます。

あなたの場合は、自由を奪われ、上手くいっていた人間関係の糸が絡んだりします。

また、人のためにしてあげたことが裏目に出ることもあるでしょう。

破壊運の時期の過ごし方

この「破壊運」の時期は、他動的な破壊以外に、あなたの宿の特質により引き起こされる「自己破壊」もあります。

交際上手で誰とでも気軽に話せるあなたですが、この時期はそれが裏目に出やすいです。

気のない人から好意を持たれストーカー騒動になったりなど、面倒なことに巻き込まれることもあるでしょう。その結果、評判を落とす場合もあります。

また、素早い行動が失敗を招いたり、交通事故にも注意が必要です。

この破壊運の時期は、基本的に交際上手ですが、落ち着いて行動することが大事。また、八方美人になりすぎて、誰にでも「よい顔」をすると、誤解を招くことになります。

きちんと断るべきことは断りましょう。そうすることで、自己破壊はある程度、抑えられるはずです。

角宿《かくしゅく》のバイオリズム

命↓栄↓衰↓安↓危↓成↓壊↓友↓親↓業↓栄↓衰↓安↓危↓成↓壊↓友↓親↓胎↓栄↓衰↓安↓危↓成↓壊↓友↓親↓命……。このように循環していきますが、新月（旧暦1日）前後は、循環が不動になる場合があります。

あなたの「本命宿」と、巻末の「宿曜暦」を照らし合わせ、日運を調べてください。

年運バイオリズム	
危	2016年
成	2017年
壊	2018年
友	2019年
親	2020年
胎	2021年
栄	2022年
衰	2023年
安	2024年
危	2025年
成	2026年
壊	2027年
友	2028年
親	2029年
命	2030年

月運バイオリズム	
衰	1月
危	2月
壊	3月
親	4月
栄	5月
安	6月
壊	7月
命	8月
衰	9月
危	10月
友	11月
業	12月
胃宿破壊運	3月「壊」
張宿破壊運	7月「壊」

日運バイオリズム	
角	命
亢	栄
氐	衰
房	安
心	危
尾	成
箕	壊
斗	友
女	親
虚	業
危	栄
室	衰
壁	安
奎	危
婁	成
胃	壊
昴	友
畢	親
觜	胎
参	栄
井	衰
鬼	安
柳	危
星	成
張	壊
翼	友
軫	親

「破壊運」の年にどんなことが起きるか？あなたにとっての「破壊運」の年は？

2018年の「胃宿《いしゅく》破壊運」

欲求が抑えられずに自暴自棄になりやすいです。すべてに過剰気味になるため、仕事での策謀が敗れたり、プライベートでも困難な出来事が起きそうです。軽率な行動が失敗を招き、年下の人からは裏切られることも。

2027年の「張宿《ちょうしゅく》破壊運」

生気が失われがちになりパワーダウンします。仕事や愛情面での軽率な行動が目立つようになり、その結果、破壊を誘発することになるでしょう。海外のトラブルにも注意。

「箕宿《きしゅく》破壊運」

2030年の間にはありませんが、日運でありま す。欲求がコントロールできずに、遊び好きが災いを招きます。交遊や恋愛を通じて、男女トラブルが起きやすいです。暴飲暴食、睡眠不足、過剰な活動による病気や怪我にも注意。

「破壊運」の月、「破壊運」の日に、どんなことが起きるか？

先にお話ししました「年運」の破壊運と同様になります。

巻末の「宿曜暦」を見ていただけたらご理解いただけますが、「胃宿《いしゅく》破壊運」、「張宿《ちょうしゅく》破壊運」、「箕宿《きしゅく》破壊運」が、おのおの9日に一度は訪れます。

ただし、そんなに頻繁に破壊されるわけではなく、このうちの何回かに一度、ダメージを受けるでしょう。ですが、絶対に「破壊運」はやってきます。

あなたの場合は、遊びによる破壊が多いです。お酒の席ではハメをはずし、散財したり、余計な言葉を発したり。

気まずい雰囲気が流れ、非難を浴びたりもしそうです。

破壊運の時期の過ごし方

この「破壊運」の時期は、他動的な破壊以外に、あなたの宿の特質により引き起こされる「自己破壊」もあります。

あなたが一番気をつけることは、「遊び心」のコントロール。自己を甘やかして享楽主義に溺れたり、何事にも過剰にやりすぎて自己破壊したり。

いずれにしても、身体的、金銭的、社会的に自滅していきます。

この破壊の時期には、自己に厳しくし、計画性と信条を持つこと。

そして、感情と時間をコントロールしていき、スキルを高めていきましょう。

また、人気運があるので、人のためになるようなことをしていくと、あなたをバックアップしてくれるような人も現れます。

そうすることで、自己破壊はある程度、抑えられるでしょう。

亢宿《こうしゅく》のバイオリズム

命→栄→衰→安→危→成→壊→友→親→業→栄→衰→安→危→成→壊→友→親→胎→栄→衰→安→危→成→壊→友→親→命……。このように循環していきますが、新月（旧暦1日）前後は、循環が不動になる場合があります。

あなたの「本命宿」と、巻末の「宿曜暦」を照らし合わせ、日運を調べてください。

年運バイオリズム	
安	2016年
危	2017年
成	2018年
壊	2019年
友	2020年
親	2021年
胎	2022年
栄	2023年
衰	2024年
安	2025年
危	2026年
成	2027年
壊	2028年
友	2029年
親	2030年

月運バイオリズム	
栄	1月
安	2月
成	3月
友	4月
胎	5月
衰	6月
成	7月
親	8月
栄	9月
安	10月
壊	11月
親	12月
斗宿破壊運	11月「壊」

日運バイオリズム	
亢	命
氐	栄
房	衰
心	安
尾	危
箕	成
斗	壊
女	友
虚	親
危	業
室	栄
壁	衰
奎	安
婁	危
胃	成
昴	壊
畢	友
觜	親
参	胎
井	栄
鬼	衰
柳	安
星	危
張	成
翼	壊
軫	友
角	親

「破壊運」の年にどんなことが起きるか？ あなたにとっての「破壊運」の年は？

2019年の「昴宿《ぼうしゅく》破壊運」

名誉やプライドにこだわって自滅したり、傷つけられることがあります。それにより失脚、崩壊が起きる場合もあるでしょう。また、文芸面で批判を受けたり、年上の人から裏切られることも。

2028年の「翼宿《よくしゅく》破壊運」

正義を通しすぎたり、清浄にこだわり自滅したり、言葉による失敗で破滅を招くこともあります。旅行や出張先でトラブルに巻き込まれることも。

「斗宿《とうしゅく》破壊運」

2030年の間にはありませんが、月運、日運であります。持ち前の反抗心や闘争心が災いになりやすいです。結果、人間関係を壊したり、交際が滞ったりするでしょう。火難や乗物事故やトラブルに見舞われやすいです。技術的なことでの問題も発生することがあります。

「破壊運」の月、「破壊運」の日に、どんなことが起きるか？

先にお話ししました「年運」の破壊運と同様になります。

巻末の「宿曜暦」を見ていただけたらご理解いただけますが、「昴宿《ぼうしゅく》破壊運」、「翼宿《よくしゅく》破壊運」、「斗宿《とうしゅく》破壊運」が、おのおの9日に一度は訪れます。

ただし、そんなに頻繁に破壊されるわけではなく、このうちの何回かに一度、ダメージを受けるのです。

ですが、絶対に「破壊運」はやってきます。

あなたの場合は、自分の哲学や精神力が失われたり、人から批判を受けたりするでしょう。

また、上の立場の人に逆らい、打ち砕かれる可能性もあります。

破壊運の時期の過ごし方

この「破壊運」の時期は、他動的な破壊以外に、あなたの宿の特質により引き起こされる「自己破壊」もあります。

納得するまで自分の哲学を通そうとしたり、反骨精神を剥き出しにしやすいです。

この破壊の時期にこんなことをしていては、嫌われるばかり。

人の意見も受け入れる度量と柔軟性を身につけ、白黒をハッキリさせないことも必要です。

また、協調性と人の気持ちを大切にしましょう。人がいるから自分が生かされていると自覚していくことです。

いずれにしても、素敵な人脈作りをして、人々と思いを共有すること。そうすれば、自己破壊はある程度、抑えられるはずです。

氏宿《ていしゅく》のバイオリズム

年運バイオリズム	
衰	2016年
安	2017年
危	2018年
成	2019年
壊	2020年
友	2021年
親	2022年
胎	2023年
栄	2024年
衰	2025年
安	2026年
危	2027年
成	2028年
壊	2029年
友	2030年

月運バイオリズム	
業	1月
衰	2月
危	3月
壊	4月
親	5月
栄	6月
危	7月
友	8月
命	9月
衰	10月
成	11月
友	12月
畢宿破壊運	4月「壊」

日運バイオリズム	
氐	命
房	栄
心	衰
尾	安
箕	危
斗	成
女	壊
虚	友
危	親
室	業
壁	栄
奎	衰
婁	安
胃	危
昴	成
畢	壊
觜	友
参	親
井	胎
鬼	栄
柳	衰
星	安
張	危
翼	成
軫	壊
角	友
亢	親

命↓栄↓衰↓安↓危↓成↓壊↓友↓親↓業↓栄↓衰↓安↓危↓成↓壊↓友↓親↓胎↓栄↓衰↓安↓危↓成↓壊↓友↓親↓命……。このように循環していきますが、新月（旧暦1日）前後は、循環が不動になる場合があります。

あなたの「本命宿」と、巻末の「宿曜暦」を照らし合わせ、日運を調べてください。

「破壊運」の年にどんなことが起きるか？ あなたにとっての「破壊運」の年は？

2020年の「畢宿《ひっしゅく》破壊運」
頑張りすぎて体を壊したり、自滅したりします。決心したことや自立心が裏目に出たり、口論した結果、孤独に陥ることもあるでしょう。また、不動産問題も起きやすいです。

2029年の「軫宿《しんしゅく》破壊運」
自由に溺れすぎたり、生活が堕落したりしやすいです。その結果、失うものがあるでしょう。また、情に絡んだ問題や交際でトラブルが起きることも。

「女宿《じょしゅく》破壊運」
2030年の間にはありませんが、日運でありま す。余計なことに首を突っ込むと破壊を誘発します。安易に仲裁に入るとトラブルに巻き込まれたり、人からコントロールされたり利用されたり、痛い目に遭うこともあるでしょう。お家騒動や法律に関わる問題が起きやすく、訴訟になる可能性もあるようです。

「破壊運」の月、「破壊運」の日に、どんなことが起きるか？

先にお話ししました「年運」の破壊運と同様になります。

巻末の「宿曜暦」を見ていただけたらご理解いただけますが、「畢宿《ひっしゅく》破壊運」、「軫宿《しんしゅく》破壊運」、「女宿《じょしゅく》破壊運」が、おのおの9日に一度は訪れます。

ただし、そんな頻繁に破壊されるわけではなく、このうちの何回かに一度、ダメージを受けるのです。ですが、絶対に「破壊運」はやってきます。

あなたの場合は、自己へのおごりや要領のよさが裏目に出て、安易になり、失敗を招きます。

また、愛情トラブルや欲望が剥き出しになると、評判を落とす場合もあるでしょう。

破壊運の時期の過ごし方

この「破壊運」の時期は、他動的な破壊以外に、あなたの宿の特質により引き起こされる「自己破壊」もあります。

あなたは、基本的にはよい人だし、愛想もよいため、剛の性格や欲求の強さが、さほど目立ちません。

ただし、この時期は人を踏み台にして欲求を満たし、上へ上へとのし上がっていこうという貪欲さが顕在化します。そうなったら周囲は引くし、反感も買うでしょう。

この破壊の時は、周囲を見渡し、自分の言動を振り返る時間と余裕を作ることが必要。

また、欲求だけに溺れずに、日頃から人のことを考える気持ちを持つことです。

特に、利害が発生する愛情トラブルには用心しましょう。そうすれば、自己破壊はある程度、抑えられるでしょう。

房宿《ぼうしゅく》のバイオリズム

命→栄→衰→安→危→成→壊→友→親→業→栄→衰→安→危→成→壊→友→親→胎→栄→衰→安→危→成→壊→友→親→命……。このように循環していきますが、新月（旧暦1日）前後は、循環が不動になる場合があります。

あなたの「本命宿」と、巻末の「宿曜暦」を照らし合わせ、日運を調べてください。

年運バイオリズム	
栄	2016年
衰	2017年
安	2018年
危	2019年
成	2020年
壊	2021年
友	2022年
親	2023年
胎	2024年
栄	2025年
衰	2026年
安	2027年
危	2028年
成	2029年
壊	2030年

月運バイオリズム	
親	1月
栄	2月
安	3月
成	4月
友	5月
胎	6月
安	7月
壊	8月
親	9月
栄	10月
危	11月
壊	12月
角宿破壊運	8月「壊」
虚宿破壊運	12月「壊」

日運バイオリズム	
房	命
心	栄
尾	衰
箕	安
斗	危
女	成
虚	壊
危	友
室	親
壁	業
奎	栄
婁	衰
胃	安
昴	危
畢	成
觜	壊
参	友
井	親
鬼	胎
柳	栄
星	衰
張	安
翼	危
軫	成
角	壊
亢	友
氐	親

「破壊運」の年にどんなことが起きるか？あなたにとっての「破壊運」の年は？

2021年の「觜宿《ししゅく》破壊運」
エリート意識やプライドが高くなり「自分はすごい」と勘違いした結果、批判をされることがあります。神経性の病気や人間関係での心労もあるでしょう。秘密を隠すことにエネルギーを費やしたり、バレてトラブルが発生したり。水難も注意。

2030年の「角宿《かくしゅく》破壊運」
遊びに身を投じて自滅しかねません。交際に多忙になり、家庭問題や男女間でのトラブルが起きやすいです。遊びに目が向き、仕事への情熱は下降。サポートを失うこともあるでしょう。

「虚宿《きょしゅく》破壊運」
2030年の間にはありませんが、月運、日運であります。神経が衰弱しやすく、病気に悩まされることがあります。宗教や精神世界に入り込み、浮世離れしてしまうことも。文芸的なことや旅先でのトラブルや散財にも注意が必要です。

「破壊運」の日にどんなことが起きるか？

先にお話ししました「年運」の破壊運と同様になります。

巻末の「宿曜暦」を見ていただけたらご理解いただけますが、「觜宿《ししゅく》破壊運」、「角宿《かくしゅく》破壊運」、「虚宿《きょしゅく》破壊運」が、おのおの9日に一度は訪れます。

ただし、そんなに頻繁に破壊されるわけではなく、このうちの何回かに一度、ダメージを受けるのです。

ですが、絶対に「破壊運」はやってきます。

あなたの場合は、周囲の人たちにサポートされることが多いため、いきなり援助が断ち切られて途方に暮れたり、隠れた敵に攻撃されたりするでしょう。

破壊運の時期の過ごし方

この「破壊運」の時期は、他動的な破壊以外に、あなたの宿の特質により引き起こされる「自己破壊」もあります。

エリート意識が強いため人を見下したり、恵まれた環境にいることが多いために、人の痛みや苦労が理解できなかったり。

そのため、冷たい人と思われて、非難を浴びたり、孤独に陥ることがあるでしょう。

また、あなた自身も、体験したことがないような苦労を背負うこともあります。

この破壊時期は、優越感は捨てて、人に対して同じ位置に立ち、慈悲心と理解を示すこと。

また、あなた自身もこの時期苦しみを味わうことで、大きく成長するチャンスだと思って、試練を乗り越えましょう。そうすれば、自己破壊はある程度、抑えられるはずです。

心宿《しんしゅく》のバイオリズム

命→栄→衰→安→危→成→壊→友→親→業→栄→衰→安→危→成→壊→友→親→胎→栄→衰→安→危→成→壊→友→親→命……。このように循環していきますが、新月（旧暦1日）前後は、循環が不動になる場合があります。

あなたの「本命宿」と、巻末の「宿曜暦」を照らし合わせ、日運を調べてください。

年運バイオリズム	
業	2016年
栄	2017年
衰	2018年
安	2019年
危	2020年
成	2021年
壊	2022年
友	2023年
親	2024年
胎	2025年
栄	2026年
衰	2027年
安	2028年
危	2029年
成	2030年

月運バイオリズム	
友	1月
業	2月
衰	3月
危	4月
壊	5月
親	6月
衰	7月
成	8月
友	9月
命	10月
安	11月
成	12月
参宿破壊運	5月「壊」

日運バイオリズム	
心	命
尾	栄
箕	衰
斗	安
女	危
虚	成
危	壊
室	友
壁	親
奎	業
婁	栄
胃	衰
昴	安
畢	危
觜	成
参	壊
井	友
鬼	親
柳	胎
星	栄
張	衰
翼	安
軫	危
角	成
亢	壊
氐	友
房	親

「破壊運」の年にどんなことが起きるか？あなたにとっての「破壊運」の年は？

2022年の「参宿《しんしゅく》破壊運」

　執着心が強いあなたですが、それにより失敗やトラブルを引き起こします。機密がバレたり、契約ミスなどでも信用を失うようなことが。特に、悪口や口論で人気を落とさないように気をつけてください。

「亢宿《こうしゅく》破壊運」

　2030年の間にはありませんが、日運でありま す。人々の上に立つことで失敗を誘発してしまいます。リーダーにならざるを得ない時には、細心の注意を払うこと。また、世間体や評価を気にしすぎて心労も。失財と火難にも注意。

「危宿《きしゅく》破壊運」

　2030年の間にはありませんが、日運でありま す。遊びや楽な方向に逃避したり、心の闇に支配されて暴飲暴食で体を壊したり。人間関係の悩みや感情のコントロールが効かずに自暴自棄になったり、散財するようなことも。また、旅行や移動中の事故やトラブルにも注意が必要。

「破壊運」の月、「破壊運」の日に、どんなことが起きるか？

　先にお話ししました「年運」の破壊運と同様になります。

　巻末の「宿曜暦」を見ていただけたらご理解いただけますが、「参宿《しんしゅく》破壊運」、「亢宿《こうしゅく》破壊運」、「危宿《きしゅく》破壊運」が、おのおの9日に一度は訪れます。

ただし、そんなに頻繁に破壊されるわけではなく、このうちの何回かに一度、ダメージを受けるのです。

ですが、絶対に「破壊運」はやってきます。

あなたの場合は、年下からは尊敬され、年上からは信頼されて、人気を得ていく人ですが、この破壊日には人前で恥をかいたり、評価を落とすようなことが起きるでしょう。

破壊運の時期の過ごし方

この「破壊運」の時期は、他動的な破壊以外に、あなたの宿の特質により引き起こされる「自己破壊」もあります。

あなたは、陽と陰の性格を持つ人。人前では陽気に振る舞い、一人になると暗い部分が顔を出します。

そのため、感情コントロールを上手にしていかないと、心が壊れて自滅するでしょう。

この破壊の時期は、人から憧れを抱かれる存在ということを意識し、前向きに生きることです。

そして、何かが起きても深く悩まずに、サッパリ、アッサリと気持ちを切り替えていきましょう。

また、欲求が強くなりすぎても自滅するため、執着せずに手放す勇気を持たないと、大損害をこうむる場合もあります。こうすれば、自己破壊はある程度、抑えられるはずです。

尾宿《びしゅく》のバイオリズム

年運バイオリズム	
親	2016年
業	2017年
栄	2018年
衰	2019年
安	2020年
危	2021年
成	2022年
壊	2023年
友	2024年
親	2025年
胎	2026年
栄	2027年
衰	2028年
安	2029年
危	2030年

月運バイオリズム	
壊	1月
親	2月
栄	3月
安	4月
成	5月
友	6月
栄	7月
危	8月
壊	9月
親	10月
衰	11月
危	12月
室宿破壊運	1月「壊」
氐宿破壊運	9月「壊」

日運バイオリズム	
尾	命
箕	栄
斗	衰
女	安
虚	危
危	成
室	壊
壁	友
奎	親
婁	業
胃	栄
昴	衰
畢	安
觜	危
参	成
井	壊
鬼	友
柳	親
星	胎
張	栄
翼	衰
軫	安
角	危
亢	成
氐	壊
房	友
心	親

命↓栄↓衰↓安↓危↓成↓壊↓友↓親↓業↓栄↓衰↓安↓危↓成↓壊↓友↓親↓胎↓栄↓衰↓安↓危↓成↓壊↓友↓親↓命……。このように循環していきますが、新月（旧暦1日）前後は、循環が不動になる場合があります。

あなたの「本命宿」と、巻末の「宿曜暦」を照らし合わせ、日運を調べてください。

「破壊運」の年にどんなことが起きるか？
あなたにとっての「破壊運」の年は？

2023年の「井宿《せいしゅく》破壊運」

名声にこだわりすぎると失敗を招きます。また、根を詰めすぎて、過労や急病で倒れるようなこともあるでしょう。余計なお節介と移動中のトラブルにも注意。

「氐宿《ていしゅく》破壊運」

2030年の間にはありませんが、月運、日運であります。根を詰めすぎて病気になったり、恋愛にハマり、ネガティブ要素が出ると仕事や生活に支障が起きたり。容姿を気にして、無謀なダイエットや整形をすると失敗したり、体を壊したり。妄想や防衛心が強まると人望や財を失うので注意。

「室宿《しつしゅく》破壊運」

2030年の間にはありませんが、月運、日運であります。物事に集中しすぎて盲目になりがち。アドバイスに聞く耳を持たないと破壊が誘発されます。欲求が強くなり、自分勝手な行動をして非難を浴びたり、夜の淫行や旅行や移動中のトラブルにも注意。

「破壊運」の月、「破壊運」の日に、どんなことが起きるか？

先にお話ししました「年運」の破壊運と同様になります。

巻末の「宿曜暦」を見ていただけたらご理解いただけますが、「井宿《せいしゅく》破壊運」、「氐宿《ていしゅく》破壊運」、「室宿《しつしゅく》破壊運」が、おのおの9日に一度は訪れます。

ただし、そんなに頻繁に破壊されるわけではなく、このうちの何回かに一度、ダメージを受けるのです。ですが、絶対に「破壊運」はやってきます。

あなたの場合は、粘り強さや闘争心が裏目に出たり、夢中になりすぎて破壊を招く危険が濃厚です。また、言葉が少ないために大きな誤解を招くこともあります。

破壊運の時期の過ごし方

この「破壊運」の時期は、他動的な破壊以外に、あなたの宿の特質により引き起こされる「自己破壊」もあります。

夢中になると執念深く追い求め、視野が狭くなります。また、相手が根負けするまで頑張ったり、戦略を練ったり、一人で耐え忍んだり。

さらには言葉が足りないために、それが原因でトラブルが起きる場合もあります。

この破壊の期間は、周囲を見渡す余裕を持つこと。何でも一人でやろうとせずに、キチンと話をしたり、信頼できる人の意見を聞き、頼りましょう。

また、ダメだと思ったらあきらめることも必要。

余暇はガーデニングなどを楽しみ、心を癒していきましょう。こうすれば、自己破壊はある程度、抑えられるはずです。

箕宿《きしゅく》のバイオリズム

年運バイオリズム	
友	2016年
親	2017年
業	2018年
栄	2019年
衰	2020年
安	2021年
危	2022年
成	2023年
壊	2024年
友	2025年
親	2026年
胎	2027年
栄	2028年
衰	2029年
安	2030年

月運バイオリズム	
成	1月
友	2月
業	3月
衰	4月
危	5月
壊	6月
胎	7月
安	8月
成	9月
友	10月
栄	11月
安	12月
鬼宿破壊運	6月「壊」

日運バイオリズム	
箕	命
斗	栄
女	衰
虚	安
危	危
室	成
壁	壊
奎	友
婁	親
胃	業
昴	栄
畢	衰
觜	安
参	危
井	成
鬼	壊
柳	友
星	親
張	胎
翼	栄
軫	衰
角	安
亢	危
氐	成
房	壊
心	友
尾	親

命→栄→衰→安→危→成→壊→友→親→業→栄→衰→安→危→成→壊→友→親→胎→栄→衰→安→危→成→壊→友→親→命……。このように循環していきますが、新月（旧暦1日）前後は、循環が不動になる場合があります。

あなたの「本命宿」と、巻末の「宿曜暦」を照らし合わせ、日運を調べてください。

「破壊運」の年にどんなことが起きるか？あなたにとっての「破壊運」の年は？

2024年の「鬼宿《きしゅく》破壊運」

克己心が失われ、自由奔放さが目立つようになります。その結果、堕落していき、情やお酒に溺れるようなことがあるでしょう。それが理由で、評判を落としたり、体を壊したりすることもあります。

「房宿《ぼうしゅく》破壊運」

2030年の間にはありませんが、日運であります。物事の急変により破壊に導かれたり、エリート意識や我が強くなりトラブルが発生したり、家財や子供のことで悩みが生じることも。サービス精神がアダになり、交際を通じて破壊されることもあるでしょう。

「壁宿《へきしゅく》破壊運」

2030年の間にはありませんが、日運であります。辛抱強さが息切れして、途中挫折することがあります。神経質になり攻撃性が出てトラブルが発生したり、権力や引き立てを失うようなこともあるでしょう。経済的な悩みが生じて、生活が苦しくなるような暗示も。

「破壊運」の月、「破壊運」の日に、どんなことが起きるか？

先にお話ししました「年運」の破壊運と同様になります。

巻末の「宿曜暦」を見ていただけたらご理解いただけますが、「鬼宿《きしゅく》破壊運」、「房宿《ぼうしゅく》破壊運」、「壁宿《へきしゅく》破壊運」が、おのおの9日に一度は訪れます。

ただし、そんなに頻繁に破壊されるわけではなく、このうちの何回かに一度、ダメージを受けるのです。

ですが、絶対に「破壊運」はやってきます。

あなたの場合は、日頃、自分を抑圧しているために、暴飲暴食で体調を壊したり、交遊や色情に走り自滅したりする危険性があります。

また、毒々しい口調が批判を浴びる原因にもなるでしょう。

破壊運の時期の過ごし方

この「破壊運」の時期は、他動的な破壊以外に、あなたの宿の特質により引き起こされる「自己破壊」もあります。

思ったことを口にして人を傷つけたり、自分流で突っ走ったりします。

また、信条と情熱を持ってつらぬいていく頑固さがあるため、あなたと人との考えに大きなギャップが生じることもあるでしょう。それらが原因になりトラブルを引き起こします。

この破壊の期間は、謙虚さを心がけ、周囲の人たちへの感謝の気持ちを持つことが大切です。

そして、相手によって言葉をオブラートに包んで話すことを心がけ、思慮深い人のアドバイスに耳を傾けていくことです。こうすれば、自己破壊はある程度、抑えられるはずです。

斗宿《とうしゅく》のバイオリズム

年運バイオリズム	
壊	2016年
友	2017年
親	2018年
業	2019年
栄	2020年
衰	2021年
安	2022年
危	2023年
成	2024年
壊	2025年
友	2026年
親	2027年
胎	2028年
栄	2029年
衰	2030年

月運バイオリズム	
危	1月
壊	2月
親	3月
栄	4月
安	5月
成	6月
親	7月
衰	8月
危	9月
壊	10月
命	11月
衰	12月
奎宿破壊運	2月「壊」
心宿破壊運	10月「壊」

日運バイオリズム	
斗	命
女	栄
虚	衰
危	安
室	危
壁	成
奎	壊
婁	友
胃	親
昴	業
畢	栄
觜	衰
参	安
井	危
鬼	成
柳	壊
星	友
張	親
翼	胎
軫	栄
角	衰
亢	安
氐	危
房	成
心	壊
尾	友
箕	親

命↓栄↓衰↓安↓危↓成↓壊↓友↓親↓業↓栄↓衰↓安↓危↓成↓壊↓友↓親↓胎↓栄↓衰↓安↓危↓成↓壊↓友↓親↓命……。このように循環していきますが、新月（旧暦1日）前後は、循環が不動になる場合があります。

あなたの「本命宿」と、巻末の「宿曜暦」を照らし合わせ、日運を調べてください。

「破壊運」の年にどんなことが起きるか？ あなたにとっての「破壊運」の年は？

2016年の「奎宿《けいしゅく》破壊運」

人のためにしたことがアダになることがあります。特に年下には注意。散財する可能性も。持ち前の技術が災いを引き起こす場合もあります。異性トラブルや愛憎に悩まされ、破壊されることもあるでしょう。

2025年の「柳宿《りゅうしゅく》破壊運」

突っ走って衝突してしまったり、余計なお節介をしてトラブルになったり。結婚生活でも問題が発生しそうです。睡眠不足により体を壊すようなことも。

「心宿《しんしゅく》破壊運」

2030年の間にはありませんが、月運、日運であります。心のコントロールを失い精神破壊。信じていた人に裏切られる可能性もあります。秘密によりトラブルが発生したり苦しむことも。自我や闘争心があらわになり、地位がダウンする恐れもあります。詐欺にも注意。

「破壊運」の月、「破壊運」の日に、どんなことが起きるか？

先にお話ししました「年運」の破壊運と同様になります。

巻末の「宿曜暦」を見ていただけたらご理解いただけますが、「奎宿《けいしゅく》破壊運」、「柳宿《りゅうしゅく》破壊運」、「心宿《しんしゅく》破壊運」が、おのおの9日に一度は訪れます。

ただし、そんなに頻繁に破壊されるわけではなく、このうちの何回かに一度、ダメージを受けるのです。ですが、絶対に「破壊運」はやってきます。

あなたの場合は、日頃はソフトで穏やかな印象を与えますが、内面には権威意識が隠されています。それが裏目になり、傲慢な態度が表面化して批判を浴びたりするでしょう。

破壊運の時期の過ごし方

この「破壊運」の時期は、他動的な破壊以外に、あなたの宿の特質により引き起こされる「自己破壊」もあります。

自分が一番すごい人間だと勘違いして、人に逆らったり、見下したりしてしまいます。この時期は、謙虚さを心がけること。

目上の人に対しては、尊敬の意を表し、目下の人に対してはサポートをしていきましょう。

また、あなたをバックアップしてくれる人には、感謝の気持ちを十分に示すことが肝心。

いつもトップにいようとして、一人で頑張るため、甘え下手なあなたですが、ときには弱音も吐くことも必要です。

せめて親しい人には弱味を見せてみましょう。そうすれば、自己破壊はある程度、抑えられるはずです。

女宿《じょしゅく》のバイオリズム

年運バイオリズム	
成	2016年
壊	2017年
友	2018年
親	2019年
業	2020年
栄	2021年
衰	2022年
安	2023年
危	2024年
成	2025年
壊	2026年
友	2027年
親	2028年
胎	2029年
栄	2030年

月運バイオリズム	
安	1月
成	2月
友	3月
業	4月
衰	5月
危	6月
友	7月
栄	8月
安	9月
成	10月
親	11月
栄	12月
あなたには月の破壊運はありません	

日運バイオリズム	
女	命
虚	栄
危	衰
室	安
壁	危
奎	成
婁	壊
胃	友
昴	親
畢	業
觜	栄
参	衰
井	安
鬼	危
柳	成
星	壊
張	友
翼	親
軫	胎
角	栄
亢	衰
氐	安
房	危
心	成
尾	壊
箕	友
斗	親

命→栄→衰→安→危→成→壊→友→親→業→栄→衰→安→危→成→壊→友→親→胎→栄→衰→安→危→成→壊→友→親→命……。このように循環していきますが、新月（旧暦1日）前後は、循環が不動になる場合があります。

あなたの「本命宿」と、巻末の「宿曜暦」を照らし合わせ、日運を調べてください。

「破壊運」の年にどんなことが起きるか？ あなたにとっての「破壊運」の年は？

2017年の「婁宿《ろうしゅく》破壊運」
冠婚葬祭により苦労を背負い込むことがあります。根を詰めすぎて、病気や怪我を引き出しやすいので注意。あなたのスキルでトラブルが発生し、引き立てを失うようなことも。

2026年の「星宿《せいしゅく》破壊運」
仲裁や過剰なお節介で、かえって人と衝突したり、闘争や騒動に巻き込まれるようなことがあるでしょう。その結果、孤独にさいなまれることも。親のことで悩みが生じたり、夢が破れることもあります。

「尾宿《びしゅく》破壊運」
2030年の間にはありませんが、日運でありまず。世話好きがいきすぎて、闘争や騒動に巻き込まれ、しなくてもよい苦労をすることがあります。探究心で取り組んだことが裏目になり、散財したりトラブルが発生したり。海外など旅先での事故やトラブルにも注意。

「破壊運」の日にどんなことが起きるか？

先にお話ししました「年運」の破壊運と同様になります。

巻末の「宿曜暦」を見ていただけたらご理解いただけますが、「婁宿《ろうしゅく》破壊運」、「星宿《せいしゅく》破壊運」、「尾宿《びしゅく》破壊運」が、おのおの9日に一度は訪れます。

ただし、そんなに頻繁に破壊されるわけではなく、このうちの何回かに一度、ダメージを受けるのです。ですが、絶対に「破壊運」はやってきます。

あなたの場合は、陰の性格を隠し持っているため、精神的なダメージから立ち直れずに、一人で深く悩んだり、自分を責めたりして自滅するでしょう。

破壊運の時期の過ごし方

この「破壊運」の時期は、他動的な破壊以外に、あなたの宿の特質により引き起こされる「自己破壊」もあります。

人の苦労を黙って見ていられずにお節介を焼いて、その結果、トラブルに巻き込まれます。

つまり、関わらなくてよいことにも顔を突っ込み、問題や闘争に関わってしまうのです。ときには見て見ぬ振りをするクールさも必要です。

また内面の「陰」の性格が出ると、外面とのギャップをコントロールできず、心身のバランスを崩したり、努力をした結果が得られないと、一人で落ち込みます。

さらに頑張ろうと自分を追い込み体を壊すこともあるでしょう。

この時期は、自分を愛し、いたわることが必要なのです。そうすれば、自己破壊はある程度、抑えられるはずです。

虚宿《きょしゅく》のバイオリズム

年運バイオリズム	
危	2016年
成	2017年
壊	2018年
友	2019年
親	2020年
業	2021年
栄	2022年
衰	2023年
安	2024年
危	2025年
成	2026年
壊	2027年
友	2028年
親	2029年
胎	2030年

月運バイオリズム	
衰	1月
危	2月
壊	3月
親	4月
栄	5月
安	6月
壊	7月
胎	8月
衰	9月
危	10月
友	11月
命	12月
胃宿破壊運	3月「壊」
張宿破壊運	7月「壊」

日運バイオリズム	
虚	命
危	栄
室	衰
壁	安
奎	危
婁	成
胃	壊
昴	友
畢	親
觜	業
参	栄
井	衰
鬼	安
柳	危
星	成
張	壊
翼	友
軫	親
角	胎
亢	栄
氐	衰
房	安
心	危
尾	成
箕	壊
斗	友
女	親

命→栄→衰→安→危→成→壊→友→親→業→栄→衰→安→危→成→壊→友→親→胎→栄→衰→安→危→成→壊→友→親→命……。このように循環していきますが、新月（旧暦1日）前後は、循環が不動になる場合があります。

あなたの「本命宿」と、巻末の「宿曜暦」を照らし合わせ、日運を調べてください。

「破壊運」の年にどんなことが起きるか？ あなたにとっての「破壊運」の年は？

2018年の「胃宿《いしゅく》破壊運」
欲求が高まる一方で、夢や策謀が破れ、ストレスが溜まります。その結果、神経系の病気になったり、暴飲暴食で体を壊すようなことがあるでしょう。軽率、または過剰すぎる言動により、破壊を導くことも。

2027年の「張宿《ちょうしゅく》破壊運」
目立つような役割や立場を与えられることにより、周囲から妬まれたり、潰されることが。また、愛憎劇を演じたり、生活が堕落して現実逃避をしてしまうこともあるでしょう。

「箕宿《きしゅく》破壊運」
2030年の間にはありませんが、日運であります。目立つことが増えて自我は強くなるのに、思うようにならずストレス。その結果、精神的、神経的な病気になったり、暴飲暴食で体を壊したり。交遊や愛情のもつれによるトラブルや移動中の事故にも注意。

「破壊運」の月、「破壊運」の日に、どんなことが起きるか？

先にお話ししました「年運」の破壊運と同様になります。

巻末の「宿曜暦」を見ていただけたらご理解いただけますが、「胃宿《いしゅく》破壊運」、「張宿《ちょうしゅく》破壊運」、「箕宿《きしゅく》破壊運」が、おのおの9日に一度は訪れます。

ただし、そんなに頻繁に破壊されるわけではなく、このうちの何回かに一度、ダメージを受けるのです。

ですが、絶対に「破壊運」はやってきます。

あなたの場合は、精神的なダメージが多く、寂しさを感じて孤独に陥ったり、プライドが邪魔をして人に頭を下げなかったり、自分のことを誇張して、批判を受けることがあります。

破壊運の時期の過ごし方

この「破壊運」の時期は、他動的な破壊以外に、あなたの宿の特質により引き起こされる「自己破壊」もあります。

直観力が鋭く感受性が豊かなので、人の心を読むことが得意です。それだけに、人にどう思われているかが気になり、憂鬱《ゆううつ》とストレスが押し寄せてきます。

また、周囲に甘えたまま過ごしてしまうと、夢ばかり追い求め、現実逃避してしまうでしょう。

反対に、それを隠すために虚栄を張り、批判を浴びる場合もあります。

この時期は、不要なプライドは捨て、ありのままの自分受け入れてリラックスすること。

自然と触れ合い、実りある心の旅をしたり、癒される人に話を聞いてもらうとよいでしょう。そうすれば、自己破壊はある程度、抑えられるはずです。

危宿《きしゅく》のバイオリズム

命→栄→衰→安→危→成→壊→友→親→業→栄→衰→安→危→成→壊→友→親→胎→栄→衰→安→危→成→壊→友→親→命……。このように循環していきますが、新月（旧暦1日）前後は、循環が不動になる場合があります。

あなたの「本命宿」と、巻末の「宿曜暦」を照らし合わせ、日運を調べてください。

年運バイオリズム	
安	2016年
危	2017年
成	2018年
壊	2019年
友	2020年
親	2021年
業	2022年
栄	2023年
衰	2024年
安	2025年
危	2026年
成	2027年
壊	2028年
友	2029年
親	2030年

月運バイオリズム	
栄	1月
安	2月
成	3月
友	4月
業	5月
衰	6月
成	7月
親	8月
栄	9月
安	10月
壊	11月
親	12月
斗宿破壊運	11月「壊」

日運バイオリズム	
危	命
室	栄
壁	衰
奎	安
婁	危
胃	成
昴	壊
畢	友
觜	親
参	業
井	栄
鬼	衰
柳	安
星	危
張	成
翼	壊
軫	友
角	親
亢	胎
氐	栄
房	衰
心	安
尾	危
箕	成
斗	壊
女	友
虚	親

「破壊運」の年にどんなことが起きるか？　あなたにとっての「破壊運」の年は？

2019年の「昴宿《ぼうしゅく》破壊運」

プライドが高くなることでのトラブル発生。自尊心や名誉を傷つけられるような出来事が起きます。文芸やスキル的なことでの問題も起きやすいでしょう。特に、年上からの圧力には気をつけること。

2028年の「翼宿《よくしゅく》破壊運」

遊びにハマり堕落しやすいので注意が必要です。海外旅行や移動中の事故やトラブルにも気をつけたいところ。また、人をコントロールしようとして人間関係にヒビが入る可能性も。

「斗宿《とうしゅく》破壊運」

2030年の間にはありませんが、月運、日運であります。交際関係で危機が訪れます。感情の起伏が激しくなり、争いごとを起こしたり、トラブルが起きたり。スキル的なことで問題が発生することも。乗物事故やトラブル、火難にも注意。

「破壊運」の月、「破壊運」の日に、どんなことが起きるか？

先にお話ししました「年運」の破壊運と同様になります。

巻末の「宿曜暦」を見ていただけたらご理解いただけますが、「昴宿《ぼうしゅく》破壊運」、「翼宿《よくしゅく》破壊運」、「斗宿《とうしゅく》破壊運」が、おのおの9日に一度は訪れます。

ただし、そんなに頻繁に破壊されるわけではなく、このうちの何回かに一度、ダメージを受けるのです。

ですが、絶対に「破壊運」はやってきます。

あなたの場合は、お酒の席で失態をさらして非難を浴びたり、評判を落としたり。

または、感受性豊かなために心が破壊されたり、カッとなりケンカをしてしまったりもするでしょう。

破壊運の時期の過ごし方

この「破壊運」の時期は、他動的な破壊以外に、あなたの宿の特質により引き起こされる「自己破壊」もあります。

交遊好きが災いし、悪い仲間に足を引っ張られ、自らも快楽を求め、真面目に働かなくなります。そのために、散財、転職を繰り返す場合も。

また、交際相手を変えて、愛憎問題を引き起こす場合もあります。神経性の病気にも注意が必要です。

この時期は、人からの誘惑や言動に惑わされない強い意志を持つこと。

そして、地味でもよいので人生を真面目に考え、感情のコントロールをしていきましょう。

ただし、社交性があなたを引き立てることには変わりないので、サポートしてくれる人たちとの交際は続けること。そうすれば、自己破壊はある程度、抑えられるでしょう。

室宿《しつしゅく》のバイオリズム

年運バイオリズム	
衰	2016年
安	2017年
危	2018年
成	2019年
壊	2020年
友	2021年
親	2022年
業	2023年
栄	2024年
衰	2025年
安	2026年
危	2027年
成	2028年
壊	2029年
友	2030年

月運バイオリズム	
命	1月
衰	2月
危	3月
壊	4月
親	5月
栄	6月
危	7月
友	8月
胎	9月
衰	10月
成	11月
友	12月
畢宿破壊運	4月「壊」

日運バイオリズム	
室	命
壁	栄
奎	衰
婁	安
胃	危
昴	成
畢	壊
觜	友
参	親
井	業
鬼	栄
柳	衰
星	安
張	危
翼	成
軫	壊
角	友
亢	親
氐	胎
房	栄
心	衰
尾	安
箕	危
斗	成
女	壊
虚	友
危	親

命↓栄↓衰↓安↓危↓成↓壊↓友↓親↓業↓栄↓衰↓安↓危↓成↓壊↓友↓親↓胎↓栄↓衰↓安↓危↓成↓壊↓友↓親↓命……。このように循環していきますが、新月（旧暦1日）前後は、循環が不動になる場合があります。

あなたの「本命宿」と、巻末の「宿曜暦」を照らし合わせ、日運を調べてください。

「破壊運」の年にどんなことが起きるか？
あなたにとっての「破壊運」の年は？

2020年の「畢宿《ひっしゅく》破壊運」

自立心や思い込みが激しくなり、トラブルが起きます。その結果、孤独を味わうことがあるでしょう。また、不動産問題が起きやすいです。無駄な口論により立場が悪くなることもあります。

2029年の「軫宿《しんしゅく》破壊運」

乗物や移動中の事故やトラブルに注意。交際や社交的なスポットで失敗をしやすい傾向もあります。特に、飲食の場ではトラブルを巻き起こさないように気をつけましょう。

「女宿《じょしゅく》破壊運」

2030年の間にはありませんが、日運であります。思ったことをすぐ口にしたり、闘争心や野心を出しすぎて自滅します。お節介により争いに巻き込まれることもあるでしょう。先祖、家庭、家業の問題は、法律的なことにまで発展する可能性もあります。

「破壊運」の月、「破壊運」の日に、どんなことが起きるか？

先にお話ししました「年運」の破壊運と同様になります。

巻末の「宿曜暦」を見ていただけたらご理解いただけますが、「畢宿《ひっしゅく》破壊運」、「軫宿《しんしゅく》破壊運」、「女宿《じょしゅく》破壊運」が、おのおの9日に一度は訪れます。

ただし、そんなに頻繁に破壊されるわけではなく、このうちの何回かに一度、ダメージを受けるのです。

ですが、絶対に「破壊運」はやってきます。

あなたの場合は、自己中心的になりがちで、人に合わせることは苦手。そのため、自己主張ばかり押し通していると、人間関係が悪化して、公私ともに非難を浴びることになります。

破壊運の時期の過ごし方

この「破壊運」の時期は、他動的な破壊以外に、あなたの宿の特質により引き起こされる「自己破壊」もあります。

この時期は、日頃から反感を抱いている人たちと衝突したり、中傷を受けたり。また、悪い噂を流されることもあるでしょう。

さらには、視野の狭さが災いするとか、自信過剰なあなたのプライドの高さが露見し、人を不愉快な気持ちにさせてしまうこともあるようです。

まずは、冷静になり、信頼できる人のアドバイスに耳を傾けて、視野を広げること。

人に対しては、ことを荒立てずに、いたわりの気持ちを表して、味方を増やしましょう。

どのようなことでも精神的な余裕と謙虚な気持ちでいることです。そうすれば、自己破壊はある程度、抑えられるでしょう。

壁宿《へきしゅく》のバイオリズム

命→栄→衰→安→危→成→壊→友→親→業→栄→衰→安→危→成→壊→友→親→胎→栄→衰→安→危→成→壊→友→親→命……。このように循環していきますが、新月（旧暦1日）前後は、循環が不動になる場合があります。

あなたの「本命宿」と、巻末の「宿曜暦」を照らし合わせ、日運を調べてください。

年運バイオリズム	
栄	2016年
衰	2017年
安	2018年
危	2019年
成	2020年
壊	2021年
友	2022年
親	2023年
業	2024年
栄	2025年
衰	2026年
安	2027年
危	2028年
成	2029年
壊	2030年

月運バイオリズム	
親	1月
栄	2月
安	3月
成	4月
友	5月
業	6月
安	7月
壊	8月
親	9月
栄	10月
危	11月
壊	12月
角宿破壊運	8月「壊」
虚宿破壊運	12月「壊」

日運バイオリズム	
壁	命
奎	栄
婁	衰
胃	安
昴	危
畢	成
觜	壊
参	友
井	親
鬼	業
柳	栄
星	衰
張	安
翼	危
軫	成
角	壊
亢	友
氐	親
房	胎
心	栄
尾	衰
箕	安
斗	危
女	成
虚	壊
危	友
室	親

「破壊運」の年にどんなことが起きるか？
あなたにとっての「破壊運」の年は？

2021年の「觜宿《ししゅく》破壊運」

周囲に対してよかれと思ってしたことが災いします。それにより批判を浴びるようになったり、神経質になったりもするでしょう。また、プライドが高くなりがちで失敗を招きます。秘密が災いしてトラブルの発生にも注意。

2030年の「角宿《かくしゅく》破壊運」

遊びに走りがちになり、生活が破綻《はたん》することがあります。家族や知人との交流でトラブルが発生することもあるでしょう。水難、転職の失敗の暗示も。

「虚宿《きょしゅく》破壊運」

2030年の間にはありませんが、月運、日運でありえます。心のコントロールができなくなり、精神破壊が生じて浮き沈みが激しくなります。精神世界にハマる可能性も。神経性の病気を患いやすいです。旅行先でのトラブル、散財にも注意。

「破壊運」の月、「破壊運」の日に、どんなことが起きるか？

先にお話ししました「年運」の破壊運と同様になります。

巻末の「宿曜暦」を見ていただけたらご理解いただけますが、「觜宿《ししゅく》破壊運」、「角宿《かくしゅく》破壊運」、「虚宿《きょしゅく》破壊運」が、おのおの9日に一度は訪れます。

ただし、そんなに頻繁に破壊されるわけではなく、このうちの何回かに一度、ダメージを受けるのです。ですが、絶対に「破壊運」はやってきます。

あなたの場合は、余計なお節介をして反発されたり、抱えなくてもよい問題を抱えてしまうことがあります。

また、信じていた人に傷つけられるようなことも起きるでしょう。

破壊運の時期の過ごし方

この「破壊運」の時期は、他動的な破壊以外に、あなたの宿の特質により引き起こされる「自己破壊」もあります。

あなたは、秘密めいたところがあり、あまり心の内を明かさないようです。ただし、この時期は困ったならサポートされる側に回ること。

そして、周囲がオープンに接してきたら、ときには自分をさらけだしてみましょう。そうすれば、役立つアドバイスを得ることができます。

なお、異性トラブルを起こしやすい時期なので穏便にすませること。

人から相談を受けて、秘密を抱えて負担を感じたり、トラブルに巻き込まれたり、だまされることもあります。

そんな時こそ冷静になり、分析していく能力を生かすことです。そうすれば、自己破壊はある程度、抑えられるでしょう。

奎宿《けいしゅく》のバイオリズム

年運バイオリズム	
命	2016年
栄	2017年
衰	2018年
安	2019年
危	2020年
成	2021年
壊	2022年
友	2023年
親	2024年
業	2025年
栄	2026年
衰	2027年
安	2028年
危	2029年
成	2030年

月運バイオリズム	
友	1月
命	2月
衰	3月
危	4月
壊	5月
親	6月
衰	7月
成	8月
友	9月
胎	10月
安	11月
成	12月
参宿破壊運	5月「壊」

日運バイオリズム	
奎	命
婁	栄
胃	衰
昴	安
畢	危
觜	成
参	壊
井	友
鬼	親
柳	業
星	栄
張	衰
翼	安
軫	危
角	成
亢	壊
氐	友
房	親
心	胎
尾	栄
箕	衰
斗	安
女	危
虚	成
危	壊
室	友
壁	親

命↓栄↓衰↓安↓危↓成↓壊↓友↓親↓業↓栄↓衰↓安↓危↓成↓壊↓友↓親↓胎↓栄↓衰↓安↓危↓成↓壊↓友↓親↓命……。このように循環していきますが、新月（旧暦1日）前後は、循環が不動になる場合があります。

あなたの「本命宿」と、巻末の「宿曜暦」を照らし合わせ、日運を調べてください。

「破壊運」の年にどんなことが起きるか？ あなたにとっての「破壊運」の年は？

2022年の「参宿《しんしゅく》破壊運」

常識的な観念が崩れ、感情のコントロールができず破滅。嫉妬《しっと》や怒りなどによりトラブルを起こしやすいでしょう。また、口は災いのもと。不用意な発言により破壊を招くことも。秘密や契約にも注意。

「亢宿《こうしゅく》破壊運」

2030年の間にはありませんが、日運であります。世間体を気にしすぎたり、リーダー的な役回りで評価を落とすことがあります。正義を通して抗議をするのはトラブルのもと。散財、火難、話術にも注意。

「危宿《きしゅく》破壊運」

2030年の間にはありませんが、日運であります。遊び好きにより生活が堕落しがちに。その結果、暴飲暴食で体調を崩したり、散財したり。心の奥に隠れている激情が露見して、交際トラブルが発生することも。移動中の事故やトラブルにも注意。

「破壊運」の月、「破壊運」の日に、どんなことが起きるか？

先にお話ししました「年運」の破壊運と同様になります。

巻末の「宿曜暦」を見ていただけたらご理解いただけますが、「参宿《しんしゅく》破壊運」、「亢宿《こうしゅく》破壊運」、「危宿《きしゅく》破壊運」が、おのおの9日に一度は訪れます。

ただし、そんな頻繁に破壊されるわけではなく、このうちの何回かに一度、ダメージを受けるのです。ですが、絶対に「破壊運」はやってきます。

あなたの場合は、一番は異性とのトラブルです。日頃サポートをされるだけに、トラブルも起きやすいです。

また、余計なお節介をして問題を引き起こす場合もあるでしょう。

破壊運の時期の過ごし方

この「破壊運」の時期は、他動的な破壊以外に、あなたの宿の特質により引き起こされる「自己破壊」もあります。

他人やパートナーに対しては応援していくあなたですが、意外にも兄弟や親に対してはクールな一面があります。この時期は肉親に対しても温かな心で接すれば、確執を避けることができるでしょう。

そして、異性に関して依存心が強くなり、愛憎劇を演じる可能性もあるため、サッパリと接することも必要です。

同性に関しては、異性とばかり一緒にいると有意義な人材を失ったり、反感を買いかねません。

男女関係なく交際しましょう。ただし、お節介は禁物です。

この時期は、常識の範囲を超えるようなことは避けて、守りの体制でいることで、自己破壊はある程度、抑えられるでしょう。

婁宿《ろうしゅく》のバイオリズム

命↓栄↓衰↓安↓危↓成↓壊↓友↓親↓業↓栄↓衰↓安↓危↓成↓壊↓友↓親↓胎↓栄↓衰↓安↓危↓成↓壊↓友↓親↓命……。このように循環していきますが、新月（旧暦1日）前後は、循環が不動になる場合があります。

あなたの「本命宿」と、巻末の「宿曜暦」を照らし合わせ、日運を調べてください。

年運バイオリズム	
親	2016年
命	2017年
栄	2018年
衰	2019年
安	2020年
危	2021年
成	2022年
壊	2023年
友	2024年
親	2025年
業	2026年
栄	2027年
衰	2028年
安	2029年
危	2030年

月運バイオリズム	
壊	1月
親	2月
栄	3月
安	4月
成	5月
友	6月
栄	7月
危	8月
壊	9月
親	10月
衰	11月
危	12月
室宿破壊運	1月「壊」
氐宿破壊運	9月「壊」

日運バイオリズム	
婁	命
胃	栄
昴	衰
畢	安
觜	危
参	成
井	壊
鬼	友
柳	親
星	業
張	栄
翼	衰
軫	安
角	危
亢	成
氐	壊
房	友
心	親
尾	胎
箕	栄
斗	衰
女	安
虚	危
危	成
室	壊
壁	友
奎	親

「破壊運」の年にどんなことが起きるか？ あなたにとっての「破壊運」の年は？

2023年の「井宿《せいしゅく》破壊運」
突発的な出来事により破壊に導かれることがあります。余計なお世話によりトラブルに巻き込まれ、名誉や金銭を損失することもあるでしょう。会話にも注意。相手を論破するのはトラブルのもと。

「氐宿《ていしゅく》破壊運」

2030年の間にはありませんが、月運、日運であります。人望をなくすようなことが起きやすいです。異性トラブルや愛憎問題で社会的立場が悪くなることも。妄想に走り現実思考が崩れ、防衛本能が強くなったり、美にこだわりすぎて失敗することも。


「室宿《しつしゅく》破壊運」

2030年の間にはありませんが、月運、日運であります。欲求の強さが災いをもたらします。視野が狭くなり失敗を招きます。また、夜遊びやわがまま、フリーダムな気持ちに支配され、評判を落とすことも。移動中のトラブルにも注意。

「破壊運」の月、「破壊運」の日に、どんなことが起きるか？

先にお話ししました「年運」の破壊運と同様になります。

巻末の「宿曜暦」を見ていただけたらご理解いただけますが、「井宿《せいしゅく》破壊運」、「氐宿《ていしゅく》破壊運」、「室宿《しつしゅく》破壊運」が、おのおの9日に一度は訪れます。

ただし、そんなに頻繁に破壊されるわけではなく、このうちの何回かに一度、ダメージを受けるのです。

ですが、絶対に「破壊運」はやってきます。

あなたの場合は、面倒見がよいために、しなくてもよい仕事を頼まれたり、したくもない争いに巻き込まれたりします。

また、持ち前のカンに頼りすぎて失敗することもあります。

破壊運の時期の過ごし方

この「破壊運」の時期は、他動的な破壊以外に、あなたの宿の特質により引き起こされる「自己破壊」もあります。

人を見る目があるために、人の弱点もわかってしまいます。口にするのはご法度なことまで言ってしまうと、人間関係にヒビが入ります。

弱点も個性だと思うようにして、相手のありのままの姿を認める寛容な心を養うことです。

また、持ち前のカンに頼りすぎて失敗する恐れもあるので、慎重な性格を生かして行動していきましょう。

そして、極めつけは、リーダー的な役割が回ってきた時です。表面的にはトップでも参謀的な役割をするようにして、信頼できる人に采配を振るってもらうとよいでしょう。そうすれば､自己破壊はある程度、抑えられるでしょう。

胃《い》宿《しゅく》のバイオリズム

命↓栄↓衰↓安↓危↓成↓壊↓友↓親↓業↓栄↓衰↓安↓危↓成↓壊↓友↓親↓胎↓栄↓衰↓安↓危↓成↓壊↓友↓親↓命……。このように循環していきますが、新月（旧暦1日）前後は、循環が不動になる場合があります。

あなたの「本命宿」と、巻末の「宿曜暦」を照らし合わせ、日運を調べてください。

年運バイオリズム	
友	2016年
親	2017年
命	2018年
栄	2019年
衰	2020年
安	2021年
危	2022年
成	2023年
壊	2024年
友	2025年
親	2026年
業	2027年
栄	2028年
衰	2029年
安	2030年

月運バイオリズム	
成	1月
友	2月
命	3月
衰	4月
危	5月
壊	6月
業	7月
安	8月
成	9月
友	10月
栄	11月
安	12月
鬼宿破壊運	6月「壊」

日運バイオリズム	
胃	命
昴	栄
畢	衰
觜	安
参	危
井	成
鬼	壊
柳	友
星	親
張	業
翼	栄
軫	衰
角	安
亢	危
氐	成
房	壊
心	友
尾	親
箕	胎
斗	栄
女	衰
虚	安
危	危
室	成
壁	壊
奎	友
婁	親

「破壊運」の年にどんなことが起きるか？あなたにとっての「破壊運」の年は？

2024年の「鬼宿《きしゅく》破壊運」

人と対立状態になり、仕事、男女トラブル、愛憎問題を引き起こしやすいです。ダイエットや整形による失敗もしやすいでしょう。精神世界に入り込みすぎる場合も。移動中のトラブルにも注意。

「房宿《ぼうしゅく》破壊運」

2030年の間にはありませんが、日運であります。自我の強さが露見し、交際を通じてトラブルが発生。サービス精神のなさが批判されることも。また、物事が急変しやすく対処できなかったり、子供のことでの問題発生も。

「壁宿《へきしゅく》破壊運」

2030年の間にはありませんが、日運でありま す。権威意識が強まり、批判を浴びたり、孤独に陥ったり。挫折して経済的な苦労を背負ったり、引き立てを失うことも。デリケートなところが顔を出すと心のバランスが崩れるでしょう。

「破壊運」の月、「破壊運」の日に、どんなことが起きるか？

先にお話ししました「年運」の破壊運と同様になります。

巻末の「宿曜暦」を見ていただけたらご理解いただけますが、「鬼宿《きしゅく》破壊運」、「房宿《ぼうしゅく》破壊運」、「壁宿《へきしゅく》破壊運」が、おのおの9日に一度は訪れます。

ただし、そんなに頻繁に破壊されるわけではなく、このうちの何回かに一度、ダメージを受けるのです。ですが、絶対に「破壊運」はやってきます。

あなたの場合は、リーダーシップを取ったら人々が従わず、惨めな思いをしたり、チャレンジしたことが裏目に出たりします。

また、胃腸を壊すこともあるでしょう。

破壊運の時期の過ごし方

この「破壊運」の時期は、他動的な破壊以外に、あなたの宿の特質により引き起こされる「自己破壊」もあります。

私利私欲に溺れ、人のことより自分のために生きていくタイプのあなたは、持ち前のパワーと頭脳を周囲のためにも使っていくことが大切です。

また、潤滑な人間関係が営めるように、交際術を身につける必要もあるでしょう。そうすることで、信望が厚くなり、あなたを頼って人々が集まります。

そして、何事にも恐れずにチャレンジしていくため、だまされたり、罠にハマったり、事故に遭う可能性もあるでしょう。

とにかくこの時期は、冒険心を心の隅にしまい、自粛して慎重に過ごすことです。そうすれば、自己破壊はある程度、抑えられるでしょう。

COLUMN 3

破壊日に起きたこと

私が体験した破壊日に起きたお話をしましょう。

テレビの収録の日、破壊日が何日か重なることがありました。とある日は、ヘアメイクさんの手配をし忘れたとのことで、スッピン顔で収録をするハメに。ある日は、目の前に照明が落下してきて、あやうく頭に大怪我をするところでした。

また、大舞台の日、目がパンパンに腫れて、人前に出られるような顔ではなかった日もありました。破壊日は、大きなことから小さなことまで、何かとアクシデントが起きやすいのが特徴です。

何気なく選ぶ人間の相性

講演をした時のお話です。

受講者に、好きな席に座っていただきました。皆さんが、何気なく腰かけた席ですが、面白い現象が起きたのです。和気あいあいと話が弾んでいる人たちは、「栄親の関係」が多かったのです。

人間には本能やカンが働き、自然と安心できる相手や相性がよさそうな人を選択するようです。ただし、長年の研究の成果によりわかったことは「環境遺伝」。

本書の「おわりに」にも書いていますが、親、兄弟、子供……一緒に住んでいる人との関係において、日常的に慣れている相性を選ぶ傾向もあります。それが「環境遺伝」。

「栄親」の環境で育った人は「栄親」、「友衰」は「友衰」、「安壊」は「安壊」。ただし、「安壊」の場合には、強烈に惹かれる要素があるため、「環境遺伝」に関係なく、お互いを引き寄せ合うこともあるようです。

宿曜暦

1920年〜2036年

12	11	10	9	8	7	6	5	4	3	2	1月	1920
張	柳	参	胃	危	斗	心	角	翼	鬼	井	畢	1日
翼	星	井	昴	室	女	尾	亢	軫	柳	鬼	觜	2
軫	張	鬼	畢	壁	虚	箕	氐	角	星	柳	参	3
角	翼	柳	觜	奎	危	斗	房	亢	張	星	井	4
亢	軫	星	参	婁	室	女	心	氐	翼	張	鬼	5
氐	角	張	井	胃	壁	虚	尾	房	軫	翼	柳	6
房	亢	翼	鬼	昴	奎	危	箕	心	角	軫	星	7
心	氐	軫	柳	畢	婁	室	斗	尾	亢	角	張	8
尾	房	角	星	觜	胃	壁	女	箕	氐	亢	翼	9
斗	心	亢	張	参	昴	奎	虚	斗	房	氐	軫	10
女	**心**	氐	翼	井	畢	婁	危	女	心	房	角	11
虚	尾	**氐**	**角**	鬼	觜	胃	室	虚	尾	心	亢	12
危	箕	房	亢	柳	参	昴	壁	危	箕	尾	氐	13
室	斗	心	氐	**張**	井	畢	奎	室	斗	箕	房	14
壁	女	尾	房	翼	鬼	觜	婁	壁	女	斗	心	15
奎	虚	箕	心	軫	**鬼**	**参**	胃	奎	虚	女	尾	16
婁	危	斗	尾	角	柳	井	昴	婁	危	虚	箕	17
胃	室	女	箕	亢	星	鬼	**畢**	胃	室	危	斗	18
昴	壁	虚	斗	氐	張	柳	觜	**胃**	壁	室	女	19
畢	奎	危	女	房	翼	星	参	昴	**奎**	**室**	虚	20
觜	婁	室	虚	心	軫	張	井	畢	婁	壁	**虚**	21
参	胃	壁	危	尾	角	翼	鬼	觜	胃	奎	危	22
井	昴	奎	室	箕	亢	軫	柳	参	昴	婁	室	23
鬼	畢	婁	壁	斗	氐	角	星	井	畢	胃	壁	24
柳	觜	胃	奎	女	房	亢	張	鬼	觜	昴	奎	25
星	参	昴	婁	虚	心	氐	翼	柳	参	畢	婁	26
張	井	畢	胃	危	尾	房	軫	星	井	觜	胃	27
翼	鬼	觜	昴	室	箕	心	角	張	鬼	参	昴	28
軫	柳	参	畢	壁	斗	尾	亢	翼	柳	井	畢	29
角	星	井	觜	奎	女	箕	氐	軫	星		觜	30
亢		鬼		婁	虚		房		張		参	31

12	11	10	9	8	7	6	5	4	3	2	1月	1921
虚	尾	**氐**	翼	鬼	畢	婁	室	女	尾	尾	氐	1日
危	箕	房	角	柳	觜	胃	壁	虚	箕	箕	房	2
室	斗	心	亢	星	参	昴	奎	危	斗	斗	心	3
壁	女	尾	氐	**張**	井	畢	婁	室	女	女	尾	4
奎	虚	箕	房	翼	**鬼**	觜	胃	壁	虚	虚	箕	5
婁	危	斗	心	軫	柳	**参**	昴	奎	危	危	斗	6
胃	室	女	尾	角	星	井	畢	婁	室	室	女	7
昴	壁	虚	箕	亢	張	鬼	**畢**	**胃**	壁	**室**	虚	8
畢	奎	危	斗	氐	翼	柳	觜	昴	奎	壁	**虚**	9
觜	婁	室	女	房	軫	星	参	畢	奎	奎	危	10
参	胃	壁	虚	心	角	張	井	觜	婁	婁	室	11
井	昴	奎	危	尾	亢	翼	鬼	参	胃	胃	壁	12
鬼	畢	婁	室	箕	氐	軫	柳	井	昴	昴	奎	13
柳	觜	胃	壁	斗	房	角	星	鬼	畢	畢	婁	14
星	参	昴	奎	女	心	亢	張	柳	觜	觜	胃	15
張	井	畢	婁	虚	尾	氐	翼	星	参	参	昴	16
翼	鬼	觜	胃	危	箕	房	軫	張	井	井	畢	17
軫	柳	参	昴	室	斗	心	角	翼	鬼	鬼	觜	18
角	星	井	畢	壁	女	尾	亢	軫	柳	柳	参	19
亢	張	鬼	觜	奎	虚	箕	氐	角	星	星	井	20
氐	翼	柳	参	婁	危	斗	房	亢	張	張	鬼	21
房	軫	星	井	胃	室	女	心	氐	翼	翼	柳	22
心	角	張	鬼	昴	壁	虚	尾	房	軫	軫	星	23
尾	亢	翼	柳	畢	奎	危	箕	心	角	角	張	24
箕	氐	軫	星	觜	婁	室	斗	尾	亢	亢	翼	25
斗	房	角	張	参	胃	壁	女	箕	氐	氐	軫	26
女	心	亢	翼	井	昴	奎	虚	斗	房	房	角	27
虚	尾	氐	軫	鬼	畢	婁	危	女	心	心	亢	28
虚	**斗**	房	角	柳	觜	胃	室	虚	尾		氐	29
危	女	心	亢	星	参	昴	壁	危	箕		房	30
室		**心**		張	井		奎		斗		心	31

※太字は陰暦の１日を表しています。

12	11	10	9	8	7	6	5	4	3	2	1月	1922
昴	婁	危	箕	氐	翼	張	鬼	参	胃	胃	壁	1日
畢	胃	室	斗	房	軫	翼	柳	井	昴	昴	奎	2
觜	昴	壁	女	心	角	軫	星	鬼	畢	畢	婁	3
参	畢	奎	虚	尾	亢	角	張	柳	觜	觜	胃	4
井	觜	婁	危	箕	氐	亢	翼	星	参	参	昴	5
鬼	参	胃	室	斗	房	氐	軫	張	井	井	畢	6
柳	井	昴	壁	女	心	房	角	翼	鬼	鬼	觜	7
星	鬼	畢	奎	虚	尾	心	亢	軫	柳	柳	参	8
張	柳	觜	婁	危	箕	尾	氐	角	星	星	井	9
翼	星	参	胃	室	斗	箕	房	亢	張	張	鬼	10
軫	張	井	昴	壁	女	斗	心	氐	翼	翼	柳	11
角	翼	鬼	畢	奎	虚	女	尾	房	軫	軫	星	12
亢	軫	柳	觜	婁	危	虚	箕	心	角	角	張	13
氐	角	星	参	胃	室	危	斗	尾	亢	亢	翼	14
房	亢	張	井	昴	壁	室	女	箕	氐	氐	軫	15
心	氐	翼	鬼	畢	奎	壁	虚	斗	房	房	角	16
尾	房	軫	柳	觜	婁	奎	危	女	心	心	亢	17
斗	心	角	星	参	胃	婁	室	虚	尾	尾	氐	18
女	**心**	亢	張	井	昴	胃	壁	危	箕	箕	房	19
虚	尾	**氐**	翼	鬼	畢	昴	奎	室	斗	斗	心	20
危	箕	房	**角**	柳	觜	畢	婁	壁	女	女	尾	21
室	斗	心	亢	星	参	觜	胃	奎	虚	虚	箕	22
壁	女	尾	氐	**張**	井	参	昴	婁	危	危	斗	23
奎	虚	箕	房	翼	**鬼**	井	畢	胃	室	室	女	24
婁	危	斗	心	軫	柳	**参**	觜	昴	壁	壁	虚	25
胃	室	女	尾	角	星	井	参	畢	奎	奎	危	26
昴	壁	虚	箕	亢	張	鬼	**参**	**畢**	婁	**奎**	室	27
畢	奎	危	斗	氐	翼	柳	井	觜	**胃**	婁	**室**	28
觜	婁	室	女	房	軫	星	鬼	参	昴		壁	29
参	胃	壁	虚	心	角	張	柳	井	畢		奎	30
井		奎		尾	亢		星		觜		婁	31

12	11	10	9	8	7	6	5	4	3	2	1月	1923
軫	張	井	畢	壁	虚	箕	房	亢	張	張	鬼	1日
角	翼	鬼	觜	奎	危	斗	心	氐	翼	翼	柳	2
亢	軫	柳	参	婁	室	女	尾	房	軫	軫	星	3
氐	角	星	井	胃	壁	虚	箕	心	角	角	張	4
房	亢	張	鬼	昴	奎	危	斗	尾	亢	亢	翼	5
心	氐	翼	柳	畢	婁	室	女	箕	氐	氐	軫	6
尾	房	軫	星	觜	胃	壁	虚	斗	房	房	角	7
斗	心	角	張	参	昴	奎	危	女	心	心	亢	8
女	**心**	亢	翼	井	畢	婁	室	虚	尾	尾	氐	9
虚	尾	**氐**	軫	鬼	觜	胃	壁	危	箕	箕	房	10
危	箕	房	**角**	柳	参	昴	奎	室	斗	斗	心	11
室	斗	心	亢	**張**	井	畢	婁	壁	女	女	尾	12
壁	女	尾	氐	翼	鬼	觜	胃	奎	虚	虚	箕	13
奎	虚	箕	房	軫	**鬼**	**参**	昴	婁	危	危	斗	14
婁	危	斗	心	角	柳	井	畢	胃	室	室	女	15
胃	室	女	尾	亢	星	鬼	**畢**	**胃**	壁	**室**	虚	16
昴	壁	虚	箕	氐	張	柳	觜	昴	**奎**	壁	**虚**	17
畢	奎	危	斗	房	翼	星	参	畢	婁	奎	危	18
觜	婁	室	女	心	軫	張	井	觜	胃	婁	室	19
参	胃	壁	虚	尾	角	翼	鬼	参	昴	胃	壁	20
井	昴	奎	危	箕	亢	軫	柳	井	畢	昴	奎	21
鬼	畢	婁	室	斗	氐	角	星	鬼	觜	畢	婁	22
柳	觜	胃	壁	女	房	亢	張	柳	参	觜	胃	23
星	参	昴	奎	虚	心	氐	翼	星	井	参	昴	24
張	井	畢	婁	危	尾	房	軫	張	鬼	井	畢	25
翼	鬼	觜	胃	室	箕	心	角	翼	柳	鬼	觜	26
軫	柳	参	昴	壁	斗	尾	亢	軫	星	柳	参	27
角	星	井	畢	奎	女	箕	氐	角	張	星	井	28
亢	張	鬼	觜	婁	虚	斗	房	亢	翼		鬼	29
氐	翼	柳	参	胃	危	女	心	氐	軫		柳	30
房		星		昴	室		尾		角		星	31

12	11	10	9	8	7	6	5	4	3	2	1月	1924
室	女	心	氐	**張**	鬼	觜	胃	壁	虚	女	心	1日
壁	虚	尾	房	張	**鬼**	**参**	昴	奎	危	虚	尾	2
奎	危	箕	心	翼	柳	井	畢	婁	室	危	箕	3
婁	室	斗	尾	軫	星	鬼	**畢**	**胃**	壁	室	斗	4
胃	壁	女	箕	角	張	柳	觜	昴	奎	**室**	女	5
昴	奎	虚	斗	亢	翼	星	参	畢	**奎**	壁	**虚**	6
畢	婁	危	女	氐	軫	張	井	觜	婁	奎	危	7
觜	胃	室	虚	房	角	翼	鬼	参	胃	婁	室	8
参	昴	壁	危	心	亢	軫	柳	井	昴	胃	壁	9
井	畢	奎	室	尾	氐	角	星	鬼	畢	昴	奎	10
鬼	觜	婁	壁	箕	房	亢	張	柳	觜	畢	婁	11
柳	参	胃	奎	斗	心	氐	翼	星	参	觜	胃	12
星	井	昴	婁	女	尾	房	軫	張	井	参	昴	13
張	鬼	畢	胃	虚	箕	心	角	翼	鬼	井	畢	14
翼	柳	觜	昴	危	斗	尾	亢	軫	柳	鬼	觜	15
軫	星	参	畢	室	女	箕	氐	角	星	柳	参	16
角	張	井	觜	壁	虚	斗	房	亢	張	星	井	17
亢	翼	鬼	参	奎	危	女	心	氐	翼	張	鬼	18
氐	軫	柳	井	婁	室	虚	尾	房	軫	翼	柳	19
房	角	星	鬼	胃	壁	危	箕	心	角	軫	星	20
心	亢	張	柳	昴	奎	室	斗	尾	亢	角	張	21
尾	氐	翼	星	畢	婁	壁	女	箕	氐	亢	翼	22
箕	房	軫	張	觜	胃	奎	虚	斗	房	氐	軫	23
斗	心	角	翼	参	昴	婁	危	女	心	房	角	24
女	尾	亢	軫	井	畢	胃	室	虚	尾	心	亢	25
虚	箕	氐	角	鬼	觜	昴	壁	危	箕	尾	氐	26
危	**斗**	房	亢	柳	参	畢	奎	室	斗	箕	房	27
室	女	**心**	氐	星	井	觜	婁	壁	女	斗	心	28
壁	虚	尾	**氐**	張	鬼	参	胃	奎	虚	女	尾	29
奎	危	箕	房	**角**	柳	井	昴	婁	危		箕	30
婁		斗		亢	星		畢		室		斗	31

12	11	10	9	8	7	6	5	4	3	2	1月	1925
参	昴	奎	危	尾	氐	軫	翼	星	参	参	胃	1日
井	畢	婁	室	箕	房	角	軫	張	井	井	昴	2
鬼	觜	胃	壁	斗	心	亢	角	翼	鬼	鬼	畢	3
柳	参	昴	奎	女	尾	氐	亢	軫	柳	柳	觜	4
星	井	畢	婁	虚	箕	房	氐	角	星	星	参	5
張	鬼	觜	胃	危	斗	心	房	亢	張	張	井	6
翼	柳	参	昴	室	女	尾	心	氐	翼	翼	鬼	7
軫	星	井	畢	壁	虚	箕	尾	房	軫	軫	柳	8
角	張	鬼	觜	奎	危	斗	箕	心	角	角	星	9
亢	翼	柳	参	婁	室	女	斗	尾	亢	亢	張	10
氐	軫	星	井	胃	壁	虚	女	箕	氐	氐	翼	11
房	角	張	鬼	昴	奎	危	虚	斗	房	房	軫	12
心	亢	翼	柳	畢	婁	室	危	女	心	心	角	13
尾	氐	軫	星	觜	胃	壁	室	虚	尾	尾	亢	14
箕	房	角	張	参	昴	奎	壁	危	箕	箕	氐	15
斗	**心**	亢	翼	井	畢	婁	奎	室	斗	斗	房	16
女	尾	氐	軫	鬼	觜	胃	婁	壁	女	女	心	17
虚	箕	**氐**	**角**	柳	参	昴	胃	奎	虚	虚	尾	18
危	斗	房	亢	**張**	井	畢	昴	婁	危	危	箕	19
室	女	心	氐	翼	鬼	觜	畢	胃	室	室	斗	20
壁	虚	尾	房	軫	**鬼**	**参**	觜	昴	壁	壁	女	21
奎	危	箕	心	角	柳	井	参	畢	奎	奎	虚	22
婁	室	斗	尾	亢	星	鬼	**畢**	**畢**	婁	**奎**	危	23
胃	壁	女	箕	氐	張	柳	觜	觜	**胃**	婁	**室**	24
昴	奎	虚	斗	房	翼	星	参	参	昴	胃	壁	25
畢	婁	危	女	心	軫	張	井	井	畢	昴	奎	26
觜	胃	室	虚	尾	角	翼	鬼	鬼	觜	畢	婁	27
参	昴	壁	危	箕	亢	軫	柳	柳	参	觜	胃	28
井	畢	奎	室	斗	氐	角	星	星	井		昴	29
鬼	觜	婁	壁	女	房	亢	張	張	鬼		畢	30
柳		胃		虚	心		翼		柳		觜	31

※太字は陰暦の１日を表しています。

12	11	10	9	8	7	6	5	4	3	2	1月	1927
婁	危	斗	尾	角	星	井	**畢**	婁	室	危	斗	1日
胃	室	女	箕	亢	張	鬼	觜	**胃**	壁	**室**	女	2
昴	壁	虚	斗	氐	翼	柳	参	昴	奎	壁	虚	3
畢	奎	危	女	房	軫	星	井	畢	**奎**	奎	**虚**	4
觜	婁	室	虚	心	角	張	鬼	觜	婁	婁	危	5
参	胃	壁	危	尾	亢	翼	柳	参	胃	胃	室	6
井	昴	奎	室	箕	氐	軫	星	井	昴	昴	壁	7
鬼	畢	婁	壁	斗	房	角	張	鬼	畢	畢	奎	8
柳	觜	胃	奎	女	心	亢	翼	柳	觜	觜	婁	9
星	参	昴	婁	虚	尾	氐	軫	星	参	参	胃	10
張	井	畢	胃	危	箕	房	角	張	井	井	昴	11
翼	鬼	觜	昴	室	斗	心	亢	翼	鬼	鬼	畢	12
軫	柳	参	畢	壁	女	尾	氐	軫	柳	柳	觜	13
角	星	井	觜	奎	虚	箕	房	角	星	星	参	14
亢	張	鬼	参	婁	危	斗	心	亢	張	張	井	15
氐	翼	柳	井	胃	室	女	尾	氐	翼	翼	鬼	16
房	軫	星	鬼	昴	壁	虚	箕	房	軫	軫	柳	17
心	角	張	柳	畢	奎	危	斗	心	角	角	星	18
尾	亢	翼	星	觜	婁	室	女	尾	亢	亢	張	19
箕	氐	軫	張	参	胃	壁	虚	箕	氐	氐	翼	20
斗	房	角	翼	井	昴	奎	危	斗	房	房	軫	21
女	心	亢	軫	鬼	畢	婁	室	女	心	心	角	22
虚	尾	氐	角	柳	觜	胃	壁	虚	尾	尾	亢	23
虚	**斗**	房	亢	星	参	昴	奎	危	箕	箕	氐	24
危	女	心	氐	張	井	畢	婁	室	斗	斗	房	25
室	虚	**心**	**氐**	翼	鬼	觜	胃	壁	女	女	心	26
壁	危	尾	房	**角**	柳	参	昴	奎	虚	虚	尾	27
奎	室	箕	心	亢	星	井	畢	婁	危	危	箕	28
婁	壁	斗	尾	氐	**張**	**鬼**	觜	胃	室		斗	29
胃	奎	女	箕	房	翼	柳	参	昴	壁		女	30
昴		虚		心	軫		**参**		奎		虚	31

12	11	10	9	8	7	6	5	4	3	2	1月	1926
房	角	張	鬼	昴	奎	危	斗	心	角	角	星	1日
心	亢	翼	柳	畢	婁	室	女	尾	亢	亢	張	2
尾	氐	軫	星	觜	胃	壁	虚	箕	氐	氐	翼	3
箕	房	角	張	参	昴	奎	危	斗	房	房	軫	4
斗	**心**	亢	翼	井	畢	婁	室	女	心	心	角	5
女	尾	氐	軫	鬼	觜	胃	壁	虚	尾	尾	亢	6
虚	箕	**氐**	**角**	柳	参	昴	奎	危	箕	箕	氐	7
危	斗	房	亢	**張**	井	畢	婁	室	斗	斗	房	8
室	女	心	氐	翼	鬼	觜	胃	壁	女	女	心	9
壁	虚	尾	房	軫	**鬼**	**参**	昴	奎	虚	虚	尾	10
奎	危	箕	心	角	柳	井	畢	婁	危	危	箕	11
婁	室	斗	尾	亢	星	鬼	**畢**	**胃**	室	室	斗	12
胃	壁	女	箕	氐	張	柳	觜	昴	壁	**室**	女	13
昴	奎	虚	斗	房	翼	星	参	畢	**奎**	壁	**虚**	14
畢	婁	危	女	心	軫	張	井	觜	婁	奎	危	15
觜	胃	室	虚	尾	角	翼	鬼	参	胃	婁	室	16
参	昴	壁	危	箕	亢	軫	柳	井	昴	胃	壁	17
井	畢	奎	室	斗	氐	角	星	鬼	畢	昴	奎	18
鬼	觜	婁	壁	女	房	亢	張	柳	觜	畢	婁	19
柳	参	胃	奎	虚	心	氐	翼	星	参	觜	胃	20
星	井	昴	婁	危	尾	房	軫	張	井	参	昴	21
張	鬼	畢	胃	室	箕	心	角	翼	鬼	井	畢	22
翼	柳	觜	昴	壁	斗	尾	亢	軫	柳	鬼	觜	23
軫	星	参	畢	奎	女	箕	氐	角	星	柳	参	24
角	張	井	觜	婁	虚	斗	房	亢	張	星	井	25
亢	翼	鬼	参	胃	危	女	心	氐	翼	張	鬼	26
氐	軫	柳	井	昴	室	虚	尾	房	軫	翼	柳	27
房	角	星	鬼	畢	壁	危	箕	心	角	軫	星	28
心	亢	張	柳	觜	奎	室	斗	尾	亢		張	29
尾	氐	翼	星	参	婁	壁	女	箕	氐		翼	30
箕		軫		井	胃		虚		房		軫	31

1928年〜1931年

12	11	10	9	8	7	6	5	4	3	2	1月	1928
星	井	畢	婁	虚	尾	房	軫	星	柳	井	畢	1日
張	鬼	觜	胃	危	箕	心	角	張	星	鬼	觜	2
翼	柳	参	昴	室	斗	尾	亢	翼	張	柳	参	3
軫	星	井	畢	壁	女	箕	氐	軫	翼	星	井	4
角	張	鬼	觜	奎	虚	斗	房	角	軫	張	鬼	5
亢	翼	柳	参	婁	危	女	心	亢	角	翼	柳	6
氐	軫	星	井	胃	室	虚	尾	氐	亢	軫	星	7
房	角	張	鬼	昴	壁	危	箕	房	氐	角	張	8
心	亢	翼	柳	畢	奎	室	斗	心	房	亢	翼	9
尾	氐	軫	星	觜	婁	壁	女	尾	心	氐	軫	10
箕	房	角	張	参	胃	奎	虚	箕	尾	房	角	11
斗	**心**	亢	翼	井	昴	婁	危	斗	箕	心	亢	12
女	尾	氐	軫	鬼	畢	胃	室	女	斗	尾	氐	13
虚	箕	**氐**	**角**	柳	觜	昴	壁	虚	女	箕	房	14
危	斗	房	亢	**張**	参	畢	奎	危	虚	斗	心	15
室	女	心	氐	翼	井	觜	婁	室	危	女	尾	16
壁	虚	尾	房	軫	**鬼**	参	胃	壁	室	虚	箕	17
奎	危	箕	心	角	柳	**参**	昴	奎	壁	危	斗	18
婁	室	斗	尾	亢	星	井	**畢**	婁	奎	室	女	19
胃	壁	女	箕	氐	張	鬼	觜	**胃**	婁	壁	虚	20
昴	奎	虚	斗	房	翼	柳	参	昴	胃	**奎**	危	21
畢	婁	危	女	心	軫	星	井	畢	**奎**	婁	室	22
觜	胃	室	虚	尾	角	張	鬼	觜	婁	胃	**室**	23
参	昴	壁	危	箕	亢	翼	柳	参	胃	昴	壁	24
井	畢	奎	室	斗	氐	軫	星	井	昴	畢	奎	25
鬼	觜	婁	壁	女	房	角	張	鬼	畢	觜	婁	26
柳	参	胃	奎	虚	心	亢	翼	柳	觜	参	胃	27
星	井	昴	婁	危	尾	氐	軫	星	参	井	昴	28
張	鬼	畢	胃	室	箕	房	角	張	井	鬼	畢	29
翼	柳	觜	昴	壁	斗	心	亢	翼	鬼		觜	30
軫		参		奎	女		氐		柳		参	31

12	11	10	9	8	7	6	5	4	3	2	1月	1929
斗	**心**	亢	張	参	昴	奎	虚	斗	房	房	角	1日
女	尾	氐	翼	井	畢	婁	危	女	心	心	亢	2
虚	箕	**氐**	**角**	鬼	觜	胃	室	虚	尾	尾	氐	3
危	斗	房	亢	柳	参	昴	壁	危	箕	箕	房	4
室	女	心	氐	**張**	井	畢	奎	室	斗	斗	心	5
壁	虚	尾	房	翼	鬼	觜	婁	壁	女	女	尾	6
奎	危	箕	心	軫	**鬼**	**参**	胃	奎	虚	虚	箕	7
婁	室	斗	尾	角	柳	井	昴	婁	危	危	斗	8
胃	壁	女	箕	亢	星	鬼	**畢**	胃	室	室	女	9
昴	奎	虚	斗	氐	張	柳	觜	**胃**	壁	**室**	虚	10
畢	婁	危	女	房	翼	星	参	昴	**奎**	壁	**虚**	11
觜	胃	室	虚	心	軫	張	井	畢	婁	奎	危	12
参	昴	壁	危	尾	角	翼	鬼	觜	胃	婁	室	13
井	畢	奎	室	箕	亢	軫	柳	参	昴	胃	壁	14
鬼	觜	婁	壁	斗	氐	角	星	井	畢	昴	奎	15
柳	参	胃	奎	女	房	亢	張	鬼	觜	畢	婁	16
星	井	昴	婁	虚	心	氐	翼	柳	参	觜	胃	17
張	鬼	畢	胃	危	尾	房	軫	星	井	参	昴	18
翼	柳	觜	昴	室	箕	心	角	張	鬼	井	畢	19
軫	星	参	畢	壁	斗	尾	亢	翼	柳	鬼	觜	20
角	張	井	觜	奎	女	箕	氐	軫	星	柳	参	21
亢	翼	鬼	参	婁	虚	斗	房	角	張	星	井	22
氐	軫	柳	井	胃	危	女	心	亢	翼	張	鬼	23
房	角	星	鬼	昴	室	虚	尾	氐	軫	翼	柳	24
心	亢	張	柳	畢	壁	危	箕	房	角	軫	星	25
尾	氐	翼	星	觜	奎	室	斗	心	亢	角	張	26
箕	房	軫	張	参	婁	壁	女	尾	氐	亢	翼	27
斗	心	角	翼	井	胃	奎	虚	箕	房	氐	軫	28
女	尾	亢	軫	鬼	昴	婁	危	斗	心		角	29
虚	箕	氐	角	柳	畢	胃	室	女	尾		亢	30
虚		房		星	觜		壁		箕		氐	31

※太字は陰暦の１日を表しています。

12	11	10	9	8	7	6	5	4	3	2	1月	1931
翼	星	参	胃	室	斗	心	亢	軫	星	柳	参	1日
軫	張	井	昴	壁	女	尾	氐	角	張	星	井	2
角	翼	鬼	畢	奎	虚	箕	房	亢	翼	張	鬼	3
亢	軫	柳	觜	婁	危	斗	心	氐	軫	翼	柳	4
氐	角	星	参	胃	室	女	尾	房	角	軫	星	5
房	亢	張	井	昴	壁	虚	箕	心	亢	角	張	6
心	氐	翼	鬼	畢	奎	危	斗	尾	氐	亢	翼	7
尾	房	軫	柳	觜	婁	室	女	箕	房	氐	軫	8
斗	心	角	星	参	胃	壁	虚	斗	心	房	角	9
女	**心**	亢	張	井	昴	奎	危	女	尾	心	亢	10
虚	尾	**氐**	翼	鬼	畢	婁	室	虚	箕	尾	氐	11
危	箕	房	**角**	柳	觜	胃	壁	危	斗	箕	房	12
室	斗	心	亢	星	参	昴	奎	室	女	斗	心	13
壁	女	尾	氐	**張**	井	畢	婁	壁	虚	女	尾	14
奎	虚	箕	房	翼	**鬼**	觜	胃	奎	危	虚	箕	15
婁	危	斗	心	軫	柳	**参**	昴	婁	室	危	斗	16
胃	室	女	尾	角	星	井	畢	胃	壁	**室**	女	17
昴	壁	虚	箕	亢	張	鬼	**畢**	**胃**	奎	壁	虚	18
畢	奎	危	斗	氐	翼	柳	觜	昴	**奎**	奎	**虚**	19
觜	婁	室	女	房	軫	星	参	畢	婁	婁	危	20
参	胃	壁	虚	心	角	張	井	觜	胃	胃	室	21
井	昴	奎	危	尾	亢	翼	鬼	参	昴	昴	壁	22
鬼	畢	婁	室	箕	氐	軫	柳	井	畢	畢	奎	23
柳	觜	胃	壁	斗	房	角	星	鬼	觜	觜	婁	24
星	参	昴	奎	女	心	亢	張	柳	参	参	胃	25
張	井	畢	婁	虚	尾	氐	翼	星	井	井	昴	26
翼	鬼	觜	胃	危	箕	房	軫	張	鬼	鬼	畢	27
軫	柳	参	昴	室	斗	心	角	翼	柳	柳	觜	28
角	星	井	畢	壁	女	尾	亢	軫	星		参	29
亢	張	鬼	觜	奎	虚	箕	氐	角	張		井	30
氐		柳		婁	危		房		翼		鬼	31

12	11	10	9	8	7	6	5	4	3	2	1月	1930
胃	壁	虚	尾	角	軫	星	参	畢	婁	奎	危	1日
昴	奎	危	箕	亢	角	張	井	觜	胃	婁	室	2
畢	婁	室	斗	氐	亢	翼	鬼	参	昴	胃	壁	3
觜	胃	壁	女	房	氐	軫	柳	井	畢	昴	奎	4
参	昴	奎	虚	心	房	角	星	鬼	觜	畢	婁	5
井	畢	婁	危	尾	心	亢	張	柳	参	觜	胃	6
鬼	觜	胃	室	箕	尾	氐	翼	星	井	参	昴	7
柳	参	昴	壁	斗	箕	房	軫	張	鬼	井	畢	8
星	井	畢	奎	女	斗	心	角	翼	柳	鬼	觜	9
張	鬼	觜	婁	虚	女	尾	亢	軫	星	柳	参	10
翼	柳	参	胃	危	虚	箕	氐	角	張	星	井	11
軫	星	井	昴	室	危	斗	房	亢	翼	張	鬼	12
角	張	鬼	畢	壁	室	女	心	氐	軫	翼	柳	13
亢	翼	柳	觜	奎	壁	虚	尾	房	角	軫	星	14
氐	軫	星	参	婁	奎	危	箕	心	亢	角	張	15
房	角	張	井	胃	婁	室	斗	尾	氐	亢	翼	16
心	亢	翼	鬼	昴	胃	壁	女	箕	房	氐	軫	17
尾	氐	軫	柳	畢	昴	奎	虚	斗	心	房	角	18
箕	房	角	星	觜	畢	婁	危	女	尾	心	亢	19
斗	**心**	亢	張	参	觜	胃	室	虚	箕	尾	氐	20
女	尾	氐	翼	井	参	昴	壁	危	斗	箕	房	21
虚	箕	氐	**角**	鬼	井	畢	奎	室	女	斗	心	22
危	斗	房	亢	柳	鬼	觜	婁	壁	虚	女	尾	23
室	女	心	氐	**張**	柳	参	胃	奎	危	虚	箕	24
壁	虚	尾	房	翼	星	井	昴	婁	室	危	斗	25
奎	危	箕	心	軫	**鬼**	**鬼**	畢	胃	壁	室	女	26
婁	室	斗	尾	角	柳	柳	觜	昴	奎	壁	虚	27
胃	壁	女	箕	亢	星	星	**参**	畢	婁	**奎**	危	28
昴	奎	虚	斗	氐	張	張	井	**畢**	胃		室	29
畢	婁	危	女	房	翼	翼	鬼	觜	**胃**		**室**	30
觜		室		心	軫		柳		昴		壁	31

12	11	10	9	8	7	6	5	4	3	2	1月	1932
危	斗	房	**角**	柳	参	昴	奎	室	女	箕	房	1日
室	女	心	亢	**張**	井	畢	婁	壁	虚	斗	心	2
壁	虚	尾	氐	翼	鬼	觜	胃	奎	危	女	尾	3
奎	危	箕	房	軫	**鬼**	**参**	昴	婁	室	虚	箕	4
婁	室	斗	心	角	柳	井	畢	胃	壁	危	斗	5
胃	壁	女	尾	亢	星	鬼	**畢**	**胃**	奎	**室**	女	6
昴	奎	虚	箕	氐	張	柳	觜	昴	**奎**	壁	虚	7
畢	婁	危	斗	房	翼	星	参	畢	婁	奎	**虚**	8
觜	胃	室	女	心	軫	張	井	觜	胃	婁	危	9
参	昴	壁	虚	尾	角	翼	鬼	参	昴	胃	室	10
井	畢	奎	危	箕	亢	軫	柳	井	畢	昴	壁	11
鬼	觜	婁	室	斗	氐	角	星	鬼	觜	畢	奎	12
柳	参	胃	壁	女	房	亢	張	柳	参	觜	婁	13
星	井	昴	奎	虚	心	氐	翼	星	井	参	胃	14
張	鬼	畢	婁	危	尾	房	軫	張	鬼	井	昴	15
翼	柳	觜	胃	室	箕	心	角	翼	柳	鬼	畢	16
軫	星	参	昴	壁	斗	尾	亢	軫	星	柳	觜	17
角	張	井	畢	奎	女	箕	氐	角	張	星	参	18
亢	翼	鬼	觜	婁	虚	斗	房	亢	翼	張	井	19
氐	軫	柳	参	胃	危	女	心	氐	軫	翼	鬼	20
房	角	星	井	昴	室	虚	尾	房	角	軫	柳	21
心	亢	張	鬼	畢	壁	危	箕	心	亢	角	星	22
尾	氐	翼	柳	觜	奎	室	斗	尾	氐	亢	張	23
箕	房	軫	星	参	婁	壁	女	箕	房	氐	翼	24
斗	心	角	張	井	胃	奎	虚	斗	心	房	軫	25
女	尾	亢	翼	鬼	昴	婁	危	女	尾	心	角	26
虚	箕	氐	軫	柳	畢	胃	室	虚	箕	尾	亢	27
危	**斗**	房	角	星	觜	昴	壁	危	斗	箕	氐	28
室	女	**心**	亢	張	参	畢	奎	室	女	斗	房	29
壁	虚	尾	**氐**	翼	井	觜	婁	壁	虚		心	30
奎		箕		軫	鬼		胃		危		尾	31

12	11	10	9	8	7	6	5	4	3	2	1月	1933
畢	胃	室	女	房	角	角	星	鬼	觜	畢	婁	1日
觜	昴	壁	虚	心	亢	亢	張	柳	参	觜	胃	2
参	畢	奎	危	尾	氐	氐	翼	星	井	参	昴	3
井	觜	婁	室	箕	房	房	軫	張	鬼	井	畢	4
鬼	参	胃	壁	斗	心	心	角	翼	柳	鬼	觜	5
柳	井	昴	奎	女	尾	尾	亢	軫	星	柳	参	6
星	鬼	畢	婁	虚	箕	箕	氐	角	張	星	井	7
張	柳	觜	胃	危	斗	斗	房	亢	翼	張	鬼	8
翼	星	参	昴	室	女	女	心	氐	軫	翼	柳	9
軫	張	井	畢	壁	虚	虚	尾	房	角	軫	星	10
角	翼	鬼	觜	奎	危	危	箕	心	亢	角	張	11
亢	軫	柳	参	婁	室	室	斗	尾	氐	亢	翼	12
氐	角	星	井	胃	壁	壁	女	箕	房	氐	軫	13
房	亢	張	鬼	昴	奎	奎	虚	斗	心	房	角	14
心	氐	翼	柳	畢	婁	婁	危	女	尾	心	亢	15
尾	房	軫	星	觜	胃	胃	室	虚	箕	尾	氐	16
斗	心	角	張	参	昴	昴	壁	危	斗	箕	房	17
女	**心**	亢	翼	井	畢	畢	奎	室	女	斗	心	18
虚	尾	**氐**	軫	鬼	觜	觜	婁	壁	虚	女	尾	19
危	箕	房	**角**	柳	参	参	胃	奎	危	虚	箕	20
室	斗	心	亢	**張**	井	井	昴	婁	室	危	斗	21
壁	女	尾	氐	翼	鬼	鬼	畢	胃	壁	室	女	22
奎	虚	箕	房	軫	**鬼**	**参**	觜	昴	奎	壁	虚	23
婁	危	斗	心	角	柳	井	**参**	畢	婁	**奎**	危	24
胃	室	女	尾	亢	星	鬼	井	**畢**	胃	婁	室	25
昴	壁	虚	箕	氐	張	柳	鬼	觜	**胃**	胃	**室**	26
畢	奎	危	斗	房	翼	星	柳	参	昴	昴	壁	27
觜	婁	室	女	心	軫	張	星	井	畢	畢	奎	28
参	胃	壁	虚	尾	角	翼	張	鬼	觜		婁	29
井	昴	奎	危	箕	亢	軫	翼	柳	参		胃	30
鬼		婁		斗	氐		軫		井		昴	31

※太字は陰暦の１日を表しています。

12	11	10	9	8	7	6	5	4	3	2	1月	1935
壁	虚	尾	房	軫	**鬼**	**参**	昴	奎	虚	虚	尾	1日
奎	危	箕	心	角	柳	井	畢	婁	危	危	箕	2
婁	室	斗	尾	亢	星	鬼	**畢**	**胃**	室	室	斗	3
胃	壁	女	箕	氐	張	柳	觜	昴	壁	**室**	女	4
昴	奎	虚	斗	房	翼	星	参	畢	**奎**	壁	**虚**	5
畢	婁	危	女	心	軫	張	井	觜	婁	奎	危	6
觜	胃	室	虚	尾	角	翼	鬼	参	胃	婁	室	7
参	昴	壁	危	箕	亢	軫	柳	井	昴	胃	壁	8
井	畢	奎	室	斗	氐	角	星	鬼	畢	昴	奎	9
鬼	觜	婁	壁	女	房	亢	張	柳	觜	畢	婁	10
柳	参	胃	奎	虚	心	氐	翼	星	参	觜	胃	11
星	井	昴	婁	危	尾	房	軫	張	井	参	昴	12
張	鬼	畢	胃	室	箕	心	角	翼	鬼	井	畢	13
翼	柳	觜	昴	壁	斗	尾	亢	軫	柳	鬼	觜	14
軫	星	参	畢	奎	女	箕	氐	角	星	柳	参	15
角	張	井	觜	婁	虚	斗	房	亢	張	星	井	16
亢	翼	鬼	参	胃	危	女	心	氐	翼	張	鬼	17
氐	軫	柳	井	昴	室	虚	尾	房	軫	翼	柳	18
房	角	星	鬼	畢	壁	危	箕	心	角	軫	星	19
心	亢	張	柳	觜	奎	室	斗	尾	亢	角	張	20
尾	氐	翼	星	参	婁	壁	女	箕	氐	亢	翼	21
箕	房	軫	張	井	胃	奎	虚	斗	房	氐	軫	22
斗	心	角	翼	鬼	昴	婁	危	女	心	房	角	23
女	尾	亢	軫	柳	畢	胃	室	虚	尾	心	亢	24
虚	箕	氐	角	星	觜	昴	壁	危	箕	尾	氐	25
虚	**斗**	房	亢	張	参	畢	奎	室	斗	箕	房	26
危	女	**心**	氐	翼	井	觜	婁	壁	女	斗	心	27
室	虚	尾	**氐**	軫	鬼	参	胃	奎	虚	女	尾	28
壁	危	箕	房	**角**	柳	井	昴	婁	危		箕	29
奎	室	斗	心	亢	**張**	鬼	畢	胃	室		斗	30
婁		女		氐	翼		觜		壁		女	31

12	11	10	9	8	7	6	5	4	3	2	1月	1934
亢	翼	柳	参	婁	室	虚	尾	房	軫	軫	柳	1日
氐	軫	星	井	胃	壁	危	箕	心	角	角	星	2
房	角	張	鬼	昴	奎	室	斗	尾	亢	亢	張	3
心	亢	翼	柳	畢	婁	壁	女	箕	氐	氐	翼	4
尾	氐	軫	星	觜	胃	奎	虚	斗	房	房	軫	5
箕	房	角	張	参	昴	婁	危	女	心	心	角	6
斗	**心**	亢	翼	井	畢	胃	室	虚	尾	尾	亢	7
女	尾	氐	軫	鬼	觜	昴	壁	危	箕	箕	氐	8
虚	箕	**氐**	**角**	柳	参	畢	奎	室	斗	斗	房	9
危	斗	房	亢	**張**	井	觜	婁	壁	女	女	心	10
室	女	心	氐	翼	**鬼**	**参**	胃	奎	虚	虚	尾	11
壁	虚	尾	房	軫	鬼	参	昴	婁	危	危	箕	12
奎	危	箕	心	角	柳	井	**畢**	胃	室	室	斗	13
婁	室	斗	尾	亢	星	鬼	觜	**胃**	壁	**室**	女	14
胃	壁	女	箕	氐	張	柳	参	昴	**奎**	壁	**虚**	15
昴	奎	虚	斗	房	翼	星	井	畢	婁	奎	危	16
畢	婁	危	女	心	軫	張	鬼	觜	胃	婁	室	17
觜	胃	室	虚	尾	角	翼	柳	参	昴	胃	壁	18
参	昴	壁	危	箕	亢	軫	星	井	畢	昴	奎	19
井	畢	奎	室	斗	氐	角	張	鬼	觜	畢	婁	20
鬼	觜	婁	壁	女	房	亢	翼	柳	参	觜	胃	21
柳	参	胃	奎	虚	心	氐	軫	星	井	参	昴	22
星	井	昴	婁	危	尾	房	角	張	鬼	井	畢	23
張	鬼	畢	胃	室	箕	心	亢	翼	柳	鬼	觜	24
翼	柳	觜	昴	壁	斗	尾	氐	軫	星	柳	参	25
軫	星	参	畢	奎	女	箕	房	角	張	星	井	26
角	張	井	觜	婁	虚	斗	心	亢	翼	張	鬼	27
亢	翼	鬼	参	胃	危	女	尾	氐	軫	翼	柳	28
氐	軫	柳	井	昴	室	虚	箕	房	角		星	29
房	角	星	鬼	畢	壁	危	斗	心	亢		張	30
心		張		觜	奎		女		氐		翼	31

12	11	10	9	8	7	6	5	4	3	2	1月	1936
鬼	参	胃	壁	斗	心	亢	翼	張	井	参	胃	1日
柳	井	昴	奎	女	尾	氐	軫	翼	鬼	井	昴	2
星	鬼	畢	婁	虚	箕	房	角	軫	柳	鬼	畢	3
張	柳	觜	胃	危	斗	心	亢	角	星	柳	觜	4
翼	星	参	昴	室	女	尾	氐	亢	張	星	参	5
軫	張	井	畢	壁	虚	箕	房	氐	翼	張	井	6
角	翼	鬼	觜	奎	危	斗	心	房	軫	翼	鬼	7
亢	軫	柳	参	婁	室	女	尾	心	角	軫	柳	8
氐	角	星	井	胃	壁	虚	箕	尾	亢	角	星	9
房	亢	張	鬼	昴	奎	危	斗	箕	氐	亢	張	10
心	氐	翼	柳	畢	婁	室	女	斗	房	氐	翼	11
尾	房	軫	星	觜	胃	壁	虚	女	心	房	軫	12
箕	心	角	張	参	昴	奎	危	虚	尾	心	角	13
斗	**心**	亢	翼	井	畢	婁	室	危	箕	尾	亢	14
女	尾	**氐**	軫	鬼	觜	胃	壁	室	斗	箕	氐	15
虚	箕	房	**角**	柳	参	昴	奎	壁	女	斗	房	16
危	斗	心	亢	**張**	井	畢	婁	奎	虚	女	心	17
室	女	尾	氐	翼	鬼	觜	胃	婁	危	虚	尾	18
壁	虚	箕	房	軫	**鬼**	**参**	昴	胃	室	危	箕	19
奎	危	斗	心	角	柳	井	畢	昴	壁	室	斗	20
婁	室	女	尾	亢	星	鬼	**畢**	**胃**	奎	壁	女	21
胃	壁	虚	箕	氐	張	柳	觜	昴	婁	奎	虚	22
昴	奎	危	斗	房	翼	星	参	畢	**胃**	**奎**	危	23
畢	婁	室	女	心	軫	張	井	觜	昴	婁	**室**	24
觜	胃	壁	虚	尾	角	翼	鬼	参	畢	胃	壁	25
参	昴	奎	危	箕	亢	軫	柳	井	觜	昴	奎	26
井	畢	婁	室	斗	氐	角	星	鬼	参	畢	婁	27
鬼	觜	胃	壁	女	房	亢	張	柳	井	觜	胃	28
柳	参	昴	奎	虚	心	氐	翼	星	鬼	参	昴	29
星	井	畢	婁	危	尾	房	軫	張	柳		畢	30
張		觜		室	箕		角		星		觜	31

12	11	10	9	8	7	6	5	4	3	2	1月	1937
尾	房	軫	星	觜	婁	壁	女	尾	氐	亢	翼	1日
箕	心	角	張	参	胃	奎	虚	箕	房	氐	軫	2
斗	**心**	亢	翼	井	昴	婁	危	斗	心	房	角	3
女	尾	**氐**	軫	鬼	畢	胃	室	女	尾	心	亢	4
虚	箕	房	**角**	柳	觜	昴	壁	虚	箕	尾	氐	5
危	斗	心	亢	**張**	参	畢	奎	危	斗	箕	房	6
室	女	尾	氐	翼	井	觜	婁	室	女	斗	心	7
壁	虚	箕	房	軫	**鬼**	参	胃	壁	虚	女	尾	8
奎	危	斗	心	角	柳	**参**	昴	奎	危	虚	箕	9
婁	室	女	尾	亢	星	井	**畢**	婁	室	危	斗	10
胃	壁	虚	箕	氐	張	鬼	觜	**胃**	壁	**室**	女	11
昴	奎	危	斗	房	翼	柳	参	昴	奎	壁	虚	12
畢	婁	室	女	心	軫	星	井	畢	**奎**	奎	**虚**	13
觜	胃	壁	虚	尾	角	張	鬼	觜	婁	婁	危	14
参	昴	奎	危	箕	亢	翼	柳	参	胃	胃	室	15
井	畢	婁	室	斗	氐	軫	星	井	昴	昴	壁	16
鬼	觜	胃	壁	女	房	角	張	鬼	畢	畢	奎	17
柳	参	昴	奎	虚	心	亢	翼	柳	觜	觜	婁	18
星	井	畢	婁	危	尾	氐	軫	星	参	参	胃	19
張	鬼	觜	胃	室	箕	房	角	張	井	井	昴	20
翼	柳	参	昴	壁	斗	心	亢	翼	鬼	鬼	畢	21
軫	星	井	畢	奎	女	尾	氐	軫	柳	柳	觜	22
角	張	鬼	觜	婁	虚	箕	房	角	星	星	参	23
亢	翼	柳	参	胃	危	斗	心	亢	張	張	井	24
氐	軫	星	井	昴	室	女	尾	氐	翼	翼	鬼	25
房	角	張	鬼	畢	壁	虚	箕	房	軫	軫	柳	26
心	亢	翼	柳	觜	奎	危	斗	心	角	角	星	27
尾	氐	軫	星	参	婁	室	女	尾	亢	亢	張	28
箕	房	角	張	井	胃	壁	虚	箕	氐		翼	29
斗	心	亢	翼	鬼	昴	奎	危	斗	房		軫	30
女		氐		柳	畢		室		心		角	31

※太字は陰暦の１日を表しています。

12	11	10	9	8	7	6	5	4	3	2	1月	1939
張	鬼	觜	婁	虚	箕	房	軫	張	鬼	鬼	畢	1日
翼	柳	参	胃	危	斗	心	角	翼	柳	柳	觜	2
軫	星	井	昴	室	女	尾	亢	軫	星	星	参	3
角	張	鬼	畢	壁	虚	箕	氐	角	張	張	井	4
亢	翼	柳	觜	奎	危	斗	房	亢	翼	翼	鬼	5
氐	軫	星	参	婁	室	女	心	氐	軫	軫	柳	6
房	角	張	井	胃	壁	虚	尾	房	角	角	星	7
心	亢	翼	鬼	昴	奎	危	箕	心	亢	亢	張	8
尾	氐	軫	柳	畢	婁	室	斗	尾	氐	氐	翼	9
箕	房	角	星	觜	胃	壁	女	箕	房	房	軫	10
斗	**心**	亢	張	参	昴	奎	虚	斗	心	心	角	11
女	尾	氐	翼	井	畢	婁	危	女	尾	尾	亢	12
虚	箕	**氐**	**角**	鬼	觜	胃	室	虚	箕	箕	氐	13
危	斗	房	亢	柳	参	昴	壁	危	斗	斗	房	14
室	女	心	氐	**張**	井	畢	奎	室	女	女	心	15
壁	虚	尾	房	翼	鬼	觜	婁	壁	虚	虚	尾	16
奎	危	箕	心	軫	**鬼**	**参**	胃	奎	危	危	箕	17
婁	室	斗	尾	角	柳	井	昴	婁	室	室	斗	18
胃	壁	女	箕	亢	星	鬼	**畢**	胃	壁	**室**	女	19
昴	奎	虚	斗	氐	張	柳	觜	**胃**	奎	壁	**虚**	20
畢	婁	危	女	房	翼	星	参	昴	**奎**	奎	危	21
觜	胃	室	虚	心	軫	張	井	畢	婁	婁	室	22
参	昴	壁	危	尾	角	翼	鬼	觜	胃	胃	壁	23
井	畢	奎	室	箕	亢	軫	柳	参	昴	昴	奎	24
鬼	觜	婁	壁	斗	氐	角	星	井	畢	畢	婁	25
柳	参	胃	奎	女	房	亢	張	鬼	觜	觜	胃	26
星	井	昴	婁	虚	心	氐	翼	柳	参	参	昴	27
張	鬼	畢	胃	危	尾	房	軫	星	井	井	畢	28
翼	柳	觜	昴	室	箕	心	角	張	鬼		觜	29
軫	星	参	畢	壁	斗	尾	亢	翼	柳		参	30
角		井		奎	女		氐		星		井	31

12	11	10	9	8	7	6	5	4	3	2	1月	1938
奎	室	斗	心	氐	張	柳	觜	胃	奎	壁	虚	1日
婁	壁	女	尾	房	翼	星	参	昴	**奎**	奎	**虚**	2
胃	奎	虚	箕	心	軫	張	井	畢	婁	婁	危	3
昴	婁	危	斗	尾	角	翼	鬼	觜	胃	胃	室	4
畢	胃	室	女	箕	亢	軫	柳	参	昴	昴	壁	5
觜	昴	壁	虚	斗	氐	角	星	井	畢	畢	奎	6
参	畢	奎	危	女	房	亢	張	鬼	觜	觜	婁	7
井	觜	婁	室	虚	心	氐	翼	柳	参	参	胃	8
鬼	参	胃	壁	危	尾	房	軫	星	井	井	昴	9
柳	井	昴	奎	室	箕	心	角	張	鬼	鬼	畢	10
星	鬼	畢	婁	壁	斗	尾	亢	翼	柳	柳	觜	11
張	柳	觜	胃	奎	女	箕	氐	軫	星	星	参	12
翼	星	参	昴	婁	虚	斗	房	角	張	張	井	13
軫	張	井	畢	胃	危	女	心	亢	翼	翼	鬼	14
角	翼	鬼	觜	昴	室	虚	尾	氐	軫	軫	柳	15
亢	軫	柳	参	畢	壁	危	箕	房	角	角	星	16
氐	角	星	井	觜	奎	室	斗	心	亢	亢	張	17
房	亢	張	鬼	参	婁	壁	女	尾	氐	氐	翼	18
心	氐	翼	柳	井	胃	奎	虚	箕	房	房	軫	19
尾	房	軫	星	鬼	昴	婁	危	斗	心	心	角	20
箕	心	角	張	柳	畢	胃	室	女	尾	尾	亢	21
斗	**心**	亢	翼	星	觜	昴	壁	虚	箕	箕	氐	22
女	尾	**氐**	軫	張	参	畢	奎	危	斗	斗	房	23
虚	箕	房	**角**	翼	井	觜	婁	室	女	女	心	24
危	斗	心	亢	**張**	鬼	参	胃	壁	虚	虚	尾	25
室	女	尾	氐	翼	柳	井	昴	奎	危	危	箕	26
壁	虚	箕	房	軫	**張**	鬼	畢	婁	室	室	斗	27
奎	危	斗	心	角	翼	**鬼**	觜	胃	壁	壁	女	28
婁	室	女	尾	亢	軫	柳	**参**	昴	奎		虚	29
胃	壁	虚	箕	氐	角	星	井	**畢**	婁		危	30
昴		危		房	亢		鬼		胃		**室**	31

1940年～1943年

12	11	10	9	8	7	6	5	4	3	2	1月	1940
虚	尾	**氐**	翼	鬼	畢	胃	室	虚	箕	尾	亢	1日
危	箕	房	**角**	柳	觜	昴	壁	危	斗	箕	氐	2
室	斗	心	亢	星	参	畢	奎	室	女	斗	房	3
壁	女	尾	氐	**張**	井	觜	婁	壁	虚	女	心	4
奎	虚	箕	房	翼	**鬼**	参	胃	奎	危	虚	尾	5
婁	危	斗	心	軫	柳	**参**	昴	婁	室	危	箕	6
胃	室	女	尾	角	星	井	**畢**	胃	壁	室	斗	7
昴	壁	虚	箕	亢	張	鬼	觜	**胃**	奎	**室**	女	8
畢	奎	危	斗	氐	翼	柳	参	昴	**奎**	壁	**虚**	9
觜	婁	室	女	房	軫	星	井	畢	婁	奎	危	10
参	胃	壁	虚	心	角	張	鬼	觜	胃	婁	室	11
井	昴	奎	危	尾	亢	翼	柳	参	昴	胃	壁	12
鬼	畢	婁	室	箕	氐	軫	星	井	畢	昴	奎	13
柳	觜	胃	壁	斗	房	角	張	鬼	觜	畢	婁	14
星	参	昴	奎	女	心	亢	翼	柳	参	觜	胃	15
張	井	畢	婁	虚	尾	氐	軫	星	井	参	昴	16
翼	鬼	觜	胃	危	箕	房	角	張	鬼	井	畢	17
軫	柳	参	昴	室	斗	心	亢	翼	柳	鬼	觜	18
角	星	井	畢	壁	女	尾	氐	軫	星	柳	参	19
亢	張	鬼	觜	奎	虚	箕	房	角	張	星	井	20
氐	翼	柳	参	婁	危	斗	心	亢	翼	張	鬼	21
房	軫	星	井	胃	室	女	尾	氐	軫	翼	柳	22
心	角	張	鬼	昴	壁	虚	箕	房	角	軫	星	23
尾	亢	翼	柳	畢	奎	危	斗	心	亢	角	張	24
箕	氐	軫	星	觜	婁	室	女	尾	氐	亢	翼	25
斗	房	角	張	参	胃	壁	虚	箕	房	氐	軫	26
女	心	亢	翼	井	昴	奎	危	斗	心	房	角	27
虚	尾	氐	軫	鬼	畢	婁	室	女	尾	心	亢	28
虚	**斗**	房	角	柳	觜	胃	壁	虚	箕	尾	氐	29
危	女	心	亢	星	参	昴	奎	危	斗		房	30
室		**心**		張	井		婁		女		心	31

12	11	10	9	8	7	6	5	4	3	2	1月	1941
昴	婁	危	箕	氐	角	翼	柳	参	昴	昴	壁	1日
畢	胃	室	斗	房	亢	軫	星	井	畢	畢	奎	2
觜	昴	壁	女	心	氐	角	張	鬼	觜	觜	婁	3
参	畢	奎	虚	尾	房	亢	翼	柳	参	参	胃	4
井	觜	婁	危	箕	心	氐	軫	星	井	井	昴	5
鬼	参	胃	室	斗	尾	房	角	張	鬼	鬼	畢	6
柳	井	昴	壁	女	箕	心	亢	翼	柳	柳	觜	7
星	鬼	畢	奎	虚	斗	尾	氐	軫	星	星	参	8
張	柳	觜	婁	危	女	箕	房	角	張	張	井	9
翼	星	参	胃	室	虚	斗	心	亢	翼	翼	鬼	10
軫	張	井	昴	壁	危	女	尾	氐	軫	軫	柳	11
角	翼	鬼	畢	奎	室	虚	箕	房	角	角	星	12
亢	軫	柳	觜	婁	壁	危	斗	心	亢	亢	張	13
氐	角	星	参	胃	奎	室	女	尾	氐	氐	翼	14
房	亢	張	井	昴	婁	壁	虚	箕	房	房	軫	15
心	氐	翼	鬼	畢	胃	奎	危	斗	心	心	角	16
尾	房	軫	柳	觜	昴	婁	室	女	尾	尾	亢	17
斗	心	角	星	参	畢	胃	壁	虚	箕	箕	氐	18
女	**心**	亢	張	井	觜	昴	奎	危	斗	斗	房	19
虚	尾	**氐**	翼	鬼	参	畢	婁	室	女	女	心	20
危	箕	房	**角**	柳	井	觜	胃	壁	虚	虚	尾	21
室	斗	心	亢	星	鬼	参	昴	奎	危	危	箕	22
壁	女	尾	氐	**張**	柳	井	畢	婁	室	室	斗	23
奎	虚	箕	房	翼	**鬼**	鬼	觜	胃	壁	壁	女	24
婁	危	斗	心	軫	柳	**鬼**	参	昴	奎	奎	虚	25
胃	室	女	尾	角	星	柳	**参**	**畢**	婁	**奎**	危	26
昴	壁	虚	箕	亢	張	星	井	觜	胃	婁	**室**	27
畢	奎	危	斗	氐	翼	張	鬼	参	**胃**	胃	壁	28
觜	婁	室	女	房	軫	翼	柳	井	昴		奎	29
参	胃	壁	虚	心	角	軫	星	鬼	畢		婁	30
井		奎		尾	亢		張		觜		胃	31

※太字は陰暦の１日を表しています。

12	11	10	9	8	7	6	5	4	3	2	1月	1943
危	斗	心	亢	**張**	井	觜	婁	壁	女	女	心	1日
室	女	尾	氐	翼	**鬼**	参	胃	奎	虚	虚	尾	2
壁	虚	箕	房	軫	柳	**参**	昴	婁	危	危	箕	3
奎	危	斗	心	角	星	井	**畢**	胃	室	室	斗	4
婁	室	女	尾	亢	張	鬼	觜	**胃**	壁	**室**	女	5
胃	壁	虚	箕	氐	翼	柳	参	昴	**奎**	壁	**虚**	6
昴	奎	危	斗	房	軫	星	井	畢	婁	奎	危	7
畢	婁	室	女	心	角	張	鬼	觜	胃	婁	室	8
觜	胃	壁	虚	尾	亢	翼	柳	参	昴	胃	壁	9
参	昴	奎	危	箕	氐	軫	星	井	畢	昴	奎	10
井	畢	婁	室	斗	房	角	張	鬼	觜	畢	婁	11
鬼	觜	胃	壁	女	心	亢	翼	柳	参	觜	胃	12
柳	参	昴	奎	虚	尾	氐	軫	星	井	参	昴	13
星	井	畢	婁	危	箕	房	角	張	鬼	井	畢	14
張	鬼	觜	胃	室	斗	心	亢	翼	柳	鬼	觜	15
翼	柳	参	昴	壁	女	尾	氐	軫	星	柳	参	16
軫	星	井	畢	奎	虚	箕	房	角	張	星	井	17
角	張	鬼	觜	婁	危	斗	心	亢	翼	張	鬼	18
亢	翼	柳	参	胃	室	女	尾	氐	軫	翼	柳	19
氐	軫	星	井	昴	壁	虚	箕	房	角	軫	星	20
房	角	張	鬼	畢	奎	危	斗	心	亢	角	張	21
心	亢	翼	柳	觜	婁	室	女	尾	氐	亢	翼	22
尾	氐	軫	星	参	胃	壁	虚	箕	房	氐	軫	23
箕	房	角	張	井	昴	奎	危	斗	心	房	角	24
斗	心	亢	翼	鬼	畢	婁	室	女	尾	心	亢	25
女	尾	氐	軫	柳	觜	胃	壁	虚	箕	尾	氐	26
虚	箕	房	角	星	参	昴	奎	危	斗	箕	房	27
危	**斗**	心	亢	張	井	畢	婁	室	女	斗	心	28
室	女	**心**	**氐**	翼	鬼	觜	胃	壁	虚		尾	29
壁	虚	尾	房	軫	柳	参	昴	奎	危		箕	30
奎		箕		角	星		畢		室		斗	31

12	11	10	9	8	7	6	5	4	3	2	1月	1942
軫	張	井	畢	奎	虚	斗	心	亢	翼	張	鬼	1日
角	翼	鬼	觜	婁	危	女	尾	氐	軫	翼	柳	2
亢	軫	柳	参	胃	室	虚	箕	房	角	軫	星	3
氐	角	星	井	昴	壁	危	斗	心	亢	角	張	4
房	亢	張	鬼	畢	奎	室	女	尾	氐	亢	翼	5
心	氐	翼	柳	觜	婁	壁	虚	箕	房	氐	軫	6
尾	房	軫	星	参	胃	奎	危	斗	心	房	角	7
斗	心	角	張	井	昴	婁	室	女	尾	心	亢	8
女	心	亢	翼	鬼	畢	胃	壁	虚	箕	尾	氐	9
虚	尾	**氐**	軫	柳	觜	昴	奎	危	斗	箕	房	10
危	箕	房	**角**	星	参	畢	婁	室	女	斗	心	11
室	斗	心	亢	**張**	井	觜	胃	壁	虚	女	尾	12
壁	女	尾	氐	翼	**鬼**	参	昴	奎	危	虚	箕	13
奎	虚	箕	房	軫	柳	**参**	畢	婁	室	危	斗	14
婁	危	斗	心	角	星	井	**畢**	**胃**	壁	**室**	女	15
胃	室	女	尾	亢	張	鬼	觜	昴	奎	壁	虚	16
昴	壁	虚	箕	氐	翼	柳	参	畢	**奎**	奎	**虚**	17
畢	奎	危	斗	房	軫	星	井	觜	婁	婁	危	18
觜	婁	室	女	心	角	張	鬼	参	胃	胃	室	19
参	胃	壁	虚	尾	亢	翼	柳	井	昴	昴	壁	20
井	昴	奎	危	箕	氐	軫	星	鬼	畢	畢	奎	21
鬼	畢	婁	室	斗	房	角	張	柳	觜	觜	婁	22
柳	觜	胃	壁	女	心	亢	翼	星	参	参	胃	23
星	参	昴	奎	虚	尾	氐	軫	張	井	井	昴	24
張	井	畢	婁	危	箕	房	角	翼	鬼	鬼	畢	25
翼	鬼	觜	胃	室	斗	心	亢	軫	柳	柳	觜	26
軫	柳	参	昴	壁	女	尾	氐	角	星	星	参	27
角	星	井	畢	奎	虚	箕	房	亢	張	張	井	28
亢	張	鬼	觜	婁	危	斗	心	氐	翼		鬼	29
氐	翼	柳	参	胃	室	女	尾	房	軫		柳	30
房		星		昴	壁		箕		角		星	31

12	11	10	9	8	7	6	5	4	3	2	1月	1944
参	畢	婁	危	箕	氐	角	翼	星	参	畢	婁	1日
井	觜	胃	室	斗	房	亢	軫	張	井	觜	胃	2
鬼	参	昴	壁	女	心	氐	角	翼	鬼	参	昴	3
柳	井	畢	奎	虚	尾	房	亢	軫	柳	井	畢	4
星	鬼	觜	婁	危	箕	心	氐	角	星	鬼	觜	5
張	柳	参	胃	室	斗	尾	房	亢	張	柳	参	6
翼	星	井	昴	壁	女	箕	心	氐	翼	星	井	7
軫	張	鬼	畢	奎	虚	斗	尾	房	軫	張	鬼	8
角	翼	柳	觜	婁	危	女	箕	心	角	翼	柳	9
亢	軫	星	参	胃	室	虚	斗	尾	亢	軫	星	10
氐	角	張	井	昴	壁	危	女	箕	氐	角	張	11
房	亢	翼	鬼	畢	奎	室	虚	斗	房	亢	翼	12
心	氐	軫	柳	觜	婁	壁	危	女	心	氐	軫	13
尾	房	角	星	参	胃	奎	室	虚	尾	房	角	14
斗	心	亢	張	井	昴	婁	壁	危	箕	心	亢	15
女	**心**	氐	翼	鬼	畢	胃	奎	室	斗	尾	氐	16
虚	尾	**氐**	**角**	柳	觜	昴	婁	壁	女	箕	房	17
危	箕	房	亢	星	参	畢	胃	奎	虚	斗	心	18
室	斗	心	氐	**張**	井	觜	昴	婁	危	女	尾	19
壁	女	尾	房	翼	**鬼**	参	畢	胃	室	虚	箕	20
奎	虚	箕	心	軫	柳	**参**	觜	昴	壁	危	斗	21
婁	危	斗	尾	角	星	井	**畢**	畢	奎	室	女	22
胃	室	女	箕	亢	張	鬼	觜	**畢**	婁	壁	虚	23
昴	壁	虚	斗	氐	翼	柳	参	觜	**胃**	**奎**	危	24
畢	奎	危	女	房	軫	星	井	参	昴	婁	室	25
觜	婁	室	虚	心	角	張	鬼	井	畢	胃	**室**	26
参	胃	壁	危	尾	亢	翼	柳	鬼	觜	昴	壁	27
井	昴	奎	室	箕	氐	軫	星	柳	参	畢	奎	28
鬼	畢	婁	壁	斗	房	角	張	星	井	觜	婁	29
柳	觜	胃	奎	女	心	亢	翼	張	鬼		胃	30
星		昴		虚	尾		軫		柳		昴	31

12	11	10	9	8	7	6	5	4	3	2	1月	1945
房	亢	翼	鬼	畢	奎	危	斗	心	角	角	張	1日
心	氐	軫	柳	觜	婁	室	女	尾	亢	亢	翼	2
尾	房	角	星	参	胃	壁	虚	箕	氐	氐	軫	3
箕	心	亢	張	井	昴	奎	危	斗	房	房	角	4
斗	**心**	氐	翼	鬼	畢	婁	室	女	心	心	亢	5
女	尾	**氐**	**角**	柳	觜	胃	壁	虚	尾	尾	氐	6
虚	箕	房	亢	星	参	昴	奎	危	箕	箕	房	7
危	斗	心	氐	**張**	井	畢	婁	室	斗	斗	心	8
室	女	尾	房	翼	**鬼**	觜	胃	壁	女	女	尾	9
壁	虚	箕	心	軫	柳	**参**	昴	奎	虚	虚	箕	10
奎	危	斗	尾	角	星	井	畢	婁	危	危	斗	11
婁	室	女	箕	亢	張	鬼	**畢**	**胃**	室	室	女	12
胃	壁	虚	斗	氐	翼	柳	觜	昴	壁	**室**	虚	13
昴	奎	危	女	房	軫	星	参	畢	**奎**	壁	**虚**	14
畢	婁	室	虚	心	角	張	井	觜	婁	奎	危	15
觜	胃	壁	危	尾	亢	翼	鬼	参	胃	婁	室	16
参	昴	奎	室	箕	氐	軫	柳	井	昴	胃	壁	17
井	畢	婁	壁	斗	房	角	星	鬼	畢	昴	奎	18
鬼	觜	胃	奎	女	心	亢	張	柳	觜	畢	婁	19
柳	参	昴	婁	虚	尾	氐	翼	星	参	觜	胃	20
星	井	畢	胃	危	箕	房	軫	張	井	参	昴	21
張	鬼	觜	昴	室	斗	心	角	翼	鬼	井	畢	22
翼	柳	参	畢	壁	女	尾	亢	軫	柳	鬼	觜	23
軫	星	井	觜	奎	虚	箕	氐	角	星	柳	参	24
角	張	鬼	参	婁	危	斗	房	亢	張	星	井	25
亢	翼	柳	井	胃	室	女	心	氐	翼	張	鬼	26
氐	軫	星	鬼	昴	壁	虚	尾	房	軫	翼	柳	27
房	角	張	柳	畢	奎	危	箕	心	角	軫	星	28
心	亢	翼	星	觜	婁	室	斗	尾	亢		張	29
尾	氐	軫	張	参	胃	壁	女	箕	氐		翼	30
箕		角		井	昴		虚		房		軫	31

※太字は陰暦の１日を表しています。

12	11	10	9	8	7	6	5	4	3	2	1月	1947
柳	井	昴	奎	女	心	氐	翼	柳	鬼	鬼	觜	1日
星	鬼	畢	婁	虚	尾	房	軫	星	柳	柳	参	2
張	柳	觜	胃	危	箕	心	角	張	星	星	井	3
翼	星	参	昴	室	斗	尾	亢	翼	張	張	鬼	4
軫	張	井	畢	壁	女	箕	氐	軫	翼	翼	柳	5
角	翼	鬼	觜	奎	虚	斗	房	角	軫	軫	星	6
亢	軫	柳	参	婁	危	女	心	亢	角	角	張	7
氐	角	星	井	胃	室	虚	尾	氐	亢	亢	翼	8
房	亢	張	鬼	昴	壁	危	箕	房	氐	氐	軫	9
心	氐	翼	柳	畢	奎	室	斗	心	房	房	角	10
尾	房	軫	星	觜	婁	壁	女	尾	心	心	亢	11
斗	心	角	張	参	胃	奎	虚	箕	尾	尾	氐	12
女	**心**	亢	翼	井	昴	婁	危	斗	箕	箕	房	13
虚	尾	**氐**	軫	鬼	畢	胃	室	女	斗	斗	心	14
危	箕	房	**角**	柳	觜	昴	壁	虚	女	女	尾	15
室	斗	心	亢	**張**	参	畢	奎	危	虚	虚	箕	16
壁	女	尾	氐	翼	井	觜	婁	室	危	危	斗	17
奎	虚	箕	房	軫	**鬼**	参	胃	壁	室	室	女	18
婁	危	斗	心	角	柳	**参**	昴	奎	壁	壁	虚	19
胃	室	女	尾	亢	星	井	**畢**	婁	奎	奎	危	20
昴	壁	虚	箕	氐	張	鬼	觜	**胃**	婁	**奎**	室	21
畢	奎	危	斗	房	翼	柳	参	昴	胃	婁	**室**	22
觜	婁	室	女	心	軫	星	井	畢	**奎**	胃	壁	23
参	胃	壁	虚	尾	角	張	鬼	觜	婁	昴	奎	24
井	昴	奎	危	箕	亢	翼	柳	参	胃	畢	婁	25
鬼	畢	婁	室	斗	氐	軫	星	井	昴	觜	胃	26
柳	觜	胃	壁	女	房	角	張	鬼	畢	参	昴	27
星	参	昴	奎	虚	心	亢	翼	柳	觜	井	畢	28
張	井	畢	婁	危	尾	氐	軫	星	参		觜	29
翼	鬼	觜	胃	室	箕	房	角	張	井		参	30
軫		参		壁	斗		亢		鬼		井	31

12	11	10	9	8	7	6	5	4	3	2	1月	1946
婁	室	女	尾	亢	星	井	**畢**	婁	室	室	斗	1日
胃	壁	虚	箕	氐	張	鬼	觜	**胃**	壁	**室**	女	2
昴	奎	危	斗	房	翼	柳	参	昴	奎	壁	**虚**	3
畢	婁	室	女	心	軫	星	井	畢	**奎**	奎	危	4
觜	胃	壁	虚	尾	角	張	鬼	觜	婁	婁	室	5
参	昴	奎	危	箕	亢	翼	柳	参	胃	胃	壁	6
井	畢	婁	室	斗	氐	軫	星	井	昴	昴	奎	7
鬼	觜	胃	壁	女	房	角	張	鬼	畢	畢	婁	8
柳	参	昴	奎	虚	心	亢	翼	柳	觜	觜	胃	9
星	井	畢	婁	危	尾	氐	軫	星	参	参	昴	10
張	鬼	觜	胃	室	箕	房	角	張	井	井	畢	11
翼	柳	参	昴	壁	斗	心	亢	翼	鬼	鬼	觜	12
軫	星	井	畢	奎	女	尾	氐	軫	柳	柳	参	13
角	張	鬼	觜	婁	虚	箕	房	角	星	星	井	14
亢	翼	柳	参	胃	危	斗	心	亢	張	張	鬼	15
氐	軫	星	井	昴	室	女	尾	氐	翼	翼	柳	16
房	角	張	鬼	畢	壁	虚	箕	房	軫	軫	星	17
心	亢	翼	柳	觜	奎	危	斗	心	角	角	張	18
尾	氐	軫	星	参	婁	室	女	尾	亢	亢	翼	19
箕	房	角	張	井	胃	壁	虚	箕	氐	氐	軫	20
斗	心	亢	翼	鬼	昴	奎	危	斗	房	房	角	21
女	尾	氐	軫	柳	畢	婁	室	女	心	心	亢	22
虚	箕	房	角	星	觜	胃	壁	虚	尾	尾	氐	23
危	**斗**	心	亢	張	参	昴	奎	危	箕	箕	房	24
室	女	**心**	**氐**	翼	井	畢	婁	室	斗	斗	心	25
壁	虚	尾	房	**軫**	鬼	觜	胃	壁	女	女	尾	26
奎	危	箕	心	**角**	柳	参	昴	奎	虚	虚	箕	27
婁	室	斗	尾	亢	**張**	井	畢	婁	危	危	斗	28
胃	壁	女	箕	氐	翼	**鬼**	觜	胃	室		女	29
昴	奎	虚	斗	房	軫	柳	参	昴	壁		虚	30
畢		危		心	角		参		奎		危	31

1948年〜1951年

12	11	10	9	8	7	6	5	4	3	2	1月	1948
斗	**心**	亢	張	参	昴	奎	危	斗	心	房	角	1日
女	尾	氐	翼	井	畢	婁	室	女	尾	心	亢	2
虚	箕	**氐**	**角**	鬼	觜	胃	壁	虚	箕	尾	氐	3
危	斗	房	亢	柳	参	昴	奎	危	斗	箕	房	4
室	女	心	氐	**張**	井	畢	婁	室	女	斗	心	5
壁	虚	尾	房	翼	鬼	觜	胃	壁	虚	女	尾	6
奎	危	箕	心	軫	**鬼**	**参**	昴	奎	危	虚	箕	7
婁	室	斗	尾	角	柳	井	畢	婁	室	危	斗	8
胃	壁	女	箕	亢	星	鬼	**畢**	**胃**	壁	室	女	9
昴	奎	虚	斗	氐	張	柳	觜	昴	奎	**室**	虚	10
畢	婁	危	女	房	翼	星	参	畢	**奎**	壁	**虚**	11
觜	胃	室	虚	心	軫	張	井	觜	婁	奎	危	12
参	昴	壁	危	尾	角	翼	鬼	参	胃	婁	室	13
井	畢	奎	室	箕	亢	軫	柳	井	昴	胃	壁	14
鬼	觜	婁	壁	斗	氐	角	星	鬼	畢	昴	奎	15
柳	参	胃	奎	女	房	亢	張	柳	觜	畢	婁	16
星	井	昴	婁	虚	心	氐	翼	星	参	觜	胃	17
張	鬼	畢	胃	危	尾	房	軫	張	井	参	昴	18
翼	柳	觜	昴	室	箕	心	角	翼	鬼	井	畢	19
軫	星	参	畢	壁	斗	尾	亢	軫	柳	鬼	觜	20
角	張	井	觜	奎	女	箕	氐	角	星	柳	参	21
亢	翼	鬼	参	婁	虚	斗	房	亢	張	星	井	22
氐	軫	柳	井	胃	危	女	心	氐	翼	張	鬼	23
房	角	星	鬼	昴	室	虚	尾	房	軫	翼	柳	24
心	亢	張	柳	畢	壁	危	箕	心	角	軫	星	25
尾	氐	翼	星	觜	奎	室	斗	尾	亢	角	張	26
箕	房	軫	張	参	婁	壁	女	箕	氐	亢	翼	27
斗	心	角	翼	井	胃	奎	虚	斗	房	氐	軫	28
女	尾	亢	軫	鬼	昴	婁	危	女	心	房	角	29
虚	箕	氐	角	柳	畢	胃	室	虚	尾		亢	30
危		房		星	觜		壁		箕		氐	31

12	11	10	9	8	7	6	5	4	3	2	1月	1949
胃	壁	虚	尾	房	軫	星	井	畢	婁	婁	室	1日
昴	奎	危	箕	心	角	張	鬼	觜	胃	胃	壁	2
畢	婁	室	斗	尾	亢	翼	柳	参	昴	昴	奎	3
觜	胃	壁	女	箕	氐	軫	星	井	畢	畢	婁	4
参	昴	奎	虚	斗	房	角	張	鬼	觜	觜	胃	5
井	畢	婁	危	女	心	亢	翼	柳	参	参	昴	6
鬼	觜	胃	室	虚	尾	氐	軫	星	井	井	畢	7
柳	参	昴	壁	危	箕	房	角	張	鬼	鬼	觜	8
星	井	畢	奎	室	斗	心	亢	翼	柳	柳	参	9
張	鬼	觜	婁	壁	女	尾	氐	軫	星	星	井	10
翼	柳	参	胃	奎	虚	箕	房	角	張	張	鬼	11
軫	星	井	昴	婁	危	斗	心	亢	翼	翼	柳	12
角	張	鬼	畢	胃	室	女	尾	氐	軫	軫	星	13
亢	翼	柳	觜	昴	壁	虚	箕	房	角	角	張	14
氐	軫	星	参	畢	奎	危	斗	心	亢	亢	翼	15
房	角	張	井	觜	婁	室	女	尾	氐	氐	軫	16
心	亢	翼	鬼	参	胃	壁	虚	箕	房	房	角	17
尾	氐	軫	柳	井	昴	奎	危	斗	心	心	亢	18
箕	房	角	星	鬼	畢	婁	室	女	尾	尾	氐	19
斗	**心**	亢	張	柳	觜	胃	壁	虚	箕	箕	房	20
女	尾	氐	翼	星	参	昴	奎	危	斗	斗	心	21
虚	箕	**氐**	**角**	張	井	畢	婁	室	女	女	尾	22
危	斗	房	亢	翼	鬼	觜	胃	壁	虚	虚	箕	23
室	女	心	氐	**張**	柳	参	昴	奎	危	危	斗	24
壁	虚	尾	房	翼	星	井	畢	婁	室	室	女	25
奎	危	箕	心	軫	**張**	**鬼**	觜	胃	壁	壁	虚	26
婁	室	斗	尾	角	翼	柳	参	昴	奎	奎	危	27
胃	壁	女	箕	亢	軫	星	**参**	**畢**	婁	奎	室	28
昴	奎	虚	斗	氐	角	張	井	觜	胃		**室**	29
畢	婁	危	女	房	亢	翼	鬼	参	**胃**		壁	30
觜		室		心	氐		柳		昴		奎	31

※太字は陰暦の１日を表しています。

12	11	10	9	8	7	6	5	4	3	2	1月	1950
翼	星	参	胃	室	斗	尾	氐	軫	星	星	参	1日
軫	張	井	昴	壁	女	箕	房	角	張	張	井	2
角	翼	鬼	畢	奎	虚	斗	心	亢	翼	翼	鬼	3
亢	軫	柳	觜	婁	危	女	尾	氐	軫	軫	柳	4
氐	角	星	参	胃	室	虚	箕	房	角	角	星	5
房	亢	張	井	昴	壁	危	斗	心	亢	亢	張	6
心	氐	翼	鬼	畢	奎	室	女	尾	氐	氐	翼	7
尾	房	軫	柳	觜	婁	壁	虚	箕	房	房	軫	8
斗	心	角	星	参	胃	奎	危	斗	心	心	角	9
女	**心**	亢	張	井	昴	婁	室	女	尾	尾	亢	10
虚	尾	**氐**	翼	鬼	畢	胃	壁	虚	箕	箕	氐	11
危	箕	房	**角**	柳	觜	昴	奎	危	斗	斗	房	12
室	斗	心	亢	星	参	畢	婁	室	女	女	心	13
壁	女	尾	氐	**張**	井	觜	胃	壁	虚	虚	尾	14
奎	虚	箕	房	翼	**鬼**	参	昴	奎	危	危	箕	15
婁	危	斗	心	軫	柳	**参**	畢	婁	室	室	斗	16
胃	室	女	尾	角	星	井	**畢**	**胃**	壁	**室**	女	17
昴	壁	虚	箕	亢	張	鬼	觜	昴	奎	壁	**虚**	18
畢	奎	危	斗	氐	翼	柳	参	畢	**奎**	奎	危	19
觜	婁	室	女	房	軫	星	井	觜	婁	婁	室	20
参	胃	壁	虚	心	角	張	鬼	参	胃	胃	壁	21
井	昴	奎	危	尾	亢	翼	柳	井	昴	昴	奎	22
鬼	畢	婁	室	箕	氐	軫	星	鬼	畢	畢	婁	23
柳	觜	胃	壁	斗	房	角	張	柳	觜	觜	胃	24
星	参	昴	奎	女	心	亢	翼	星	参	参	昴	25
張	井	畢	婁	虚	尾	氐	軫	張	井	井	畢	26
翼	鬼	觜	胃	危	箕	房	角	翼	鬼	鬼	觜	27
軫	柳	参	昴	室	斗	心	亢	軫	柳	柳	参	28
角	星	井	畢	壁	女	尾	氐	角	星		井	29
亢	張	鬼	觜	奎	虚	箕	房	亢	張		鬼	30
氐		柳		婁	危		心		翼		柳	31

12	11	10	9	8	7	6	5	4	3	2	1月	1951
虚	箕	**氐**	**角**	柳	觜	昴	奎	危	斗	箕	房	1日
危	斗	房	亢	星	参	畢	婁	室	女	斗	心	2
室	女	心	氐	**張**	井	觜	胃	壁	虚	女	尾	3
壁	虚	尾	房	翼	**鬼**	参	昴	奎	危	虚	箕	4
奎	危	箕	心	軫	柳	**参**	畢	婁	室	危	斗	5
婁	室	斗	尾	角	星	井	**畢**	**胃**	壁	**室**	女	6
胃	壁	女	箕	亢	張	鬼	觜	昴	奎	壁	虚	7
昴	奎	虚	斗	氐	翼	柳	参	畢	**奎**	奎	**虚**	8
畢	婁	危	女	房	軫	星	井	觜	婁	婁	危	9
觜	胃	室	虚	心	角	張	鬼	参	胃	胃	室	10
参	昴	壁	危	尾	亢	翼	柳	井	昴	昴	壁	11
井	畢	奎	室	箕	氐	軫	星	鬼	畢	畢	奎	12
鬼	觜	婁	壁	斗	房	角	張	柳	觜	觜	婁	13
柳	参	胃	奎	女	心	亢	翼	星	参	参	胃	14
星	井	昴	婁	虚	尾	氐	軫	張	井	井	昴	15
張	鬼	畢	胃	危	箕	房	角	翼	鬼	鬼	畢	16
翼	柳	觜	昴	室	斗	心	亢	軫	柳	柳	觜	17
軫	星	参	畢	壁	女	尾	氐	角	星	星	参	18
角	張	井	觜	奎	虚	箕	房	亢	張	張	井	19
亢	翼	鬼	参	婁	危	斗	心	氐	翼	翼	鬼	20
氐	軫	柳	井	胃	室	女	尾	房	軫	軫	柳	21
房	角	星	鬼	昴	壁	虚	箕	心	角	角	星	22
心	亢	張	柳	畢	奎	危	斗	尾	亢	亢	張	23
尾	氐	翼	星	觜	婁	室	女	箕	氐	氐	翼	24
箕	房	軫	張	参	胃	壁	虚	斗	房	房	軫	25
斗	心	角	翼	井	昴	奎	危	女	心	心	角	26
女	尾	亢	軫	鬼	畢	婁	室	虚	尾	尾	亢	27
虚	箕	氐	角	柳	觜	胃	壁	危	箕	箕	氐	28
危	**斗**	房	亢	星	参	昴	奎	室	斗		房	29
室	女	**心**	氐	張	井	畢	婁	壁	女		心	30
壁		尾		翼	鬼		胃		虚		尾	31

12	11	10	9	8	7	6	5	4	3	2	1月	1952
觜	胃	壁	女	心	亢	角	張	鬼	觜	昴	奎	1日
参	昴	奎	虚	尾	氐	亢	翼	柳	参	畢	婁	2
井	畢	婁	危	箕	房	氐	軫	星	井	觜	胃	3
鬼	觜	胃	室	斗	心	房	角	張	鬼	参	昴	4
柳	参	昴	壁	女	尾	心	亢	翼	柳	井	畢	5
星	井	畢	奎	虚	箕	尾	氐	軫	星	鬼	觜	6
張	鬼	觜	婁	危	斗	箕	房	角	張	柳	参	7
翼	柳	参	胃	室	女	斗	心	亢	翼	星	井	8
軫	星	井	昴	壁	虚	女	尾	氐	軫	張	鬼	9
角	張	鬼	畢	奎	危	虚	箕	房	角	翼	柳	10
亢	翼	柳	觜	婁	室	危	斗	心	亢	軫	星	11
氐	軫	星	参	胃	壁	室	女	尾	氐	角	張	12
房	角	張	井	昴	奎	壁	虚	箕	房	亢	翼	13
心	亢	翼	鬼	畢	婁	奎	危	斗	心	氐	軫	14
尾	氐	軫	柳	觜	胃	婁	室	女	尾	房	角	15
箕	房	角	星	参	昴	胃	壁	虚	箕	心	亢	16
斗	**心**	亢	張	井	畢	昴	奎	危	斗	尾	氐	17
女	尾	氐	翼	鬼	觜	畢	婁	室	女	箕	房	18
虚	箕	**氐**	**角**	柳	参	觜	胃	壁	虚	斗	心	19
危	斗	房	亢	星	井	参	昴	奎	危	女	尾	20
室	女	心	氐	**張**	鬼	井	畢	婁	室	虚	箕	21
壁	虚	尾	房	翼	**鬼**	**参**	觜	胃	壁	危	斗	22
奎	危	箕	心	軫	柳	井	参	昴	奎	室	女	23
婁	室	斗	尾	角	星	鬼	**参**	**畢**	婁	壁	虚	24
胃	壁	女	箕	亢	張	柳	井	觜	胃	**奎**	危	25
昴	奎	虚	斗	氐	翼	星	鬼	参	**胃**	婁	室	26
畢	婁	危	女	房	軫	張	柳	井	昴	胃	**室**	27
觜	胃	室	虚	心	角	翼	星	鬼	畢	昴	壁	28
参	昴	壁	危	尾	亢	軫	張	柳	觜	畢	奎	29
井	畢	奎	室	箕	氐	角	翼	星	参		婁	30
鬼		婁		斗	房		軫		井		胃	31

12	11	10	9	8	7	6	5	4	3	2	1月	1953
亢	軫	星	参	胃	壁	虚	尾	房	軫	軫	柳	1日
氐	角	張	井	昴	奎	危	箕	心	角	角	星	2
房	亢	翼	鬼	畢	婁	室	斗	尾	亢	亢	張	3
心	氐	軫	柳	觜	胃	壁	女	箕	氐	氐	翼	4
尾	房	角	星	参	昴	奎	虚	斗	房	房	軫	5
斗	心	亢	張	井	畢	婁	危	女	心	心	角	6
女	**心**	氐	翼	鬼	觜	胃	室	虚	尾	尾	亢	7
虚	尾	**氐**	**角**	柳	参	昴	壁	危	箕	箕	氐	8
危	箕	房	亢	星	井	畢	奎	室	斗	斗	房	9
室	斗	心	氐	**張**	鬼	觜	婁	壁	女	女	心	10
壁	女	尾	房	翼	**鬼**	**参**	胃	奎	虚	虚	尾	11
奎	虚	箕	心	軫	柳	井	昴	婁	危	危	箕	12
婁	危	斗	尾	角	星	鬼	**畢**	胃	室	室	斗	13
胃	室	女	箕	亢	張	柳	觜	**胃**	壁	**室**	女	14
昴	壁	虚	斗	氐	翼	星	参	昴	**奎**	壁	**虚**	15
畢	奎	危	女	房	軫	張	井	畢	婁	奎	危	16
觜	婁	室	虚	心	角	翼	鬼	觜	胃	婁	室	17
参	胃	壁	危	尾	亢	軫	柳	参	昴	胃	壁	18
井	昴	奎	室	箕	氐	角	星	井	畢	昴	奎	19
鬼	畢	婁	壁	斗	房	亢	張	鬼	觜	畢	婁	20
柳	觜	胃	奎	女	心	氐	翼	柳	参	觜	胃	21
星	参	昴	婁	虚	尾	房	軫	星	井	参	昴	22
張	井	畢	胃	危	箕	心	角	張	鬼	井	畢	23
翼	鬼	觜	昴	室	斗	尾	亢	翼	柳	鬼	觜	24
軫	柳	参	畢	壁	女	箕	氐	軫	星	柳	参	25
角	星	井	觜	奎	虚	斗	房	角	張	星	井	26
亢	張	鬼	参	婁	危	女	心	亢	翼	張	鬼	27
氐	翼	柳	井	胃	室	虚	尾	氐	軫	翼	柳	28
房	軫	星	鬼	昴	壁	危	箕	房	角		星	29
心	角	張	柳	畢	奎	室	斗	心	亢		張	30
尾		翼		觜	婁		女		氐		翼	31

※太字は陰暦の１日を表しています。

12	11	10	9	8	7	6	5	4	3	2	1月	1955
鬼	觜	胃	室	斗	房	角	張	星	参	参	昴	1日
柳	参	昴	壁	女	心	亢	翼	張	井	井	畢	2
星	井	畢	奎	虚	尾	氐	軫	翼	鬼	鬼	觜	3
張	鬼	觜	婁	危	箕	房	角	軫	柳	柳	参	4
翼	柳	参	胃	室	斗	心	亢	角	星	星	井	5
軫	星	井	昴	壁	女	尾	氐	亢	張	張	鬼	6
角	張	鬼	畢	奎	虚	箕	房	氐	翼	翼	柳	7
亢	翼	柳	觜	婁	危	斗	心	房	軫	軫	星	8
氐	軫	星	参	胃	室	女	尾	心	角	角	張	9
房	角	張	井	昴	壁	虚	箕	尾	亢	亢	翼	10
心	亢	翼	鬼	畢	奎	危	斗	箕	氐	氐	軫	11
尾	氐	軫	柳	觜	婁	室	女	斗	房	房	角	12
箕	房	角	星	参	胃	壁	虚	女	心	心	亢	13
斗	**心**	亢	張	井	昴	奎	危	虚	尾	尾	氐	14
女	尾	氐	翼	鬼	畢	婁	室	危	箕	箕	房	15
虚	箕	**氐**	**角**	柳	觜	胃	壁	室	斗	斗	心	16
危	斗	房	亢	星	参	昴	奎	壁	女	女	尾	17
室	女	心	氐	**張**	井	畢	婁	奎	虚	虚	箕	18
壁	虚	尾	房	翼	**鬼**	觜	胃	婁	危	危	斗	19
奎	危	箕	心	軫	柳	**参**	昴	胃	室	室	女	20
婁	室	斗	尾	角	星	井	畢	昴	壁	壁	虚	21
胃	壁	女	箕	亢	張	鬼	**畢**	**胃**	奎	奎	危	22
昴	奎	虚	斗	氐	翼	柳	觜	昴	婁	**奎**	室	23
畢	婁	危	女	房	軫	星	参	畢	**胃**	婁	**室**	24
觜	胃	室	虚	心	角	張	井	觜	昴	胃	壁	25
参	昴	壁	危	尾	亢	翼	鬼	参	畢	昴	奎	26
井	畢	奎	室	箕	氐	軫	柳	井	觜	畢	婁	27
鬼	觜	婁	壁	斗	房	角	星	鬼	参	觜	胃	28
柳	参	胃	奎	女	心	亢	張	柳	井		昴	29
星	井	昴	婁	虚	尾	氐	翼	星	鬼		畢	30
張		畢		危	箕		軫		柳		觜	31

12	11	10	9	8	7	6	5	4	3	2	1月	1954
奎	虚	箕	心	軫	柳	**参**	昴	奎	虚	虚	箕	1日
婁	危	斗	尾	角	星	井	畢	婁	危	危	斗	2
胃	室	女	箕	亢	張	鬼	**畢**	**胃**	室	室	女	3
昴	壁	虚	斗	氐	翼	柳	觜	昴	壁	**室**	虚	4
畢	奎	危	女	房	軫	星	参	畢	**奎**	壁	**虚**	5
觜	婁	室	虚	心	角	張	井	觜	婁	奎	危	6
参	胃	壁	危	尾	亢	翼	鬼	参	胃	婁	室	7
井	昴	奎	室	箕	氐	軫	柳	井	昴	胃	壁	8
鬼	畢	婁	壁	斗	房	角	星	鬼	畢	昴	奎	9
柳	觜	胃	奎	女	心	亢	張	柳	觜	畢	婁	10
星	参	昴	婁	虚	尾	氐	翼	星	参	觜	胃	11
張	井	畢	胃	危	箕	房	軫	張	井	参	昴	12
翼	鬼	觜	昴	室	斗	心	角	翼	鬼	井	畢	13
軫	柳	参	畢	壁	女	尾	亢	軫	柳	鬼	觜	14
角	星	井	觜	奎	虚	箕	氐	角	星	柳	参	15
亢	張	鬼	参	婁	危	斗	房	亢	張	星	井	16
氐	翼	柳	井	胃	室	女	心	氐	翼	張	鬼	17
房	軫	星	鬼	昴	壁	虚	尾	房	軫	翼	柳	18
心	角	張	柳	畢	奎	危	箕	心	角	軫	星	19
尾	亢	翼	星	觜	婁	室	斗	尾	亢	角	張	20
箕	氐	軫	張	参	胃	壁	女	箕	氐	亢	翼	21
斗	房	角	翼	井	昴	奎	虚	斗	房	氐	軫	22
女	心	亢	軫	鬼	畢	婁	危	女	心	房	角	23
虚	尾	氐	角	柳	觜	胃	室	虚	尾	心	亢	24
虚	**斗**	房	亢	星	参	昴	壁	危	箕	尾	氐	25
危	女	心	氐	張	井	畢	奎	室	斗	箕	房	26
室	虚	**心**	**氐**	翼	鬼	觜	婁	壁	女	斗	心	27
壁	危	尾	房	**角**	柳	参	胃	奎	虚	女	尾	28
奎	室	箕	心	亢	星	井	昴	婁	危		箕	29
婁	壁	斗	尾	氐	**張**	**鬼**	畢	胃	室		斗	30
胃		女		房	翼		觜		壁		女	31

1956年～1959年

12	11	10	9	8	7	6	5	4	3	2	1月	1956
尾	房	軫	星	觜	婁	壁	女	箕	氐	亢	翼	1日
斗	心	角	張	参	胃	奎	虚	斗	房	氐	軫	2
女	**心**	亢	翼	井	昴	婁	危	女	心	房	角	3
虚	尾	**氐**	軫	鬼	畢	胃	室	虚	尾	心	亢	4
危	箕	房	**角**	柳	觜	昴	壁	危	箕	尾	氐	5
室	斗	心	亢	**張**	参	畢	奎	室	斗	箕	房	6
壁	女	尾	氐	翼	井	觜	婁	壁	女	斗	心	7
奎	虚	箕	房	軫	**鬼**	参	胃	奎	虚	女	尾	8
婁	危	斗	心	角	柳	**参**	昴	婁	危	虚	箕	9
胃	室	女	尾	亢	星	井	**畢**	胃	室	危	斗	10
昴	壁	虚	箕	氐	張	鬼	觜	**胃**	壁	室	女	11
畢	奎	危	斗	房	翼	柳	参	昴	**奎**	**室**	虚	12
觜	婁	室	女	心	軫	星	井	畢	婁	壁	**虚**	13
参	胃	壁	虚	尾	角	張	鬼	觜	胃	奎	危	14
井	昴	奎	危	箕	亢	翼	柳	参	昴	婁	室	15
鬼	畢	婁	室	斗	氐	軫	星	井	畢	胃	壁	16
柳	觜	胃	壁	女	房	角	張	鬼	觜	昴	奎	17
星	参	昴	奎	虚	心	亢	翼	柳	参	畢	婁	18
張	井	畢	婁	危	尾	氐	軫	星	井	觜	胃	19
翼	鬼	觜	胃	室	箕	房	角	張	鬼	参	昴	20
軫	柳	参	昴	壁	斗	心	亢	翼	柳	井	畢	21
角	星	井	畢	奎	女	尾	氐	軫	星	鬼	觜	22
亢	張	鬼	觜	婁	虚	箕	房	角	張	柳	参	23
氐	翼	柳	参	胃	危	斗	心	亢	翼	星	井	24
房	軫	星	井	昴	室	女	尾	氐	軫	張	鬼	25
心	角	張	鬼	畢	壁	虚	箕	房	角	翼	柳	26
尾	亢	翼	柳	觜	奎	危	斗	心	亢	軫	星	27
箕	氐	軫	星	参	婁	室	女	尾	氐	角	張	28
斗	房	角	張	井	胃	壁	虚	箕	房	亢	翼	29
女	心	亢	翼	鬼	昴	奎	危	斗	心		軫	30
虚		氐		柳	畢		室		尾		角	31

12	11	10	9	8	7	6	5	4	3	2	1月	1957
奎	室	斗	斗	氐	張	柳	觜	昴	奎	壁	**虚**	1日
婁	壁	女	女	房	翼	星	参	畢	**奎**	奎	危	2
胃	奎	虚	虚	心	軫	張	井	觜	婁	婁	室	3
昴	婁	危	危	尾	角	翼	鬼	参	胃	胃	壁	4
畢	胃	室	室	箕	亢	軫	柳	井	昴	昴	奎	5
觜	昴	壁	壁	斗	氐	角	星	鬼	畢	畢	婁	6
参	畢	奎	奎	女	房	亢	張	柳	觜	觜	胃	7
井	觜	婁	婁	虚	心	氐	翼	星	参	参	昴	8
鬼	参	胃	胃	危	尾	房	軫	張	井	井	畢	9
柳	井	昴	昴	室	箕	心	角	翼	鬼	鬼	觜	10
星	鬼	畢	畢	壁	斗	尾	亢	軫	柳	柳	参	11
張	柳	觜	觜	奎	女	箕	氐	角	星	星	井	12
翼	星	参	参	婁	虚	斗	房	亢	張	張	鬼	13
軫	張	井	井	胃	危	女	心	氐	翼	翼	柳	14
角	翼	鬼	鬼	昴	室	虚	尾	房	軫	軫	星	15
亢	軫	柳	柳	畢	壁	危	箕	心	角	角	張	16
氐	角	星	星	觜	奎	室	斗	尾	亢	亢	翼	17
房	亢	張	張	参	婁	壁	女	箕	氐	氐	軫	18
心	氐	翼	翼	井	胃	奎	虚	斗	房	房	角	19
尾	房	軫	軫	鬼	昴	婁	危	女	心	心	亢	20
斗	心	角	角	柳	畢	胃	室	虚	尾	尾	氐	21
女	**心**	亢	亢	星	觜	昴	壁	危	箕	箕	房	22
虚	尾	**氐**	氐	張	参	畢	奎	室	斗	斗	心	23
危	箕	房	**角**	翼	井	觜	婁	壁	女	女	尾	24
室	斗	心	亢	**角**	鬼	参	胃	奎	虚	虚	箕	25
壁	女	尾	氐	亢	柳	井	昴	婁	危	危	斗	26
奎	虚	箕	房	氐	**張**	鬼	畢	胃	室	室	女	27
婁	危	斗	心	房	翼	**鬼**	觜	昴	壁	壁	虚	28
胃	室	女	尾	心	軫	柳	**参**	畢	奎		危	29
昴	壁	虚	箕	尾	角	星	井	**畢**	婁		室	30
畢		危		箕	亢		鬼		**胃**		**室**	31

※太字は陰暦の１日を表しています。

12	11	10	9	8	7	6	5	4	3	2	1月	1959
女	**心**	亢	翼	井	畢	婁	室	虚	尾	尾	亢	1日
虚	尾	**氐**	軫	鬼	觜	胃	壁	危	箕	箕	氐	2
危	箕	房	**角**	柳	参	昴	奎	室	斗	斗	房	3
室	斗	心	亢	**張**	井	畢	婁	壁	女	女	心	4
壁	女	尾	氐	翼	鬼	觜	胃	奎	虚	虚	尾	5
奎	虚	箕	房	軫	**鬼**	**参**	昴	婁	危	危	箕	6
婁	危	斗	心	角	柳	井	畢	胃	室	室	斗	7
胃	室	女	尾	亢	星	鬼	**畢**	**胃**	壁	**室**	女	8
昴	壁	虚	箕	氐	張	柳	觜	昴	**奎**	壁	**虚**	9
畢	奎	危	斗	房	翼	星	参	畢	婁	奎	危	10
觜	婁	室	女	心	軫	張	井	觜	胃	婁	室	11
参	胃	壁	虚	尾	角	翼	鬼	参	昴	胃	壁	12
井	昴	奎	危	箕	亢	軫	柳	井	畢	昴	奎	13
鬼	畢	婁	室	斗	氐	角	星	鬼	觜	畢	婁	14
柳	觜	胃	壁	女	房	亢	張	柳	参	觜	胃	15
星	参	昴	奎	虚	心	氐	翼	星	井	参	昴	16
張	井	畢	婁	危	尾	房	軫	張	鬼	井	畢	17
翼	鬼	觜	胃	室	箕	心	角	翼	柳	鬼	觜	18
軫	柳	参	昴	壁	斗	尾	亢	軫	星	柳	参	19
角	星	井	畢	奎	女	箕	氐	角	張	星	井	20
亢	張	鬼	觜	婁	虚	斗	房	亢	翼	張	鬼	21
氐	翼	柳	参	胃	危	女	心	氐	軫	翼	柳	22
房	軫	星	井	昴	室	虚	尾	房	角	軫	星	23
心	角	張	鬼	畢	壁	危	箕	心	亢	角	張	24
尾	亢	翼	柳	觜	奎	室	斗	尾	氐	亢	翼	25
箕	氐	軫	星	参	婁	壁	女	箕	房	氐	軫	26
斗	房	角	張	井	胃	奎	虚	斗	心	房	角	27
女	心	亢	翼	鬼	昴	婁	危	女	尾	心	亢	28
虚	尾	氐	軫	柳	畢	胃	室	虚	箕		氐	29
虚	**斗**	房	角	星	觜	昴	壁	危	斗		房	30
危		心		張	参		奎		女		心	31

12	11	10	9	8	7	6	5	4	3	2	1月	1958
張	鬼	觜	婁	虚	箕	房	角	翼	鬼	鬼	觜	1日
翼	柳	参	胃	危	斗	心	亢	軫	柳	柳	参	2
軫	星	井	昴	室	女	尾	氐	角	星	星	井	3
角	張	鬼	畢	壁	虚	箕	房	亢	張	張	鬼	4
亢	翼	柳	觜	奎	危	斗	心	氐	翼	翼	柳	5
氐	軫	星	参	婁	室	女	尾	房	軫	軫	星	6
房	角	張	井	胃	壁	虚	箕	心	角	角	張	7
心	亢	翼	鬼	昴	奎	危	斗	尾	亢	亢	翼	8
尾	氐	軫	柳	畢	婁	室	女	箕	氐	氐	軫	9
箕	房	角	星	觜	胃	壁	虚	斗	房	房	角	10
斗	**心**	亢	張	参	昴	奎	危	女	心	心	亢	11
女	尾	氐	翼	井	畢	婁	室	虚	尾	尾	氐	12
虚	箕	**氐**	**角**	鬼	觜	胃	壁	危	箕	箕	房	13
危	斗	房	亢	柳	参	昴	奎	室	斗	斗	心	14
室	女	心	氐	**張**	井	畢	婁	壁	女	女	尾	15
壁	虚	尾	房	翼	鬼	觜	胃	奎	虚	虚	箕	16
奎	危	箕	心	軫	**鬼**	**参**	昴	婁	危	危	斗	17
婁	室	斗	尾	角	柳	井	畢	胃	室	室	女	18
胃	壁	女	箕	亢	星	鬼	**畢**	**胃**	壁	**室**	虚	19
昴	奎	虚	斗	氐	張	柳	觜	昴	**奎**	壁	**虚**	20
畢	婁	危	女	房	翼	星	参	畢	婁	奎	危	21
觜	胃	室	虚	心	軫	張	井	觜	胃	婁	室	22
参	昴	壁	危	尾	角	翼	鬼	参	昴	胃	壁	23
井	畢	奎	室	箕	亢	軫	柳	井	畢	昴	奎	24
鬼	觜	婁	壁	斗	氐	角	星	鬼	觜	畢	婁	25
柳	参	胃	奎	女	房	亢	張	柳	参	觜	胃	26
星	井	昴	婁	虚	心	氐	翼	星	井	参	昴	27
張	鬼	畢	胃	危	尾	房	軫	張	鬼	井	畢	28
翼	柳	觜	昴	室	箕	心	角	翼	柳		觜	29
軫	星	参	畢	壁	斗	尾	亢	軫	星		参	30
角		井		奎	女		氐		張		井	31

1960年～1963年

12	11	10	9	8	7	6	5	4	3	2	1月	1960
昴	婁	危	斗	氐	亢	軫	柳	井	昴	胃	室	1日
畢	胃	室	女	房	氐	角	星	鬼	畢	昴	壁	2
觜	昴	壁	虚	心	房	亢	張	柳	觜	畢	奎	3
参	畢	奎	危	尾	心	氐	翼	星	参	觜	婁	4
井	觜	婁	室	箕	尾	房	軫	張	井	参	胃	5
鬼	参	胃	壁	斗	箕	心	角	翼	鬼	井	昴	6
柳	井	昴	奎	女	斗	尾	亢	軫	柳	鬼	畢	7
星	鬼	畢	婁	虚	女	箕	氐	角	星	柳	觜	8
張	柳	觜	胃	危	虚	斗	房	亢	張	星	参	9
翼	星	参	昴	室	危	女	心	氐	翼	張	井	10
軫	張	井	畢	壁	室	虚	尾	房	軫	翼	鬼	11
角	翼	鬼	觜	奎	壁	危	箕	心	角	軫	柳	12
亢	軫	柳	参	婁	奎	室	斗	尾	亢	角	星	13
氐	角	星	井	胃	婁	壁	女	箕	氐	亢	張	14
房	亢	張	鬼	昴	胃	奎	虚	斗	房	氐	翼	15
心	氐	翼	柳	畢	昴	婁	危	女	心	房	軫	16
尾	房	軫	星	觜	畢	胃	室	虚	尾	心	角	17
斗	心	角	張	参	觜	昴	壁	危	箕	尾	亢	18
女	**心**	亢	翼	井	参	畢	奎	室	斗	箕	氐	19
虚	尾	**氐**	軫	鬼	井	觜	婁	壁	女	斗	房	20
危	箕	房	**角**	柳	鬼	参	胃	奎	虚	女	心	21
室	斗	心	亢	**張**	柳	井	昴	婁	危	虚	尾	22
壁	女	尾	氐	翼	星	鬼	畢	胃	室	危	箕	23
奎	虚	箕	房	軫	**鬼**	**鬼**	觜	昴	壁	室	斗	24
婁	危	斗	心	角	柳	柳	**参**	畢	奎	壁	女	25
胃	室	女	尾	亢	星	星	井	**畢**	婁	奎	虚	26
昴	壁	虚	箕	氐	張	張	鬼	觜	**胃**	**奎**	危	27
畢	奎	危	斗	房	翼	翼	柳	参	昴	婁	**室**	28
觜	婁	室	女	心	軫	軫	星	井	畢	胃	壁	29
参	胃	壁	虚	尾	角	角	張	鬼	觜		奎	30
井		奎		箕	亢		翼		参		婁	31

12	11	10	9	8	7	6	5	4	3	2	1月	1961
角	張	鬼	觜	奎	危	斗	心	亢	翼	張	鬼	1日
亢	翼	柳	参	婁	室	女	尾	氐	軫	翼	柳	2
氐	軫	星	井	胃	壁	虚	箕	房	角	軫	星	3
房	角	張	鬼	昴	奎	危	斗	心	亢	角	張	4
心	亢	翼	柳	畢	婁	室	女	尾	氐	亢	翼	5
尾	氐	軫	星	觜	胃	壁	虚	箕	房	氐	軫	6
箕	房	角	張	参	昴	奎	危	斗	心	房	角	7
斗	**心**	亢	翼	井	畢	婁	室	女	尾	心	亢	8
女	尾	氐	軫	鬼	觜	胃	壁	虚	箕	尾	氐	9
虚	箕	**氐**	**角**	柳	参	昴	奎	危	斗	箕	房	10
危	斗	房	亢	**張**	井	畢	婁	室	女	斗	心	11
室	女	心	氐	翼	鬼	觜	胃	壁	虚	女	尾	12
壁	虚	尾	房	軫	**鬼**	**参**	昴	奎	危	虚	箕	13
奎	危	箕	心	角	柳	井	畢	婁	室	危	斗	14
婁	室	斗	尾	亢	星	鬼	**畢**	**胃**	壁	**室**	女	15
胃	壁	女	箕	氐	張	柳	觜	昴	奎	壁	虚	16
昴	奎	虚	斗	房	翼	星	参	畢	**奎**	奎	**虚**	17
畢	婁	危	女	心	軫	張	井	觜	婁	婁	危	18
觜	胃	室	虚	尾	角	翼	鬼	参	胃	胃	室	19
参	昴	壁	危	箕	亢	軫	柳	井	昴	昴	壁	20
井	畢	奎	室	斗	氐	角	星	鬼	畢	畢	奎	21
鬼	觜	婁	壁	女	房	亢	張	柳	觜	觜	婁	22
柳	参	胃	奎	虚	心	氐	翼	星	参	参	胃	23
星	井	昴	婁	危	尾	房	軫	張	井	井	昴	24
張	鬼	畢	胃	室	箕	心	角	翼	鬼	鬼	畢	25
翼	柳	觜	昴	壁	斗	尾	亢	軫	柳	柳	觜	26
軫	星	参	畢	奎	女	箕	氐	角	星	星	参	27
角	張	井	觜	婁	虚	斗	房	亢	張	張	井	28
亢	翼	鬼	参	胃	危	女	心	氐	翼		鬼	29
氐	軫	柳	井	昴	室	虚	尾	房	軫		柳	30
房		星		畢	壁		箕		角		星	31

※太字は陰暦の１日を表しています。

12	11	10	9	8	7	6	5	4	3	2	1月	1962
室	女	心	氐	翼	鬼	觜	婁	壁	女	女	心	1日
壁	虚	尾	房	軫	**鬼**	**参**	胃	奎	虚	虚	尾	2
奎	危	箕	心	角	柳	井	昴	婁	危	危	箕	3
婁	室	斗	尾	亢	星	鬼	**畢**	胃	室	室	斗	4
胃	壁	女	箕	氐	張	柳	觜	**胃**	壁	**室**	女	5
昴	奎	虚	斗	房	翼	星	参	昴	**奎**	壁	**虚**	6
畢	婁	危	女	心	軫	張	井	畢	婁	奎	危	7
觜	胃	室	虚	尾	角	翼	鬼	觜	胃	婁	室	8
参	昴	壁	危	箕	亢	軫	柳	参	昴	胃	壁	9
井	畢	奎	室	斗	氐	角	星	井	畢	昴	奎	10
鬼	觜	婁	壁	女	房	亢	張	鬼	觜	畢	婁	11
柳	参	胃	奎	虚	心	氐	翼	柳	参	觜	胃	12
星	井	昴	婁	危	尾	房	軫	星	井	参	昴	13
張	鬼	畢	胃	室	箕	心	角	張	鬼	井	畢	14
翼	柳	觜	昴	壁	斗	尾	亢	翼	柳	鬼	觜	15
軫	星	参	畢	奎	女	箕	氐	軫	星	柳	参	16
角	張	井	觜	婁	虚	斗	房	角	張	星	井	17
亢	翼	鬼	参	胃	危	女	心	亢	翼	張	鬼	18
氐	軫	柳	井	昴	室	虚	尾	氐	軫	翼	柳	19
房	角	星	鬼	畢	壁	危	箕	房	角	軫	星	20
心	亢	張	柳	觜	奎	室	斗	心	亢	角	張	21
尾	氐	翼	星	参	婁	壁	女	尾	氐	亢	翼	22
箕	房	軫	張	井	胃	奎	虚	箕	房	氐	軫	23
斗	心	角	翼	鬼	昴	婁	危	斗	心	房	角	24
女	尾	亢	軫	柳	畢	胃	室	女	尾	心	亢	25
虚	箕	氐	角	星	觜	昴	壁	虚	箕	尾	氐	26
虚	**斗**	房	亢	張	参	畢	奎	危	斗	箕	房	27
危	女	**心**	氐	翼	井	觜	婁	室	女	斗	心	28
室	虚	尾	**氐**	軫	鬼	参	胃	壁	虚		尾	29
壁	危	箕	房	**角**	柳	井	昴	奎	危		箕	30
奎		斗		亢	**張**		畢		室		斗	31

12	11	10	9	8	7	6	5	4	3	2	1月	1963
参	畢	奎	危	尾	氐	軫	張	柳	觜	觜	婁	1日
井	觜	婁	室	箕	房	角	翼	星	参	参	胃	2
鬼	参	胃	壁	斗	心	亢	軫	張	井	井	昴	3
柳	井	昴	奎	女	尾	氐	角	翼	鬼	鬼	畢	4
星	鬼	畢	婁	虚	箕	房	亢	軫	柳	柳	觜	5
張	柳	觜	胃	危	斗	心	氐	角	星	星	参	6
翼	星	参	昴	室	女	尾	房	亢	張	張	井	7
軫	張	井	畢	壁	虚	箕	心	氐	翼	翼	鬼	8
角	翼	鬼	觜	奎	危	斗	尾	房	軫	軫	柳	9
亢	軫	柳	参	婁	室	女	箕	心	角	角	星	10
氐	角	星	井	胃	壁	虚	斗	尾	亢	亢	張	11
房	亢	張	鬼	昴	奎	危	女	箕	氐	氐	翼	12
心	氐	翼	柳	畢	婁	室	虚	斗	房	房	軫	13
尾	房	軫	星	觜	胃	壁	危	女	心	心	角	14
箕	心	角	張	参	昴	奎	室	虚	尾	尾	亢	15
斗	**心**	亢	翼	井	畢	婁	壁	危	箕	箕	氐	16
女	尾	**氐**	軫	鬼	觜	胃	奎	室	斗	斗	房	17
虚	箕	房	**角**	柳	参	昴	婁	壁	女	女	心	18
危	斗	心	亢	**張**	井	畢	胃	奎	虚	虚	尾	19
室	女	尾	氐	翼	鬼	觜	昴	婁	危	危	箕	20
壁	虚	箕	房	軫	**鬼**	**参**	畢	胃	室	室	斗	21
奎	危	斗	心	角	柳	井	觜	昴	壁	壁	女	22
婁	室	女	尾	亢	星	鬼	**畢**	畢	奎	奎	虚	23
胃	壁	虚	箕	氐	張	柳	觜	**畢**	婁	**奎**	危	24
昴	奎	危	斗	房	翼	星	参	觜	**胃**	婁	**室**	25
畢	婁	室	女	心	軫	張	井	参	昴	胃	壁	26
觜	胃	壁	虚	尾	角	翼	鬼	井	畢	昴	奎	27
参	昴	奎	危	箕	亢	軫	柳	鬼	觜	畢	婁	28
井	畢	婁	室	斗	氐	角	星	柳	参		胃	29
鬼	觜	胃	壁	女	房	亢	張	星	井		昴	30
柳		昴		虚	心		翼		鬼		畢	31

1964年～1967年

12	11	10	9	8	7	6	5	4	3	2	1月	1964
心	亢	翼	鬼	畢	奎	危	斗	心	亢	軫	星	1日
尾	氐	軫	柳	觜	婁	室	女	尾	氐	角	張	2
箕	房	角	星	参	胃	壁	虚	箕	房	亢	翼	3
斗	**心**	亢	張	井	昴	奎	危	斗	心	氐	軫	4
女	尾	氐	翼	鬼	畢	婁	室	女	尾	房	角	5
虚	箕	**氐**	**角**	柳	觜	胃	壁	虚	箕	心	亢	6
危	斗	房	亢	星	参	昴	奎	危	斗	尾	氐	7
室	女	心	氐	**張**	井	畢	婁	室	女	箕	房	8
壁	虚	尾	房	翼	**鬼**	觜	胃	壁	虚	斗	心	9
奎	危	箕	心	軫	柳	**参**	昴	奎	危	女	尾	10
婁	室	斗	尾	角	星	井	畢	婁	室	虚	箕	11
胃	壁	女	箕	亢	張	鬼	**畢**	**胃**	壁	危	斗	12
昴	奎	虚	斗	氐	翼	柳	觜	昴	奎	**室**	女	13
畢	婁	危	女	房	軫	星	参	畢	**奎**	壁	虚	14
觜	胃	室	虚	心	角	張	井	觜	婁	奎	**虚**	15
参	昴	壁	危	尾	亢	翼	鬼	参	胃	婁	危	16
井	畢	奎	室	箕	氐	軫	柳	井	昴	胃	室	17
鬼	觜	婁	壁	斗	房	角	星	鬼	畢	昴	壁	18
柳	参	胃	奎	女	心	亢	張	柳	觜	畢	奎	19
星	井	昴	婁	虚	尾	氐	翼	星	参	觜	婁	20
張	鬼	畢	胃	危	箕	房	軫	張	井	参	胃	21
翼	柳	觜	昴	室	斗	心	角	翼	鬼	井	昴	22
軫	星	参	畢	壁	女	尾	亢	軫	柳	鬼	畢	23
角	張	井	觜	奎	虚	箕	氐	角	星	柳	觜	24
亢	翼	鬼	参	婁	危	斗	房	亢	張	星	参	25
氐	軫	柳	井	胃	室	女	心	氐	翼	張	井	26
房	角	星	鬼	昴	壁	虚	尾	房	軫	翼	鬼	27
心	亢	張	柳	畢	奎	危	箕	心	角	軫	柳	28
尾	氐	翼	星	觜	婁	室	斗	尾	亢	角	星	29
箕	房	軫	張	参	胃	壁	女	箕	氐		張	30
斗		角		井	昴		虚		房		翼	31

12	11	10	9	8	7	6	5	4	3	2	1月	1965
胃	壁	女	尾	亢	星	井	**畢**	胃	室	室	女	1日
昴	奎	虚	箕	氐	張	鬼	觜	**胃**	壁	**室**	虚	2
畢	婁	危	斗	房	翼	柳	参	昴	**奎**	壁	**虚**	3
觜	胃	室	女	心	軫	星	井	畢	婁	奎	危	4
参	昴	壁	虚	尾	角	張	鬼	觜	胃	婁	室	5
井	畢	奎	危	箕	亢	翼	柳	参	昴	胃	壁	6
鬼	觜	婁	室	斗	氐	軫	星	井	畢	昴	奎	7
柳	参	胃	壁	女	房	角	張	鬼	觜	畢	婁	8
星	井	昴	奎	虚	心	亢	翼	柳	参	觜	胃	9
張	鬼	畢	婁	危	尾	氐	軫	星	井	参	昴	10
翼	柳	觜	胃	室	箕	房	角	張	鬼	井	畢	11
軫	星	参	昴	壁	斗	心	亢	翼	柳	鬼	觜	12
角	張	井	畢	奎	女	尾	氐	軫	星	柳	参	13
亢	翼	鬼	觜	婁	虚	箕	房	角	張	星	井	14
氐	軫	柳	参	胃	危	斗	心	亢	翼	張	鬼	15
房	角	星	井	昴	室	女	尾	氐	軫	翼	柳	16
心	亢	張	鬼	畢	壁	虚	箕	房	角	軫	星	17
尾	氐	翼	柳	觜	奎	危	斗	心	亢	角	張	18
箕	房	軫	星	参	婁	室	女	尾	氐	亢	翼	19
斗	心	角	張	井	胃	壁	虚	箕	房	氐	軫	20
女	尾	亢	翼	鬼	昴	奎	危	斗	心	房	角	21
虚	箕	氐	軫	柳	畢	婁	室	女	尾	心	亢	22
虚	**斗**	房	角	星	觜	胃	壁	虚	箕	尾	氐	23
危	女	**心**	亢	張	参	昴	奎	危	斗	箕	房	24
室	虚	尾	**氐**	翼	井	畢	婁	室	女	斗	心	25
壁	危	箕	房	軫	鬼	觜	胃	壁	虚	女	尾	26
奎	室	斗	心	**角**	柳	参	昴	奎	危	虚	箕	27
婁	壁	女	尾	亢	**張**	井	畢	婁	室	危	斗	28
胃	奎	虚	箕	氐	翼	**鬼**	觜	胃	壁		女	29
昴	婁	危	斗	房	軫	柳	参	昴	奎		虚	30
畢		室		心	角		**参**		婁		危	31

※太字は陰暦の１日を表しています。

12	11	10	9	8	7	6	5	4	3	2	1月	1966
星	井	昴	奎	女	心	氐	翼	翼	柳	鬼	觜	1日
張	鬼	畢	婁	虚	尾	房	軫	軫	星	柳	参	2
翼	柳	觜	胃	危	箕	心	角	角	張	星	井	3
軫	星	参	昴	室	斗	尾	亢	亢	翼	張	鬼	4
角	張	井	畢	壁	女	箕	氐	氐	軫	翼	柳	5
亢	翼	鬼	觜	奎	虚	斗	房	房	角	軫	星	6
氐	軫	柳	参	婁	危	女	心	心	亢	角	張	7
房	角	星	井	胃	室	虚	尾	尾	氐	亢	翼	8
心	亢	張	鬼	昴	壁	危	箕	箕	房	氐	軫	9
尾	氐	翼	柳	畢	奎	室	斗	斗	心	房	角	10
箕	房	軫	星	觜	婁	壁	女	女	尾	心	亢	11
斗	**心**	角	張	参	胃	奎	虚	虚	箕	尾	氐	12
女	尾	亢	翼	井	昴	婁	危	危	斗	箕	房	13
虚	箕	**氐**	軫	鬼	畢	胃	室	室	女	斗	心	14
危	斗	房	**角**	柳	觜	昴	壁	壁	虚	女	尾	15
室	女	心	亢	**張**	参	畢	奎	奎	危	虚	箕	16
壁	虚	尾	氐	翼	井	觜	婁	婁	室	危	斗	17
奎	危	箕	房	軫	**鬼**	参	胃	胃	壁	室	女	18
婁	室	斗	心	角	柳	**参**	昴	昴	奎	壁	虚	19
胃	壁	女	尾	亢	星	井	**畢**	畢	婁	**奎**	危	20
昴	奎	虚	箕	氐	張	鬼	觜	**胃**	胃	婁	室	21
畢	婁	危	斗	房	翼	柳	参	昴	**胃**	胃	**室**	22
觜	胃	室	女	心	軫	星	井	畢	昴	昴	壁	23
参	昴	壁	虚	尾	角	張	鬼	觜	畢	畢	奎	24
井	畢	奎	危	箕	亢	翼	柳	参	觜	觜	婁	25
鬼	觜	婁	室	斗	氐	軫	星	井	参	参	胃	26
柳	参	胃	壁	女	房	角	張	鬼	井	井	昴	27
星	井	昴	奎	虚	心	亢	翼	柳	鬼	鬼	畢	28
張	鬼	畢	婁	危	尾	氐	軫	星	柳		觜	29
翼	柳	觜	胃	室	箕	房	角	張	星		参	30
軫		参		壁	斗		亢		張		井	31

12	11	10	9	8	7	6	5	4	3	2	1月	1967
箕	房	角	星	觜	胃	奎	虚	斗	心	房	角	1日
斗	**心**	亢	張	参	昴	婁	危	女	尾	心	亢	2
女	尾	氐	翼	井	畢	胃	室	虚	箕	尾	氐	3
虚	箕	**氐**	**角**	鬼	觜	昴	壁	危	斗	箕	房	4
危	斗	房	亢	柳	参	畢	奎	室	女	斗	心	5
室	女	心	氐	**張**	井	觜	婁	壁	虚	女	尾	6
壁	虚	尾	房	翼	鬼	参	胃	奎	危	虚	箕	7
奎	危	箕	心	軫	**鬼**	**参**	昴	婁	室	危	斗	8
婁	室	斗	尾	角	柳	井	**畢**	胃	壁	**室**	女	9
胃	壁	女	箕	亢	星	鬼	觜	**胃**	奎	壁	虚	10
昴	奎	虚	斗	氐	張	柳	参	昴	**奎**	奎	**虚**	11
畢	婁	危	女	房	翼	星	井	畢	婁	婁	危	12
觜	胃	室	虚	心	軫	張	鬼	觜	胃	胃	室	13
参	昴	壁	危	尾	角	翼	柳	参	昴	昴	壁	14
井	畢	奎	室	箕	亢	軫	星	井	畢	畢	奎	15
鬼	觜	婁	壁	斗	氐	角	張	鬼	觜	觜	婁	16
柳	参	胃	奎	女	房	亢	翼	柳	参	参	胃	17
星	井	昴	婁	虚	心	氐	軫	星	井	井	昴	18
張	鬼	畢	胃	危	尾	房	角	張	鬼	鬼	畢	19
翼	柳	觜	昴	室	箕	心	亢	翼	柳	柳	觜	20
軫	星	参	畢	壁	斗	尾	氐	軫	星	星	参	21
角	張	井	觜	奎	女	箕	房	角	張	張	井	22
亢	翼	鬼	参	婁	虚	斗	心	亢	翼	翼	鬼	23
氐	軫	柳	井	胃	危	女	尾	氐	軫	軫	柳	24
房	角	星	鬼	昴	室	虚	箕	房	角	角	星	25
心	亢	張	柳	畢	壁	危	斗	心	亢	亢	張	26
尾	氐	翼	星	觜	奎	室	女	尾	氐	氐	翼	27
箕	房	軫	張	参	婁	壁	虚	箕	房	房	軫	28
斗	心	角	翼	井	胃	奎	危	斗	心		角	29
女	尾	亢	軫	鬼	昴	婁	室	女	尾		亢	30
虚		氐		柳	畢		壁		箕		氐	31

1968年～1971年

12	11	10	9	8	7	6	5	4	3	2	1月	1969
翼	星	参	昴	壁	女	箕	氐	角	星	星	参	1日
軫	張	井	畢	奎	虚	斗	房	亢	張	張	井	2
角	翼	鬼	觜	婁	危	女	心	氐	翼	翼	鬼	3
亢	軫	柳	参	胃	室	虚	尾	房	軫	軫	柳	4
氐	角	星	井	昴	壁	危	箕	心	角	角	星	5
房	亢	張	鬼	畢	奎	室	斗	尾	亢	亢	張	6
心	氐	翼	柳	觜	婁	壁	女	箕	氐	氐	翼	7
尾	房	軫	星	参	胃	奎	虚	斗	房	房	軫	8
斗	心	角	張	井	昴	婁	危	女	心	心	角	9
女	**心**	亢	翼	鬼	畢	胃	室	虚	尾	尾	亢	10
虚	尾	**氐**	軫	柳	觜	昴	壁	危	箕	箕	氐	11
危	箕	房	**角**	星	参	畢	奎	室	斗	斗	房	12
室	斗	心	亢	**張**	井	觜	婁	壁	女	女	心	13
壁	女	尾	氐	翼	**鬼**	参	胃	奎	虚	虚	尾	14
奎	虚	箕	房	軫	柳	**参**	昴	婁	危	危	箕	15
婁	危	斗	心	角	星	井	**畢**	胃	室	室	斗	16
胃	室	女	尾	亢	張	鬼	觜	**胃**	壁	**室**	女	17
昴	壁	虚	箕	氐	翼	柳	参	昴	**奎**	壁	**虚**	18
畢	奎	危	斗	房	軫	星	井	畢	婁	奎	危	19
觜	婁	室	女	心	角	張	鬼	觜	胃	婁	室	20
参	胃	壁	虚	尾	亢	翼	柳	参	昴	胃	壁	21
井	昴	奎	危	箕	氐	軫	星	井	畢	昴	奎	22
鬼	畢	婁	室	斗	房	角	張	鬼	觜	畢	婁	23
柳	觜	胃	壁	女	心	亢	翼	柳	参	觜	胃	24
星	参	昴	奎	虚	尾	氐	軫	星	井	参	昴	25
張	井	畢	婁	危	箕	房	角	張	鬼	井	畢	26
翼	鬼	觜	胃	室	斗	心	亢	翼	柳	鬼	觜	27
軫	柳	参	昴	壁	女	尾	氐	軫	星	柳	参	28
角	星	井	畢	奎	虚	箕	房	角	張		井	29
亢	張	鬼	觜	婁	危	斗	心	亢	翼		鬼	30
氐		柳		胃	室		尾		軫		柳	31

※太字は陰暦の１日を表しています。

12	11	10	9	8	7	6	5	4	3	2	1月	1968
胃	壁	虚	尾	心	軫	張	井	觜	胃	奎	危	1日
昴	奎	危	箕	尾	角	翼	鬼	参	昴	婁	室	2
畢	婁	室	斗	箕	亢	軫	柳	井	畢	胃	壁	3
觜	胃	壁	女	斗	氐	角	星	鬼	觜	昴	奎	4
参	昴	奎	虚	女	房	亢	張	柳	参	畢	婁	5
井	畢	婁	危	虚	心	氐	翼	星	井	觜	胃	6
鬼	觜	胃	室	危	尾	房	軫	張	鬼	参	昴	7
柳	参	昴	壁	室	箕	心	角	翼	柳	井	畢	8
星	井	畢	奎	壁	斗	尾	亢	軫	星	鬼	觜	9
張	鬼	觜	婁	奎	女	箕	氐	角	張	柳	参	10
翼	柳	参	胃	婁	虚	斗	房	亢	翼	星	井	11
軫	星	井	昴	胃	危	女	心	氐	軫	張	鬼	12
角	張	鬼	畢	昴	室	虚	尾	房	角	翼	柳	13
亢	翼	柳	觜	畢	壁	危	箕	心	亢	軫	星	14
氐	軫	星	参	觜	奎	室	斗	尾	氐	角	張	15
房	角	張	井	参	婁	壁	女	箕	房	亢	翼	16
心	亢	翼	鬼	井	胃	奎	虚	斗	心	氐	軫	17
尾	氐	軫	柳	鬼	昴	婁	危	女	尾	房	角	18
箕	房	角	星	柳	畢	胃	室	虚	箕	心	亢	19
斗	**心**	亢	張	星	觜	昴	壁	危	斗	尾	氐	20
女	尾	氐	翼	張	参	畢	奎	室	女	箕	房	21
虚	箕	**氐**	**角**	翼	井	觜	婁	壁	虚	斗	心	22
危	斗	房	亢	軫	鬼	参	胃	奎	危	女	尾	23
室	女	心	氐	**張**	柳	井	昴	婁	室	虚	箕	24
壁	虚	尾	房	翼	**張**	鬼	畢	胃	壁	危	斗	25
奎	危	箕	心	軫	翼	**鬼**	觜	昴	奎	室	女	26
婁	室	斗	尾	角	軫	柳	**参**	畢	婁	壁	虚	27
胃	壁	女	箕	亢	角	星	井	**畢**	胃	**奎**	危	28
昴	奎	虚	斗	氐	亢	張	鬼	觜	**胃**	婁	室	29
畢	婁	危	女	房	氐	翼	柳	参	昴		**室**	30
觜		室		心	房		星		畢		壁	31

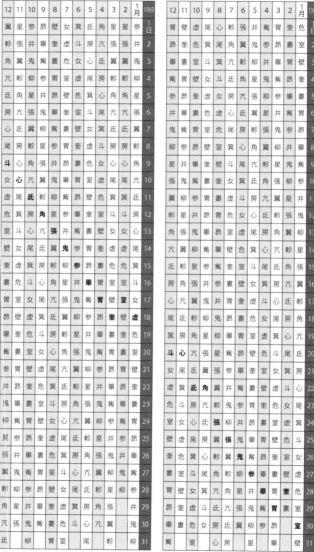

12	11	10	9	8	7	6	5	4	3	2	1月	1970
虚	箕	房	**角**	柳	参	畢	奎	危	斗	箕	房	1日
危	斗	心	亢	**張**	井	觜	婁	室	女	斗	心	2
室	女	尾	氐	翼	鬼	参	胃	壁	虚	女	尾	3
壁	虚	箕	房	軫	**鬼**	**参**	昴	奎	危	虚	箕	4
奎	危	斗	心	角	柳	井	**畢**	婁	室	危	斗	5
婁	室	女	尾	亢	星	鬼	觜	**胃**	壁	**室**	女	6
胃	壁	虚	箕	氐	張	柳	参	昴	奎	壁	虚	7
昴	奎	危	斗	房	翼	星	井	畢	**奎**	奎	**虚**	8
畢	婁	室	女	心	軫	張	鬼	觜	婁	婁	危	9
觜	胃	壁	虚	尾	角	翼	柳	参	胃	胃	室	10
参	昴	奎	危	箕	亢	軫	星	井	昴	昴	壁	11
井	畢	婁	室	斗	氐	角	張	鬼	畢	畢	奎	12
鬼	觜	胃	壁	女	房	亢	翼	柳	觜	觜	婁	13
柳	参	昴	奎	虚	心	氐	軫	星	参	参	胃	14
星	井	畢	婁	危	尾	房	角	張	井	井	昴	15
張	鬼	觜	胃	室	箕	心	亢	翼	鬼	鬼	畢	16
翼	柳	参	昴	壁	斗	尾	氐	軫	柳	柳	觜	17
軫	星	井	畢	奎	女	箕	房	角	星	星	参	18
角	張	鬼	觜	婁	虚	斗	心	亢	張	張	井	19
亢	翼	柳	参	胃	危	女	尾	氐	翼	翼	鬼	20
氐	軫	星	井	昴	室	虚	箕	房	軫	軫	柳	21
房	角	張	鬼	畢	壁	危	斗	心	角	角	星	22
心	亢	翼	柳	觜	奎	室	女	尾	亢	亢	張	23
尾	氐	軫	星	参	婁	壁	虚	箕	氐	氐	翼	24
箕	房	角	張	井	胃	奎	危	斗	房	房	軫	25
斗	心	亢	翼	鬼	昴	婁	室	女	心	心	角	26
女	尾	氐	軫	柳	畢	胃	壁	虚	尾	尾	亢	27
虚	箕	房	角	星	觜	昴	奎	危	箕	箕	氐	28
危	**斗**	心	亢	張	参	畢	婁	室	斗		房	29
室	女	**心**	**氐**	翼	井	觜	胃	壁	女		心	30
壁		尾		軫	鬼		昴		虚		尾	31

12	11	10	9	8	7	6	5	4	3	2	1月	1971
畢	胃	壁	女	心	角	角	星	井	畢	昴	奎	1日
觜	昴	奎	虚	尾	亢	亢	張	鬼	觜	畢	婁	2
参	畢	婁	危	箕	氐	氐	翼	柳	参	觜	胃	3
井	觜	胃	室	斗	房	房	軫	星	井	参	昴	4
鬼	参	昴	壁	女	心	心	角	張	鬼	井	畢	5
柳	井	畢	奎	虚	尾	尾	亢	翼	柳	鬼	觜	6
星	鬼	觜	婁	危	箕	箕	氐	軫	星	柳	参	7
張	柳	参	胃	室	斗	斗	房	角	張	星	井	8
翼	星	井	昴	壁	女	女	心	亢	翼	張	鬼	9
軫	張	鬼	畢	奎	虚	虚	尾	氐	軫	翼	柳	10
角	翼	柳	觜	婁	危	危	箕	房	角	軫	星	11
亢	軫	星	参	胃	室	室	斗	心	亢	角	張	12
氐	角	張	井	昴	壁	壁	女	尾	氐	亢	翼	13
房	亢	翼	鬼	畢	奎	奎	虚	箕	房	氐	軫	14
心	氐	軫	柳	觜	婁	婁	危	斗	心	房	角	15
尾	房	角	星	参	胃	胃	室	女	尾	心	亢	16
箕	心	亢	張	井	昴	昴	壁	虚	箕	尾	氐	17
斗	**心**	氐	翼	鬼	畢	畢	奎	危	斗	箕	房	18
女	尾	**氐**	**角**	柳	觜	觜	婁	室	女	斗	心	19
虚	箕	房	亢	星	参	参	胃	壁	虚	女	尾	20
危	斗	心	氐	**張**	井	井	昴	奎	危	虚	箕	21
室	女	尾	房	翼	**鬼**	鬼	畢	婁	室	危	斗	22
壁	虚	箕	心	軫	柳	**参**	觜	胃	壁	室	女	23
奎	危	斗	尾	角	星	井	**参**	昴	奎	壁	虚	24
婁	室	女	箕	亢	張	鬼	井	**畢**	婁	**奎**	危	25
胃	壁	虚	斗	氐	翼	柳	鬼	觜	胃	婁	室	26
昴	奎	危	女	房	軫	星	柳	参	**胃**	胃	**室**	27
畢	婁	室	虚	心	角	張	星	井	昴	昴	壁	28
觜	胃	壁	危	尾	亢	翼	張	鬼	畢		奎	29
参	昴	奎	室	箕	氐	軫	翼	柳	觜		婁	30
井		婁		斗	房		軫		参		胃	31

1972年～1975年

12	11	10	9	8	7	6	5	4	3	2	1月	1972
氐	角	星	井	胃	壁	虚	尾	房	軫	翼	鬼	1日
房	亢	張	鬼	昴	奎	危	箕	心	角	軫	柳	2
心	氐	翼	柳	畢	婁	室	斗	尾	亢	角	星	3
尾	房	軫	星	觜	胃	壁	女	箕	氐	亢	張	4
箕	心	角	張	参	昴	奎	虚	斗	房	氐	翼	5
斗	**心**	亢	翼	井	畢	婁	危	女	心	房	軫	6
女	尾	**氐**	軫	鬼	觜	胃	室	虚	尾	心	角	7
虚	箕	房	**角**	柳	参	昴	壁	危	箕	尾	亢	8
危	斗	心	亢	**張**	井	畢	奎	室	斗	箕	氐	9
室	女	尾	氐	翼	鬼	觜	婁	壁	女	斗	房	10
壁	虚	箕	房	軫	**鬼**	**参**	胃	奎	虚	女	心	11
奎	危	斗	心	角	柳	井	昴	婁	危	虚	尾	12
婁	室	女	尾	亢	星	鬼	**畢**	胃	室	危	箕	13
胃	壁	虚	箕	氐	張	柳	觜	**胃**	壁	室	斗	14
昴	奎	危	斗	房	翼	星	参	昴	**奎**	**室**	女	15
畢	婁	室	女	心	軫	張	井	畢	婁	壁	**虚**	16
觜	胃	壁	虚	尾	角	翼	鬼	觜	胃	奎	危	17
参	昴	奎	危	箕	亢	軫	柳	参	昴	婁	室	18
井	畢	婁	室	斗	氐	角	星	井	畢	胃	壁	19
鬼	觜	胃	壁	女	房	亢	張	鬼	觜	昴	奎	20
柳	参	昴	奎	虚	心	氐	翼	柳	参	畢	婁	21
星	井	畢	婁	危	尾	房	軫	星	井	觜	胃	22
張	鬼	觜	胃	室	箕	心	角	張	鬼	参	昴	23
翼	柳	参	昴	壁	斗	尾	亢	翼	柳	井	畢	24
軫	星	井	畢	奎	女	箕	氐	軫	星	鬼	觜	25
角	張	鬼	觜	婁	虚	斗	房	角	張	柳	参	26
亢	翼	柳	参	胃	危	女	心	亢	翼	星	井	27
氐	軫	星	井	昴	室	虚	尾	氐	軫	張	鬼	28
房	角	張	鬼	畢	壁	危	箕	房	角	翼	柳	29
心	亢	翼	柳	觜	奎	室	斗	心	亢		星	30
尾		軫		参	婁		女		氐		張	31

12	11	10	9	8	7	6	5	4	3	2	1月	1973
奎	危	斗	心	軫	柳	**参**	昴	奎	危	虚	箕	1日
婁	室	女	尾	角	星	井	畢	婁	室	危	斗	2
胃	壁	虚	箕	亢	張	鬼	**畢**	**胃**	壁	**室**	女	3
昴	奎	危	斗	氐	翼	柳	觜	昴	奎	壁	虚	4
畢	婁	室	女	房	軫	星	参	畢	**奎**	奎	**虚**	5
觜	胃	壁	虚	心	角	張	井	觜	婁	婁	危	6
参	昴	奎	危	尾	亢	翼	鬼	参	胃	胃	室	7
井	畢	婁	室	箕	氐	軫	柳	井	昴	昴	壁	8
鬼	觜	胃	壁	斗	房	角	星	鬼	畢	畢	奎	9
柳	参	昴	奎	女	心	亢	張	柳	觜	觜	婁	10
星	井	畢	婁	虚	尾	氐	翼	星	参	参	胃	11
張	鬼	觜	胃	危	箕	房	軫	張	井	井	昴	12
翼	柳	参	昴	室	斗	心	角	翼	鬼	鬼	畢	13
軫	星	井	畢	壁	女	尾	亢	軫	柳	柳	觜	14
角	張	鬼	觜	奎	虚	箕	氐	角	星	星	参	15
亢	翼	柳	参	婁	危	斗	房	亢	張	張	井	16
氐	軫	星	井	胃	室	女	心	氐	翼	翼	鬼	17
房	角	張	鬼	昴	壁	虚	尾	房	軫	軫	柳	18
心	亢	翼	柳	畢	奎	危	箕	心	角	角	星	19
尾	氐	軫	星	觜	婁	室	斗	尾	亢	亢	張	20
箕	房	角	張	参	胃	壁	女	箕	氐	氐	翼	21
斗	心	亢	翼	井	昴	奎	虚	斗	房	房	軫	22
女	尾	氐	軫	鬼	畢	婁	危	女	心	心	角	23
虚	箕	房	角	柳	觜	胃	室	虚	尾	尾	亢	24
虚	**斗**	心	亢	星	参	昴	壁	危	箕	箕	氐	25
危	女	**心**	**氐**	張	井	畢	奎	室	斗	斗	房	26
室	虚	尾	房	翼	鬼	觜	婁	壁	女	女	心	27
壁	危	箕	心	**角**	柳	参	胃	奎	虚	虚	尾	28
奎	室	斗	尾	亢	星	井	昴	婁	危		箕	29
婁	壁	女	箕	氐	**張**	**鬼**	畢	胃	室		斗	30
胃		虚		房	翼		觜		壁		女	31

※太字は陰暦の１日を表しています。

12	11	10	9	8	7	6	5	4	3	2	1月	1975
尾	氐	翼	柳	畢	奎	室	斗	尾	氐	氐	翼	1日
箕	房	軫	星	觜	婁	壁	女	箕	房	房	軫	2
斗	心	角	張	参	胃	奎	虚	斗	心	心	角	3
女	尾	亢	翼	井	昴	婁	危	女	尾	尾	亢	4
虚	箕	氐	軫	鬼	畢	胃	室	虚	箕	箕	氐	5
危	斗	房	角	柳	觜	昴	壁	危	斗	斗	房	6
室	女	心	亢	張	参	畢	奎	室	女	女	心	7
壁	虚	尾	氐	翼	井	觜	婁	壁	虚	虚	尾	8
奎	危	箕	房	軫	鬼	参	胃	奎	危	危	箕	9
婁	室	斗	心	角	柳	参	昴	婁	室	室	斗	10
胃	壁	女	尾	亢	星	井	畢	胃	壁	室	女	11
昴	奎	虚	箕	氐	張	鬼	觜	胃	奎	壁	虚	12
畢	婁	危	斗	房	翼	柳	参	昴	奎	奎	危	13
觜	胃	室	女	心	軫	星	井	畢	婁	婁	室	14
参	昴	壁	虚	尾	角	張	鬼	觜	胃	胃	壁	15
井	畢	奎	危	箕	亢	翼	柳	参	昴	昴	奎	16
鬼	觜	婁	室	斗	氐	軫	星	井	畢	畢	婁	17
柳	参	胃	壁	女	房	角	張	鬼	觜	觜	胃	18
星	井	昴	奎	虚	心	亢	翼	柳	参	参	昴	19
張	鬼	畢	婁	危	尾	氐	軫	星	井	井	畢	20
翼	柳	觜	胃	室	箕	房	角	張	鬼	鬼	觜	21
軫	星	参	昴	壁	斗	心	亢	翼	柳	柳	参	22
角	張	井	畢	奎	女	尾	氐	軫	星	星	井	23
亢	翼	鬼	觜	婁	虚	箕	房	角	張	張	鬼	24
氐	軫	柳	参	胃	危	斗	心	亢	翼	翼	柳	25
房	角	星	井	昴	室	女	尾	氐	軫	軫	星	26
心	亢	張	鬼	畢	壁	虚	箕	房	角	角	張	27
尾	氐	翼	柳	觜	奎	危	斗	心	亢	亢	翼	28
箕	房	軫	星	参	婁	室	女	尾	氐		軫	29
斗	心	角	張	井	胃	壁	虚	箕	房		角	30
女		亢		鬼	昴		危		心		亢	31

12	11	10	9	8	7	6	5	4	3	2	1月	1974
鬼	参	胃	室	斗	房	角	軫	星	井	井	昴	1日
柳	井	昴	壁	女	心	亢	角	張	鬼	鬼	畢	2
星	鬼	畢	奎	虚	尾	氐	亢	翼	柳	柳	觜	3
張	柳	觜	婁	危	箕	房	氐	軫	星	星	参	4
翼	星	参	胃	室	斗	心	房	角	張	張	井	5
軫	張	井	昴	壁	女	尾	心	亢	翼	翼	鬼	6
角	翼	鬼	畢	奎	虚	箕	尾	氐	軫	軫	柳	7
亢	軫	柳	觜	婁	危	斗	箕	房	角	角	星	8
氐	角	星	参	胃	室	女	斗	心	亢	亢	張	9
房	亢	張	井	昴	壁	虚	女	尾	氐	氐	翼	10
心	氐	翼	鬼	畢	奎	危	虚	箕	房	房	軫	11
尾	房	軫	柳	觜	婁	室	危	斗	心	心	角	12
箕	心	角	星	参	胃	壁	室	女	尾	尾	亢	13
斗	心	亢	張	井	昴	奎	壁	虚	箕	箕	氐	14
女	尾	氐	翼	鬼	畢	婁	奎	危	斗	斗	房	15
虚	箕	房	角	柳	觜	胃	婁	室	女	女	心	16
危	斗	心	亢	星	参	昴	胃	壁	虚	虚	尾	17
室	女	尾	氐	張	井	畢	昴	奎	危	危	箕	18
壁	虚	箕	房	翼	鬼	觜	畢	婁	室	室	斗	19
奎	危	斗	心	軫	柳	参	觜	胃	壁	壁	女	20
婁	室	女	尾	角	星	井	参	昴	奎	奎	虚	21
胃	壁	虚	箕	亢	張	鬼	畢	畢	婁	奎	危	22
昴	奎	危	斗	氐	翼	柳	觜	觜	胃	婁	室	23
畢	婁	室	女	房	軫	星	参	参	胃	胃	壁	24
觜	胃	壁	虚	心	角	張	井	井	昴	昴	奎	25
参	昴	奎	危	尾	亢	翼	鬼	鬼	畢	畢	婁	26
井	畢	婁	室	箕	氐	軫	柳	柳	觜	觜	胃	27
鬼	觜	胃	壁	斗	房	角	星	星	参	参	昴	28
柳	参	昴	奎	女	心	亢	張	張	井		畢	29
星	井	畢	婁	虚	尾	氐	翼	翼	鬼		觜	30
張		觜		危	箕		軫		柳		参	31

12	11	10	9	8	7	6	5	4	3	2	1月	1976
奎	室	斗	斗	氐	翼	柳	参	昴	**奎**	壁	**虚**	1日
婁	壁	女	女	房	軫	星	井	畢	婁	奎	危	2
胃	奎	虚	虚	心	角	張	鬼	觜	胃	婁	室	3
昴	婁	危	危	尾	亢	翼	柳	参	昴	胃	壁	4
畢	胃	室	室	箕	氐	軫	星	井	畢	昴	奎	5
觜	昴	壁	壁	斗	房	角	張	鬼	觜	畢	婁	6
参	畢	奎	奎	女	心	亢	翼	柳	参	觜	胃	7
井	觜	婁	婁	虚	尾	氐	軫	星	井	参	昴	8
鬼	参	胃	胃	危	箕	房	角	張	鬼	井	畢	9
柳	井	昴	昴	室	斗	心	亢	翼	柳	鬼	觜	10
星	鬼	畢	畢	壁	女	尾	氐	軫	星	柳	参	11
張	柳	觜	觜	奎	虚	箕	房	角	張	星	井	12
翼	星	参	参	婁	危	斗	心	亢	翼	張	鬼	13
軫	張	井	井	胃	室	女	尾	氐	軫	翼	柳	14
角	翼	鬼	鬼	昴	壁	虚	箕	房	角	軫	星	15
亢	軫	柳	柳	畢	奎	危	斗	心	亢	角	張	16
氐	角	星	星	觜	婁	室	女	尾	氐	亢	翼	17
房	亢	張	張	参	胃	壁	虚	箕	房	氐	軫	18
心	氐	翼	翼	井	昴	奎	危	斗	心	房	角	19
尾	房	軫	軫	鬼	畢	婁	室	女	尾	心	亢	20
斗	心	角	角	柳	觜	胃	壁	虚	箕	尾	氐	21
女	**心**	亢	亢	星	参	昴	奎	危	斗	箕	房	22
虚	尾	**氐**	氐	張	井	畢	婁	室	女	斗	心	23
危	箕	房	**角**	翼	鬼	觜	胃	壁	虚	女	尾	24
室	斗	心	亢	**角**	柳	参	昴	奎	危	虚	箕	25
壁	女	尾	氐	亢	星	井	畢	婁	室	危	斗	26
奎	虚	箕	房	氐	**張**	**鬼**	觜	胃	壁	室	女	27
婁	危	斗	心	房	翼	柳	参	昴	奎	壁	虚	28
胃	室	女	尾	心	軫	星	**参**	**畢**	婁	奎	危	29
昴	壁	虚	箕	尾	角	張	井	觜	胃		室	30
畢		危		箕	亢		鬼		**胃**		**室**	31

12	11	10	9	8	7	6	5	4	3	2	1月	1977
張	鬼	觜	婁	危	箕	心	亢	翼	柳	柳	觜	1日
翼	柳	参	胃	室	斗	尾	氐	軫	星	星	参	2
軫	星	井	昴	壁	女	箕	房	角	張	張	井	3
角	張	鬼	畢	奎	虚	斗	心	亢	翼	翼	鬼	4
亢	翼	柳	觜	婁	危	女	尾	氐	軫	軫	柳	5
氐	軫	星	参	胃	室	虚	箕	房	角	角	星	6
房	角	張	井	昴	壁	危	斗	心	亢	亢	張	7
心	亢	翼	鬼	畢	奎	室	女	尾	氐	氐	翼	8
尾	氐	軫	柳	觜	婁	壁	虚	箕	房	房	軫	9
箕	房	角	星	参	胃	奎	危	斗	心	心	角	10
斗	**心**	亢	張	井	昴	婁	室	女	尾	尾	亢	11
女	尾	氐	翼	鬼	畢	胃	壁	虚	箕	箕	氐	12
虚	箕	**氐**	**角**	柳	觜	昴	奎	危	斗	斗	房	13
危	斗	房	亢	星	参	畢	婁	室	女	女	心	14
室	女	心	氐	**張**	井	觜	胃	壁	虚	虚	尾	15
壁	虚	尾	房	翼	**鬼**	参	昴	奎	危	危	箕	16
奎	危	箕	心	軫	柳	**参**	畢	婁	室	室	斗	17
婁	室	斗	尾	角	星	井	**畢**	**胃**	壁	**室**	女	18
胃	壁	女	箕	亢	張	鬼	觜	昴	奎	壁	**虚**	19
昴	奎	虚	斗	氐	翼	柳	参	畢	**奎**	奎	危	20
畢	婁	危	女	房	軫	星	井	觜	婁	婁	室	21
觜	胃	室	虚	心	角	張	鬼	参	胃	胃	壁	22
参	昴	壁	危	尾	亢	翼	柳	井	昴	昴	奎	23
井	畢	奎	室	箕	氐	軫	星	鬼	畢	畢	婁	24
鬼	觜	婁	壁	斗	房	角	張	柳	觜	觜	胃	25
柳	参	胃	奎	女	心	亢	翼	星	参	参	昴	26
星	井	昴	婁	虚	尾	氐	軫	張	井	井	畢	27
張	鬼	畢	胃	危	箕	房	角	翼	鬼	鬼	觜	28
翼	柳	觜	昴	室	斗	心	亢	軫	柳		参	29
軫	星	参	畢	壁	女	尾	氐	角	星		井	30
角		井		奎	虚		房		張		鬼	31

※太字は陰暦の１日を表しています。

12	11	10	9	8	7	6	5	4	3	2	1月	1979
胃	奎	危	箕	氐	亢	翼	柳	参	胃	胃	室	1日
昴	婁	室	斗	房	氐	軫	星	井	昴	昴	壁	2
畢	胃	壁	女	心	房	角	張	鬼	畢	畢	奎	3
觜	昴	奎	虚	尾	心	亢	翼	柳	觜	觜	婁	4
参	畢	婁	危	箕	尾	氐	軫	星	参	参	胃	5
井	觜	胃	室	斗	箕	房	角	張	井	井	昴	6
鬼	参	昴	壁	女	斗	心	亢	翼	鬼	鬼	畢	7
柳	井	畢	奎	虚	女	尾	氐	軫	柳	柳	觜	8
星	鬼	觜	婁	危	虚	箕	房	角	星	星	参	9
張	柳	参	胃	室	危	斗	心	亢	張	張	井	10
翼	星	井	昴	壁	室	女	尾	氐	翼	翼	鬼	11
軫	張	鬼	畢	奎	壁	虚	箕	房	軫	軫	柳	12
角	翼	柳	觜	婁	奎	危	斗	心	角	角	星	13
亢	軫	星	参	胃	婁	室	女	尾	亢	亢	張	14
氐	角	張	井	昴	胃	壁	虚	箕	氐	氐	翼	15
房	亢	翼	鬼	畢	昴	奎	危	斗	房	房	軫	16
心	氐	軫	柳	觜	畢	婁	室	女	心	心	角	17
尾	房	角	星	参	觜	胃	壁	虚	尾	尾	亢	18
斗	心	亢	張	井	参	昴	奎	危	箕	箕	氐	19
女	**心**	氐	翼	鬼	井	畢	婁	室	斗	斗	房	20
虚	尾	**氐**	**角**	柳	鬼	觜	胃	壁	女	女	心	21
危	箕	房	亢	星	柳	参	昴	奎	虚	虚	尾	22
室	斗	心	氐	**張**	星	井	畢	婁	危	危	箕	23
壁	女	尾	房	翼	**鬼**	**鬼**	觜	胃	室	室	斗	24
奎	虚	箕	心	軫	柳	柳	参	昴	壁	壁	女	25
婁	危	斗	尾	角	星	星	**参**	**畢**	奎	奎	虚	26
胃	室	女	箕	亢	張	張	井	觜	婁	**奎**	危	27
昴	壁	虚	斗	氐	翼	翼	鬼	参	**胃**	婁	**室**	28
畢	奎	危	女	房	軫	軫	柳	井	昴		壁	29
觜	婁	室	虚	心	角	角	星	鬼	畢		奎	30
参		壁		尾	亢		張		觜		婁	31

12	11	10	9	8	7	6	5	4	3	2	1月	1978
女	**心**	亢	翼	鬼	畢	胃	室	虚	箕	尾	亢	1日
虚	尾	**氐**	軫	柳	觜	昴	壁	危	斗	箕	氐	2
危	箕	房	**角**	星	参	畢	奎	室	女	斗	房	3
室	斗	心	亢	**張**	井	觜	婁	壁	虚	女	心	4
壁	女	尾	氐	翼	**鬼**	参	胃	奎	危	虚	尾	5
奎	虚	箕	房	軫	柳	**参**	昴	婁	室	危	箕	6
婁	危	斗	心	角	星	井	**畢**	胃	壁	**室**	斗	7
胃	室	女	尾	亢	張	鬼	觜	**胃**	奎	壁	女	8
昴	壁	虚	箕	氐	翼	柳	参	昴	**奎**	奎	**虚**	9
畢	奎	危	斗	房	軫	星	井	畢	婁	婁	危	10
觜	婁	室	女	心	角	張	鬼	觜	胃	胃	室	11
参	胃	壁	虚	尾	亢	翼	柳	参	昴	昴	壁	12
井	昴	奎	危	箕	氐	軫	星	井	畢	畢	奎	13
鬼	畢	婁	室	斗	房	角	張	鬼	觜	觜	婁	14
柳	觜	胃	壁	女	心	亢	翼	柳	参	参	胃	15
星	参	昴	奎	虚	尾	氐	軫	星	井	井	昴	16
張	井	畢	婁	危	箕	房	角	張	鬼	鬼	畢	17
翼	鬼	觜	胃	室	斗	心	亢	翼	柳	柳	觜	18
軫	柳	参	昴	壁	女	尾	氐	軫	星	星	参	19
角	星	井	畢	奎	虚	箕	房	角	張	張	井	20
亢	張	鬼	觜	婁	危	斗	心	亢	翼	翼	鬼	21
氐	翼	柳	参	胃	室	女	尾	氐	軫	軫	柳	22
房	軫	星	井	昴	壁	虚	箕	房	角	角	星	23
心	角	張	鬼	畢	奎	危	斗	心	亢	亢	張	24
尾	亢	翼	柳	觜	婁	室	女	尾	氐	氐	翼	25
箕	氐	軫	星	参	胃	壁	虚	箕	房	房	軫	26
斗	房	角	張	井	昴	奎	危	斗	心	心	角	27
女	心	亢	翼	鬼	畢	婁	室	女	尾	尾	亢	28
虚	尾	氐	軫	柳	觜	胃	壁	虚	箕		氐	29
虚	**斗**	房	角	星	参	昴	奎	危	斗		房	30
危		心		張	井		婁		女		心	31

12	11	10	9	8	7	6	5	4	3	2	1月	1981
壁	女	尾	房	翼	鬼	觜	婁	壁	女	女	尾	1日
奎	虚	箕	心	軫	**鬼**	**参**	胃	奎	虚	虚	箕	2
婁	危	斗	尾	角	柳	井	昴	婁	危	危	斗	3
胃	室	女	箕	亢	星	鬼	**畢**	胃	室	室	女	4
昴	壁	虚	斗	氐	張	柳	觜	**胃**	壁	**室**	虚	5
畢	奎	危	女	房	翼	星	参	昴	**奎**	壁	**虚**	6
觜	婁	室	虚	心	軫	張	井	畢	婁	奎	危	7
参	胃	壁	危	尾	角	翼	鬼	觜	胃	婁	室	8
井	昴	奎	室	箕	亢	軫	柳	参	昴	胃	壁	9
鬼	畢	婁	壁	斗	氐	角	星	井	畢	昴	奎	10
柳	觜	胃	奎	女	房	亢	張	鬼	觜	畢	婁	11
星	参	昴	婁	虚	心	氐	翼	柳	参	觜	胃	12
張	井	畢	胃	危	尾	房	軫	星	井	参	昴	13
翼	鬼	觜	昴	室	箕	心	角	張	鬼	井	畢	14
軫	柳	参	畢	壁	斗	尾	亢	翼	柳	鬼	觜	15
角	星	井	觜	奎	女	箕	氐	軫	星	柳	参	16
亢	張	鬼	参	婁	虚	斗	房	角	張	星	井	17
氐	翼	柳	井	胃	危	女	心	亢	翼	張	鬼	18
房	軫	星	鬼	昴	室	虚	尾	氐	軫	翼	柳	19
心	角	張	柳	畢	壁	危	箕	房	角	軫	星	20
尾	亢	翼	星	觜	奎	室	斗	心	亢	角	張	21
箕	氐	軫	張	参	婁	壁	女	尾	氐	亢	翼	22
斗	房	角	翼	井	胃	奎	虚	箕	房	氐	軫	23
女	心	亢	軫	鬼	昴	婁	危	斗	心	房	角	24
虚	尾	氐	角	柳	畢	胃	室	女	尾	心	亢	25
虚	**斗**	房	亢	星	觜	昴	壁	虚	箕	尾	氐	26
危	女	心	氐	張	参	畢	奎	危	斗	箕	房	27
室	虚	**心**	**氐**	翼	井	觜	婁	室	女	斗	心	28
壁	危	尾	房	**角**	鬼	参	胃	壁	虚		尾	29
奎	室	箕	心	亢	柳	井	昴	奎	危		箕	30
婁		斗		氐	**張**		畢		室		斗	31

12	11	10	9	8	7	6	5	4	3	2	1月	1980
角	翼	柳	觜	婁	危	女	心	亢	翼	星	井	1日
亢	軫	星	参	胃	室	虚	尾	氐	軫	張	鬼	2
氐	角	張	井	昴	壁	危	箕	房	角	翼	柳	3
房	亢	翼	鬼	畢	奎	室	斗	心	亢	軫	星	4
心	氐	軫	柳	觜	婁	壁	女	尾	氐	角	張	5
尾	房	角	星	参	胃	奎	虚	箕	房	亢	翼	6
斗	心	亢	張	井	昴	婁	危	斗	心	氐	軫	7
女	**心**	氐	翼	鬼	畢	胃	室	女	尾	房	角	8
虚	尾	**氐**	**角**	柳	觜	昴	壁	虚	箕	心	亢	9
危	箕	房	亢	星	参	畢	奎	危	斗	尾	氐	10
室	斗	心	氐	**張**	井	觜	婁	室	女	箕	房	11
壁	女	尾	房	翼	**鬼**	参	胃	壁	虚	斗	心	12
奎	虚	箕	心	軫	柳	**参**	昴	奎	危	女	尾	13
婁	危	斗	尾	角	星	井	**畢**	婁	室	虚	箕	14
胃	室	女	箕	亢	張	鬼	觜	**胃**	壁	危	斗	15
昴	壁	虚	斗	氐	翼	柳	参	昴	奎	**室**	女	16
畢	奎	危	女	房	軫	星	井	畢	**奎**	壁	虚	17
觜	婁	室	虚	心	角	張	鬼	觜	婁	奎	**虚**	18
参	胃	壁	危	尾	亢	翼	柳	参	胃	婁	危	19
井	昴	奎	室	箕	氐	軫	星	井	昴	胃	室	20
鬼	畢	婁	壁	斗	房	角	張	鬼	畢	昴	壁	21
柳	觜	胃	奎	女	心	亢	翼	柳	觜	畢	奎	22
星	参	昴	婁	虚	尾	氐	軫	星	参	觜	婁	23
張	井	畢	胃	危	箕	房	角	張	井	参	胃	24
翼	鬼	觜	昴	室	斗	心	亢	翼	鬼	井	昴	25
軫	柳	参	畢	壁	女	尾	氐	軫	柳	鬼	畢	26
角	星	井	觜	奎	虚	箕	房	角	星	柳	觜	27
亢	張	鬼	参	婁	危	斗	心	亢	張	星	参	28
氐	翼	柳	井	胃	室	女	尾	氐	翼	張	井	29
房	軫	星	鬼	昴	壁	虚	箕	房	軫		鬼	30
心		張		畢	奎		斗		角		柳	31

※太字は陰暦の１日を表しています。

12	11	10	9	8	7	6	5	4	3	2	1月	1983
房	亢	張	井	昴	壁	虚	箕	房	角	角	張	1日
心	氐	翼	鬼	畢	奎	危	斗	心	亢	亢	翼	2
尾	房	軫	柳	觜	婁	室	女	尾	氐	氐	軫	3
斗	心	角	星	参	胃	壁	虚	箕	房	房	角	4
女	**心**	亢	張	井	昴	奎	危	斗	心	心	亢	5
虚	尾	**氐**	翼	鬼	畢	婁	室	女	尾	尾	氐	6
危	箕	房	**角**	柳	觜	胃	壁	虚	箕	箕	房	7
室	斗	心	亢	星	参	昴	奎	危	斗	斗	心	8
壁	女	尾	氐	**張**	井	畢	婁	室	女	女	尾	9
奎	虚	箕	房	翼	**鬼**	觜	胃	壁	虚	虚	箕	10
婁	危	斗	心	軫	柳	**参**	昴	奎	危	危	斗	11
胃	室	女	尾	角	星	井	畢	婁	室	室	女	12
昴	壁	虚	箕	亢	張	鬼	**畢**	**胃**	壁	**室**	虚	13
畢	奎	危	斗	氐	翼	柳	觜	昴	奎	壁	**虚**	14
觜	婁	室	女	房	軫	星	参	畢	**奎**	奎	危	15
参	胃	壁	虚	心	角	張	井	觜	婁	婁	室	16
井	昴	奎	危	尾	亢	翼	鬼	参	胃	胃	壁	17
鬼	畢	婁	室	箕	氐	軫	柳	井	昴	昴	奎	18
柳	觜	胃	壁	斗	房	角	星	鬼	畢	畢	婁	19
星	参	昴	奎	女	心	亢	張	柳	觜	觜	胃	20
張	井	畢	婁	虚	尾	氐	翼	星	参	参	昴	21
翼	鬼	觜	胃	危	箕	房	軫	張	井	井	畢	22
軫	柳	参	昴	室	斗	心	角	翼	鬼	鬼	觜	23
角	星	井	畢	壁	女	尾	亢	軫	柳	柳	参	24
亢	張	鬼	觜	奎	虚	箕	氐	角	星	星	井	25
氐	翼	柳	参	婁	危	斗	房	亢	張	張	鬼	26
房	軫	星	井	胃	室	女	心	氐	翼	翼	柳	27
心	角	張	鬼	昴	壁	虚	尾	房	軫	軫	星	28
尾	亢	翼	柳	畢	奎	危	箕	心	角		張	29
箕	氐	軫	星	觜	婁	室	斗	尾	亢		翼	30
斗		角		参	胃		女		氐		軫	31

12	11	10	9	8	7	6	5	4	3	2	1月	1982
参	畢	婁	危	尾	氐	軫	張	柳	觜	觜	胃	1日
井	觜	胃	室	箕	房	角	翼	星	参	参	昴	2
鬼	参	昴	壁	斗	心	亢	軫	張	井	井	畢	3
柳	井	畢	奎	女	尾	氐	角	翼	鬼	鬼	觜	4
星	鬼	觜	婁	虚	箕	房	亢	軫	柳	柳	参	5
張	柳	参	胃	危	斗	心	氐	角	星	星	井	6
翼	星	井	昴	室	女	尾	房	亢	張	張	鬼	7
軫	張	鬼	畢	壁	虚	箕	心	氐	翼	翼	柳	8
角	翼	柳	觜	奎	危	斗	尾	房	軫	軫	星	9
亢	軫	星	参	婁	室	女	箕	心	角	角	張	10
氐	角	張	井	胃	壁	虚	斗	尾	亢	亢	翼	11
房	亢	翼	鬼	昴	奎	危	女	箕	氐	氐	軫	12
心	氐	軫	柳	畢	婁	室	虚	斗	房	房	角	13
尾	房	角	星	觜	胃	壁	危	女	心	心	亢	14
斗	心	亢	張	参	昴	奎	室	虚	尾	尾	氐	15
女	**心**	氐	翼	井	畢	婁	壁	危	箕	箕	房	16
虚	尾	**氐**	**角**	鬼	觜	胃	奎	室	斗	斗	心	17
危	箕	房	亢	柳	参	昴	婁	壁	女	女	尾	18
室	斗	心	氐	**張**	井	畢	胃	奎	虚	虚	箕	19
壁	女	尾	房	翼	鬼	觜	昴	婁	危	危	斗	20
奎	虚	箕	心	軫	**鬼**	**参**	畢	胃	室	室	女	21
婁	危	斗	尾	角	柳	井	觜	昴	壁	壁	虚	22
胃	室	女	箕	亢	星	鬼	**畢**	畢	奎	奎	危	23
昴	壁	虚	斗	氐	張	柳	觜	**畢**	婁	**奎**	室	24
畢	奎	危	女	房	翼	星	参	觜	**胃**	婁	**室**	25
觜	婁	室	虚	心	軫	張	井	参	昴	胃	壁	26
参	胃	壁	危	尾	角	翼	鬼	井	畢	昴	奎	27
井	昴	奎	室	箕	亢	軫	柳	鬼	觜	畢	婁	28
鬼	畢	婁	壁	斗	氐	角	星	柳	参		胃	29
柳	觜	胃	奎	女	房	亢	張	星	井		昴	30
星		昴		虚	心		翼		鬼		畢	31

12	11	10	9	8	7	6	5	4	3	2	1月	1985
星	井	昴	奎	女	尾	氐	軫	張	井	井	畢	1日
張	鬼	畢	婁	虚	箕	房	角	翼	鬼	鬼	觜	2
翼	柳	觜	胃	危	斗	心	亢	軫	柳	柳	参	3
軫	星	参	昴	室	女	尾	氐	角	星	星	井	4
角	張	井	畢	壁	虚	箕	房	亢	張	張	鬼	5
亢	翼	鬼	觜	奎	危	斗	心	氐	翼	翼	柳	6
氐	軫	柳	参	婁	室	女	尾	房	軫	軫	星	7
房	角	星	井	胃	壁	虚	箕	心	角	角	張	8
心	亢	張	鬼	昴	奎	危	斗	尾	亢	亢	翼	9
尾	氐	翼	柳	畢	婁	室	女	箕	氐	氐	軫	10
箕	房	軫	星	觜	胃	壁	虚	斗	房	房	角	11
斗	**心**	角	張	参	昴	奎	危	女	心	心	亢	12
女	尾	亢	翼	井	畢	婁	室	虚	尾	尾	氐	13
虚	箕	**氐**	軫	鬼	觜	胃	壁	危	箕	箕	房	14
危	斗	房	**角**	柳	参	昴	奎	室	斗	斗	心	15
室	女	心	亢	**張**	井	畢	婁	壁	女	女	尾	16
壁	虚	尾	氐	翼	鬼	觜	胃	奎	虚	虚	箕	17
奎	危	箕	房	軫	**鬼**	**参**	昴	婁	危	危	斗	18
婁	室	斗	心	角	柳	井	畢	胃	室	室	女	19
胃	壁	女	尾	亢	星	鬼	**畢**	**胃**	壁	**室**	虚	20
昴	奎	虚	箕	氐	張	柳	觜	昴	**奎**	壁	**虚**	21
畢	婁	危	斗	房	翼	星	参	畢	婁	奎	危	22
觜	胃	室	女	心	軫	張	井	觜	胃	婁	室	23
参	昴	壁	虚	尾	角	翼	鬼	参	昴	胃	壁	24
井	畢	奎	危	箕	亢	軫	柳	井	畢	昴	奎	25
鬼	觜	婁	室	斗	氐	角	星	鬼	觜	畢	婁	26
柳	参	胃	壁	女	房	亢	張	柳	参	觜	胃	27
星	井	昴	奎	虚	心	氐	翼	星	井	参	昴	28
張	鬼	畢	婁	危	尾	房	軫	張	鬼		畢	29
翼	柳	觜	胃	室	箕	心	角	翼	柳		觜	30
軫		参		壁	斗		亢		星		参	31

12	11	10	9	8	7	6	5	4	3	2	1月	1984
壁	壁	女	尾	亢	星	井	**畢**	**胃**	壁	室	女	1日
奎	奎	虚	箕	氐	張	鬼	觜	昴	奎	**室**	虚	2
婁	婁	危	斗	房	翼	柳	参	畢	**奎**	壁	**虚**	3
胃	胃	室	女	心	軫	星	井	觜	婁	奎	危	4
昴	昴	壁	虚	尾	角	張	鬼	参	胃	婁	室	5
畢	畢	奎	危	箕	亢	翼	柳	井	昴	胃	壁	6
觜	觜	婁	室	斗	氐	軫	星	鬼	畢	昴	奎	7
参	参	胃	壁	女	房	角	張	柳	觜	畢	婁	8
井	井	昴	奎	虚	心	亢	翼	星	参	觜	胃	9
鬼	鬼	畢	婁	危	尾	氐	軫	張	井	参	昴	10
柳	柳	觜	胃	室	箕	房	角	翼	鬼	井	畢	11
星	星	参	昴	壁	斗	心	亢	軫	柳	鬼	觜	12
張	張	井	畢	奎	女	尾	氐	角	星	柳	参	13
翼	翼	鬼	觜	婁	虚	箕	房	亢	張	星	井	14
軫	軫	柳	参	胃	危	斗	心	氐	翼	張	鬼	15
角	角	星	井	昴	室	女	尾	房	軫	翼	柳	16
亢	亢	張	鬼	畢	壁	虚	箕	心	角	軫	星	17
氐	氐	翼	柳	觜	奎	危	斗	尾	亢	角	張	18
房	房	軫	星	参	婁	室	女	箕	氐	亢	翼	19
心	心	角	張	井	胃	壁	虚	斗	房	氐	軫	20
尾	尾	亢	翼	鬼	昴	奎	危	女	心	房	角	21
斗	箕	氐	軫	柳	畢	婁	室	虚	尾	心	亢	22
女	**心**	房	角	星	觜	胃	壁	危	箕	尾	氐	23
虚	尾	**心**	亢	張	参	昴	奎	室	斗	箕	房	24
危	箕	尾	**氐**	翼	井	畢	婁	壁	女	斗	心	25
室	斗	箕	房	軫	鬼	觜	胃	奎	虚	女	尾	26
壁	女	斗	心	**角**	柳	参	昴	婁	危	虚	箕	27
奎	虚	女	尾	亢	**張**	井	畢	胃	室	危	斗	28
婁	危	虚	箕	氐	翼	**鬼**	觜	昴	壁	室	女	29
胃	室	危	斗	房	軫	柳	参	畢	奎		虚	30
昴		室		心	角		**参**		婁		危	31

※太字は陰暦の１日を表しています。

12	11	10	9	8	7	6	5	4	3	2	1月	1987
婁	室	女	尾	角	軫	星	井	觜	婁	婁	危	1日
胃	壁	虚	箕	亢	角	張	鬼	参	胃	胃	室	2
昴	奎	危	斗	氐	亢	翼	柳	井	昴	昴	壁	3
畢	婁	室	女	房	氐	軫	星	鬼	畢	畢	奎	4
觜	胃	壁	虚	心	房	角	張	柳	觜	觜	婁	5
参	昴	奎	危	尾	心	亢	翼	星	参	参	胃	6
井	畢	婁	室	箕	尾	氐	軫	張	井	井	昴	7
鬼	觜	胃	壁	斗	箕	房	角	翼	鬼	鬼	畢	8
柳	参	昴	奎	女	斗	心	亢	軫	柳	柳	觜	9
星	井	畢	婁	虚	女	尾	氐	角	星	星	参	10
張	鬼	觜	胃	危	虚	箕	房	亢	張	張	井	11
翼	柳	参	昴	室	危	斗	心	氐	翼	翼	鬼	12
軫	星	井	畢	壁	室	女	尾	房	軫	軫	柳	13
角	張	鬼	觜	奎	壁	虚	箕	心	角	角	星	14
亢	翼	柳	参	婁	奎	危	斗	尾	亢	亢	張	15
氐	軫	星	井	胃	婁	室	女	箕	氐	氐	翼	16
房	角	張	鬼	昴	胃	壁	虚	斗	房	房	軫	17
心	亢	翼	柳	畢	昴	奎	危	女	心	心	角	18
尾	氐	軫	星	觜	畢	婁	室	虚	尾	尾	亢	19
箕	房	角	張	参	觜	胃	壁	危	箕	箕	氐	20
斗	**心**	亢	翼	井	参	昴	奎	室	斗	斗	房	21
女	尾	氐	軫	鬼	井	畢	婁	壁	女	女	心	22
虚	箕	**氐**	**角**	柳	鬼	觜	胃	奎	虚	虚	尾	23
危	斗	房	亢	**張**	柳	参	昴	婁	危	危	箕	24
室	女	心	氐	翼	星	井	畢	胃	室	室	斗	25
壁	虚	尾	房	軫	**鬼**	**鬼**	觜	昴	壁	壁	女	26
奎	危	箕	心	角	柳	柳	参	畢	奎	奎	虚	27
婁	室	斗	尾	亢	星	星	**参**	**畢**	婁	**奎**	危	28
胃	壁	女	箕	氐	張	張	井	觜	**胃**		**室**	29
昴	奎	虚	斗	房	翼	翼	鬼	参	昴		壁	30
畢		危		心	軫		柳		畢		奎	31

12	11	10	9	8	7	6	5	4	3	2	1月	1986
箕	房	角	星	参	昴	奎	危	女	心	心	角	1日
斗	**心**	亢	張	井	畢	婁	室	虚	尾	尾	亢	2
女	尾	氐	翼	鬼	觜	胃	壁	危	箕	箕	氐	3
虚	箕	**氐**	**角**	柳	参	昴	奎	室	斗	斗	房	4
危	斗	房	亢	星	井	畢	婁	壁	女	女	心	5
室	女	心	氐	**張**	鬼	觜	胃	奎	虚	虚	尾	6
壁	虚	尾	房	翼	**鬼**	**参**	昴	婁	危	危	箕	7
奎	危	箕	心	軫	柳	井	畢	胃	室	室	斗	8
婁	室	斗	尾	角	星	鬼	**畢**	**胃**	壁	**室**	女	9
胃	壁	女	箕	亢	張	柳	觜	昴	**奎**	壁	**虚**	10
昴	奎	虚	斗	氐	翼	星	参	畢	婁	奎	危	11
畢	婁	危	女	房	軫	張	井	觜	胃	婁	室	12
觜	胃	室	虚	心	角	翼	鬼	参	昴	胃	壁	13
参	昴	壁	危	尾	亢	軫	柳	井	畢	昴	奎	14
井	畢	奎	室	箕	氐	角	星	鬼	觜	畢	婁	15
鬼	觜	婁	壁	斗	房	亢	張	柳	参	觜	胃	16
柳	参	胃	奎	女	心	氐	翼	星	井	参	昴	17
星	井	昴	婁	虚	尾	房	軫	張	鬼	井	畢	18
張	鬼	畢	胃	危	箕	心	角	翼	柳	鬼	觜	19
翼	柳	觜	昴	室	斗	尾	亢	軫	星	柳	参	20
軫	星	参	畢	壁	女	箕	氐	角	張	星	井	21
角	張	井	觜	奎	虚	斗	房	亢	翼	張	鬼	22
亢	翼	鬼	参	婁	危	女	心	氐	軫	翼	柳	23
氐	軫	柳	井	胃	室	虚	尾	房	角	軫	星	24
房	角	星	鬼	昴	壁	危	箕	心	亢	角	張	25
心	亢	張	柳	畢	奎	室	斗	尾	氐	亢	翼	26
尾	氐	翼	星	觜	婁	壁	女	箕	房	氐	軫	27
箕	房	軫	張	参	胃	奎	虚	斗	心	房	角	28
斗	心	角	翼	井	昴	婁	危	女	尾		亢	29
女	尾	亢	軫	鬼	畢	胃	室	虚	箕		氐	30
虚		氐		柳	觜		壁		斗		房	31

1988年～1991年

12	11	10	9	8	7	6	5	4	3	2	1月	1988
軫	星	井	畢	壁	虚	箕	房	角	星	柳	觜	1日
角	張	鬼	觜	奎	危	斗	心	亢	張	星	参	2
亢	翼	柳	参	婁	室	女	尾	氐	翼	張	井	3
氐	軫	星	井	胃	壁	虚	箕	房	軫	翼	鬼	4
房	角	張	鬼	昴	奎	危	斗	心	角	軫	柳	5
心	亢	翼	柳	畢	婁	室	女	尾	亢	角	星	6
尾	氐	軫	星	觜	胃	壁	虚	箕	氐	亢	張	7
箕	房	角	張	参	昴	奎	危	斗	房	氐	翼	8
斗	心	亢	翼	井	畢	婁	室	女	心	房	軫	9
女	尾	氐	軫	鬼	觜	胃	壁	虚	尾	心	角	10
虚	箕	氐	角	柳	参	昴	奎	危	箕	尾	亢	11
危	斗	房	亢	張	井	畢	婁	室	斗	箕	氐	12
室	女	心	氐	翼	鬼	觜	胃	壁	女	斗	房	13
壁	虚	尾	房	軫	鬼	参	昴	奎	虚	女	心	14
奎	危	箕	心	角	柳	井	畢	婁	危	虚	尾	15
婁	室	斗	尾	亢	星	鬼	畢	胃	室	危	箕	16
胃	壁	女	箕	氐	張	柳	觜	昴	壁	室	斗	17
昴	奎	虚	斗	房	翼	星	参	畢	奎	室	女	18
畢	婁	危	女	心	軫	張	井	觜	婁	壁	虚	19
觜	胃	室	虚	尾	角	翼	鬼	参	胃	奎	危	20
参	昴	壁	危	箕	亢	軫	柳	井	昴	婁	室	21
井	畢	奎	室	斗	氐	角	星	鬼	畢	胃	壁	22
鬼	觜	婁	壁	女	房	亢	張	柳	觜	昴	奎	23
柳	参	胃	奎	虚	心	氐	翼	星	参	畢	婁	24
星	井	昴	婁	危	尾	房	軫	張	井	觜	胃	25
張	鬼	畢	胃	室	箕	心	角	翼	鬼	参	昴	26
翼	柳	觜	昴	壁	斗	尾	亢	軫	柳	井	畢	27
軫	星	参	畢	奎	女	箕	氐	角	星	鬼	觜	28
角	張	井	觜	婁	虚	斗	房	亢	張	柳	参	29
亢	翼	鬼	参	胃	危	女	心	氐	翼		井	30
氐		柳		昴	室		尾		軫		鬼	31

12	11	10	9	8	7	6	5	4	3	2	1月	1989
危	箕	房	亢	星	参	畢	奎	危	斗	箕	房	1日
室	斗	心	氐	張	井	觜	婁	室	女	斗	心	2
壁	女	尾	房	翼	鬼	参	胃	壁	虚	女	尾	3
奎	虚	箕	心	軫	柳	参	昴	奎	危	虚	箕	4
婁	危	斗	尾	角	星	井	畢	婁	室	危	斗	5
胃	室	女	箕	亢	張	鬼	觜	胃	壁	室	女	6
昴	壁	虚	斗	氐	翼	柳	参	昴	奎	壁	虚	7
畢	奎	危	女	房	軫	星	井	畢	奎	奎	虚	8
觜	婁	室	虚	心	角	張	鬼	觜	婁	婁	危	9
参	胃	壁	危	尾	亢	翼	柳	参	胃	胃	室	10
井	昴	奎	室	箕	氐	軫	星	井	昴	昴	壁	11
鬼	畢	婁	壁	斗	房	角	張	鬼	畢	畢	奎	12
柳	觜	胃	奎	女	心	亢	翼	柳	觜	觜	婁	13
星	参	昴	婁	虚	尾	氐	軫	星	参	参	胃	14
張	井	畢	胃	危	箕	房	角	張	井	井	昴	15
翼	鬼	觜	昴	室	斗	心	亢	翼	鬼	鬼	畢	16
軫	柳	参	畢	壁	女	尾	氐	軫	柳	柳	觜	17
角	星	井	觜	奎	虚	箕	房	角	星	星	参	18
亢	張	鬼	参	婁	危	斗	心	亢	張	張	井	19
氐	翼	柳	井	胃	室	女	尾	氐	翼	翼	鬼	20
房	軫	星	鬼	昴	壁	虚	箕	房	軫	軫	柳	21
心	角	張	柳	畢	奎	危	斗	心	角	角	星	22
尾	亢	翼	星	觜	婁	室	女	尾	亢	亢	張	23
箕	氐	軫	張	参	胃	壁	虚	箕	氐	氐	翼	24
斗	房	角	翼	井	昴	奎	危	斗	房	房	軫	25
女	心	亢	軫	鬼	畢	婁	室	女	心	心	角	26
虚	尾	氐	角	柳	觜	胃	壁	虚	尾	尾	亢	27
虚	斗	房	亢	星	参	昴	奎	危	箕	箕	氐	28
危	女	心	氐	張	井	畢	婁	室	斗		房	29
室	虚	心	氐	翼	鬼	觜	胃	壁	女		心	30
壁		尾		角	柳		昴		虚		尾	31

※太字は陰暦の１日を表しています。

12	11	10	9	8	7	6	5	4	3	2	1月	1991
氐	軫	星	参	婁	室	女	心	氐	翼	翼	柳	1日
房	角	張	井	胃	壁	虚	尾	房	軫	軫	星	2
心	亢	翼	鬼	昴	奎	危	箕	心	角	角	張	3
尾	氐	軫	柳	畢	婁	室	斗	尾	亢	亢	翼	4
箕	房	角	星	觜	胃	壁	女	箕	氐	氐	軫	5
斗	心	亢	張	参	昴	奎	虚	斗	房	房	角	6
女	尾	氐	翼	井	畢	婁	危	女	心	心	亢	7
虚	箕	氐	角	鬼	觜	胃	室	虚	尾	尾	氐	8
危	斗	房	亢	柳	参	昴	壁	危	箕	箕	房	9
室	女	心	氐	張	井	畢	奎	室	斗	斗	心	10
壁	虚	尾	房	翼	鬼	觜	婁	壁	女	女	尾	11
奎	危	箕	心	軫	鬼	参	胃	奎	虚	虚	箕	12
婁	室	斗	尾	角	柳	井	昴	婁	危	危	斗	13
胃	壁	女	箕	亢	星	鬼	畢	胃	室	室	女	14
昴	奎	虚	斗	氐	張	柳	觜	胃	壁	室	虚	15
畢	婁	危	女	房	翼	星	参	昴	奎	壁	虚	16
觜	胃	室	虚	心	軫	張	井	畢	婁	奎	危	17
参	昴	壁	危	尾	角	翼	鬼	觜	胃	婁	室	18
井	畢	奎	室	箕	亢	軫	柳	参	昴	胃	壁	19
鬼	觜	婁	壁	斗	氐	角	星	井	畢	昴	奎	20
柳	参	胃	奎	女	房	亢	張	鬼	觜	畢	婁	21
星	井	昴	婁	虚	心	氐	翼	柳	参	觜	胃	22
張	鬼	畢	胃	危	尾	房	軫	星	井	参	昴	23
翼	柳	觜	昴	室	箕	心	角	張	鬼	井	畢	24
軫	星	参	畢	壁	斗	尾	亢	翼	柳	鬼	觜	25
角	張	井	觜	奎	女	箕	氐	軫	星	柳	参	26
亢	翼	鬼	参	婁	虚	斗	房	角	張	星	井	27
氐	軫	柳	井	胃	危	女	心	亢	翼	張	鬼	28
房	角	星	鬼	昴	室	虚	尾	氐	軫		柳	29
心	亢	張	柳	畢	壁	危	箕	房	角		星	30
尾		翼		觜	奎		斗		亢		張	31

12	11	10	9	8	7	6	5	4	3	2	1月	1990
觜	胃	壁	虚	心	角	角	星	井	畢	昴	奎	1日
参	昴	奎	危	尾	亢	亢	張	鬼	觜	畢	婁	2
井	畢	婁	室	箕	氐	氐	翼	柳	参	觜	胃	3
鬼	觜	胃	壁	斗	房	房	軫	星	井	参	昴	4
柳	参	昴	奎	女	心	心	角	張	鬼	井	畢	5
星	井	畢	婁	虚	尾	尾	亢	翼	柳	鬼	觜	6
張	鬼	觜	胃	危	箕	箕	氐	軫	星	柳	参	7
翼	柳	参	昴	室	斗	斗	房	角	張	星	井	8
軫	星	井	畢	壁	女	女	心	亢	翼	張	鬼	9
角	張	鬼	觜	奎	虚	虚	尾	氐	軫	翼	柳	10
亢	翼	柳	参	婁	危	危	箕	房	角	軫	星	11
氐	軫	星	井	胃	室	室	斗	心	亢	角	張	12
房	角	張	鬼	昴	壁	壁	女	尾	氐	亢	翼	13
心	亢	翼	柳	畢	奎	奎	虚	箕	房	氐	軫	14
尾	氐	軫	星	觜	婁	婁	危	斗	心	房	角	15
箕	房	角	張	参	胃	胃	室	女	尾	心	亢	16
斗	心	亢	翼	井	昴	昴	壁	虚	箕	尾	氐	17
女	尾	氐	軫	鬼	畢	畢	奎	危	斗	箕	房	18
虚	箕	氐	角	柳	觜	觜	婁	室	女	斗	心	19
危	斗	房	亢	張	参	参	胃	壁	虚	女	尾	20
室	女	心	氐	翼	井	井	昴	奎	危	虚	箕	21
壁	虚	尾	房	軫	鬼	鬼	畢	婁	室	危	斗	22
奎	危	箕	心	角	柳	参	觜	胃	壁	室	女	23
婁	室	斗	尾	亢	星	井	参	昴	奎	壁	虚	24
胃	壁	女	箕	氐	張	鬼	井	畢	婁	奎	危	25
昴	奎	虚	斗	房	翼	柳	鬼	觜	胃	婁	室	26
畢	婁	危	女	心	軫	星	柳	参	胃	胃	室	27
觜	胃	室	虚	尾	角	張	星	井	昴	昴	壁	28
参	昴	壁	危	箕	亢	翼	張	鬼	畢		奎	29
井	畢	奎	室	斗	氐	軫	翼	柳	觜		婁	30
鬼		婁		女	房		軫		参		胃	31

12	11	10	9	8	7	6	5	4	3	2	1月	1992
婁	危	斗	心	軫	柳	**参**	昴	婁	危	虚	箕	1日
胃	室	女	尾	角	星	井	畢	胃	室	危	斗	2
昴	壁	虚	箕	亢	張	鬼	**畢**	**胃**	壁	室	女	3
畢	奎	危	斗	氐	翼	柳	觜	昴	**奎**	**室**	虚	4
觜	婁	室	女	房	軫	星	参	畢	婁	壁	**虚**	5
参	胃	壁	虚	心	角	張	井	觜	胃	奎	危	6
井	昴	奎	危	尾	亢	翼	鬼	参	昴	婁	室	7
鬼	畢	婁	室	箕	氐	軫	柳	井	畢	胃	壁	8
柳	觜	胃	壁	斗	房	角	星	鬼	觜	昴	奎	9
星	参	昴	奎	女	心	亢	張	柳	参	畢	婁	10
張	井	畢	婁	虚	尾	氐	翼	星	井	觜	胃	11
翼	鬼	觜	胃	危	箕	房	軫	張	鬼	参	昴	12
軫	柳	参	昴	室	斗	心	角	翼	柳	井	畢	13
角	星	井	畢	壁	女	尾	亢	軫	星	鬼	觜	14
亢	張	鬼	觜	奎	虚	箕	氐	角	張	柳	参	15
氐	翼	柳	参	婁	危	斗	房	亢	翼	星	井	16
房	軫	星	井	胃	室	女	心	氐	軫	張	鬼	17
心	角	張	鬼	昴	壁	虚	尾	房	角	翼	柳	18
尾	亢	翼	柳	畢	奎	危	箕	心	亢	軫	星	19
箕	氐	軫	星	觜	婁	室	斗	尾	氐	角	張	20
斗	房	角	張	参	胃	壁	女	箕	房	亢	翼	21
女	心	亢	翼	井	昴	奎	虚	斗	心	氐	軫	22
虚	尾	氐	軫	鬼	畢	婁	危	女	尾	房	角	23
虚	**斗**	房	角	柳	觜	胃	室	虚	箕	心	亢	24
危	女	心	亢	星	参	昴	壁	危	斗	尾	氐	25
室	虚	**心**	**氐**	張	井	畢	奎	室	女	箕	房	26
壁	危	尾	房	翼	鬼	觜	婁	壁	虚	斗	心	27
奎	室	箕	心	**角**	柳	参	胃	奎	危	女	尾	28
婁	壁	斗	尾	亢	星	井	昴	婁	室	虚	箕	29
胃	奎	女	箕	氐	**張**	**鬼**	畢	胃	壁		斗	30
昴		虚		房	翼		觜		奎		女	31

12	11	10	9	8	7	6	5	4	3	2	1月	1993
鬼	参	胃	室	斗	房	亢	張	張	鬼	井	畢	1日
柳	井	昴	壁	女	心	氐	翼	翼	柳	鬼	觜	2
星	鬼	畢	奎	虚	尾	房	軫	軫	星	柳	参	3
張	柳	觜	婁	危	箕	心	角	角	張	星	井	4
翼	星	参	胃	室	斗	尾	亢	亢	翼	張	鬼	5
軫	張	井	昴	壁	女	箕	氐	氐	軫	翼	柳	6
角	翼	鬼	畢	奎	虚	斗	房	房	角	軫	星	7
亢	軫	柳	觜	婁	危	女	心	心	亢	角	張	8
氐	角	星	参	胃	室	虚	尾	尾	氐	亢	翼	9
房	亢	張	井	昴	壁	危	箕	箕	房	氐	軫	10
心	氐	翼	鬼	畢	奎	室	斗	斗	心	房	角	11
尾	房	軫	柳	觜	婁	壁	女	女	尾	心	亢	12
斗	心	角	星	参	胃	奎	虚	虚	箕	尾	氐	13
女	**心**	亢	張	井	昴	婁	危	危	斗	箕	房	14
虚	尾	**氐**	翼	鬼	畢	胃	室	室	女	斗	心	15
危	箕	房	**角**	柳	觜	昴	壁	壁	虚	女	尾	16
室	斗	心	亢	星	参	畢	奎	奎	危	虚	箕	17
壁	女	尾	氐	**張**	井	觜	婁	婁	室	危	斗	18
奎	虚	箕	房	翼	**鬼**	参	胃	胃	壁	室	女	19
婁	危	斗	心	軫	柳	**参**	昴	昴	奎	壁	虚	20
胃	室	女	尾	角	星	井	**畢**	畢	婁	**奎**	危	21
昴	壁	虚	箕	亢	張	鬼	觜	**胃**	胃	婁	室	22
畢	奎	危	斗	氐	翼	柳	参	昴	**胃**	胃	**室**	23
觜	婁	室	女	房	軫	星	井	畢	昴	昴	壁	24
参	胃	壁	虚	心	角	張	鬼	觜	畢	畢	奎	25
井	昴	奎	危	尾	亢	翼	柳	参	觜	觜	婁	26
鬼	畢	婁	室	箕	氐	軫	星	井	参	参	胃	27
柳	觜	胃	壁	斗	房	角	張	鬼	井	井	昴	28
星	参	昴	奎	女	心	亢	翼	柳	鬼		畢	29
張	井	畢	婁	虚	尾	氐	軫	星	柳		觜	30
翼		觜		危	箕		角		星		参	31

※太字は陰暦の１日を表しています。

12	11	10	9	8	7	6	5	4	3	2	1月	1995
壁	危	箕	箕	亢	張	柳	觜	昴	**奎**	壁	**虚**	1日
奎	室	斗	斗	氐	翼	星	参	畢	婁	奎	危	2
婁	壁	女	女	房	軫	張	井	觜	胃	婁	室	3
胃	奎	虚	虚	心	角	翼	鬼	参	昴	胃	壁	4
昴	婁	危	危	尾	亢	軫	柳	井	畢	昴	奎	5
畢	胃	室	室	箕	氐	角	星	鬼	觜	畢	婁	6
觜	昴	壁	壁	斗	房	亢	張	柳	参	觜	胃	7
参	畢	奎	奎	女	心	氐	翼	星	井	参	昴	8
井	觜	婁	婁	虚	尾	房	軫	張	鬼	井	畢	9
鬼	参	胃	胃	危	箕	心	角	翼	柳	鬼	觜	10
柳	井	昴	昴	室	斗	尾	亢	軫	星	柳	参	11
星	鬼	畢	畢	壁	女	箕	氐	角	張	星	井	12
張	柳	觜	觜	奎	虚	斗	房	亢	翼	張	鬼	13
翼	星	参	参	婁	危	女	心	氐	軫	翼	柳	14
軫	張	井	井	胃	室	虚	尾	房	角	軫	星	15
角	翼	鬼	鬼	昴	壁	危	箕	心	亢	角	張	16
亢	軫	柳	柳	畢	奎	室	斗	尾	氐	亢	翼	17
氐	角	星	星	觜	婁	壁	女	箕	房	氐	軫	18
房	亢	張	張	参	胃	奎	虚	斗	心	房	角	19
心	氐	翼	翼	井	昴	婁	危	女	尾	心	亢	20
尾	房	軫	軫	鬼	畢	胃	室	虚	箕	尾	氐	21
斗	心	角	角	柳	觜	昴	壁	危	斗	箕	房	22
女	**心**	亢	亢	星	参	畢	奎	室	女	斗	心	23
虚	尾	**氐**	氐	張	井	觜	婁	壁	虚	女	尾	24
危	箕	房	**角**	翼	鬼	参	胃	奎	危	虚	箕	25
室	斗	心	亢	**角**	柳	井	昴	婁	室	危	斗	26
壁	女	尾	氐	亢	星	鬼	畢	胃	壁	室	女	27
奎	虚	箕	房	氐	**張**	**鬼**	觜	昴	奎	壁	虚	28
婁	危	斗	心	房	翼	柳	**参**	畢	婁		危	29
胃	室	女	尾	心	軫	星	井	**畢**	胃		室	30
昴		虚		尾	角		鬼		**胃**		**室**	31

12	11	10	9	8	7	6	5	4	3	2	1月	1994
尾	氐	翼	柳	畢	婁	室	女	箕	房	氐	軫	1日
箕	房	軫	星	觜	胃	壁	虚	斗	心	房	角	2
斗	**心**	角	張	参	昴	奎	危	女	尾	心	亢	3
女	尾	亢	翼	井	畢	婁	室	虚	箕	尾	氐	4
虚	箕	**氐**	軫	鬼	觜	胃	壁	危	斗	箕	房	5
危	斗	房	**角**	柳	参	昴	奎	室	女	斗	心	6
室	女	心	亢	**張**	井	畢	婁	壁	虚	女	尾	7
壁	虚	尾	氐	翼	鬼	觜	胃	奎	危	虚	箕	8
奎	危	箕	房	軫	**鬼**	**参**	昴	婁	室	危	斗	9
婁	室	斗	心	角	柳	井	畢	胃	壁	**室**	女	10
胃	壁	女	尾	亢	星	鬼	**畢**	**胃**	奎	壁	虚	11
昴	奎	虚	箕	氐	張	柳	觜	昴	**奎**	奎	**虚**	12
畢	婁	危	斗	房	翼	星	参	畢	婁	婁	危	13
觜	胃	室	女	心	軫	張	井	觜	胃	胃	室	14
参	昴	壁	虚	尾	角	翼	鬼	参	昴	昴	壁	15
井	畢	奎	危	箕	亢	軫	柳	井	畢	畢	奎	16
鬼	觜	婁	室	斗	氐	角	星	鬼	觜	觜	婁	17
柳	参	胃	壁	女	房	亢	張	柳	参	参	胃	18
星	井	昴	奎	虚	心	氐	翼	星	井	井	昴	19
張	鬼	畢	婁	危	尾	房	軫	張	鬼	鬼	畢	20
翼	柳	觜	胃	室	箕	心	角	翼	柳	柳	觜	21
軫	星	参	昴	壁	斗	尾	亢	軫	星	星	参	22
角	張	井	畢	奎	女	箕	氐	角	張	張	井	23
亢	翼	鬼	觜	婁	虚	斗	房	亢	翼	翼	鬼	24
氐	軫	柳	参	胃	危	女	心	氐	軫	軫	柳	25
房	角	星	井	昴	室	虚	尾	房	角	角	星	26
心	亢	張	鬼	畢	壁	危	箕	心	亢	亢	張	27
尾	氐	翼	柳	觜	奎	室	斗	尾	氐	氐	翼	28
箕	房	軫	星	参	婁	壁	女	箕	房		軫	29
斗	心	角	張	井	胃	奎	虚	斗	心		角	30
女		亢		鬼	昴		危		尾		亢	31

1996年～1999年

12	11	10	9	8	7	6	5	4	3	2	1月	1996
張	柳	觜	胃	危	斗	尾	亢	軫	柳	鬼	畢	1日
翼	星	参	昴	室	女	箕	氐	角	星	柳	觜	2
軫	張	井	畢	壁	虚	斗	房	亢	張	星	参	3
角	翼	鬼	觜	奎	危	女	心	氐	翼	張	井	4
亢	軫	柳	参	婁	室	虚	尾	房	軫	翼	鬼	5
氐	角	星	井	胃	壁	危	箕	心	角	軫	柳	6
房	亢	張	鬼	昴	奎	室	斗	尾	亢	角	星	7
心	氐	翼	柳	畢	婁	壁	女	箕	氐	亢	張	8
尾	房	軫	星	觜	胃	奎	虚	斗	房	氐	翼	9
箕	心	角	張	参	昴	婁	危	女	心	房	軫	10
斗	**心**	亢	翼	井	畢	胃	室	虚	尾	心	角	11
女	尾	**氐**	軫	鬼	觜	昴	壁	危	箕	尾	亢	12
虚	箕	房	**角**	柳	参	畢	奎	室	斗	箕	氐	13
危	斗	心	亢	**張**	井	觜	婁	壁	女	斗	房	14
室	女	尾	氐	翼	鬼	参	胃	奎	虚	女	心	15
壁	虚	箕	房	軫	**鬼**	**参**	昴	婁	危	虚	尾	16
奎	危	斗	心	角	柳	井	**畢**	胃	室	危	箕	17
婁	室	女	尾	亢	星	鬼	觜	**胃**	壁	室	斗	18
胃	壁	虚	箕	氐	張	柳	参	昴	**奎**	**室**	女	19
昴	奎	危	斗	房	翼	星	井	畢	婁	壁	**虚**	20
畢	婁	室	女	心	軫	張	鬼	觜	胃	奎	危	21
觜	胃	壁	虚	尾	角	翼	柳	参	昴	婁	室	22
参	昴	奎	危	箕	亢	軫	星	井	畢	胃	壁	23
井	畢	婁	室	斗	氐	角	張	鬼	觜	昴	奎	24
鬼	觜	胃	壁	女	房	亢	翼	柳	参	畢	婁	25
柳	参	昴	奎	虚	心	氐	軫	星	井	觜	胃	26
星	井	畢	婁	危	尾	房	角	張	鬼	参	昴	27
張	鬼	觜	胃	室	箕	心	亢	翼	柳	井	畢	28
翼	柳	参	昴	壁	斗	尾	氐	軫	星	鬼	觜	29
軫	星	井	畢	奎	女	箕	房	角	張		参	30
角		鬼		婁	虚		心		翼		井	31

12	11	10	9	8	7	6	5	4	3	2	1月	1997
女	尾	氐	軫	鬼	觜	胃	壁	虚	尾	尾	亢	1日
虚	箕	**氐**	**角**	柳	参	昴	奎	危	箕	箕	氐	2
危	斗	房	亢	**張**	井	畢	婁	室	斗	斗	房	3
室	女	心	氐	翼	鬼	觜	胃	壁	女	女	心	4
壁	虚	尾	房	軫	**鬼**	**参**	昴	奎	虚	虚	尾	5
奎	危	箕	心	角	柳	井	畢	婁	危	危	箕	6
婁	室	斗	尾	亢	星	鬼	**畢**	**胃**	室	室	斗	7
胃	壁	女	箕	氐	張	柳	觜	昴	壁	**室**	女	8
昴	奎	虚	斗	房	翼	星	参	畢	**奎**	壁	**虚**	9
畢	婁	危	女	心	軫	張	井	觜	婁	奎	危	10
觜	胃	室	虚	尾	角	翼	鬼	参	胃	婁	室	11
参	昴	壁	危	箕	亢	軫	柳	井	昴	胃	壁	12
井	畢	奎	室	斗	氐	角	星	鬼	畢	昴	奎	13
鬼	觜	婁	壁	女	房	亢	張	柳	觜	畢	婁	14
柳	参	胃	奎	虚	心	氐	翼	星	参	觜	胃	15
星	井	昴	婁	危	尾	房	軫	張	井	参	昴	16
張	鬼	畢	胃	室	箕	心	角	翼	鬼	井	畢	17
翼	柳	觜	昴	壁	斗	尾	亢	軫	柳	鬼	觜	18
軫	星	参	畢	奎	女	箕	氐	角	星	柳	参	19
角	張	井	觜	婁	虚	斗	房	亢	張	星	井	20
亢	翼	鬼	参	胃	危	女	心	氐	翼	張	鬼	21
氐	軫	柳	井	昴	室	虚	尾	房	軫	翼	柳	22
房	角	星	鬼	畢	壁	危	箕	心	角	軫	星	23
心	亢	張	柳	觜	奎	室	斗	尾	亢	角	張	24
尾	氐	翼	星	参	婁	壁	女	箕	氐	亢	翼	25
箕	房	軫	張	井	胃	奎	虚	斗	房	氐	軫	26
斗	心	角	翼	鬼	昴	婁	危	女	心	房	角	27
女	尾	亢	軫	柳	畢	胃	室	虚	尾	心	亢	28
虚	箕	氐	角	星	觜	昴	壁	危	箕		氐	29
虚	**斗**	房	亢	張	参	畢	奎	室	斗		房	30
危		**心**		翼	井		婁		女		心	31

※太字は陰暦の１日を表しています。

12	11	10	9	8	7	6	5	4	3	2	1月	1999
角	翼	鬼	觜	奎	虚	斗	房	角	張	星	井	1日
亢	軫	柳	参	婁	危	女	心	亢	翼	張	鬼	2
氐	角	星	井	胃	室	虚	尾	氐	軫	翼	柳	3
房	亢	張	鬼	昴	壁	危	箕	房	角	軫	星	4
心	氐	翼	柳	畢	奎	室	斗	心	亢	角	張	5
尾	房	軫	星	觜	婁	壁	女	尾	氐	亢	翼	6
箕	心	角	張	参	胃	奎	虚	箕	房	氐	軫	7
斗	**心**	亢	翼	井	昴	婁	危	斗	心	房	角	8
女	尾	**氐**	軫	鬼	畢	胃	室	女	尾	心	亢	9
虚	箕	房	**角**	柳	觜	昴	壁	虚	箕	尾	氐	10
危	斗	心	亢	**張**	参	畢	奎	危	斗	箕	房	11
室	女	尾	氐	翼	井	觜	婁	室	女	斗	心	12
壁	虚	箕	房	軫	**鬼**	参	胃	壁	虚	女	尾	13
奎	危	斗	心	角	柳	**参**	昴	奎	危	虚	箕	14
婁	室	女	尾	亢	星	井	**畢**	婁	室	危	斗	15
胃	壁	虚	箕	氐	張	鬼	觜	**胃**	壁	**室**	女	16
昴	奎	危	斗	房	翼	柳	参	昴	奎	壁	虚	17
畢	婁	室	女	心	軫	星	井	畢	**奎**	奎	**虚**	18
觜	胃	壁	虚	尾	角	張	鬼	觜	婁	婁	危	19
参	昴	奎	危	箕	亢	翼	柳	参	胃	胃	室	20
井	畢	婁	室	斗	氐	軫	星	井	昴	昴	壁	21
鬼	觜	胃	壁	女	房	角	張	鬼	畢	畢	奎	22
柳	参	昴	奎	虚	心	亢	翼	柳	觜	觜	婁	23
星	井	畢	婁	危	尾	氐	軫	星	参	参	胃	24
張	鬼	觜	胃	室	箕	房	角	張	井	井	昴	25
翼	柳	参	昴	壁	斗	心	亢	翼	鬼	鬼	畢	26
軫	星	井	畢	奎	女	尾	氐	軫	柳	柳	觜	27
角	張	鬼	觜	婁	虚	箕	房	角	星	星	参	28
亢	翼	柳	参	胃	危	斗	心	亢	張		井	29
氐	軫	星	井	昴	室	女	尾	氐	翼		鬼	30
房		張		畢	壁		箕		軫		柳	31

12	11	10	9	8	7	6	5	4	3	2	1月	1998
昴	婁	危	斗	房	軫	翼	柳	参	胃	胃	室	1日
畢	胃	室	女	心	角	軫	星	井	昴	昴	壁	2
觜	昴	壁	虚	尾	亢	角	張	鬼	畢	畢	奎	3
参	畢	奎	危	箕	氐	亢	翼	柳	觜	觜	婁	4
井	觜	婁	室	斗	房	氐	軫	星	参	参	胃	5
鬼	参	胃	壁	女	心	房	角	張	井	井	昴	6
柳	井	昴	奎	虚	尾	心	亢	翼	鬼	鬼	畢	7
星	鬼	畢	婁	危	箕	尾	氐	軫	柳	柳	觜	8
張	柳	觜	胃	室	斗	箕	房	角	星	星	参	9
翼	星	参	昴	壁	女	斗	心	亢	張	張	井	10
軫	張	井	畢	奎	虚	女	尾	氐	翼	翼	鬼	11
角	翼	鬼	觜	婁	危	虚	箕	房	軫	軫	柳	12
亢	軫	柳	参	胃	室	危	斗	心	角	角	星	13
氐	角	星	井	昴	壁	室	女	尾	亢	亢	張	14
房	亢	張	鬼	畢	奎	壁	虚	箕	氐	氐	翼	15
心	氐	翼	柳	觜	婁	奎	危	斗	房	房	軫	16
尾	房	軫	星	参	胃	婁	室	女	心	心	角	17
箕	心	角	張	井	昴	胃	壁	虚	尾	尾	亢	18
斗	**心**	亢	翼	鬼	畢	昴	奎	危	箕	箕	氐	19
女	尾	**氐**	軫	柳	觜	畢	婁	室	斗	斗	房	20
虚	箕	房	**角**	星	参	觜	胃	壁	女	女	心	21
危	斗	心	亢	**張**	井	参	昴	奎	虚	虚	尾	22
室	女	尾	氐	翼	**鬼**	井	畢	婁	危	危	箕	23
壁	虚	箕	房	軫	柳	**参**	觜	胃	室	室	斗	24
奎	危	斗	心	角	星	井	参	昴	壁	壁	女	25
婁	室	女	尾	亢	張	鬼	**参**	**畢**	奎	奎	虚	26
胃	壁	虚	箕	氐	翼	柳	井	觜	婁	**奎**	危	27
昴	奎	危	斗	房	軫	星	鬼	参	**胃**	婁	**室**	28
畢	婁	室	女	心	角	張	柳	井	昴		壁	29
觜	胃	壁	虚	尾	亢	翼	星	鬼	畢		奎	30
参		奎		箕	氐		張		觜		婁	31

12	11	10	9	8	7	6	5	4	3	2	1月	2000
壁	虚	尾	房	翼	鬼	觜	婁	壁	虚	斗	心	1日
奎	危	箕	心	軫	**鬼**	**参**	胃	奎	危	女	尾	2
婁	室	斗	尾	角	柳	井	昴	婁	室	虚	箕	3
胃	壁	女	箕	亢	星	鬼	**畢**	胃	壁	危	斗	4
昴	奎	虚	斗	氐	張	柳	觜	**胃**	奎	**室**	女	5
畢	婁	危	女	房	翼	星	参	昴	**奎**	壁	虚	6
觜	胃	室	虚	心	軫	張	井	畢	婁	奎	**虚**	7
参	昴	壁	危	尾	角	翼	鬼	觜	胃	婁	危	8
井	畢	奎	室	箕	亢	軫	柳	参	昴	胃	室	9
鬼	觜	婁	壁	斗	氐	角	星	井	畢	昴	壁	10
柳	参	胃	奎	女	房	亢	張	鬼	觜	畢	奎	11
星	井	昴	婁	虚	心	氐	翼	柳	参	觜	婁	12
張	鬼	畢	胃	危	尾	房	軫	星	井	参	胃	13
翼	柳	觜	昴	室	箕	心	角	張	鬼	井	昴	14
軫	星	参	畢	壁	斗	尾	亢	翼	柳	鬼	畢	15
角	張	井	觜	奎	女	箕	氐	軫	星	柳	觜	16
亢	翼	鬼	参	婁	虚	斗	房	角	張	星	参	17
氐	軫	柳	井	胃	危	女	心	亢	翼	張	井	18
房	角	星	鬼	昴	室	虚	尾	氐	軫	翼	鬼	19
心	亢	張	柳	畢	壁	危	箕	房	角	軫	柳	20
尾	氐	翼	星	觜	奎	室	斗	心	亢	角	星	21
箕	房	軫	張	参	婁	壁	女	尾	氐	亢	張	22
斗	心	角	翼	井	胃	奎	虚	箕	房	氐	翼	23
女	尾	亢	軫	鬼	昴	婁	危	斗	心	房	軫	24
虚	箕	氐	角	柳	畢	胃	室	女	尾	心	角	25
虚	**斗**	房	亢	星	觜	昴	壁	虚	箕	尾	亢	26
危	女	**心**	氐	張	参	畢	奎	危	斗	箕	氐	27
室	虚	尾	**氐**	翼	井	觜	婁	室	女	斗	房	28
壁	危	箕	房	**角**	鬼	参	胃	壁	虚	女	心	29
奎	室	斗	心	亢	柳	井	昴	奎	危		尾	30
婁		女		氐	**張**		畢		室		箕	31

12	11	10	9	8	7	6	5	4	3	2	1月	2001
井	畢	婁	危	尾	氐	軫	張	柳	参	参	胃	1日
鬼	觜	胃	室	箕	房	角	翼	星	井	井	昴	2
柳	参	昴	壁	斗	心	亢	軫	張	鬼	鬼	畢	3
星	井	畢	奎	女	尾	氐	角	翼	柳	柳	觜	4
張	鬼	觜	婁	虚	箕	房	亢	軫	星	星	参	5
翼	柳	参	胃	危	斗	心	氐	角	張	張	井	6
軫	星	井	昴	室	女	尾	房	亢	翼	翼	鬼	7
角	張	鬼	畢	壁	虚	箕	心	氐	軫	軫	柳	8
亢	翼	柳	觜	奎	危	斗	尾	房	角	角	星	9
氐	軫	星	参	婁	室	女	箕	心	亢	亢	張	10
房	角	張	井	胃	壁	虚	斗	尾	氐	氐	翼	11
心	亢	翼	鬼	昴	奎	危	女	箕	房	房	軫	12
尾	氐	軫	柳	畢	婁	室	虚	斗	心	心	角	13
箕	房	角	星	觜	胃	壁	危	女	尾	尾	亢	14
斗	**心**	亢	張	参	昴	奎	室	虚	箕	箕	氐	15
女	尾	氐	翼	井	畢	婁	壁	危	斗	斗	房	16
虚	箕	**氐**	**角**	鬼	觜	胃	奎	室	女	女	心	17
危	斗	房	亢	柳	参	昴	婁	壁	虚	虚	尾	18
室	女	心	氐	**張**	井	畢	胃	奎	危	危	箕	19
壁	虚	尾	房	翼	鬼	觜	昴	婁	室	室	斗	20
奎	危	箕	心	軫	**鬼**	**参**	畢	胃	壁	壁	女	21
婁	室	斗	尾	角	柳	井	觜	昴	奎	奎	虚	22
胃	壁	女	箕	亢	星	鬼	**畢**	畢	婁	**奎**	危	23
昴	奎	虚	斗	氐	張	柳	觜	**畢**	胃	婁	**室**	24
畢	婁	危	女	房	翼	星	参	觜	**胃**	胃	壁	25
觜	胃	室	虚	心	軫	張	井	参	昴	昴	奎	26
参	昴	壁	危	尾	角	翼	鬼	井	畢	畢	婁	27
井	畢	奎	室	箕	亢	軫	柳	鬼	觜	觜	胃	28
鬼	觜	婁	壁	斗	氐	角	星	柳	参		昴	29
柳	参	胃	奎	女	房	亢	張	星	井		畢	30
星		昴		虚	心		翼		鬼		觜	31

※太字は陰暦の１日を表しています。

12	11	10	9	8	7	6	5	4	3	2	1月	2003
婁	室	斗	心	角	柳	井	**畢**	胃	壁	**室**	女	1日
胃	壁	女	尾	亢	星	鬼	觜	**胃**	奎	壁	虚	2
昴	奎	虚	箕	氐	張	柳	参	昴	**奎**	奎	**虚**	3
畢	婁	危	斗	房	翼	星	井	畢	婁	婁	危	4
觜	胃	室	女	心	軫	張	鬼	觜	胃	胃	室	5
参	昴	壁	虚	尾	角	翼	柳	参	昴	昴	壁	6
井	畢	奎	危	箕	亢	軫	星	井	畢	畢	奎	7
鬼	觜	婁	室	斗	氐	角	張	鬼	觜	觜	婁	8
柳	参	胃	壁	女	房	亢	翼	柳	参	参	胃	9
星	井	昴	奎	虚	心	氐	軫	星	井	井	昴	10
張	鬼	畢	婁	危	尾	房	角	張	鬼	鬼	畢	11
翼	柳	觜	胃	室	箕	心	亢	翼	柳	柳	觜	12
軫	星	参	昴	壁	斗	尾	氐	軫	星	星	参	13
角	張	井	畢	奎	女	箕	房	角	張	張	井	14
亢	翼	鬼	觜	婁	虚	斗	心	亢	翼	翼	鬼	15
氐	軫	柳	参	胃	危	女	尾	氐	軫	軫	柳	16
房	角	星	井	昴	室	虚	箕	房	角	角	星	17
心	亢	張	鬼	畢	壁	危	斗	心	亢	亢	張	18
尾	氐	翼	柳	觜	奎	室	女	尾	氐	氐	翼	19
箕	房	軫	星	参	婁	壁	虚	箕	房	房	軫	20
斗	心	角	張	井	胃	奎	危	斗	心	心	角	21
女	尾	亢	翼	鬼	昴	婁	室	女	尾	尾	亢	22
虚	箕	氐	軫	柳	畢	胃	壁	虚	箕	箕	氐	23
危	**斗**	房	角	星	觜	昴	奎	危	斗	斗	房	24
室	女	**心**	亢	張	参	畢	婁	室	女	女	心	25
壁	虚	尾	**氐**	翼	井	觜	胃	壁	虚	虚	尾	26
奎	危	箕	房	軫	鬼	参	昴	奎	危	危	箕	27
婁	室	斗	心	**角**	柳	井	畢	婁	室	室	斗	28
胃	壁	女	尾	亢	**張**	鬼	觜	胃	壁		女	29
昴	奎	虚	箕	氐	翼	**鬼**	参	昴	奎		虚	30
畢		危		房	軫		**参**		婁		危	31

12	11	10	9	8	7	6	5	4	3	2	1月	2002
房	亢	張	井	昴	壁	危	箕	心	亢	亢	張	1日
心	氐	翼	鬼	畢	奎	室	斗	尾	氐	氐	翼	2
尾	房	軫	柳	觜	婁	壁	女	箕	房	房	軫	3
斗	心	角	星	参	胃	奎	虚	斗	心	心	角	4
女	**心**	亢	張	井	昴	婁	危	女	尾	尾	亢	5
虚	尾	**氐**	翼	鬼	畢	胃	室	虚	箕	箕	氐	6
危	箕	房	**角**	柳	觜	昴	壁	危	斗	斗	房	7
室	斗	心	亢	星	参	畢	奎	室	女	女	心	8
壁	女	尾	氐	**張**	井	觜	婁	壁	虚	虚	尾	9
奎	虚	箕	房	翼	**鬼**	参	胃	奎	危	危	箕	10
婁	危	斗	心	軫	柳	**参**	昴	婁	室	室	斗	11
胃	室	女	尾	角	星	井	**畢**	胃	壁	**室**	女	12
昴	壁	虚	箕	亢	張	鬼	觜	**胃**	奎	壁	**虚**	13
畢	奎	危	斗	氐	翼	柳	参	昴	**奎**	奎	危	14
觜	婁	室	女	房	軫	星	井	畢	婁	婁	室	15
参	胃	壁	虚	心	角	張	鬼	觜	胃	胃	壁	16
井	昴	奎	危	尾	亢	翼	柳	参	昴	昴	奎	17
鬼	畢	婁	室	箕	氐	軫	星	井	畢	畢	婁	18
柳	觜	胃	壁	斗	房	角	張	鬼	觜	觜	胃	19
星	参	昴	奎	女	心	亢	翼	柳	参	参	昴	20
張	井	畢	婁	虚	尾	氐	軫	星	井	井	畢	21
翼	鬼	觜	胃	危	箕	房	角	張	鬼	鬼	觜	22
軫	柳	参	昴	室	斗	心	亢	翼	柳	柳	参	23
角	星	井	畢	壁	女	尾	氐	軫	星	星	井	24
亢	張	鬼	觜	奎	虚	箕	房	角	張	張	鬼	25
氐	翼	柳	参	婁	危	斗	心	亢	翼	翼	柳	26
房	軫	星	井	胃	室	女	尾	氐	軫	軫	星	27
心	角	張	鬼	昴	壁	虚	箕	房	角	角	張	28
尾	亢	翼	柳	畢	奎	危	斗	心	亢		翼	29
箕	氐	軫	星	觜	婁	室	女	尾	氐		軫	30
斗		角		参	胃		虚		房		角	31

12	11	10	9	8	7	6	5	4	3	2	1月	2004
星	井	畢	奎	虚	尾	房	角	張	星	鬼	觜	1日
張	鬼	觜	婁	危	箕	心	亢	翼	張	柳	参	2
翼	柳	参	胃	室	斗	尾	氐	軫	翼	星	井	3
軫	星	井	昴	壁	女	箕	房	角	軫	張	鬼	4
角	張	鬼	畢	奎	虚	斗	心	亢	角	翼	柳	5
亢	翼	柳	觜	婁	危	女	尾	氐	亢	軫	星	6
氐	軫	星	参	胃	室	虚	箕	房	氐	角	張	7
房	角	張	井	昴	壁	危	斗	心	房	亢	翼	8
心	亢	翼	鬼	畢	奎	室	女	尾	心	氐	軫	9
尾	氐	軫	柳	觜	婁	壁	虚	箕	尾	房	角	10
箕	房	角	星	参	胃	奎	危	斗	箕	心	亢	11
斗	**心**	亢	張	井	昴	婁	室	女	斗	尾	氐	12
女	尾	氐	翼	鬼	畢	胃	壁	虚	女	箕	房	13
虚	箕	**氐**	**角**	柳	觜	昴	奎	危	虚	斗	心	14
危	斗	房	亢	星	参	畢	婁	室	危	女	尾	15
室	女	心	氐	**張**	井	觜	胃	壁	室	虚	箕	16
壁	虚	尾	房	翼	**鬼**	参	昴	奎	壁	危	斗	17
奎	危	箕	心	軫	柳	**参**	畢	婁	奎	室	女	18
婁	室	斗	尾	角	星	井	**畢**	**胃**	婁	壁	虚	19
胃	壁	女	箕	亢	張	鬼	觜	昴	胃	**奎**	危	20
昴	奎	虚	斗	氐	翼	柳	参	畢	**奎**	婁	室	21
畢	婁	危	女	房	軫	星	井	觜	婁	胃	**室**	22
觜	胃	室	虚	心	角	張	鬼	参	胃	昴	壁	23
参	昴	壁	危	尾	亢	翼	柳	井	昴	畢	奎	24
井	畢	奎	室	箕	氐	軫	星	鬼	畢	觜	婁	25
鬼	觜	婁	壁	斗	房	角	張	柳	觜	参	胃	26
柳	参	胃	奎	女	心	亢	翼	星	参	井	昴	27
星	井	昴	婁	虚	尾	氐	軫	張	井	鬼	畢	28
張	鬼	畢	胃	危	箕	房	角	翼	鬼	柳	觜	29
翼	柳	觜	昴	室	斗	心	亢	軫	柳		参	30
軫		参		壁	女		氐		星		井	31

12	11	10	9	8	7	6	5	4	3	2	1月	2005
箕	心	角	張	井	昴	婁	危	女	心	心	角	1日
斗	**心**	亢	翼	鬼	畢	胃	室	虚	尾	尾	亢	2
女	尾	**氐**	軫	柳	觜	昴	壁	危	箕	箕	氐	3
虚	箕	房	**角**	星	参	畢	奎	室	斗	斗	房	4
危	斗	心	亢	**張**	井	觜	婁	壁	女	女	心	5
室	女	尾	氐	翼	**鬼**	参	胃	奎	虚	虚	尾	6
壁	虚	箕	房	軫	柳	**参**	昴	婁	危	危	箕	7
奎	危	斗	心	角	星	井	**畢**	胃	室	室	斗	8
婁	室	女	尾	亢	張	鬼	觜	**胃**	壁	**室**	女	9
胃	壁	虚	箕	氐	翼	柳	参	昴	**奎**	壁	**虚**	10
昴	奎	危	斗	房	軫	星	井	畢	婁	奎	危	11
畢	婁	室	女	心	角	張	鬼	觜	胃	婁	室	12
觜	胃	壁	虚	尾	亢	翼	柳	参	昴	胃	壁	13
参	昴	奎	危	箕	氐	軫	星	井	畢	昴	奎	14
井	畢	婁	室	斗	房	角	張	鬼	觜	畢	婁	15
鬼	觜	胃	壁	女	心	亢	翼	柳	参	觜	胃	16
柳	参	昴	奎	虚	尾	氐	軫	星	井	参	昴	17
星	井	畢	婁	危	箕	房	角	張	鬼	井	畢	18
張	鬼	觜	胃	室	斗	心	亢	翼	柳	鬼	觜	19
翼	柳	参	昴	壁	女	尾	氐	軫	星	柳	参	20
軫	星	井	畢	奎	虚	箕	房	角	張	星	井	21
角	張	鬼	觜	婁	危	斗	心	亢	翼	張	鬼	22
亢	翼	柳	参	胃	室	女	尾	氐	軫	翼	柳	23
氐	軫	星	井	昴	壁	虚	箕	房	角	軫	星	24
房	角	張	鬼	畢	奎	危	斗	心	亢	角	張	25
心	亢	翼	柳	觜	婁	室	女	尾	氐	亢	翼	26
尾	氐	軫	星	参	胃	壁	虚	箕	房	氐	軫	27
箕	房	角	張	井	昴	奎	危	斗	心	房	角	28
斗	心	亢	翼	鬼	畢	婁	室	女	尾		亢	29
女	尾	氐	軫	柳	觜	胃	壁	虚	箕		氐	30
虚		房		星	参		奎		斗		房	31

※太字は陰暦の１日を表しています。

12	11	10	9	8	7	6	5	4	3	2	1月	2007
翼	星	井	昴	壁	女	尾	氐	軫	柳	柳	参	1日
軫	張	鬼	畢	奎	虚	箕	房	角	星	星	井	2
角	翼	柳	觜	婁	危	斗	心	亢	張	張	鬼	3
亢	軫	星	参	胃	室	女	尾	氐	翼	翼	柳	4
氐	角	張	井	昴	壁	虚	箕	房	軫	軫	星	5
房	亢	翼	鬼	畢	奎	危	斗	心	角	角	張	6
心	氐	軫	柳	觜	婁	室	女	尾	亢	亢	翼	7
尾	房	角	星	参	胃	壁	虚	箕	氐	氐	軫	8
箕	心	亢	張	井	昴	奎	危	斗	房	房	角	9
斗	**心**	氐	翼	鬼	畢	婁	室	女	心	心	亢	10
女	尾	**氐**	**角**	柳	觜	胃	壁	虚	尾	尾	氐	11
虚	箕	房	亢	星	参	昴	奎	危	箕	箕	房	12
危	斗	心	氐	**張**	井	畢	婁	室	斗	斗	心	13
室	女	尾	房	翼	**鬼**	觜	胃	壁	女	女	尾	14
壁	虚	箕	心	軫	柳	**参**	昴	奎	虚	虚	箕	15
奎	危	斗	尾	角	星	井	畢	婁	危	危	斗	16
婁	室	女	箕	亢	張	鬼	**畢**	**胃**	室	室	女	17
胃	壁	虚	斗	氐	翼	柳	觜	昴	壁	**室**	虚	18
昴	奎	危	女	房	軫	星	参	畢	**奎**	壁	**虚**	19
畢	婁	室	虚	心	角	張	井	觜	婁	奎	危	20
觜	胃	壁	危	尾	亢	翼	鬼	参	胃	婁	室	21
参	昴	奎	室	箕	氐	軫	柳	井	昴	胃	壁	22
井	畢	婁	壁	斗	房	角	星	鬼	畢	昴	奎	23
鬼	觜	胃	奎	女	心	亢	張	柳	觜	畢	婁	24
柳	参	昴	婁	虚	尾	氐	翼	星	参	觜	胃	25
星	井	畢	胃	危	箕	房	軫	張	井	参	昴	26
張	鬼	觜	昴	室	斗	心	角	翼	鬼	井	畢	27
翼	柳	参	畢	壁	女	尾	亢	軫	柳	鬼	觜	28
軫	星	井	觜	奎	虚	箕	氐	角	星		参	29
角	張	鬼	参	婁	危	斗	房	亢	張		井	30
亢		柳		胃	室		心		翼		鬼	31

12	11	10	9	8	7	6	5	4	3	2	1月	2006
婁	壁	虚	尾	心	軫	張	井	觜	婁	婁	危	1日
胃	奎	危	箕	尾	角	翼	鬼	参	胃	胃	室	2
昴	婁	室	斗	箕	亢	軫	柳	井	昴	昴	壁	3
畢	胃	壁	女	斗	氐	角	星	鬼	畢	畢	奎	4
觜	昴	奎	虚	女	房	亢	張	柳	觜	觜	婁	5
参	畢	婁	危	虚	心	氐	翼	星	参	参	胃	6
井	觜	胃	室	危	尾	房	軫	張	井	井	昴	7
鬼	参	昴	壁	室	箕	心	角	翼	鬼	鬼	畢	8
柳	井	畢	奎	壁	斗	尾	亢	軫	柳	柳	觜	9
星	鬼	觜	婁	奎	女	箕	氐	角	星	星	参	10
張	柳	参	胃	婁	虚	斗	房	亢	張	張	井	11
翼	星	井	昴	胃	危	女	心	氐	翼	翼	鬼	12
軫	張	鬼	畢	昴	室	虚	尾	房	軫	軫	柳	13
角	翼	柳	觜	畢	壁	危	箕	心	角	角	星	14
亢	軫	星	参	觜	奎	室	斗	尾	亢	亢	張	15
氐	角	張	井	参	婁	壁	女	箕	氐	氐	翼	16
房	亢	翼	鬼	井	胃	奎	虚	斗	房	房	軫	17
心	氐	軫	柳	鬼	昴	婁	危	女	心	心	角	18
尾	房	角	星	柳	畢	胃	室	虚	尾	尾	亢	19
斗	心	亢	張	星	觜	昴	壁	危	箕	箕	氐	20
女	**心**	氐	翼	張	参	畢	奎	室	斗	斗	房	21
虚	尾	**氐**	**角**	翼	井	觜	婁	壁	女	女	心	22
危	箕	房	亢	軫	鬼	参	胃	奎	虚	虚	尾	23
室	斗	心	氐	**張**	柳	井	昴	婁	危	危	箕	24
壁	女	尾	房	翼	**張**	鬼	畢	胃	室	室	斗	25
奎	虚	箕	心	軫	翼	**鬼**	觜	昴	壁	壁	女	26
婁	危	斗	尾	角	軫	柳	**参**	畢	奎	奎	虚	27
胃	室	女	箕	亢	角	星	井	**畢**	婁	**奎**	危	28
昴	壁	虚	斗	氐	亢	張	鬼	觜	**胃**		**室**	29
畢	奎	危	女	房	氐	翼	柳	参	昴		壁	30
觜		室		心	房		星		畢		奎	31

12	11	10	9	8	7	6	5	4	3	2	1月	2009
觜	昴	壁	虚	心	角	角	星	井	畢	畢	婁	1日
参	畢	奎	危	尾	亢	亢	張	鬼	觜	觜	胃	2
井	觜	婁	室	箕	氐	氐	翼	柳	参	参	昴	3
鬼	参	胃	壁	斗	房	房	軫	星	井	井	畢	4
柳	井	昴	奎	女	心	心	角	張	鬼	鬼	觜	5
星	鬼	畢	婁	虚	尾	尾	亢	翼	柳	柳	参	6
張	柳	觜	胃	危	箕	箕	氐	軫	星	星	井	7
翼	星	参	昴	室	斗	斗	房	角	張	張	鬼	8
軫	張	井	畢	壁	女	女	心	亢	翼	翼	柳	9
角	翼	鬼	觜	奎	虚	虚	尾	氐	軫	軫	星	10
亢	軫	柳	参	婁	危	危	箕	房	角	角	張	11
氐	角	星	井	胃	室	室	斗	心	亢	亢	翼	12
房	亢	張	鬼	昴	壁	壁	女	尾	氐	氐	軫	13
心	氐	翼	柳	畢	奎	奎	虚	箕	房	房	角	14
尾	房	軫	星	觜	婁	婁	危	斗	心	心	亢	15
斗	心	角	張	参	胃	胃	室	女	尾	尾	氐	16
女	**心**	亢	翼	井	昴	昴	壁	虚	箕	箕	房	17
虚	尾	**氐**	軫	鬼	畢	畢	奎	危	斗	斗	心	18
危	箕	房	**角**	柳	觜	觜	婁	室	女	女	尾	19
室	斗	心	亢	**張**	参	参	胃	壁	虚	虚	箕	20
壁	女	尾	氐	翼	井	井	昴	奎	危	危	斗	21
奎	虚	箕	房	軫	**鬼**	鬼	畢	婁	室	室	女	22
婁	危	斗	心	角	柳	**参**	觜	胃	壁	壁	虚	23
胃	室	女	尾	亢	星	井	**参**	昴	奎	奎	危	24
昴	壁	虚	箕	氐	張	鬼	井	**畢**	婁	**奎**	室	25
畢	奎	危	斗	房	翼	柳	鬼	觜	胃	婁	**室**	26
觜	婁	室	女	心	軫	星	柳	参	**胃**	胃	壁	27
参	胃	壁	虚	尾	角	張	星	井	昴	昴	奎	28
井	昴	奎	危	箕	亢	翼	張	鬼	畢		婁	29
鬼	畢	婁	室	斗	氐	軫	翼	柳	觜		胃	30
柳		胃		女	房		軫		参		昴	31

12	11	10	9	8	7	6	5	4	3	2	1月	2008
危	斗	心	亢	**張**	参	畢	奎	危	斗	箕	氐	1日
室	女	尾	氐	翼	井	觜	婁	室	女	斗	房	2
壁	虚	箕	房	軫	**鬼**	参	胃	壁	虚	女	心	3
奎	危	斗	心	角	柳	**参**	昴	奎	危	虚	尾	4
婁	室	女	尾	亢	星	井	**畢**	婁	室	危	箕	5
胃	壁	虚	箕	氐	張	鬼	觜	**胃**	壁	室	斗	6
昴	奎	危	斗	房	翼	柳	参	昴	奎	**室**	女	7
畢	婁	室	女	心	軫	星	井	畢	**奎**	壁	**虚**	8
觜	胃	壁	虚	尾	角	張	鬼	觜	婁	奎	危	9
参	昴	奎	危	箕	亢	翼	柳	参	胃	婁	室	10
井	畢	婁	室	斗	氐	軫	星	井	昴	胃	壁	11
鬼	觜	胃	壁	女	房	角	張	鬼	畢	昴	奎	12
柳	参	昴	奎	虚	心	亢	翼	柳	觜	畢	婁	13
星	井	畢	婁	危	尾	氐	軫	星	参	觜	胃	14
張	鬼	觜	胃	室	箕	房	角	張	井	参	昴	15
翼	柳	参	昴	壁	斗	心	亢	翼	鬼	井	畢	16
軫	星	井	畢	奎	女	尾	氐	軫	柳	鬼	觜	17
角	張	鬼	觜	婁	虚	箕	房	角	星	柳	参	18
亢	翼	柳	参	胃	危	斗	心	亢	張	星	井	19
氐	軫	星	井	昴	室	女	尾	氐	翼	張	鬼	20
房	角	張	鬼	畢	壁	虚	箕	房	軫	翼	柳	21
心	亢	翼	柳	觜	奎	危	斗	心	角	軫	星	22
尾	氐	軫	星	参	婁	室	女	尾	亢	角	張	23
箕	房	角	張	井	胃	壁	虚	箕	氐	亢	翼	24
斗	心	亢	翼	鬼	昴	奎	危	斗	房	氐	軫	25
女	尾	氐	軫	柳	畢	婁	室	女	心	房	角	26
虚	箕	房	角	星	觜	胃	壁	虚	尾	心	亢	27
危	**斗**	心	亢	張	参	昴	奎	危	箕	尾	氐	28
室	女	**心**	**氐**	翼	井	畢	婁	室	斗	箕	房	29
壁	虚	尾	房	軫	鬼	觜	胃	壁	女		心	30
奎		箕		**角**	柳		昴		虚		尾	31

※太字は陰暦の１日を表しています。

12	11	10	9	8	7	6	5	4	3	2	1月	2011
奎	虚	箕	房	翼	**鬼**	参	昴	奎	危	危	箕	1日
婁	危	斗	心	軫	柳	**参**	畢	婁	室	室	斗	2
胃	室	女	尾	角	星	井	**畢**	**胃**	壁	**室**	女	3
昴	壁	虚	箕	亢	張	鬼	觜	昴	奎	壁	**虚**	4
畢	奎	危	斗	氐	翼	柳	参	畢	**奎**	奎	危	5
觜	婁	室	女	房	軫	星	井	觜	婁	婁	室	6
参	胃	壁	虚	心	角	張	鬼	参	胃	胃	壁	7
井	昴	奎	危	尾	亢	翼	柳	井	昴	昴	奎	8
鬼	畢	婁	室	箕	氐	軫	星	鬼	畢	畢	婁	9
柳	觜	胃	壁	斗	房	角	張	柳	觜	觜	胃	10
星	参	昴	奎	女	心	亢	翼	星	参	参	昴	11
張	井	畢	婁	虚	尾	氐	軫	張	井	井	畢	12
翼	鬼	觜	胃	危	箕	房	角	翼	鬼	鬼	觜	13
軫	柳	参	昴	室	斗	心	亢	軫	柳	柳	参	14
角	星	井	畢	壁	女	尾	氐	角	星	星	井	15
亢	張	鬼	觜	奎	虚	箕	房	亢	張	張	鬼	16
氐	翼	柳	参	婁	危	斗	心	氐	翼	翼	柳	17
房	軫	星	井	胃	室	女	尾	房	軫	軫	星	18
心	角	張	鬼	昴	壁	虚	箕	心	角	角	張	19
尾	亢	翼	柳	畢	奎	危	斗	尾	亢	亢	翼	20
箕	氐	軫	星	觜	婁	室	女	箕	氐	氐	軫	21
斗	房	角	張	参	胃	壁	虚	斗	房	房	角	22
女	心	亢	翼	井	昴	奎	危	女	心	心	亢	23
虚	尾	氐	軫	鬼	畢	婁	室	虚	尾	尾	氐	24
虚	**斗**	房	角	柳	觜	胃	壁	危	箕	箕	房	25
危	女	心	亢	星	参	昴	奎	室	斗	斗	心	26
室	虚	**心**	**氐**	張	井	畢	婁	壁	女	女	尾	27
壁	危	尾	房	翼	鬼	觜	胃	奎	虚	虚	箕	28
奎	室	箕	心	**角**	柳	参	昴	婁	危		斗	29
婁	壁	斗	尾	亢	星	井	畢	胃	室		女	30
胃		女		氐	**張**		觜		壁		虚	31

12	11	10	9	8	7	6	5	4	3	2	1月	2010
氐	軫	星	参	婁	室	女	尾	氐	軫	軫	星	1日
房	角	張	井	胃	壁	虚	箕	房	角	角	張	2
心	亢	翼	鬼	昴	奎	危	斗	心	亢	亢	翼	3
尾	氐	軫	柳	畢	婁	室	女	尾	氐	氐	軫	4
箕	房	角	星	觜	胃	壁	虚	箕	房	房	角	5
斗	**心**	亢	張	参	昴	奎	危	斗	心	心	亢	6
女	尾	氐	翼	井	畢	婁	室	女	尾	尾	氐	7
虚	箕	**氐**	**角**	鬼	觜	胃	壁	虚	箕	箕	房	8
危	斗	房	亢	柳	参	昴	奎	危	斗	斗	心	9
室	女	心	氐	**張**	井	畢	婁	室	女	女	尾	10
壁	虚	尾	房	翼	鬼	觜	胃	壁	虚	虚	箕	11
奎	危	箕	心	軫	**鬼**	**参**	昴	奎	危	危	斗	12
婁	室	斗	尾	角	柳	井	畢	婁	室	室	女	13
胃	壁	女	箕	亢	星	鬼	**畢**	**胃**	壁	**室**	虚	14
昴	奎	虚	斗	氐	張	柳	觜	昴	奎	壁	**虚**	15
畢	婁	危	女	房	翼	星	参	畢	**奎**	奎	危	16
觜	胃	室	虚	心	軫	張	井	觜	婁	婁	室	17
参	昴	壁	危	尾	角	翼	鬼	参	胃	胃	壁	18
井	畢	奎	室	箕	亢	軫	柳	井	昴	昴	奎	19
鬼	觜	婁	壁	斗	氐	角	星	鬼	畢	畢	婁	20
柳	参	胃	奎	女	房	亢	張	柳	觜	觜	胃	21
星	井	昴	婁	虚	心	氐	翼	星	参	参	昴	22
張	鬼	畢	胃	危	尾	房	軫	張	井	井	畢	23
翼	柳	觜	昴	室	箕	心	角	翼	鬼	鬼	觜	24
軫	星	参	畢	壁	斗	尾	亢	軫	柳	柳	参	25
角	張	井	觜	奎	女	箕	氐	角	星	星	井	26
亢	翼	鬼	参	婁	虚	斗	房	亢	張	張	鬼	27
氐	軫	柳	井	胃	危	女	心	氐	翼	翼	柳	28
房	角	星	鬼	昴	室	虚	尾	房	軫		星	29
心	亢	張	柳	畢	壁	危	箕	心	角		張	30
尾		翼		觜	奎		斗		亢		翼	31

2012年～2015年

12	11	10	9	8	7	6	5	4	3	2	1月	2012
鬼	参	胃	室	斗	房	亢	角	翼	鬼	井	昴	1日
柳	井	昴	壁	女	心	氐	亢	軫	柳	鬼	畢	2
星	鬼	畢	奎	虚	尾	房	氐	角	星	柳	觜	3
張	柳	觜	婁	危	箕	心	房	亢	張	星	参	4
翼	星	参	胃	室	斗	尾	心	氐	翼	張	井	5
軫	張	井	昴	壁	女	箕	尾	房	軫	翼	鬼	6
角	翼	鬼	畢	奎	虚	斗	箕	心	角	軫	柳	7
亢	軫	柳	觜	婁	危	女	斗	尾	亢	角	星	8
氐	角	星	参	胃	室	虚	女	箕	氐	亢	張	9
房	亢	張	井	昴	壁	危	虚	斗	房	氐	翼	10
心	氐	翼	鬼	畢	奎	室	危	女	心	房	軫	11
尾	房	軫	柳	觜	婁	壁	室	虚	尾	心	角	12
斗	心	角	星	参	胃	奎	壁	危	箕	尾	亢	13
女	**心**	亢	張	井	昴	婁	奎	室	斗	箕	氐	14
虚	尾	**氐**	翼	鬼	畢	胃	婁	壁	女	斗	房	15
危	箕	房	**角**	柳	觜	昴	胃	奎	虚	女	心	16
室	斗	心	亢	星	参	畢	昴	婁	危	虚	尾	17
壁	女	尾	氐	**張**	井	觜	畢	胃	室	危	箕	18
奎	虚	箕	房	翼	**鬼**	参	觜	昴	壁	室	斗	19
婁	危	斗	心	軫	柳	**参**	参	畢	奎	壁	女	20
胃	室	女	尾	角	星	井	**畢**	**畢**	婁	奎	虚	21
昴	壁	虚	箕	亢	張	鬼	觜	觜	**胃**	**奎**	危	22
畢	奎	危	斗	氐	翼	柳	参	参	昴	婁	**室**	23
觜	婁	室	女	房	軫	星	井	井	畢	胃	壁	24
参	胃	壁	虚	心	角	張	鬼	鬼	觜	昴	奎	25
井	昴	奎	危	尾	亢	翼	柳	柳	参	畢	婁	26
鬼	畢	婁	室	箕	氐	軫	星	星	井	觜	胃	27
柳	觜	胃	壁	斗	房	角	張	張	鬼	参	昴	28
星	参	昴	奎	女	心	亢	翼	翼	柳	井	畢	29
張	井	畢	婁	虚	尾	氐	軫	軫	星		觜	30
翼		觜		危	箕		角		張		参	31

12	11	10	9	8	7	6	5	4	3	2	1月	2013
尾	氐	軫	柳	觜	婁	壁	虚	箕	房	氐	軫	1日
箕	房	角	星	参	胃	奎	危	斗	心	房	角	2
斗	**心**	亢	張	井	昴	婁	室	女	尾	心	亢	3
女	尾	氐	翼	鬼	畢	胃	壁	虚	箕	尾	氐	4
虚	箕	**氐**	**角**	柳	觜	昴	奎	危	斗	箕	房	5
危	斗	房	亢	星	参	畢	婁	室	女	斗	心	6
室	女	心	氐	**張**	井	觜	胃	壁	虚	女	尾	7
壁	虚	尾	房	翼	**鬼**	参	昴	奎	危	虚	箕	8
奎	危	箕	心	軫	柳	**参**	畢	婁	室	危	斗	9
婁	室	斗	尾	角	星	井	**畢**	**胃**	壁	**室**	女	10
胃	壁	女	箕	亢	張	鬼	觜	昴	奎	壁	虚	11
昴	奎	虚	斗	氐	翼	柳	参	畢	**奎**	奎	**虚**	12
畢	婁	危	女	房	軫	星	井	觜	婁	婁	危	13
觜	胃	室	虚	心	角	張	鬼	参	胃	胃	室	14
参	昴	壁	危	尾	亢	翼	柳	井	昴	昴	壁	15
井	畢	奎	室	箕	氐	軫	星	鬼	畢	畢	奎	16
鬼	觜	婁	壁	斗	房	角	張	柳	觜	觜	婁	17
柳	参	胃	奎	女	心	亢	翼	星	参	参	胃	18
星	井	昴	婁	虚	尾	氐	軫	張	井	井	昴	19
張	鬼	畢	胃	危	箕	房	角	翼	鬼	鬼	畢	20
翼	柳	觜	昴	室	斗	心	亢	軫	柳	柳	觜	21
軫	星	参	畢	壁	女	尾	氐	角	星	星	参	22
角	張	井	觜	奎	虚	箕	房	亢	張	張	井	23
亢	翼	鬼	参	婁	危	斗	心	氐	翼	翼	鬼	24
氐	軫	柳	井	胃	室	女	尾	房	軫	軫	柳	25
房	角	星	鬼	昴	壁	虚	箕	心	角	角	星	26
心	亢	張	柳	畢	奎	危	斗	尾	亢	亢	張	27
尾	氐	翼	星	觜	婁	室	女	箕	氐	氐	翼	28
箕	房	軫	張	参	胃	壁	虚	斗	房		軫	29
斗	心	角	翼	井	昴	奎	危	女	心		角	30
女		亢		鬼	畢		室		尾		亢	31

※太字は陰暦の１日を表しています。

12	11	10	9	8	7	6	5	4	3	2	1月	2015
星	鬼	觜	胃	危	斗	心	角	翼	鬼	鬼	畢	1日
張	柳	参	昴	室	女	尾	亢	軫	柳	柳	觜	2
翼	星	井	畢	壁	虚	箕	氐	角	星	星	参	3
軫	張	鬼	觜	奎	危	斗	房	亢	張	張	井	4
角	翼	柳	参	婁	室	女	心	氐	翼	翼	鬼	5
亢	軫	星	井	胃	壁	虚	尾	房	軫	軫	柳	6
氐	角	張	鬼	昴	奎	危	箕	心	角	角	星	7
房	亢	翼	柳	畢	婁	室	斗	尾	亢	亢	張	8
心	氐	軫	星	觜	胃	壁	女	箕	氐	氐	翼	9
尾	房	角	張	参	昴	奎	虚	斗	房	房	軫	10
斗	心	亢	翼	井	畢	婁	危	女	心	心	角	11
女	**心**	氐	軫	鬼	觜	胃	室	虚	尾	尾	亢	12
虚	尾	**氐**	**角**	柳	参	昴	壁	危	箕	箕	氐	13
危	箕	房	亢	**張**	井	畢	奎	室	斗	斗	房	14
室	斗	心	氐	翼	鬼	觜	婁	壁	女	女	心	15
壁	女	尾	房	軫	**鬼**	**参**	胃	奎	虚	虚	尾	16
奎	虚	箕	心	角	柳	井	昴	婁	危	危	箕	17
婁	危	斗	尾	亢	星	鬼	**畢**	胃	室	室	斗	18
胃	室	女	箕	氐	張	柳	觜	**胃**	壁	**室**	女	19
昴	壁	虚	斗	房	翼	星	参	昴	**奎**	壁	**虚**	20
畢	奎	危	女	心	軫	張	井	畢	婁	奎	危	21
觜	婁	室	虚	尾	角	翼	鬼	觜	胃	婁	室	22
参	胃	壁	危	箕	亢	軫	柳	参	昴	胃	壁	23
井	昴	奎	室	斗	氐	角	星	井	畢	昴	奎	24
鬼	畢	婁	壁	女	房	亢	張	鬼	觜	畢	婁	25
柳	觜	胃	奎	虚	心	氐	翼	柳	参	觜	胃	26
星	参	昴	婁	危	尾	房	軫	星	井	参	昴	27
張	井	畢	胃	室	箕	心	角	張	鬼	井	畢	28
翼	鬼	觜	昴	壁	斗	尾	亢	翼	柳		觜	29
軫	柳	参	畢	奎	女	箕	氐	軫	星		参	30
角		井		婁	虚		房		張		井	31

12	11	10	9	8	7	6	5	4	3	2	1月	2014
奎	危	虚	斗	氐	翼	柳	参	昴	**奎**	壁	**虚**	1日
婁	室	危	女	房	軫	星	井	畢	婁	奎	危	2
胃	壁	室	虚	心	角	張	鬼	觜	胃	婁	室	3
昴	奎	壁	危	尾	亢	翼	柳	参	昴	胃	壁	4
畢	婁	奎	室	箕	氐	軫	星	井	畢	昴	奎	5
觜	胃	婁	壁	斗	房	角	張	鬼	觜	畢	婁	6
参	昴	胃	奎	女	心	亢	翼	柳	参	觜	胃	7
井	畢	昴	婁	虚	尾	氐	軫	星	井	参	昴	8
鬼	觜	畢	胃	危	箕	房	角	張	鬼	井	畢	9
柳	参	觜	昴	室	斗	心	亢	翼	柳	鬼	觜	10
星	井	参	畢	壁	女	尾	氐	軫	星	柳	参	11
張	鬼	井	觜	奎	虚	箕	房	角	張	星	井	12
翼	柳	鬼	参	婁	危	斗	心	亢	翼	張	鬼	13
軫	星	柳	井	胃	室	女	尾	氐	軫	翼	柳	14
角	張	星	鬼	昴	壁	虚	箕	房	角	軫	星	15
亢	翼	張	柳	畢	奎	危	斗	心	亢	角	張	16
氐	軫	翼	星	觜	婁	室	女	尾	氐	亢	翼	17
房	角	軫	張	参	胃	壁	虚	箕	房	氐	軫	18
心	亢	角	翼	井	昴	奎	危	斗	心	房	角	19
尾	氐	亢	軫	鬼	畢	婁	室	女	尾	心	亢	20
箕	房	氐	角	柳	觜	胃	壁	虚	箕	尾	氐	21
斗	**心**	房	亢	星	参	昴	奎	危	斗	箕	房	22
女	尾	心	氐	張	井	畢	婁	室	女	斗	心	23
虚	箕	**氐**	**氐**	翼	鬼	觜	胃	壁	虚	女	尾	24
危	斗	房	房	**角**	柳	参	昴	奎	危	虚	箕	25
室	女	心	心	亢	星	井	畢	婁	室	危	斗	26
壁	虚	尾	尾	氐	**張**	**鬼**	觜	胃	壁	室	女	27
奎	危	箕	箕	房	翼	柳	参	昴	奎	壁	虚	28
婁	室	斗	斗	心	軫	星	**参**	**畢**	婁		危	29
胃	壁	女	女	尾	角	張	井	觜	胃		室	30
昴		虚		箕	亢		鬼		**胃**		**室**	31

12	11	10	9	8	7	6	5	4	3	2	1月	2016
虚	尾	**氐**	**角**	柳	觜	胃	壁	虚	箕	心	亢	1日
危	箕	房	亢	星	参	昴	奎	危	斗	尾	氐	2
室	斗	心	氐	**張**	井	畢	婁	室	女	箕	房	3
壁	女	尾	房	翼	**鬼**	觜	胃	壁	虚	斗	心	4
奎	虚	箕	心	軫	柳	**参**	昴	奎	危	女	尾	5
婁	危	斗	尾	角	星	井	畢	婁	室	虚	箕	6
胃	室	女	箕	亢	張	鬼	**畢**	**胃**	壁	危	斗	7
昴	壁	虚	斗	氐	翼	柳	觜	昴	奎	**室**	女	8
畢	奎	危	女	房	軫	星	参	畢	**奎**	壁	虚	9
觜	婁	室	虚	心	角	張	井	觜	婁	奎	**虚**	10
参	胃	壁	危	尾	亢	翼	鬼	参	胃	婁	危	11
井	昴	奎	室	箕	氐	軫	柳	井	昴	胃	室	12
鬼	畢	婁	壁	斗	房	角	星	鬼	畢	昴	壁	13
柳	觜	胃	奎	女	心	亢	張	柳	觜	畢	奎	14
星	参	昴	婁	虚	尾	氐	翼	星	参	觜	婁	15
張	井	畢	胃	危	箕	房	軫	張	井	参	胃	16
翼	鬼	觜	昴	室	斗	心	角	翼	鬼	井	昴	17
軫	柳	参	畢	壁	女	尾	亢	軫	柳	鬼	畢	18
角	星	井	觜	奎	虚	箕	氐	角	星	柳	觜	19
亢	張	鬼	参	婁	危	斗	房	亢	張	星	参	20
氐	翼	柳	井	胃	室	女	心	氐	翼	張	井	21
房	軫	星	鬼	昴	壁	虚	尾	房	軫	翼	鬼	22
心	角	張	柳	畢	奎	危	箕	心	角	軫	柳	23
尾	亢	翼	星	觜	婁	室	斗	尾	亢	角	星	24
箕	氐	軫	張	参	胃	壁	女	箕	氐	亢	張	25
斗	房	角	翼	井	昴	奎	虚	斗	房	氐	翼	26
女	心	亢	軫	鬼	畢	婁	危	女	心	房	軫	27
虚	尾	氐	角	柳	觜	胃	室	虚	尾	心	角	28
虚	**斗**	房	亢	星	参	昴	壁	危	箕	尾	亢	29
危	女	心	氐	張	井	畢	奎	室	斗		氐	30
室		**心**		翼	鬼		婁		女		房	31

12	11	10	9	8	7	6	5	4	3	2	1月	2017
畢	婁	室	斗	房	亢	翼	柳	参	昴	胃	壁	1日
觜	胃	壁	女	心	氐	軫	星	井	畢	昴	奎	2
参	昴	奎	虚	尾	房	角	張	鬼	觜	畢	婁	3
井	畢	婁	危	箕	心	亢	翼	柳	参	觜	胃	4
鬼	觜	胃	室	斗	尾	氐	軫	星	井	参	昴	5
柳	参	昴	壁	女	箕	房	角	張	鬼	井	畢	6
星	井	畢	奎	虚	斗	心	亢	翼	柳	鬼	觜	7
張	鬼	觜	婁	危	女	尾	氐	軫	星	柳	参	8
翼	柳	参	胃	室	虚	箕	房	角	張	星	井	9
軫	星	井	昴	壁	危	斗	心	亢	翼	張	鬼	10
角	張	鬼	畢	奎	室	女	尾	氐	軫	翼	柳	11
亢	翼	柳	觜	婁	壁	虚	箕	房	角	軫	星	12
氐	軫	星	参	胃	奎	危	斗	心	亢	角	張	13
房	角	張	井	昴	婁	室	女	尾	氐	亢	翼	14
心	亢	翼	鬼	畢	胃	壁	虚	箕	房	氐	軫	15
尾	氐	軫	柳	觜	昴	奎	危	斗	心	房	角	16
箕	房	角	星	参	畢	婁	室	女	尾	心	亢	17
斗	**心**	亢	張	井	觜	胃	壁	虚	箕	尾	氐	18
女	尾	氐	翼	鬼	参	昴	奎	危	斗	箕	房	19
虚	箕	**氐**	**角**	柳	井	畢	婁	室	女	斗	心	20
危	斗	房	亢	星	鬼	觜	胃	壁	虚	女	尾	21
室	女	心	氐	**張**	柳	参	昴	奎	危	虚	箕	22
壁	虚	尾	房	翼	**鬼**	井	畢	婁	室	危	斗	23
奎	危	箕	心	軫	柳	**鬼**	觜	胃	壁	室	女	24
婁	室	斗	尾	角	星	柳	参	昴	奎	壁	虚	25
胃	壁	女	箕	亢	張	星	**参**	**畢**	婁	**奎**	危	26
昴	奎	虚	斗	氐	翼	張	井	觜	胃	婁	室	27
畢	婁	危	女	房	軫	翼	鬼	参	**胃**	胃	**室**	28
觜	胃	室	虚	心	角	軫	柳	井	昴		壁	29
参	昴	壁	危	尾	亢	角	星	鬼	畢		奎	30
井		奎		箕	氐		張		觜		婁	31

※太字は陰暦の１日を表しています。

12	11	10	9	8	7	6	5	4	3	2	1月	2019
室	女	心	氐	**張**	井	畢	婁	室	女	女	尾	1日
壁	虚	尾	房	翼	鬼	觜	胃	壁	虚	虚	箕	2
奎	危	箕	心	軫	**鬼**	**参**	昴	奎	危	危	斗	3
婁	室	斗	尾	角	柳	井	畢	婁	室	室	女	4
胃	壁	女	箕	亢	星	鬼	**畢**	**胃**	壁	**室**	虚	5
昴	奎	虚	斗	氐	張	柳	觜	昴	奎	壁	**虚**	6
畢	婁	危	女	房	翼	星	参	畢	**奎**	奎	危	7
觜	胃	室	虚	心	軫	張	井	觜	婁	婁	室	8
参	昴	壁	危	尾	角	翼	鬼	参	胃	胃	壁	9
井	畢	奎	室	箕	亢	軫	柳	井	昴	昴	奎	10
鬼	觜	婁	壁	斗	氐	角	星	鬼	畢	畢	婁	11
柳	参	胃	奎	女	房	亢	張	柳	觜	觜	胃	12
星	井	昴	婁	虚	心	氐	翼	星	参	参	昴	13
張	鬼	畢	胃	危	尾	房	軫	張	井	井	畢	14
翼	柳	觜	昴	室	箕	心	角	翼	鬼	鬼	觜	15
軫	星	参	畢	壁	斗	尾	亢	軫	柳	柳	参	16
角	張	井	觜	奎	女	箕	氐	角	星	星	井	17
亢	翼	鬼	参	婁	虚	斗	房	亢	張	張	鬼	18
氐	軫	柳	井	胃	危	女	心	氐	翼	翼	柳	19
房	角	星	鬼	昴	室	虚	尾	房	軫	軫	星	20
心	亢	張	柳	畢	壁	危	箕	心	角	角	張	21
尾	氐	翼	星	觜	奎	室	斗	尾	亢	亢	翼	22
箕	房	軫	張	参	婁	壁	女	箕	氐	氐	軫	23
斗	心	角	翼	井	胃	奎	虚	斗	房	房	角	24
女	尾	亢	軫	鬼	昴	婁	危	女	心	心	亢	25
虚	箕	氐	角	柳	畢	胃	室	虚	尾	尾	氐	26
危	**斗**	房	亢	星	觜	昴	壁	危	箕	箕	房	27
室	女	**心**	氐	張	参	畢	奎	室	斗	斗	心	28
壁	虚	尾	**氐**	翼	井	觜	婁	壁	女		尾	29
奎	危	箕	房	**角**	鬼	参	胃	奎	虚		箕	30
婁		斗		亢	柳		昴		危		斗	31

12	11	10	9	8	7	6	5	4	3	2	1月	2018
角	翼	鬼	觜	奎	虚	斗	房	亢	張	張	鬼	1日
亢	軫	柳	参	婁	危	女	心	氐	翼	翼	柳	2
氐	角	星	井	胃	室	虚	尾	房	軫	軫	星	3
房	亢	張	鬼	昴	壁	危	箕	心	角	角	張	4
心	氐	翼	柳	畢	奎	室	斗	尾	亢	亢	翼	5
尾	房	軫	星	觜	婁	壁	女	箕	氐	氐	軫	6
斗	心	角	張	参	胃	奎	虚	斗	房	房	角	7
女	**心**	亢	翼	井	昴	婁	危	女	心	心	亢	8
虚	尾	**氐**	軫	鬼	畢	胃	室	虚	尾	尾	氐	9
危	箕	房	**角**	柳	觜	昴	壁	危	箕	箕	房	10
室	斗	心	亢	**張**	参	畢	奎	室	斗	斗	心	11
壁	女	尾	氐	翼	井	觜	婁	壁	女	女	尾	12
奎	虚	箕	房	軫	**鬼**	参	胃	奎	虚	虚	箕	13
婁	危	斗	心	角	柳	**参**	昴	婁	危	危	斗	14
胃	室	女	尾	亢	星	井	**畢**	胃	室	室	女	15
昴	壁	虚	箕	氐	張	鬼	觜	**胃**	壁	**室**	虚	16
畢	奎	危	斗	房	翼	柳	参	昴	**奎**	壁	**虚**	17
觜	婁	室	女	心	軫	星	井	畢	婁	奎	危	18
参	胃	壁	虚	尾	角	張	鬼	觜	胃	婁	室	19
井	昴	奎	危	箕	亢	翼	柳	参	昴	胃	壁	20
鬼	畢	婁	室	斗	氐	軫	星	井	畢	昴	奎	21
柳	觜	胃	壁	女	房	角	張	鬼	觜	畢	婁	22
星	参	昴	奎	虚	心	亢	翼	柳	参	觜	胃	23
張	井	畢	婁	危	尾	氐	軫	星	井	参	昴	24
翼	鬼	觜	胃	室	箕	房	角	張	鬼	井	畢	25
軫	柳	参	昴	壁	斗	心	亢	翼	柳	鬼	觜	26
角	星	井	畢	奎	女	尾	氐	軫	星	柳	参	27
亢	張	鬼	觜	婁	虚	箕	房	角	張	星	井	28
氐	翼	柳	参	胃	危	斗	心	亢	翼		鬼	29
房	軫	星	井	昴	室	女	尾	氐	軫		柳	30
心		張		畢	壁		箕		角		星	31

2020年～2023年

12	11	10	9	8	7	6	5	4	3	2	1月	2020
井	畢	婁	危	尾	氐	軫	翼	星	参	觜	胃	1日
鬼	觜	胃	室	箕	房	角	軫	張	井	参	昴	2
柳	参	昴	壁	斗	心	亢	角	翼	鬼	井	畢	3
星	井	畢	奎	女	尾	氐	亢	軫	柳	鬼	觜	4
張	鬼	觜	婁	虚	箕	房	氐	角	星	柳	参	5
翼	柳	参	胃	危	斗	心	房	亢	張	星	井	6
軫	星	井	昴	室	女	尾	心	氐	翼	張	鬼	7
角	張	鬼	畢	壁	虚	箕	尾	房	軫	翼	柳	8
亢	翼	柳	觜	奎	危	斗	箕	心	角	軫	星	9
氐	軫	星	参	婁	室	女	斗	尾	亢	角	張	10
房	角	張	井	胃	壁	虚	女	箕	氐	亢	翼	11
心	亢	翼	鬼	昴	奎	危	虚	斗	房	氐	軫	12
尾	氐	軫	柳	畢	婁	室	危	女	心	房	角	13
箕	房	角	星	觜	胃	壁	室	虚	尾	心	亢	14
斗	**心**	亢	張	参	昴	奎	壁	危	箕	尾	氐	15
女	尾	氐	翼	井	畢	婁	奎	室	斗	箕	房	16
虚	箕	**氐**	**角**	鬼	觜	胃	婁	壁	女	斗	心	17
危	斗	房	亢	柳	参	昴	胃	奎	虚	女	尾	18
室	女	心	氐	**張**	井	畢	昴	婁	危	虚	箕	19
壁	虚	尾	房	翼	鬼	觜	畢	胃	室	危	斗	20
奎	危	箕	心	軫	**鬼**	**参**	觜	昴	壁	室	女	21
婁	室	斗	尾	角	柳	井	参	畢	奎	壁	虚	22
胃	壁	女	箕	亢	星	鬼	**畢**	**畢**	婁	奎	危	23
昴	奎	虚	斗	氐	張	柳	觜	觜	**胃**	**奎**	室	24
畢	婁	危	女	房	翼	星	参	参	昴	婁	**室**	25
觜	胃	室	虚	心	軫	張	井	井	畢	胃	壁	26
参	昴	壁	危	尾	角	翼	鬼	鬼	觜	昴	奎	27
井	畢	奎	室	箕	亢	軫	柳	柳	参	畢	婁	28
鬼	觜	婁	壁	斗	氐	角	星	星	井	觜	胃	29
柳	参	胃	奎	女	房	亢	張	張	鬼		昴	30
星		昴		虚	心		翼		柳		畢	31

12	11	10	9	8	7	6	5	4	3	2	1月	2021
房	亢	張	鬼	昴	奎	危	斗	尾	亢	亢	張	1日
心	氐	翼	柳	畢	婁	室	女	箕	氐	氐	翼	2
尾	房	軫	星	觜	胃	壁	虚	斗	房	房	軫	3
斗	心	角	張	参	昴	奎	危	女	心	心	角	4
女	**心**	亢	翼	井	畢	婁	室	虚	尾	尾	亢	5
虚	尾	**氐**	軫	鬼	觜	胃	壁	危	箕	箕	氐	6
危	箕	房	**角**	柳	参	昴	奎	室	斗	斗	房	7
室	斗	心	亢	**張**	井	畢	婁	壁	女	女	心	8
壁	女	尾	氐	翼	鬼	觜	胃	奎	虚	虚	尾	9
奎	虚	箕	房	軫	**鬼**	**参**	昴	婁	危	危	箕	10
婁	危	斗	心	角	柳	井	畢	胃	室	室	斗	11
胃	室	女	尾	亢	星	鬼	**畢**	**胃**	壁	**室**	女	12
昴	壁	虚	箕	氐	張	柳	觜	昴	**奎**	壁	**虚**	13
畢	奎	危	斗	房	翼	星	参	畢	婁	奎	危	14
觜	婁	室	女	心	軫	張	井	觜	胃	婁	室	15
参	胃	壁	虚	尾	角	翼	鬼	参	昴	胃	壁	16
井	昴	奎	危	箕	亢	軫	柳	井	畢	昴	奎	17
鬼	畢	婁	室	斗	氐	角	星	鬼	觜	畢	婁	18
柳	觜	胃	壁	女	房	亢	張	柳	参	觜	胃	19
星	参	昴	奎	虚	心	氐	翼	星	井	参	昴	20
張	井	畢	婁	危	尾	房	軫	張	鬼	井	畢	21
翼	鬼	觜	胃	室	箕	心	角	翼	柳	鬼	觜	22
軫	柳	参	昴	壁	斗	尾	亢	軫	星	柳	参	23
角	星	井	畢	奎	女	箕	氐	角	張	星	井	24
亢	張	鬼	觜	婁	虚	斗	房	亢	翼	張	鬼	25
氐	翼	柳	参	胃	危	女	心	氐	軫	翼	柳	26
房	軫	星	井	昴	室	虚	尾	房	角	軫	星	27
心	角	張	鬼	畢	壁	危	箕	心	亢	角	張	28
尾	亢	翼	柳	觜	奎	室	斗	尾	氐		翼	29
箕	氐	軫	星	参	婁	壁	女	箕	房		軫	30
斗		角		井	胃		虚		心		角	31

※太字は陰暦の１日を表しています。

12	11	10	9	8	7	6	5	4	3	2	1月	2023
柳	参	昴	奎	女	尾	氐	軫	星	柳	鬼	觜	1日
星	井	畢	婁	虚	箕	房	角	張	星	柳	参	2
張	鬼	觜	胃	危	斗	心	亢	翼	張	星	井	3
翼	柳	参	昴	室	女	尾	氐	軫	翼	張	鬼	4
軫	星	井	畢	壁	虚	箕	房	角	軫	翼	柳	5
角	張	鬼	觜	奎	危	斗	心	亢	角	軫	星	6
亢	翼	柳	参	婁	室	女	尾	氐	亢	角	張	7
氐	軫	星	井	胃	壁	虚	箕	房	氐	亢	翼	8
房	角	張	鬼	昴	奎	危	斗	心	房	氐	軫	9
心	亢	翼	柳	畢	婁	室	女	尾	心	房	角	10
尾	氐	軫	星	觜	胃	壁	虚	箕	尾	心	亢	11
箕	房	角	張	参	昴	奎	危	斗	箕	尾	氐	12
斗	**心**	亢	翼	井	畢	婁	室	女	斗	箕	房	13
女	尾	氐	軫	鬼	觜	胃	壁	虚	女	斗	心	14
虚	箕	**氐**	**角**	柳	参	昴	奎	危	虚	女	尾	15
危	斗	房	亢	**張**	井	畢	婁	室	危	虚	箕	16
室	女	心	氐	翼	鬼	觜	胃	壁	室	危	斗	17
壁	虚	尾	房	軫	**鬼**	**参**	昴	奎	壁	室	女	18
奎	危	箕	心	角	柳	井	畢	婁	奎	壁	虚	19
婁	室	斗	尾	亢	星	鬼	**畢**	**胃**	婁	**奎**	危	20
胃	壁	女	箕	氐	張	柳	觜	昴	胃	婁	室	21
昴	奎	虚	斗	房	翼	星	参	畢	**奎**	胃	**室**	22
畢	婁	危	女	心	軫	張	井	觜	婁	昴	壁	23
觜	胃	室	虚	尾	角	翼	鬼	参	胃	畢	奎	24
参	昴	壁	危	箕	亢	軫	柳	井	昴	觜	婁	25
井	畢	奎	室	斗	氐	角	星	鬼	畢	参	胃	26
鬼	觜	婁	壁	女	房	亢	張	柳	觜	井	昴	27
柳	参	胃	奎	虚	心	氐	翼	星	参	鬼	畢	28
星	井	昴	婁	危	尾	房	軫	張	井		觜	29
張	鬼	畢	胃	室	箕	心	角	翼	鬼		参	30
翼		觜		壁	斗		亢		柳		井	31

12	11	10	9	8	7	6	5	4	3	2	1月	2022
婁	室	斗	尾	角	星	鬼	**畢**	**胃**	壁	**室**	女	1日
胃	壁	女	箕	亢	張	柳	觜	昴	奎	壁	虚	2
昴	奎	虚	斗	氐	翼	星	参	畢	**奎**	奎	**虚**	3
畢	婁	危	女	房	軫	張	井	觜	婁	婁	危	4
觜	胃	室	虚	心	角	翼	鬼	参	胃	胃	室	5
参	昴	壁	危	尾	亢	軫	柳	井	昴	昴	壁	6
井	畢	奎	室	箕	氐	角	星	鬼	畢	畢	奎	7
鬼	觜	婁	壁	斗	房	亢	張	柳	觜	觜	婁	8
柳	参	胃	奎	女	心	氐	翼	星	参	参	胃	9
星	井	昴	婁	虚	尾	房	軫	張	井	井	昴	10
張	鬼	畢	胃	危	箕	心	角	翼	鬼	鬼	畢	11
翼	柳	觜	昴	室	斗	尾	亢	軫	柳	柳	觜	12
軫	星	参	畢	壁	女	箕	氐	角	星	星	参	13
角	張	井	觜	奎	虚	斗	房	亢	張	張	井	14
亢	翼	鬼	参	婁	危	女	心	氐	翼	翼	鬼	15
氐	軫	柳	井	胃	室	虚	尾	房	軫	軫	柳	16
房	角	星	鬼	昴	壁	危	箕	心	角	角	星	17
心	亢	張	柳	畢	奎	室	斗	尾	亢	亢	張	18
尾	氐	翼	星	觜	婁	壁	女	箕	氐	氐	翼	19
箕	房	軫	張	参	胃	奎	虚	斗	房	房	軫	20
斗	心	角	翼	井	昴	婁	危	女	心	心	角	21
女	尾	亢	軫	鬼	畢	胃	室	虚	尾	尾	亢	22
虚	箕	氐	角	柳	觜	昴	壁	危	箕	箕	氐	23
危	**斗**	房	亢	星	参	畢	奎	室	斗	斗	房	24
室	女	**心**	氐	張	井	觜	婁	壁	女	女	心	25
壁	虚	尾	**氐**	翼	鬼	参	胃	奎	虚	虚	尾	26
奎	危	箕	房	**角**	柳	井	昴	婁	危	危	箕	27
婁	室	斗	心	亢	星	鬼	畢	胃	室	室	斗	28
胃	壁	女	尾	氐	**張**	**鬼**	觜	昴	壁		女	29
昴	奎	虚	箕	房	翼	柳	**参**	畢	奎		虚	30
畢		危		心	軫		井		婁		危	31

12	11	10	9	8	7	6	5	4	3	2	1月	2024
斗	**心**	亢	翼	井	畢	婁	危	女	心	房	軫	1日
女	尾	氐	軫	鬼	觜	胃	室	虚	尾	心	角	2
虚	箕	**氐**	**角**	柳	参	昴	壁	危	箕	尾	亢	3
危	斗	房	亢	**張**	井	畢	奎	室	斗	箕	氐	4
室	女	心	氐	翼	鬼	觜	婁	壁	女	斗	房	5
壁	虚	尾	房	軫	**鬼**	**参**	胃	奎	虚	女	心	6
奎	危	箕	心	角	柳	井	昴	婁	危	虚	尾	7
婁	室	斗	尾	亢	星	鬼	**畢**	胃	室	危	箕	8
胃	壁	女	箕	氐	張	柳	觜	**胃**	壁	室	斗	9
昴	奎	虚	斗	房	翼	星	参	昴	**奎**	**室**	女	10
畢	婁	危	女	心	軫	張	井	畢	婁	壁	**虚**	11
觜	胃	室	虚	尾	角	翼	鬼	觜	胃	奎	危	12
参	昴	壁	危	箕	亢	軫	柳	参	昴	婁	室	13
井	畢	奎	室	斗	氐	角	星	井	畢	胃	壁	14
鬼	觜	婁	壁	女	房	亢	張	鬼	觜	昴	奎	15
柳	参	胃	奎	虚	心	氐	翼	柳	参	畢	婁	16
星	井	昴	婁	危	尾	房	軫	星	井	觜	胃	17
張	鬼	畢	胃	室	箕	心	角	張	鬼	参	昴	18
翼	柳	觜	昴	壁	斗	尾	亢	翼	柳	井	畢	19
軫	星	参	畢	奎	女	箕	氐	軫	星	鬼	觜	20
角	張	井	觜	婁	虚	斗	房	角	張	柳	参	21
亢	翼	鬼	参	胃	危	女	心	亢	翼	星	井	22
氐	軫	柳	井	昴	室	虚	尾	氐	軫	張	鬼	23
房	角	星	鬼	畢	壁	危	箕	房	角	翼	柳	24
心	亢	張	柳	觜	奎	室	斗	心	亢	軫	星	25
尾	氐	翼	星	参	婁	壁	女	尾	氐	角	張	26
箕	房	軫	張	井	胃	奎	虚	箕	房	亢	翼	27
斗	心	角	翼	鬼	昴	婁	危	斗	心	氐	軫	28
女	尾	亢	軫	柳	畢	胃	室	女	尾	房	角	29
虚	箕	氐	角	星	觜	昴	壁	虚	箕		亢	30
虚		房		張	参		奎		斗		氐	31

12	11	10	9	8	7	6	5	4	3	2	1月	2025
胃	奎	虚	箕	亢	角	張	井	觜	婁	婁	危	1日
昴	婁	危	斗	氐	亢	翼	鬼	参	胃	胃	室	2
畢	胃	室	女	房	氐	軫	柳	井	昴	昴	壁	3
觜	昴	壁	虚	心	房	角	星	鬼	畢	畢	奎	4
参	畢	奎	危	尾	心	亢	張	柳	觜	觜	婁	5
井	觜	婁	室	箕	尾	氐	翼	星	参	参	胃	6
鬼	参	胃	壁	斗	箕	房	軫	張	井	井	昴	7
柳	井	昴	奎	女	斗	心	角	翼	鬼	鬼	畢	8
星	鬼	畢	婁	虚	女	尾	亢	軫	柳	柳	觜	9
張	柳	觜	胃	危	虚	箕	氐	角	星	星	参	10
翼	星	参	昴	室	危	斗	房	亢	張	張	井	11
軫	張	井	畢	壁	室	女	心	氐	翼	翼	鬼	12
角	翼	鬼	觜	奎	壁	虚	尾	房	軫	軫	柳	13
亢	軫	柳	参	婁	奎	危	箕	心	角	角	星	14
氐	角	星	井	胃	婁	室	斗	尾	亢	亢	張	15
房	亢	張	鬼	昴	胃	壁	女	箕	氐	氐	翼	16
心	氐	翼	柳	畢	昴	奎	虚	斗	房	房	軫	17
尾	房	軫	星	觜	畢	婁	危	女	心	心	角	18
箕	心	角	張	参	觜	胃	室	虚	尾	尾	亢	19
斗	**心**	亢	翼	井	参	昴	壁	危	箕	箕	氐	20
女	尾	**氐**	軫	鬼	井	畢	奎	室	斗	斗	房	21
虚	箕	房	**角**	柳	鬼	觜	婁	壁	女	女	心	22
危	斗	心	亢	**張**	柳	参	胃	奎	虚	虚	尾	23
室	女	尾	氐	翼	星	井	昴	婁	危	危	箕	24
壁	虚	箕	房	軫	**鬼**	**鬼**	畢	胃	室	室	斗	25
奎	危	斗	心	角	柳	柳	觜	昴	壁	壁	女	26
婁	室	女	尾	亢	星	星	**参**	畢	奎	奎	虚	27
胃	壁	虚	箕	氐	張	張	井	**畢**	婁	**奎**	危	28
昴	奎	危	斗	房	翼	翼	鬼	觜	**胃**		**室**	29
畢	婁	室	女	心	軫	軫	柳	参	昴		壁	30
觜		壁		尾	角		星		畢		奎	31

※太字は陰暦の１日を表しています。

12	11	10	9	8	7	6	5	4	3	2	1月	2026
軫	星	井	昴	壁	女	尾	氐	軫	星	柳	参	1日
角	張	鬼	畢	奎	虚	箕	房	角	張	星	井	2
亢	翼	柳	觜	婁	危	斗	心	亢	翼	張	鬼	3
氐	軫	星	参	胃	室	女	尾	氐	軫	翼	柳	4
房	角	張	井	昴	壁	虚	箕	房	角	軫	星	5
心	亢	翼	鬼	畢	奎	危	斗	心	亢	角	張	6
尾	氐	軫	柳	觜	婁	室	女	尾	氐	亢	翼	7
箕	房	角	星	参	胃	壁	虚	箕	房	氐	軫	8
斗	**心**	亢	張	井	昴	奎	危	斗	心	房	角	9
女	尾	氐	翼	鬼	畢	婁	室	女	尾	心	亢	10
虚	箕	**氐**	**角**	柳	觜	胃	壁	虚	箕	尾	氐	11
危	斗	房	亢	星	参	昴	奎	危	斗	箕	房	12
室	女	心	氐	**張**	井	畢	婁	室	女	斗	心	13
壁	虚	尾	房	翼	**鬼**	觜	胃	壁	虚	女	尾	14
奎	危	箕	心	軫	柳	**参**	昴	奎	危	虚	箕	15
婁	室	斗	尾	角	星	井	畢	婁	室	危	斗	16
胃	壁	女	箕	亢	張	鬼	**畢**	**胃**	壁	**室**	女	17
昴	奎	虚	斗	氐	翼	柳	觜	昴	奎	壁	虚	18
畢	婁	危	女	房	軫	星	参	畢	**奎**	奎	**虚**	19
觜	胃	室	虚	心	角	張	井	觜	婁	婁	危	20
参	昴	壁	危	尾	亢	翼	鬼	参	胃	胃	室	21
井	畢	奎	室	箕	氐	軫	柳	井	昴	昴	壁	22
鬼	觜	婁	壁	斗	房	角	星	鬼	畢	畢	奎	23
柳	参	胃	奎	女	心	亢	張	柳	觜	觜	婁	24
星	井	昴	婁	虚	尾	氐	翼	星	参	参	胃	25
張	鬼	畢	胃	危	箕	房	軫	張	井	井	昴	26
翼	柳	觜	昴	室	斗	心	角	翼	鬼	鬼	畢	27
軫	星	参	畢	壁	女	尾	亢	軫	柳	柳	觜	28
角	張	井	觜	奎	虚	箕	氐	角	星		参	29
亢	翼	鬼	参	婁	危	斗	房	亢	張		井	30
氐		柳		胃	室		心		翼		鬼	31

12	11	10	9	8	7	6	5	4	3	2	1月	2027
危	斗	房	**角**	柳	觜	昴	壁	危	箕	箕	房	1日
室	女	心	亢	**張**	参	畢	奎	室	斗	斗	心	2
壁	虚	尾	氐	翼	井	觜	婁	壁	女	女	尾	3
奎	危	箕	房	軫	**鬼**	参	胃	奎	虚	虚	箕	4
婁	室	斗	心	角	柳	**参**	昴	婁	危	危	斗	5
胃	壁	女	尾	亢	星	井	**畢**	胃	室	室	女	6
昴	奎	虚	箕	氐	張	鬼	觜	**胃**	壁	**室**	虚	7
畢	婁	危	斗	房	翼	柳	参	昴	**奎**	壁	**虚**	8
觜	胃	室	女	心	軫	星	井	畢	婁	奎	危	9
参	昴	壁	虚	尾	角	張	鬼	觜	胃	婁	室	10
井	畢	奎	危	箕	亢	翼	柳	参	昴	胃	壁	11
鬼	觜	婁	室	斗	氐	軫	星	井	畢	昴	奎	12
柳	参	胃	壁	女	房	角	張	鬼	觜	畢	婁	13
星	井	昴	奎	虚	心	亢	翼	柳	参	觜	胃	14
張	鬼	畢	婁	危	尾	氐	軫	星	井	参	昴	15
翼	柳	觜	胃	室	箕	房	角	張	鬼	井	畢	16
軫	星	参	昴	壁	斗	心	亢	翼	柳	鬼	觜	17
角	張	井	畢	奎	女	尾	氐	軫	星	柳	参	18
亢	翼	鬼	觜	婁	虚	箕	房	角	張	星	井	19
氐	軫	柳	参	胃	危	斗	心	亢	翼	張	鬼	20
房	角	星	井	昴	室	女	尾	氐	軫	翼	柳	21
心	亢	張	鬼	畢	壁	虚	箕	房	角	軫	星	22
尾	氐	翼	柳	觜	奎	危	斗	心	亢	角	張	23
箕	房	軫	星	参	婁	室	女	尾	氐	亢	翼	24
斗	心	角	張	井	胃	壁	虚	箕	房	氐	軫	25
女	尾	亢	翼	鬼	昴	奎	危	斗	心	房	角	26
虚	箕	氐	軫	柳	畢	婁	室	女	尾	心	亢	27
虚	**斗**	房	角	星	觜	胃	壁	虚	箕	尾	氐	28
危	女	**心**	亢	張	参	昴	奎	危	斗		房	29
室	虚	尾	**氐**	翼	井	畢	婁	室	女		心	30
壁		箕		軫	鬼		胃		虚		尾	31

12	11	10	9	8	7	6	5	4	3	2	1月	2028
参	昴	壁	虚	心	角	角	星	鬼	觜	昴	奎	1日
井	畢	奎	危	尾	亢	亢	張	柳	参	畢	婁	2
鬼	觜	婁	室	箕	氐	氐	翼	星	井	觜	胃	3
柳	参	胃	壁	斗	房	房	軫	張	鬼	参	昴	4
星	井	昴	奎	女	心	心	角	翼	柳	井	畢	5
張	鬼	畢	婁	虚	尾	尾	亢	軫	星	鬼	觜	6
翼	柳	觜	胃	危	箕	箕	氐	角	張	柳	参	7
軫	星	参	昴	室	斗	斗	房	亢	翼	星	井	8
角	張	井	畢	壁	女	女	心	氐	軫	張	鬼	9
亢	翼	鬼	觜	奎	虚	虚	尾	房	角	翼	柳	10
氐	軫	柳	参	婁	危	危	箕	心	亢	軫	星	11
房	角	星	井	胃	室	室	斗	尾	氐	角	張	12
心	亢	張	鬼	昴	壁	壁	女	箕	房	亢	翼	13
尾	氐	翼	柳	畢	奎	奎	虚	斗	心	氐	軫	14
箕	房	軫	星	觜	婁	婁	危	女	尾	房	角	15
斗	**心**	角	張	参	胃	胃	室	虚	箕	心	亢	16
女	尾	亢	翼	井	昴	昴	壁	危	斗	尾	氐	17
虚	箕	**氐**	軫	鬼	畢	畢	奎	室	女	箕	房	18
危	斗	房	**角**	柳	觜	觜	婁	壁	虚	斗	心	19
室	女	心	亢	**張**	参	参	胃	奎	危	女	尾	20
壁	虚	尾	氐	翼	井	井	昴	婁	室	虚	箕	21
奎	危	箕	房	軫	**鬼**	鬼	畢	胃	壁	危	斗	22
婁	室	斗	心	角	柳	**参**	觜	昴	奎	室	女	23
胃	壁	女	尾	亢	星	井	**参**	畢	婁	壁	虚	24
昴	奎	虚	箕	氐	張	鬼	井	**畢**	胃	**奎**	危	25
畢	婁	危	斗	房	翼	柳	鬼	觜	**胃**	婁	室	26
觜	胃	室	女	心	軫	星	柳	参	昴	胃	**室**	27
参	昴	壁	虚	尾	角	張	星	井	畢	昴	壁	28
井	畢	奎	危	箕	亢	翼	張	鬼	觜	畢	奎	29
鬼	觜	婁	室	斗	氐	軫	翼	柳	参		婁	30
柳		胃		女	房		軫		井		胃	31

12	11	10	9	8	7	6	5	4	3	2	1月	2029
氐	軫	星	参	婁	室	虚	尾	房	角	軫	星	1日
房	角	張	井	胃	壁	危	箕	心	亢	角	張	2
心	亢	翼	鬼	昴	奎	室	斗	尾	氐	亢	翼	3
尾	氐	軫	柳	畢	婁	壁	女	箕	房	氐	軫	4
斗	房	角	星	觜	胃	奎	虚	斗	心	房	角	5
女	**心**	亢	張	参	昴	婁	危	女	尾	心	亢	6
虚	尾	氐	翼	井	畢	胃	室	虚	箕	尾	氐	7
危	箕	**氐**	**角**	鬼	觜	昴	壁	危	斗	箕	房	8
室	斗	房	亢	柳	参	畢	奎	室	女	斗	心	9
壁	女	心	氐	**張**	井	觜	婁	壁	虚	女	尾	10
奎	虚	尾	房	翼	鬼	参	胃	奎	危	虚	箕	11
婁	危	箕	心	軫	**鬼**	**参**	昴	婁	室	危	斗	12
胃	室	斗	尾	角	柳	井	**畢**	胃	壁	**室**	女	13
昴	壁	女	箕	亢	星	鬼	觜	**胃**	奎	壁	虚	14
畢	奎	虚	斗	氐	張	柳	参	昴	**奎**	奎	**虚**	15
觜	婁	危	女	房	翼	星	井	畢	婁	婁	危	16
参	胃	室	虚	心	軫	張	鬼	觜	胃	胃	室	17
井	昴	壁	危	尾	角	翼	柳	参	昴	昴	壁	18
鬼	畢	奎	室	箕	亢	軫	星	井	畢	畢	奎	19
柳	觜	婁	壁	斗	氐	角	張	鬼	觜	觜	婁	20
星	参	胃	奎	女	房	亢	翼	柳	参	参	胃	21
張	井	昴	婁	虚	心	氐	軫	星	井	井	昴	22
翼	鬼	畢	胃	危	尾	房	角	張	鬼	鬼	畢	23
軫	柳	觜	昴	室	箕	心	亢	翼	柳	柳	觜	24
角	星	参	畢	壁	斗	尾	氐	軫	星	星	参	25
亢	張	井	觜	奎	女	箕	房	角	張	張	井	26
氐	翼	鬼	参	婁	虚	斗	心	亢	翼	翼	鬼	27
房	軫	柳	井	胃	危	女	尾	氐	軫	軫	柳	28
心	角	星	鬼	昴	室	虚	箕	房	角		星	29
尾	亢	張	柳	畢	壁	危	斗	心	亢		張	30
箕		翼		觜	奎		女		氐		翼	31

※太字は陰暦の１日を表しています。

12	11	10	9	8	7	6	5	4	3	2	1月	2031
井	觜	婁	室	斗	房	亢	張	張	井	井	昴	1日
鬼	参	胃	壁	女	心	氐	翼	翼	鬼	鬼	畢	2
柳	井	昴	奎	虚	尾	房	軫	軫	柳	柳	觜	3
星	鬼	畢	婁	危	箕	心	角	角	星	星	参	4
張	柳	觜	胃	室	斗	尾	亢	亢	張	張	井	5
翼	星	参	昴	壁	女	箕	氐	氐	翼	翼	鬼	6
軫	張	井	畢	奎	虚	斗	房	房	軫	軫	柳	7
角	翼	鬼	觜	婁	危	女	心	心	角	角	星	8
亢	軫	柳	参	胃	室	虚	尾	尾	亢	亢	張	9
氐	角	星	井	昴	壁	危	箕	箕	氐	氐	翼	10
房	亢	張	鬼	畢	奎	室	斗	斗	房	房	軫	11
心	氐	翼	柳	觜	婁	壁	女	女	心	心	角	12
尾	房	軫	星	参	胃	奎	虚	虚	尾	尾	亢	13
斗	心	角	張	井	昴	婁	危	危	箕	箕	氐	14
女	**心**	亢	翼	鬼	畢	胃	室	室	斗	斗	房	15
虚	尾	**氐**	軫	柳	觜	昴	壁	壁	女	女	心	16
危	箕	房	**角**	星	参	畢	奎	奎	虚	虚	尾	17
室	斗	心	亢	**張**	井	觜	婁	婁	危	危	箕	18
壁	女	尾	氐	翼	**鬼**	参	胃	胃	室	室	斗	19
奎	虚	箕	房	軫	柳	**参**	昴	昴	壁	壁	女	20
婁	危	斗	心	角	星	井	**畢**	畢	奎	奎	虚	21
胃	室	女	尾	亢	張	鬼	觜	**胃**	婁	**奎**	危	22
昴	壁	虚	箕	氐	翼	柳	参	昴	**胃**	婁	**室**	23
畢	奎	危	斗	房	軫	星	井	畢	昴	胃	壁	24
觜	婁	室	女	心	角	張	鬼	觜	畢	昴	奎	25
参	胃	壁	虚	尾	亢	翼	柳	参	觜	畢	婁	26
井	昴	奎	危	箕	氐	軫	星	井	参	觜	胃	27
鬼	畢	婁	室	斗	房	角	張	鬼	井	参	昴	28
柳	觜	胃	壁	女	心	亢	翼	柳	鬼		畢	29
星	参	昴	奎	虚	尾	氐	軫	星	柳		觜	30
張		畢		危	箕		角		星		参	31

12	11	10	9	8	7	6	5	4	3	2	1月	2030
奎	虚	箕	房	軫	**鬼**	**参**	昴	婁	危	危	斗	1日
婁	危	斗	心	角	柳	井	**畢**	胃	室	室	女	2
胃	室	女	尾	亢	星	鬼	觜	**胃**	壁	**室**	虚	3
昴	壁	虚	箕	氐	張	柳	参	昴	**奎**	壁	**虚**	4
畢	奎	危	斗	房	翼	星	井	畢	婁	奎	危	5
觜	婁	室	女	心	軫	張	鬼	觜	胃	婁	室	6
参	胃	壁	虚	尾	角	翼	柳	参	昴	胃	壁	7
井	昴	奎	危	箕	亢	軫	星	井	畢	昴	奎	8
鬼	畢	婁	室	斗	氐	角	張	鬼	觜	畢	婁	9
柳	觜	胃	壁	女	房	亢	翼	柳	参	觜	胃	10
星	参	昴	奎	虚	心	氐	軫	星	井	参	昴	11
張	井	畢	婁	危	尾	房	角	張	鬼	井	畢	12
翼	鬼	觜	胃	室	箕	心	亢	翼	柳	鬼	觜	13
軫	柳	参	昴	壁	斗	尾	氐	軫	星	柳	参	14
角	星	井	畢	奎	女	箕	房	角	張	星	井	15
亢	張	鬼	觜	**婁**	虚	斗	心	亢	翼	張	鬼	16
氐	翼	柳	参	胃	危	女	尾	氐	軫	翼	柳	17
房	軫	星	井	昴	室	虚	箕	房	角	軫	星	18
心	角	張	鬼	畢	壁	危	斗	心	亢	角	張	19
尾	亢	翼	柳	觜	奎	室	女	尾	氐	亢	翼	20
箕	氐	軫	星	参	婁	壁	虚	箕	房	氐	軫	21
斗	房	角	張	井	胃	奎	危	斗	心	房	角	22
女	心	亢	翼	鬼	昴	婁	室	女	尾	心	亢	23
虚	尾	氐	軫	柳	畢	胃	壁	虚	箕	尾	氐	24
虚	**斗**	房	角	星	觜	昴	奎	危	斗	箕	房	25
危	女	心	亢	張	参	畢	婁	室	女	斗	心	26
室	虚	**心**	**氐**	翼	井	觜	胃	壁	虚	女	尾	27
壁	危	尾	房	軫	鬼	参	昴	奎	危	虚	箕	28
奎	室	箕	心	**角**	柳	井	畢	婁	室		斗	29
婁	壁	斗	尾	亢	**張**	鬼	觜	胃	壁		女	30
胃		女		氐	翼		参		奎		虚	31

12	11	10	9	8	7	6	5	4	3	2	1月	2032
尾	房	軫	星	参	胃	奎	虚	箕	房	亢	翼	1日
箕	心	角	張	井	昴	婁	危	斗	心	氐	軫	2
斗	**心**	亢	翼	鬼	畢	胃	室	女	尾	房	角	3
女	尾	**氐**	軫	柳	觜	昴	壁	虚	箕	心	亢	4
虚	箕	房	**角**	星	参	畢	奎	危	斗	尾	氐	5
危	斗	心	亢	**張**	井	觜	婁	室	女	箕	房	6
室	女	尾	氐	翼	**鬼**	参	胃	壁	虚	斗	心	7
壁	虚	箕	房	軫	柳	**参**	昴	奎	危	女	尾	8
奎	危	斗	心	角	星	井	**畢**	婁	室	虚	箕	9
婁	室	女	尾	亢	張	鬼	觜	**胃**	壁	危	斗	10
胃	壁	虚	箕	氐	翼	柳	参	昴	奎	**室**	女	11
昴	奎	危	斗	房	軫	星	井	畢	**奎**	壁	虚	12
畢	婁	室	女	心	角	張	鬼	觜	婁	奎	**虚**	13
觜	胃	壁	虚	尾	亢	翼	柳	参	胃	婁	危	14
参	昴	奎	危	箕	氐	軫	星	井	昴	胃	室	15
井	畢	婁	室	斗	房	角	張	鬼	畢	昴	壁	16
鬼	觜	胃	壁	女	心	亢	翼	柳	觜	畢	奎	17
柳	参	昴	奎	虚	尾	氐	軫	星	参	觜	婁	18
星	井	畢	婁	危	箕	房	角	張	井	参	胃	19
張	鬼	觜	胃	室	斗	心	亢	翼	鬼	井	昴	20
翼	柳	参	昴	壁	女	尾	氐	軫	柳	鬼	畢	21
軫	星	井	畢	奎	虚	箕	房	角	星	柳	觜	22
角	張	鬼	觜	婁	危	斗	心	亢	張	星	参	23
亢	翼	柳	参	胃	室	女	尾	氐	翼	張	井	24
氐	軫	星	井	昴	壁	虚	箕	房	軫	翼	鬼	25
房	角	張	鬼	畢	奎	危	斗	心	角	軫	柳	26
心	亢	翼	柳	觜	婁	室	女	尾	亢	角	星	27
尾	氐	軫	星	参	胃	壁	虚	箕	氐	亢	張	28
箕	房	角	張	井	昴	奎	危	斗	房	氐	翼	29
斗	心	亢	翼	鬼	畢	婁	室	女	心		軫	30
女		氐		柳	觜		壁		尾		角	31

12	11	10	9	8	7	6	5	4	3	2	1月	2033
奎	室	女	心	房	翼	星	参	昴	**奎**	壁	**虚**	1日
婁	壁	虚	尾	心	軫	張	井	畢	婁	奎	危	2
胃	奎	危	箕	尾	角	翼	鬼	觜	胃	婁	室	3
昴	婁	室	斗	箕	亢	軫	柳	参	昴	胃	壁	4
畢	胃	壁	女	斗	氐	角	星	井	畢	昴	奎	5
觜	昴	奎	虚	女	房	亢	張	鬼	觜	畢	婁	6
参	畢	婁	危	虚	心	氐	翼	柳	参	觜	胃	7
井	觜	胃	室	危	尾	房	軫	星	井	参	昴	8
鬼	参	昴	壁	室	箕	心	角	張	鬼	井	畢	9
柳	井	畢	奎	壁	斗	尾	亢	翼	柳	鬼	觜	10
星	鬼	觜	婁	奎	女	箕	氐	軫	星	柳	参	11
張	柳	参	胃	婁	虚	斗	房	角	張	星	井	12
翼	星	井	昴	胃	危	女	心	亢	翼	張	鬼	13
軫	張	鬼	畢	昴	室	虚	尾	氐	軫	翼	柳	14
角	翼	柳	觜	畢	壁	危	箕	房	角	軫	星	15
亢	軫	星	参	觜	奎	室	斗	心	亢	角	張	16
氐	角	張	井	参	婁	壁	女	尾	氐	亢	翼	17
房	亢	翼	鬼	井	胃	奎	虚	箕	房	氐	軫	18
心	氐	軫	柳	鬼	昴	婁	危	斗	心	房	角	19
尾	房	角	星	柳	畢	胃	室	女	尾	心	亢	20
箕	心	亢	張	星	觜	昴	壁	虚	箕	尾	氐	21
斗	**心**	氐	翼	張	参	畢	奎	危	斗	箕	房	22
女	尾	**氐**	**角**	翼	井	觜	婁	室	女	斗	心	23
虚	箕	房	亢	軫	鬼	参	胃	壁	虚	女	尾	24
危	斗	心	氐	**張**	柳	井	昴	奎	危	虚	箕	25
室	女	尾	房	翼	**張**	鬼	畢	婁	室	危	斗	26
壁	虚	箕	心	軫	翼	**鬼**	觜	胃	壁	室	女	27
奎	危	斗	尾	角	軫	柳	**参**	昴	奎	壁	虚	28
婁	室	女	箕	亢	角	星	井	**畢**	婁		危	29
胃	壁	虚	斗	氐	亢	張	鬼	觜	胃		室	30
昴		危		房	氐		柳		**胃**		**室**	31

※太字は陰暦の１日を表しています。

12	11	10	9	8	7	6	5	4	3	2	1月	2035
女	尾	**氐**	翼	鬼	畢	婁	室	女	尾	心	亢	1日
虚	箕	房	**角**	柳	觜	胃	壁	虚	箕	尾	氐	2
危	斗	心	亢	星	参	昴	奎	危	斗	箕	房	3
室	女	尾	氐	**張**	井	畢	婁	室	女	斗	心	4
壁	虚	箕	房	翼	**鬼**	觜	胃	壁	虚	女	尾	5
奎	危	斗	心	軫	柳	**参**	昴	奎	危	虚	箕	6
婁	室	女	尾	角	星	井	畢	婁	室	危	斗	7
胃	壁	虚	箕	亢	張	鬼	**畢**	**胃**	壁	**室**	女	8
昴	奎	危	斗	氐	翼	柳	觜	昴	奎	壁	虚	9
畢	婁	室	女	房	軫	星	参	畢	**奎**	奎	**虚**	10
觜	胃	壁	虚	心	角	張	井	觜	婁	婁	危	11
参	昴	奎	危	尾	亢	翼	鬼	参	胃	胃	室	12
井	畢	婁	室	箕	氐	軫	柳	井	昴	昴	壁	13
鬼	觜	胃	壁	斗	房	角	星	鬼	畢	畢	奎	14
柳	参	昴	奎	女	心	亢	張	柳	觜	觜	婁	15
星	井	畢	婁	虚	尾	氐	翼	星	参	参	胃	16
張	鬼	觜	胃	危	箕	房	軫	張	井	井	昴	17
翼	柳	参	昴	室	斗	心	角	翼	鬼	鬼	畢	18
軫	星	井	畢	壁	女	尾	亢	軫	柳	柳	觜	19
角	張	鬼	觜	奎	虚	箕	氐	角	星	星	参	20
亢	翼	柳	参	婁	危	斗	房	亢	張	張	井	21
氐	軫	星	井	胃	室	女	心	氐	翼	翼	鬼	22
房	角	張	鬼	昴	壁	虚	尾	房	軫	軫	柳	23
心	亢	翼	柳	畢	奎	危	箕	心	角	角	星	24
尾	氐	軫	星	觜	婁	室	斗	尾	亢	亢	張	25
箕	房	角	張	参	胃	壁	女	箕	氐	氐	翼	26
斗	心	亢	翼	井	昴	奎	虚	斗	房	房	軫	27
女	尾	氐	軫	鬼	畢	婁	危	女	心	心	角	28
虚	箕	房	角	柳	觜	胃	室	虚	尾		亢	29
危	**斗**	心	亢	星	参	昴	壁	危	箕		氐	30
室		**心**		張	井		奎		斗		房	31

12	11	10	9	8	7	6	5	4	3	2	1月	2034
張	柳	觜	胃	危	斗	心	角	翼	鬼	鬼	畢	1日
翼	星	参	昴	室	女	尾	亢	軫	柳	柳	觜	2
軫	張	井	畢	壁	虚	箕	氐	角	星	星	参	3
角	翼	鬼	觜	奎	危	斗	房	亢	張	張	井	4
亢	軫	柳	参	婁	室	女	心	氐	翼	翼	鬼	5
氐	角	星	井	胃	壁	虚	尾	房	軫	軫	柳	6
房	亢	張	鬼	昴	奎	危	箕	心	角	角	星	7
心	氐	翼	柳	畢	婁	室	斗	尾	亢	亢	張	8
尾	房	軫	星	觜	胃	壁	女	箕	氐	氐	翼	9
箕	心	角	張	参	昴	奎	虚	斗	房	房	軫	10
斗	**心**	亢	翼	井	畢	婁	危	女	心	心	角	11
女	尾	**氐**	軫	鬼	觜	胃	室	虚	尾	尾	亢	12
虚	箕	房	**角**	柳	参	昴	壁	危	箕	箕	氐	13
危	斗	心	亢	**張**	井	畢	奎	室	斗	斗	房	14
室	女	尾	氐	翼	鬼	觜	婁	壁	女	女	心	15
壁	虚	箕	房	軫	**鬼**	**参**	胃	奎	虚	虚	尾	16
奎	危	斗	心	角	柳	井	昴	婁	危	危	箕	17
婁	室	女	尾	亢	星	鬼	**畢**	胃	室	室	斗	18
胃	壁	虚	箕	氐	張	柳	觜	**胃**	壁	**室**	女	19
昴	奎	危	斗	房	翼	星	参	昴	**奎**	壁	**虚**	20
畢	婁	室	女	心	軫	張	井	畢	婁	奎	危	21
觜	胃	壁	虚	尾	角	翼	鬼	觜	胃	婁	室	22
参	昴	奎	危	箕	亢	軫	柳	参	昴	胃	壁	23
井	畢	婁	室	斗	氐	角	星	井	畢	昴	奎	24
鬼	觜	胃	壁	女	房	亢	張	鬼	觜	畢	婁	25
柳	参	昴	奎	虚	心	氐	翼	柳	参	觜	胃	26
星	井	畢	婁	危	尾	房	軫	星	井	参	昴	27
張	鬼	觜	胃	室	箕	心	角	張	鬼	井	畢	28
翼	柳	参	昴	壁	斗	尾	亢	翼	柳		觜	29
軫	星	井	畢	奎	女	箕	氐	軫	星		参	30
角		鬼		婁	虚		房		張		井	31

2036年

2036	1月	2	3	4	5	6	7	8	9	10	11	12
1日	壁	胃	昴	参	柳	翼	亢	房	斗	室	胃	畢
2	奎	昴	畢	井	星	軫	氐	心	女	壁	昴	觜
3	婁	畢	觜	鬼	張	角	房	尾	虚	奎	畢	参
4	胃	觜	参	柳	翼	亢	心	箕	危	婁	觜	井
5	昴	参	井	星	軫	氐	尾	斗	室	胃	参	鬼
6	畢	井	鬼	張	角	房	箕	女	壁	昴	井	柳
7	觜	鬼	柳	翼	亢	心	斗	虚	奎	畢	鬼	星
8	参	柳	星	軫	氐	尾	女	危	婁	觜	柳	張
9	井	星	張	角	房	箕	虚	室	胃	参	星	翼
10	鬼	張	翼	亢	心	斗	危	壁	昴	井	張	軫
11	柳	翼	軫	氐	尾	女	室	奎	畢	鬼	翼	角
12	星	軫	角	房	箕	虚	壁	婁	觜	柳	軫	亢
13	張	角	亢	心	斗	危	奎	胃	参	星	角	氐
14	翼	亢	氐	尾	女	室	婁	昴	井	張	亢	房
15	軫	氐	房	箕	虚	壁	胃	畢	鬼	翼	氐	心
16	角	房	心	斗	危	奎	昴	觜	柳	軫	房	尾
17	亢	心	尾	女	室	婁	畢	参	星	角	心	箕
18	氐	尾	箕	虚	壁	胃	觜	井	張	亢	**心**	**斗**
19	房	箕	斗	危	奎	昴	参	鬼	翼	**氐**	尾	女
20	心	斗	女	室	婁	畢	井	柳	**角**	房	箕	虚
21	尾	女	虚	壁	胃	觜	鬼	星	亢	心	斗	危
22	箕	虚	危	奎	昴	参	柳	**張**	氐	尾	女	室
23	斗	危	室	婁	畢	井	**鬼**	翼	房	箕	虚	壁
24	女	室	壁	胃	觜	**鬼**	柳	軫	心	斗	危	奎
25	虚	壁	奎	昴	参	柳	星	角	尾	女	室	婁
26	危	奎	婁	**畢**	**参**	星	張	亢	箕	虚	壁	胃
27	室	**奎**	胃	觜	井	張	翼	氐	斗	危	奎	昴
28	**室**	婁	**胃**	参	鬼	翼	軫	房	女	室	婁	畢
29	壁	胃	昴	井	柳	軫	角	心	虚	壁	胃	觜
30	奎		畢	鬼	星	角	亢	尾	危	奎	昴	参
31	婁		觜		張		氐	箕		婁		井

※太字は陰暦の１日を表しています。

参考文献

宇月田麻裕『あなたの5年後はこうなる 宿曜占星術』（実業之日本社）
宇月田麻裕『もっともわかりやすい宿曜占星術』（説話社）
宇月田麻裕『宿曜占星術が教える大破壊』（作品社）
『大正新脩大蔵経』（大蔵出版）
上住節子『宿曜占法』（大蔵出版）
『星と暦と真言密教』（東邦出版）
岩原諦信『密教占星法』（臨川書店）
松村潔監修・大澤義孝著『日本占星天文暦1900～2050』（実業之日本社）

27宿七分類表

※各宿の詳しい解説は「第2章　27宿解説」をお読みください。

宿	分類	特徴	解説
昴宿《ぼうしゅく》 氐宿《ていしゅく》	剛柔宿《ごうじゅう》	剛さと柔らかさを合わせ持つ	原典に「寛柔ニシテ猛キヲ作スニ合ス」とあり、やさしく穏やかでありながら、勇ましく強い「剛」と「柔」の二面性を持ちます。細かなことにこだわらない寛容的な性格でありながら、そぐわないものに対しては反対。妥協せず、汚い手は使わずに生きることを心がけています。
畢宿《ひっしゅく》 翼宿《よくしゅく》 斗宿《とうしゅく》 壁宿《へきしゅく》	安重宿《あんじゅう》	落ち着き、安定、温厚な印象	原典に「安重威粛、正シク福徳ニシテ大名聞アルニ合ス」とあり、凛とした落ち着きと徳を備え、大きな社会的評価を得る器があるとされています。目先の新しさや利益に踊らされず、独自の道を粘り強く前進。
觜宿《ししゅく》 角宿《かくしゅく》 房宿《ぼうしゅく》 奎宿《けいしゅく》	和善宿《わぜん》	柔軟、人当たりがよい、和を大切	原典に「柔軟、温良、聡明ニシテ典数ヲ愛スルニ合ス」とあり、人との和を大切にし、かつ知識欲が旺盛な性分だとされています。人当たりがよく友好的。職人気質で研究熱心さを持ちます。優等生タイプで聡明、品位の高さを称える人が多いのが特徴。
参宿《しんしゅく》 柳宿《りゅうしゅく》 心宿《しんしゅく》 《びしゅく》	毒害宿《どくがい》	勝ち気、人を害す、逆境に強い	原典に「惨毒剛猛ノ悪性ニ合ス」とあり、自らの毒で関わる人を害するとされています。負けず嫌いで、敵対する人には立ち上がれなくなるほど徹底的に打倒します。逆境に強く、望むものを手に入れるためなら、ときには非常な手段を使うことがあります。

井宿 (角宿《かくしゅく》) 亢宿《こうしゅく》 女宿《じょしゅく》 虚宿《きょしゅく》 危宿《きしゅく》	軽躁《けいそう》宿	平穏、合理的、真面目、庶民的	原典に「澆薄ニ合ス。然ラザレバ即チ、質直平穏ナリ」とあり、情に流されない合理的なタイプか、さもなくば穏やかで真面目だとされています。「軽躁」の名の通り、一見して軽やかに生きているように見えても、内面は騒がしく揺れている面を持っているのが特徴。
鬼宿《きしゅく》 軫宿《しんしゅく》 婁宿《ろうしゅく》 (胃宿《いしゅく》)	急速《きゅうそく》宿	行動、決断、成功が敏速、逞しい	原典に「剛猛捷疾ニシテ筋力アルニ合ス」とあり、素早く判断を下し、行動も敏速。一見すると温和なようでも、逞しくしぶとい気質であるとされています。機転が利いて、人が何を求めているかを敏感にキャッチするカンのよさを持つのもこの宿の特徴。
星宿《せいしゅく》 張宿《ちょうしゅく》 箕宿《きしゅく》 室宿《しつしゅく》 胃宿《いしゅく》	猛悪《もうあく》宿	野心家、激しい、アクが強い	原典に「凶害猛殺ニ合ス」とあり、非常に激しく人を害するとされています。とにかく影響力があり、ときには人のチャンスを奪い取ってまでのし上がろうとする野心家。概してアクは強くて個性的。勝気な性格のために、行く先々で嵐を巻き起こします。

※近年は時代の流れとともに、胃宿《いしゅく》は猛悪宿、角宿《かくしゅく》は和善宿にも属する考え方になってきています。

おわりに

ある日、不思議な夢を見ました。

それは、まぶしい光に包まれた方が現れて「伝承者であるお前の頭に輪をつける。正しい行いをしなければ輪が締まる」といわれたのです。その夢で語られたことは、何かのお告げのように感じられました。

宿曜経は「弘法大師」の法統の祖父に当たる「不空三蔵」が説いたものといわれ、それが高弟の「恵果」に伝えられ、「空海」に伝授されたといわれています。そして、「この占法は世に公表してはならぬ」という教えがありますが、私は、人々の生活の役に立つ占法ならば公開してもよいと判断し、筆をとることを決めました。まだまだ書けない秘伝の奥義は隠されていますが、夢のお告げは、それらに対して「自ら正しく慎重に正しく人々を導いていきなさい」といわれたような気がします。

さて、ここからは、長年の研究の成果によりわかったことを、お話ししていきましょう。

一つは、自分が選ぶ相性には「環境遺伝」が起きることがあります。相性関係は育った環境により左右される場合があるのです。例えば、私の家族は「栄親」の相性が多いため、自然のうちに交友関係で「栄親」を選んでしまう傾向があります。もし、「安壊」の家庭で育った人だとすると、自然と「安壊」を選んでしまうでしょう。この環境遺伝は、どの相性にも共通していえます。

二つ目は、組織の中で「安壊」の人は貴重な存在だということ。栄親ばかりだと生温い関係になりやすいですが、この相性が加わることにより、違う価値観や刺激というスパイスが加わります。

その結果、想像もできないような成果を得る可能性もあるのです。恐れてばかりいないで、生かすことも考えていけば、ポジティブに生活できるのです。現実を受け入れた上で、本書を役立てていただければ、より素敵な人生になるでしょう。

最後になりますが、本書は、私からあなたに贈る「メッセージ」が含まれています。また、日々、起きる出来事は、宇宙からのメッセージが隠されています。耳を傾けてみてください。あなたは、今、人生を振り返るチャンスの時。宇宙に導かれ、さまざまな体験を通して、生まれてきた存在価値や命の大切さを感じてみてください。使命感と自立心を持って、人生を切り開いてみてください。

もし、試練が訪れたとしても、それは学びのチャンス、成長するための前兆。与えられた試練は乗り越えられるものが多いです。そして、この世に生存するすべてのものとの共存を目指し、ボランティア精神を心がけ、徳を積んでください。そうすることであなたは、より幸せな人生を送れるはずです。

本書を出版に当たり、編集の高木利幸様、協力いただきました皆様に、深く感謝いたします。

〜メッセージを受け取ってくださったあなたに、
大いなる宇宙からのご天恵がありますように〜

２０１６年６月吉日　宇月田麻裕

宇月田　麻裕
(うつきた・まひろ)

開運研究家・作家、ハッピネスファクトリー代表
幼少の頃から不思議な体験を数多くする。その経験により現職を意識するようになった。

真言宗系の大学を卒業後、広告業界でキャリアを重ねるかたわら、宿曜経をはじめ、各占術を口授される。ときを同じくして、チャリティコンサートを積極的に行い、収益金を発展途上国に寄付。里親活動や保健施設などの建設に努める。

1991年、「自分の存在を人々の幸せに役立てたい」と願うようになり、ハッピネスファクトリーを設立。「世の中のすべての存在を幸せにできる方法」を研究すべく「開運研究家」という独自の分野を確立して活動を始める。

執筆、テレビ出演、講演、コンテンツ監修など、幅広い分野で活躍。占いの世界では、あらゆる占法をカバーしつつも、宿曜占星術や音霊姓名判断の第一人者として知られるようになった。近年は、開運研究家の活動とともに動物の救済活動を行い、殺処分0、人と動物が共存できる世界を目指している。

TBSテレビ系「はやドキ!・ぐでたま占い」レギュラー、日本テレビ系「ズームイン!! SUPER・あかさたな占い」レギュラー、読売新聞をはじめ連載多数。コンテンツ「マンジュスーリ占星術」、「魔性の宿曜」、「破壊運」、「精霊占」、著書『あなたの5年後はこうなる宿曜占星術』(実業之日本社)、『写真集かわいいうさぎの気持ち』(BlueLabel)、『犬語の本』(リンダブックス)他多数。

一般社団法人日本占術協会会員　2008年新人賞受賞、2015年奨励賞受賞。

講演等のお問い合わせ　株式会社ホリプロ

説話社占い選書シリーズ創刊の辞

説話社は創業以来、占いや運命学を通じて
「安心できる情報」や「感動が得られる情報」
そして「元気になれる情報」をみなさまに提供し続けてきました。
「説話社占い選書シリーズ」は、占いの専門出版社の説話社が
「21 世紀に残したい占い」をテーマに創刊いたしました。
運命学の知恵の源である占いを、現代の生活や考え方に沿うよう、
よりわかりやすく、そしてコンパクトな形で編集してあります。

みなさまのお役に立てることを願っております。

2014 年　説話社

説話社占い選書 8
運《うん》を開《ひら》く 27 宿《しゅく》の教《おし》え 宿曜占星術《しゅくようせんせいじゅつ》

発行日　2016 年 10 月 11 日　初版発行
　　　　2022 年 9 月 23 日　第 3 刷発行
著　者　宇月田 麻裕
発行者　酒井 文人
発行所　株式会社説話社
　　　　〒169-8077　東京都新宿区西早稲田1-1-6
　　　　電話／03-3204-8288（販売）03-3204-5185（編集）
　　　　振替口座／00160-8-69378
　　　　URL https://www.setsuwa.co.jp/

デザイン　市川 さとみ
編集担当　高木 利幸
印刷・製本　中央精版印刷株式会社

ISBN 978-4-906828-27-2 C 2011

本書は、『もっともわかりやすい宿曜占星術』（説話社）および『あなたの5年後はこうなる宿曜占星術』（実業之日本社）を、加筆・修正・再編集・暦の追加としてまとめたものです。